双色地图版

中国地理1000问

主 编：何亚琼

编 写：易凤珠 吴丹清 张淑莹 王玉芳
罗珮尹 胡子健 颜佳滢

中国地图出版社
北 京

图书在版编目（CIP）数据

中国地理1000问 / 何亚琼主编 ；吴丹清等编写. -- 北京 ：中国地图出版社，2021.1
ISBN 978-7-5204-1424-1

Ⅰ. ①中… Ⅱ. ①何… ②吴… Ⅲ. ①地理－中国－青少年读物 Ⅳ. ①K92-49

中国版本图书馆CIP数据核字(2020)第007730号

ZHONGGUO DILI 1000 WEN
中国地理1000问

出版发行	中国地图出版社	邮政编码	100054
社　　址	北京市西城区白纸坊西街3号	网　　址	www.sinomaps.com
电　　话	010-83543902　83543907	经　　销	新华书店
印　　刷	保定市铭泰达印刷有限公司	印　　张	14
成品规格	170mm×240mm		
版　　次	2021年1月第1版	印　　次	2024年2月河北第8次印刷
定　　价	29.80元		

书　　号　ISBN 978-7-5204-1424-1
审 图 号　GS（2019）2972号

本书中国国界线系按照中国地图出版社1989年出版的1:400万《中华人民共和国地形图》绘制
如有印装质量问题，请与我社联系调换

目 录

北京市

天津市

河北省

山西省

内蒙古自治区

辽宁省

吉林省

黑龙江省

上海市

江苏省

浙江省

安徽省

福建省

江西省

山东省

河南省

湖北省

湖南省

广东省

广西壮族自治区

海南省

重庆市

四川省

贵州省

云南省

西藏自治区

陕西省

甘肃省

青海省

宁夏回族自治区

新疆维吾尔自治区

香港特别行政区

澳门特别行政区

台湾省

北京市 BEIJING SHI

■ 简　称 京　■ 面　积 约1.7万平方千米①　■ 人　口 2 189万人②

■ 世界遗产 故宫　长城　颐和园　天坛　明十三陵　周口店北京人遗址　大运河

■ 地理之最

最高山峰：东灵山　最大湖泊：密云水库　最大河流：永定河

注：①各省级行政区域面积均为陆地面积；②本书人口数据来自第七次全国人口普查公报。

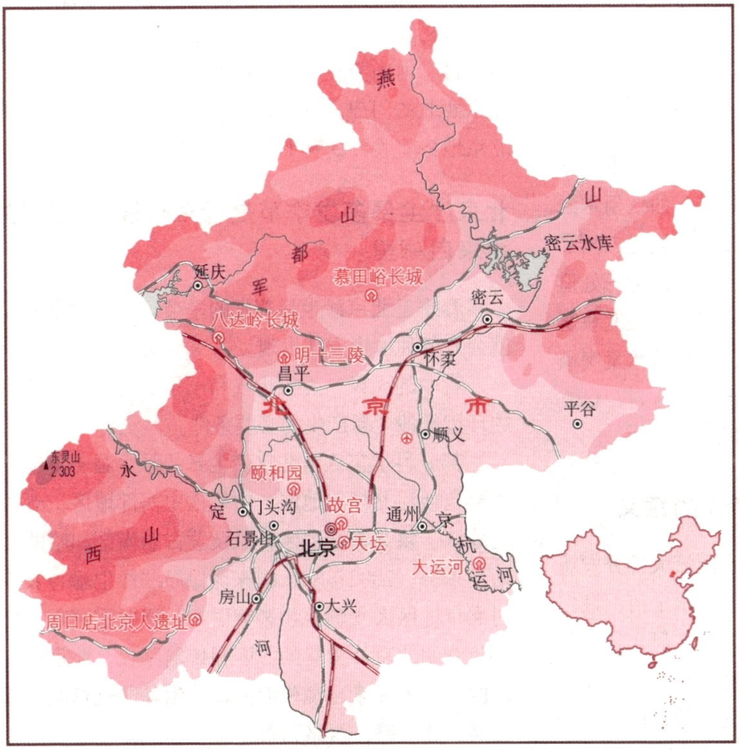

北京东、西、北三面环山，山地面积约占62%。东北部山地属燕山山脉，西部山地属太行山脉。两列山脉形成一个向东南展开的半圆形，将北京小平原环拱起来，形成了北京西北高、东南低的地势特征。

复杂的地质构造、岩性和气候使北京地区形成了多种多样的地貌类型，如侵蚀构造山地、剥蚀构造台地、丘陵和堆积构造平原等。复杂的地貌地形影响着北京水热条件的再分配和物质迁移，也为农业发展的多样性提供了条件。

北京市的地形地貌有何特征

北京，简称“京”，是中华人民共和国的首都，是全国的政治中心、文化中心，是世界著名古都和现代化国际城市。北京市总面积约1.7万平方千米，地处华北平原北部，海河流域中部，东距渤海约150千米，毗邻渤海湾，上靠辽东半岛，下临山东半岛。与天津市相邻，并与天津市一起被河北省环绕。

你知道北京市气候类型特征是怎样的吗

北京的气候为典型的暖温带半湿润大陆性季风气候，夏季高温多雨，冬季寒冷干燥，春、秋短促。全年无霜期180～200天，年平均降水量400多毫米，为华北地区降雨最多的地区之一。降水季节分配很不均匀，全年降水的80%集中在夏季6、7、8三个月，7、8月有大雨。

北京年太阳辐射量平均为112～136千卡/厘米^2。两个高值区分别分布在延庆盆地和密云西北部至怀柔东部一带，年辐射量均在135千卡/厘米^{2}以上；

低值区位于房山的霞云岭附近，年辐射量为112千卡/厘米^2。北京年平均日照时数在2 000～2 800小时。最大值在延庆和密云的古北口，最小值分布在房山的霞云岭。夏季正当雨季，日照时数减少，每月在230小时左右；秋季日照时数虽没有春季多，但比夏季要多，月日照时数230～245小时；冬季是一年中日照时数最少季节，月日照时数不足200小时，一般为170～190小时。

你知道京津唐地区第一大水库是哪个吗

密云水库是京津唐地区第一大水库，有"燕山明珠"之称。

密云水库，位于北京市密云城区以北13千米处，燕山山地丘陵之中，建成于1960年9月，面积180平方千米。密云水库库容40亿立方米，平均水深30米，是首都北京最大的、也是唯一的饮用水源供应地。密云水库有两大入库河流，分别是白河和潮河。库区夏季平均气温低于市区3℃，是一处避暑胜地。密云水库特产野生密云水库鱼，是北京著名的渔乡。2017年11月19日，密云水库蓄水量突破20亿立方米，2018年7月17日，蓄水量达到22亿立方米，创下1999年以来的历史新高。

永定河对北京有什么特殊的意义

北京位于华北平原西北边缘，河流大部分发源于西北部的山地，主要有海河水系的永定河、潮白河、北运河、拒马河和蓟运河水系的泃河，还有其他大小河流80多条。其中，最大的河流是永定河。

永定河始于洋河和桑干河的交汇处，由于它切穿了北京西山，形成了长达180千米的嵌入曲流，出山后形成了广阔的洪积冲积平原——北京小平原，十分适宜人类生产生活。并且，它还源源不断地为城市的孕育和发展提供水源。同时，永定河的洪积冲积扇面积巨大，北起今天的海淀清河一带，南至大兴黄村一带，留下了许多古淀泊、古河道，积淀了深厚的文化底蕴和人文资源。因此，当人们谈论永定河时，往往会亲切地称之为"北京的母亲河"。

为什么说北京的地理形势十分优越

"以今考之，是邦之地，左环沧海，右拥太行，北枕居庸，南襟河济，形胜甲于天下，诚天府之国也。"范镇曾在《幽州赋》中描述了北京背山面水的地理形势。

燕山山脉是华北和东北的天然屏障，举世闻名的八达岭长城就逶迤于燕山山脉之上，号称"天下第一关"的山海关也恰是燕山山脉的第一道隘口。"两京锁钥无双地，万里长城第一关"，这里自古就是兵家必争之地。太行山脉绵延数千里，史称"神京之臂"，其间有八条通道。"重门天险设居庸，百二河山势转雄"，居庸关作为第八通道，是北京西北的门户。总之，两大山脉拱卫着北京，使北京地势险峻，具有十分优越的地理形势。

北京沙尘暴多发季节是什么时候，主要沙源来自哪里

春季是北京沙尘暴高发的季节，每年这个时候就会有各种沙尘天气出现。

春季的大风、强风天气和干旱少雨、气温较高的环境是沙尘暴产生的必要条件。

部分科学家认为北京沙尘暴的沙尘源于异地，主要包括河北坝上地区、内蒙古中西部地区、晋西北地区、陕北榆林地区，以及蒙古东南部和哈萨克斯坦东部。2002年初，国家环保局"沙尘暴与黄沙对北京地区大气颗粒物影响研究"课题组宣布，已初步查明北京沙尘暴的源区和传输路径。北京沙尘暴的沙尘大多来自境外源区，沙尘暴的进京路线有北路、西北路、西路三条。

也有人持"复合来源"这种观点，认为北京沙尘暴的沙尘既来源于本地，也来源于异地，即初始源地为蒙古高原及冷涡移动路径上的沙漠戈壁地区，后续源地为裸露沙尘的北京周边地区。

近年来，北京沙尘天气明显减少，专家称主要是气候变暖与沙源治理成效较好所致。

北京市有哪些发展农业的有利条件

夏季，来自太平洋的东南季风带来了降水。降

水和夏季较高的气温结合在一起，被称为“雨热同期”，这对农业很有利。夏季风吹到太行山和燕山脚下，沿着山坡逐渐抬升，水汽冷凝形成降水，降水又在山区形成一条条河流流到平原，河流不仅带来生物生存不可缺少的水，还带来了泥沙和砾石，这些泥沙砾石沉积下来，形成冲积扇，冲积扇连接起来，形成平原。

冬季，季风调转方向从北方吹来。寒冷的冬季风被高大绵延的太行山和燕山山脉阻挡，冬季风即使越过山脉也会因为下沉的过程而增温。所以太行山和燕山脚下比较温暖。

雨热同期且冬季温暖的平原地区，自然适宜农业生产。

为何说八达岭长城是战略要地

北京八达岭长城

八达岭长城位于北京延庆，是万里长城重要的一部分，也是明代长城的精华，处在万里长城居庸关的隘口，地势高峻险要，具有重要的战略地位。

八达岭关城有两座关门，位于东西两侧，均是砖石结构，券洞上是平台，平台的南北各有通道，连接关城城墙，城墙全长3 741米。城墙顶部大都宽阔平坦，可容5马并骑，或10个士兵并行。墙顶部内侧是宇墙，外侧是垛墙，墙上有望口和射洞，用以瞭望和射击敌人。险要处还有堡台，高的叫敌楼，上层可瞭望和射击，下层可住宿和射击，储存火药和粮食；低的叫墙台，用于放哨和巡逻。

北京市著名旅游景点有哪些

北京，是世界上拥有世界文化遗产数目最多的城市，有长城、天坛、颐和园、故宫、周口店北京人遗址等世界闻名的古迹。此外，还拥有包含鸟巢与水立方在内的奥林匹克公园、天安门广场等现代景点。北京以其别具一格的城市魅力吸引了众多的中外游客。

故宫，是国家5A级旅游景区，世界五大宫之首，世界文化遗产。位于北京城中心，是明、清两代皇宫，又称紫禁城，也是中国现存最大、最完整的古代宫殿建筑群，为第一批全国爱国主义教育示范基地。

天坛，是明、清两代皇家祭坛，全国重点文物保护单位，国家5A级旅游景区，世界文化遗产。位于北京城南永定门内大街东侧，是世界现存最大的古代祭天建筑群。

颐和园，是国家5A级旅游景区，世界文化遗产，世界著名旅游胜地。它是一座保存较完整的皇家行宫御苑，被誉为“皇家园林博物馆”。颐和园与承德避暑山庄，苏州拙政园、留园并称为“中国四大名园”。

八达岭长城，位于北京市延庆区军都山关沟古道北口，是中国古代伟大的防御工程——万里长城的重要组成部分。明长城的八达岭段被称作“玉关天堑”，为明代居庸关八景之一。

天安门，位于北京市的中心、故宫的南端，与天安门广场、人民英雄纪念碑、毛主席纪念堂、人民大会堂、中国国家博物馆隔长安街相望，占地面积4 800平方米，以杰出的建筑艺术和特殊的政治地位为世人所瞩目。

明十三陵，位于北京市昌平区十三陵镇天寿山下40平方千米的小盆地，是中国明朝皇帝的墓葬建筑群。辖区内自然景观幽美，文物古迹荟萃，共葬有13位明朝皇帝、23位明朝皇后、2位明朝太子、30余名妃嫔和1名太监，具有规模宏大、体系完备和保存较为完整的特点，是全球保存完整的皇陵墓葬群之一。

圆明园，清代皇家园林。咸丰十年（1860年），被侵入北京的英法联军烧毁。遗址公园位于海淀区中部偏东，西北距离西直门10千米。园内存山形水系、园林格局和建筑基址，假山叠石、雕刻残迹仍然可见。

恭王府，国家重点文物保护单位，国家5A级旅游景区，为清代规模比较大的一座王府，曾先后作为和珅、永璘的宅邸。1851年，恭亲王奕䜣成为宅子的主人，恭王府的名称因此得来。

慕田峪长城，位于北京市怀柔区，距北京城区70多千米，历史悠久，是北京著名景点之一，也是明朝万里长城的精华所在。慕田峪长城的构筑有着独特的风格，其中三座敌楼并矗一台的正关台，为长城建筑之罕见。

北京奥林匹克公园，位于北京市朝阳区，是国家5A级旅游景区，有鸟巢、水立方、国家体育馆、国家会议中心、奥体中心体育场、奥体中心体育馆、英东游泳馆、奥林匹克公园射箭场、奥林匹克公园网球场、奥林匹克公园曲棍球场等10个奥运会竞赛场馆。它是包含体育赛事、会展中心、科教文化、休闲购物等多种功能在内的综合性市民公共活动中心。

历史上北京有过什么称谓

北京是一座有着三千多年历史的古都，在不同的朝代有着不同的称谓，大致算起来有20多个别称。

燕都。据史书记载，公元前11世纪，周武王灭商以后，在尧封帝，此后在苏城建都，在燕封召公。燕都因古时为燕国都城而得名。战国七雄中有燕国，据说是因邻近燕山而得国名，其国都称为“燕都”。

幽州。幽州之名，最早见于《尚书 · 舜典》“燕曰幽州”。两汉、魏、晋、唐代都曾设置过幽州，所治均在今天的北京一带。

京城。在历史上常用京城以泛指国都，北京成为国都后，也多被称为京城。

南京。辽太宗于会同元年(938年)，将原来的幽州升为幽都府，建号南京，又称燕京。

大都。元代以金的离宫(今北海公园)为中心重建新城，元世祖至元九年(1272年)改称大都，俗称元大都。

北平。明代洪武元年(1368年)，明太祖朱元璋为了记载平定北方的功绩，将元大都改称北平。

北京。明永乐元年(1403年)，明成祖朱棣取得皇位后，将他做燕王时的封地北平府改为顺天府，建北京城，并准备迁都城于此，这是正式命名此地为北京的开始，至今已有600余年的历史。

京师。明成祖朱棣于永乐十八年(1420年)迁都北京，改称京师，直至清代。

京兆。民国二年(1913年)废顺天府，翌年置京兆地方，直隶中央，其范围包括今天的北京大部分地区，民国十七年(1928年)废京兆地方，改北京为北平。

你知道“燕京八景”对园林建设的意义吗

清乾隆十六年(1751年)御定燕京八景为：太液秋风、琼岛春阴、金台夕照、蓟门烟树、西山晴雪、玉泉趵突、卢沟晓月、居庸叠翠。当时均刻石立碑，并有小序、诗文。燕京八景的出现，对于后来的景点建设产生了巨大影响。从此之后，无论“十室之邑，三里之城，五亩之园，以及琳宫梵宇，靡不有八景诗矣”。现代园林、庭院绿化亦借鉴燕京八景建造景点，在一定程度上推动了园林建设的发展。

你知道景山五亭有什么特点吗

景山五亭建于乾隆十六年(1751年)，分别为万春亭、周赏亭、富览亭、观妙亭、辑芳亭。以主峰万春亭为中心，东西两侧分别是周赏亭、观妙亭和富览亭、辑芳亭，互相对称，依山就势。原来亭子中还供奉着五尊铜佛，1900年八国联军侵入北京后掠走四尊。

你知道明清时北京西郊的园林如此集中的自然基础是什么吗

明清时期，北京西郊有清华园、勺园、清漪园(颐和园前身)、圆明园、熙春园、承泽园等园林，方圆十里内形成了“举目所见皆为园林飞阁，连绵隐现于烟云树杪之间”的景观。

园林如此集中是因为永定河的水曾流进昆明湖凹地，后沿着今天的清河河谷，与北来的温榆河相汇合，南迁后留下一片泉流丰富的湖沼洼地，为园林修建提供了很好的自然基础。

“龙脉贯穿京城”的说法指的是什么

老北京城建筑布局中有一条长约7.8千米并贯穿南北的中轴线，南起永定河，北到钟鼓楼，汇集了北京古代城市建筑的精髓。主要建筑自南向北为永定门、正阳门、天安门、端门、午门、太和门、太和殿、保和殿、乾清门、乾清宫、交泰殿、坤宁宫、神武门、景山、地安门、鼓楼、钟楼等，见证了老北京城的沧桑变迁。

中轴线始于元朝大都的规划设计，至明清两朝形成了现有的规模。相比于世界上众多以河流贯穿的著名城市，北京的中轴线是人造的，有严格的左右对称和层次递进，设计精确且起伏有序，展示了实用性和意识形态的高度统一。它的目的是强调和巩固封建帝王的中心地位，是中国两千多年封建社会皇权至上的观念在城市建设中的体现，所以中轴线又被古人称为“龙脉”。

中华人民共和国成立后，中轴线上又扩建了天安门广场、人民英雄纪念碑、奥体公园等，延续了古都文脉。

你知道怎样的街道才能称为“胡同”吗

“有名的胡同三百六，无名的胡同赛牛毛”的俗话体现了北京胡同数量之多。但并非所有街道都能称为胡同。胡同最早形成于元朝建元大都时期，当时城内道路纵横交错，排列井然有序。全城设9条南北走向和东西走向的大路，南北走向主干道称为经，东西走向主干道称为纬，经纬交叉划出居民区，即“坊”。坊内以东西走向为主的相距甚近的道路称为“胡同”。道路中比胡同宽的是小街，比小街宽的是大街。后来明清两朝在前朝的基础上修建都城，随着城市规模的扩大，胡同的数量也不断增加。

八大菜系中为何没有“京菜”

中国菜肴有四大风味和八大菜系之说。四大风味是鲁、川、粤、淮扬，八大菜系指山东菜、四川菜、湖南菜、江苏菜、浙江菜、安徽菜、广东菜、福建菜。北京美食众多，却没有“北京菜”之说。

这主要是因为京菜融合八方风味，不完全是北京地方菜。古代宫廷雇佣来自四面八方的厨师，形成了“宫廷菜”，如北京烤鸭、涮羊肉等都是名扬四海的宫廷菜。

京剧为何能当得起“国粹”之名

京剧，是中国五大戏曲剧种之一，腔调以西皮、二黄为主，用胡琴和锣鼓等伴奏，被视为中国国粹。

京剧与其他地方剧种不同，发源地不在北京。最开始是徽班进京，后来汉调进京，徽汉合流，称皮黄戏，再吸收昆曲、秦腔、弋阳腔和其他众多地方戏曲的曲艺，形成乱弹，最后演变为京剧。与其他地方剧种不同，京剧的发声不以地方方言为基础，更多采用了韵白。韵白以湖广音、中州音为基础，有尖团字、上口音，合辙押韵，跌宕起伏，恰似吟诵一般。

京剧作为国粹，除了本身的独特性，还有其他原因：京剧是世界普遍认同的剧种，世界戏剧三大表演体系为苏联的斯坦尼斯拉夫斯基体系、德国的布莱希特体系和中国的梅兰芳体系；京剧是历史上形成的，源于民间，也加工于上层社会，最后又流于民间成为时尚；同时，京剧具有写意性和虚拟性，程式化和行当化，综合性和大众性，是当之无愧的国粹。

北京有哪些商业繁华地段

北京，海淀区有中关村电子一条街；朝阳区有中心商务区(CBD)、朝外商业街、三里屯餐饮街；西城区有西单商业街、前门商业街、琉璃厂文化街、西四电子一条街；东城区有王府井商业街、东单商业街、崇外商业街等。

你知道“首都放射线”的数量和命名规律吗

我国高速公路的编号由字母“G”和阿拉伯数字组合而成，阿拉伯数字编号采用1位、2位和4位数。其中，从北京始发的“首都放射线”高速公路采用1位数；纵线和横线采用2位数；城市绕城环线和联络线采用4位数。

G1为京哈高速公路，从G1开始，沿顺时针方向分别是G2京沪高速公路，G3京台高速公路，G4京港澳高速公路，G5京昆高速公路，G6京藏高速公路，G7京新高速公路。

七条“首都放射线”、十一条南北纵向线和十八条东西横向线，简称“七一一一八网”，长度总共约8.5万千米，覆盖10亿多人口。

《北京城市总体规划(2016年—2035年)》提出了怎样的城市空间结构布局

2017年9月，中共中央、国务院同意了《北京城市总体规划(2016年—2035年)》(以下简称《规划》)，确定将在北京市域范围内形成“一核一主一副、两轴多点一区”的城市空间结构，着力改变单中心集聚的发展模式。《规划》以疏解非首都功能为“牛鼻子”，明确了核心区功能重组、中心城区疏解提升、北京城市副中心和河北雄安新区形成北京新的两翼、平原地区疏解承接、新城多点支撑、山区生态涵养的规划任务。

在北京城市空间结构中，“一核”指首都功能核心区，作为全国政治中心、文化中心和国际交往中心的核心承载区；“一主”指中心城区，包括东城区、西城区、朝阳区、海淀区、丰台区、石景山区，是疏解非首都核心功能的主要地区；“一副”指北京城市副中心，范围约155平方千米，辐射带动廊坊北三县地区协调发展；“两轴”指以文化功能为主的中轴线及其延长线和以国家行政和军事管理、国际交往功能为主的长安街及其延长线，以此为统领完善城市空间和功能组织的秩序；“多点”包括位于平原地区的顺义、大兴、亦庄、昌平、房山新城，是承接中心城区适宜功能和人口疏解的重点地区；“一区”指生态涵养区，是保障首都可持续发展的关键区域。

如何解读北京城市规划中的“一核”带动“两翼”

《北京城市总体规划(2016年—2035年)》(以下简称《规划》)重视城市与区域的关系，将区域协同聚焦的地域空间扩展到京津冀整体，确定了构建以首都功能核心区为中心的“一核”与北京城市副中心和河北雄安新区构成的“两翼”组成的京津冀城市群体系。

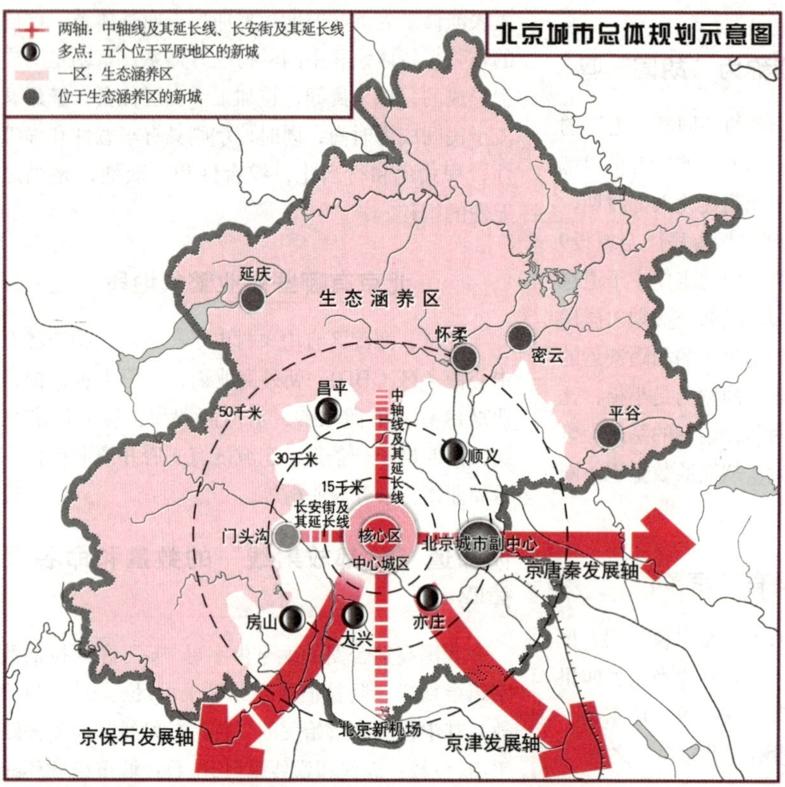

《规划》将“一核”与“两翼”作为一个整体来看待，在“一核”的辐射作用下，强调“两翼”的互联互通、同频共振，形成北京中心城区、北京城市副中心与河北雄安新区功能分工、错位发展的新格局。其中，“一核”长期稳定的高水平发展是城市群持续发展的源

动力，“两翼”是引领区域经济发展的新增长极。

北京市政府驻地搬迁的原因是什么

2018年11月，北京市政府正式由北京市东城区迁入东南部的通州区，北京进入名副其实的“副中心时代”。北京历年的城市规划中一直有“都”和“城”分离的思想，北京市政府的东迁，标志着北京的“首都”和“城市”正式分离。

为了方便在北京的企业和市民，所有为企业、市民服务的北京各级各类政务大厅、办事窗口均不迁入城市副中心。也就是说，迁往通州的北京市政府主要是各大决策部门，而非一线的办事机构和窗口。

为什么要改京霸城际铁路为京雄城际铁路

京雄城际铁路是北京与雄安新区之间新建的一条城际铁路，该铁路起自北京西站，经北京大兴区、北京大兴国际机场、河北固安、霸州，终至雄安新区，全长106千米，全线设6座车站，分别是北京西、北京大兴站、大兴机场站、固安东站、霸州北站、雄安站。

2017年4月1日，中共中央、国务院决定成立雄安新区，为了满足雄安新区运输要求，将原京霸城际铁路新机场至霸州段调整为新机场至雄安新区，改京霸城际铁路为京雄城际铁路。2018年2月28日，北京至雄安新区城际铁路正式开工建设。2019年9月26日，京雄城际铁路北京西至大兴机场段开通运营；2020年12月27日，大兴机场至雄安段开通运营。

北京城市副中心的战略地位是什么

2019年，中共中央、国务院正式批复了《北京城市副中心控制性详细规划(街区层面)(2016年—2035年)》(以下简称《规划》)，标志着北京城市副中心规划建设迈出了新的重要一步。城市副中心位于北京市域东部，长安街东延长线与大运河交会处，距天安门约25千米。《规划》显示，城市副中心用地总面积155平方千米，加上拓展区覆盖通州全区约906平方千米。北京城市副中心的战略定位是国际一流的和谐宜居之都示范区、新型城镇化示范区、京津冀区域协同发展示范区，与河北雄安新区共同建成北京新的“两翼”。建设城市副中心的初衷是通过对中心城区人口和功能的疏解来示范带动非首都功能的疏解，缓解中心城的“城市病”。

什么是京津冀协同发展

京津冀地区战略地位十分重要。当前，区域总人口已超过1亿人，面临着生态环境持续恶化、城镇体系发展失衡、区域与城乡发展差距不断扩大等突出问题。实现京津冀协同发展、创新驱动，推进区域发展体制机制创新，是面向未来打造新型首都经济圈、实现国家发展战略的需要。京津冀协同发展、城镇化健康发展对于全国城镇群地区可持续发展具有重要示范意义。

2015年4月30日，中央政治局会议审议通过《京津冀协同发展规划纲要》，明确提出京津冀区域的整体定位为“以首都为核心的世界级城市群、区域整体协同发展改革引领区、全国创新驱动经济增长新引擎、生态修复环境改善示范区”。专家指出，“京津冀推动区域整体协同发展，必须要树立区域‘一盘棋’理念，交通一体化先行，产业一体化作为突破口，而公共服务一体化是关键所在”。

北京在推进“一带一路”上具有什么作用

随着京津冀一体化的推进，北京承载着“一带一路”建设中北线引擎的重要作用，不论是对中日韩自贸区，还是中俄蒙经济走廊建设都将产生积极的示范效应。

“一带一路”强调的是共同发展，以合作共赢作为根本的发展目标。倡议虽起自中国，发展成果却惠及世界。在推进“一带一路”建设的过程中，北京计划或正在实施的各项项目，对提升区域基础设施互联互通水平、造福本地及各国人民具有重大而深远的意义。

天津市 TIANJIN SHI

■ 简　称　津　　■ 面　积　约1.2万平方千米　　■ 人　口　1 387万人

■ 世界遗产　黄崖关长城　大运河

■ 工艺品　杨柳青年画　风筝魏风筝　泥人张彩塑　刻砖刘砖雕

■ 地理之最

最高山峰：九山顶　　最大湖泊：北大港水库　　最大河流：海河

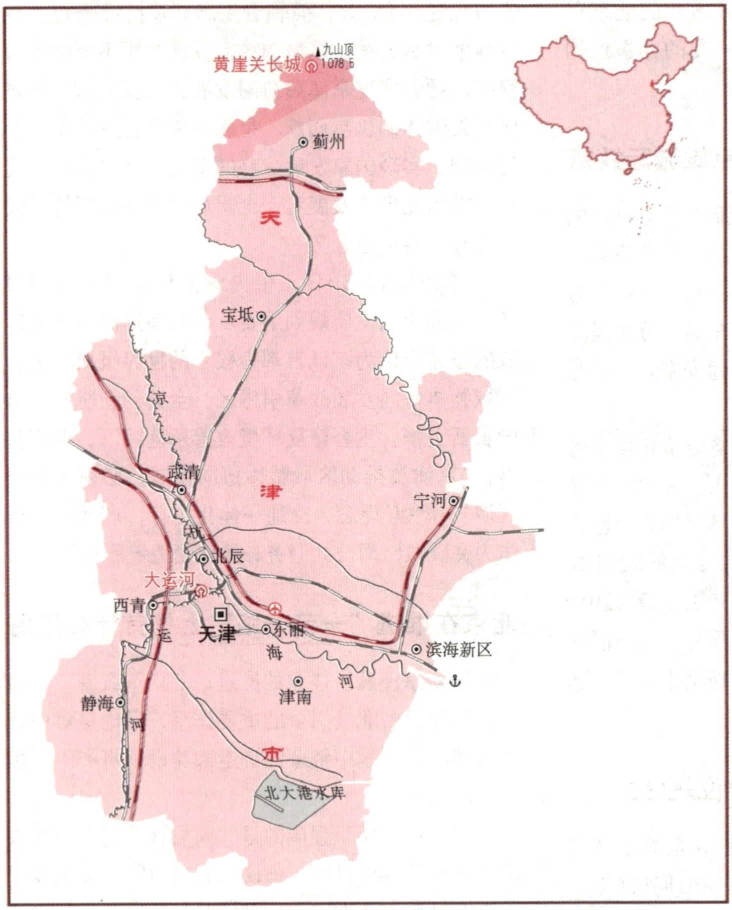

天津市的地理位置有何特点

天津市总面积约1.2万平方千米，地处太平洋西岸，华北平原东北部，海河流域下游，东临渤海，北依燕山，西靠首都北京，是海河五大支流南运河、子牙河、大清河、永定河、北运河的汇合处和入海口，素有“九河下梢”“河海要冲”之称。

天津凭借优越的地理位置和交通条件，成为连接国内外、联系南北方、沟通东西部的重要枢纽，是邻近内陆国家的重要出海口。天津背靠华北、西北、东北地区，经济腹地辽阔，是中国北方十几个省级行政区域对外交往的重要通道，也是中国北方最大的港口城市。天津距北京120千米，是拱卫京畿的要地和门户。

你了解天津市“沧海桑田”的地质构造史吗

距今7 000万年以前，受地壳运动的影响和东西向断裂带的控制，天津蓟州北部地区不断上升形成山地，断裂带以南的大部分地区持续沉降，并接受来自上游水系携带来的泥沙，形成了平原。平原自形成以来，在历史上有过多次沧海桑田的变化，这与全球性的气候变迁有着极为密切的关系。

最近的一次海侵发生在距今8 000年至2 500年，并在距今6 000年时达到了最高点。由于当时气温较高，全球海平面上升，使平原上高程8米以下的地区均淹没在汪洋之下。从距今5 000年开始，随着全球气候的逐渐变冷和海平面不断下降，天津的平原陆地经历了自西北向东南、自西向东阶段性朝渤海推进的历程。在市区以东的平原上，至少分布着三道高出地面并与海岸线大致平行的长堤，这些长堤由海洋贝壳及碎屑沉积形成，是历史时期天津平原逐渐成陆、渤海阶段性后退留下的古海岸“足迹”，现已成为天津古海岸与湿地国家级自然保护区的重要组成部分。

天津市地形地貌如何

天津地质构造复杂，大部分被新生代沉积物覆盖。北部有低山丘陵，海拔由北向南逐渐下降，西从永定河冲积扇尾部向东缓缓倾斜，形成北高南低、西高东低的地势。

天津有山地、丘陵和平原三种地形，平原约占93%。除北部与燕山南侧接壤之处多为山地外，其余均属冲积平原。蓟州北部为海拔1 000米以下的低山丘陵。靠近山地为由洪积扇、冲积扇组成的倾斜平原，呈扇状分布。倾斜平原往南是冲积平原，东南是滨海平原。

天津市的气候具有怎样的特征

天津地处北温带，位于中纬度亚欧大陆东岸，主要受季风环流的影响，东亚季风盛行，属暖温带半湿润季风性气候。临近渤海湾，海洋气候对天津的影响比较明显。

主要气候特征：四季分明，春季多风，干旱少雨；夏季炎热，雨水集中；秋季凉爽，冷暖适中；冬季寒冷，干燥少雪，因此，春末夏初和秋季是到天津旅游的最佳时间。冬半年多西北风，气温较低，降水也少；夏半年受太平洋副热带暖高压影响，以偏南风为主，气温高，降水也多。有时会有春旱。天津的年平均气温约为14℃，7月最热，月平均温度28℃，历史最高温度是41.6℃；1月最冷，月平均温度-2℃，历史最低温度是-17.8℃。年平均降水量在360～970毫米(1949—2010年)，平均值约为600毫米。

天津市的母亲河是哪条河

海河被称作“天津人的母亲河”，也是天津的象征。海河干流起于天津市西部的金钢桥，东至大沽口入渤海湾，全长70多千米，横贯天津闹市。

海河是华北地区的最大水系，中国七大河流之一。海河水系由海河干流和上游的北运河、永定河、大清河、子牙河、南运河五大支流组成。海河流域东临渤海，南界黄河，西起太行山，北倚内蒙古高原南缘，地跨京、津、冀、晋、鲁、豫、辽、内蒙古八省级行政区域，流域总面积31.82万平方千米，占全国总面积的3.3%，其中山区约占60%，平原约占40%。

天津城市的兴起得益于海河水系的漕运，最早始于隋朝大运河的开通。南运河和北运河交汇处，现在的金钢桥三岔河口，是天津的发祥地。因此，是古老的海河孕育了天津城市的生命。而海河冲积而成的平原成为适宜人们生产生活、繁衍生息的场所，促进了该地区的繁荣。

你知道盘山为何被称为“京东第一山”吗

盘山位于天津蓟州城西12千米，南距天津城区110千米，西距北京城区90千米，似一条巨龙，盘桓于京东津北。历史上众多帝王将相、文人墨客竞游于此，清乾隆皇帝先后巡幸盘山32次，留下了歌咏盘山的诗作1 702首，并发出了“早知有盘山，何必下江南”的感叹。

“蓟北多山，山之胜，盘为最。”自古以来，盘山以其绝世美景吸引了无数文人的游历与歌咏，也因此留下了众多弥足珍贵的历史文化遗产，形成了具有浓郁特色的盘山历史文化。而佛教文化则无疑是盘山文化中浓墨重彩的一笔。相传佛教自东汉时期便传入蓟州，当地第一座佛教寺庙——香林寺就修建在盘山脚下。到了唐代，佛教在盘山得到了长足的发展，盘山以“东五台山”的名号享誉佛界。云罩寺、万松寺、天成寺、天香寺、千像寺、感化寺、上方寺、中盘寺等10余座寺庙均兴建于此时期。到了明清，特别是清代开始，盘山佛教进入鼎盛发展时期，清朝廷多次拨款赐金，对盘山寺庙进行大规模的新建、扩建和修建。盘山也因而拥有72座寺庙，成为驰名天下的“京东第一山”。

盘山山势雄伟险峻，景色四季各异，现为自然山水与名胜古迹并著的国家5A级旅游景区。

什么是“沽水流霞”

在天津，有“七十二沽”之说，海河也被称作“沽水”。沽水流霞，为海河风景线，始于三岔口，止于大光明桥，横穿繁华的天津市区。

沽水流霞宛如一幅长长的风景和历史画卷。海河的水体景观、堤岸景观、桥梁景观、建筑景观、文化景观、园林景观和夜景无一不在向我们展示天津中西合璧、古今交融的独特城市风貌。

天津港有什么特点

天津港设有水域面积300多平方千米，拥有各类泊位160余个，是全国最大的人工港。天津港地理位置优越，位于天津滨海新区，海河入海口，地处渤海西部海岸中心位置，是我国北方重要的国际港口，也是渤海中部与华北、西北等地区距离最短的港口。

天津港与世界180多个国家和地区500多个港口有贸易往来，吞吐量大，2001年11月15日成为我国北方第一个亿吨大港。2009年，天津港货物吞吐量跻身世界港口十强。

天津为什么有“万国建筑博览会”之称

天津之所以被人们称为“万国建筑博览会”，是因为它有大量的各个国家不同时期不同风格的建筑。城市建筑独具特色，既有雕梁画栋、典雅朴实的古建筑，又有众多新颖别致的西洋建筑。这些建筑有英国的中古式、德国的哥特式、法国的罗曼式、俄国的古典式、希腊的雅典式、日本的帝冠式等，通常把这些外国建筑称为“小洋楼”。

五大道风情区拥有20世纪二三十年代建成的花园式洋房2 000多幢，其中风貌建筑和名人故居300多处，被誉为“万国建筑博览馆”。

天津瓷房子

你了解天津天后宫吗

天后宫位于天津古城东门外，如今的古文化街上，建于元泰定三年(1326年)，原名天妃宫，俗称娘娘宫，历经多次重修，是天津市区最古老的建筑群，也是中国现存年代最早的妈祖庙之一。建筑群坐西朝东，面向海河，由山门、牌坊、前殿、大殿等组成，属典型的中国传统庙宇式建筑。

天津最具特征的市民文化是什么

从元明清三代建都北京之后，天津就成为京都门户、水陆要冲，有着九河下梢的地理位置和五方杂处的人文环境，形成了天津所特有的市民文化，而最具特征的市民文化当属曲艺。天津人对曲艺的喜爱当与京剧相媲美，天津是曲艺生长和繁荣发展的沃土，曲艺在天津长盛不衰，几度辉煌，产生过许多大师级人物。天津“曲艺大码头”的名号更是享誉全国。

天津之所以被称作“曲艺大码头”，是因为天津是诸多曲艺形式发源、兴盛和发展的地方。其中，天津时调、天津快板、京东大鼓、京韵大鼓、铁片大鼓、快板书等曲艺形式是在天津形成；而京剧、河北梆子、相声、评剧、评书、单弦、梅花大鼓、西河大鼓等也在天津兴盛和发展。

红桥区何以成为天津商业的“摇篮”

红桥区是天津市内中心区之一，位于城区的西北部。区内的三岔河口一带远在新石器时期就有人居住，元朝大兴漕运，三岔河口成为著名的枢纽，人烟日盛，商贾云集，逐渐繁荣。

红桥区是天津商业的发祥地，有着估衣街、河北大街等历史悠久的商业街。估衣街上的元隆、谦祥益、瑞蚨祥等绸缎庄是古老而久负盛名的老字号；“津门三绝”中的狗不理包子、耳朵眼炸糕都是在这一带诞生。红桥区便捷的交通网络和连接华北、东北、华东地区的地理位置使其成为天津商业的“摇篮”。

天津“三环十四射”的道路格局有何意义

天津“三环十四射”指的是内环线、中环线、外环线和十四条呈放射状的干线，连接市区主、次干道，形成交通主动脉。

这个道路格局的主要意义是缓解天津交通压力，推动城市与经济发展。其中，内环线主要承担市中心的客运交通，中环线主要承担市区的客货运混合交通，外环线主要承担货运交通，改善天津“东西不通，南北不畅”的状况。十四条放射状干线分布于城市东南西北。

经过多年建设及运行的实践证明，这种环射状的路网格局符合天津实际，并成为全国城市建设史上的创举，同时在全国城市环线道路设计理念和建设经验方面，具有里程碑式的作用。

天津的城市规划方向是什么

2018年，天津市政府印发《天津市城市总体规划(2017—2035年)编制工作方案》(以下简称《方案》)。该《方案》提出，对标《北京城市总体规划(2016年—2035年)》和《河北雄安新区规划纲要》，形成天津市2035年的城乡发展基本框架。加快海空两港转型升级，提升城市门户作用。构建以天津滨海机场为核心的综合交通枢纽，增强区域枢纽作用，建设我国国际航空物流中心，促进京津冀世界级机场群协调发展。加强自贸试验区研究，推进港口向自由贸易港区转变，建设北方国际航运核心区。

天津什么时候成为中国北方的第一个自贸区

2015年4月21日，位于天津市滨海新区的中国(天津)自由贸易试验区正式挂牌运行。中国(天津)自由贸易试验区为中国北方第一个自贸区。

作为北方首个自贸区，天津的战略定位将挂钩京津冀协同发展。在学习上海经验的基础上，重点摸索天津特色，包括：用制度创新服务实体经济；借“一带一路”契机服务和带动环渤海经济；突出航运，打造航运税收、航运金融等特色。

中国(天津)自贸区着力打造成为北方国际航运中心和国际物流中心，在国际船舶登记制度、国际航运税收、航运金融业务和租赁业务四个方面创新试点，积极开展建设中国特色自由贸易试验区的改革探索。

天津“双城双港”战略指的是什么

天津为实现“国际港口城市、北方经济中心和生态城市”的城市定位目标，依托京津冀，服务环渤海，在2009年正式提出了“双城双港、相向拓展、一轴两带、南北生态”的总体战略。

“双城”指中心城区和滨海新区核心区，是天津城市功能的核心载体。通过“双城”战略，加快滨海新区核心区建设，与中心城区分工协作、功能互补，实现市域空间组织主体由“主副中心”向“双中心”结构转换提升，构成双城发展的城市格局，促进北方经济中心建设。

“双港”指天津港的北港区和南港区，是天津城市发展的核心战略资源，也是发展的独特优势。北港区重点发展集装箱运输、旅游和客运等综合功能，以及重型装备制造业；南港区前期主要依托石化、冶金等重化工业，建设工业港区，后期将建设成为现代化的综合性港区。通过“双港”战略，加快南港区建设，扩大天津港口规模，培育壮大临港产业，调整优化铁路、公路集疏运体系，促进港城协调发展，更好地发挥亚欧大陆桥优势，进一步密切与“三北”腹地和中西亚地区的交通联系，加快建设成为我国北方国际航运中心和国际物流中心，增强港口对城市和区域的辐射带动功能。

天津在环渤海经济圈中处于什么地位

环渤海经济圈指京津冀、辽东半岛、山东半岛环渤海滨海经济带，同时延伸辐射到辽宁、山东、山西及内蒙古中东部。环渤海经济圈是世界100多个国家和地区经济往来的重要通道，需要区域内各个城市携手推动。

从地理位置上看，天津处于环渤海经济圈的中心。天津作为北方重要的工商业城市和北方第一个自贸区，要积极推动京津冀地区的发展，为京津冀地区经济发展提供强大的服务平台。2018年11月，中共中央、国务院明确要求以北京、天津为中心，引领京津冀城市群发展，带动环渤海地区协同发展。

天津将在“一带一路”中发挥什么优势

天津面临着五大机遇：推进京津冀协同发展的重大机遇；建设自由贸易试验区的重大机遇；加快滨海新区开发开放的重大机遇；建设国家自主创新示范区的重大机遇；“一带一路”建设的重大机遇。其中“一带一路”建设的机遇更是重中之重。

天津作为北方重要的工商业城市，在“一带一路”建设中，将发挥港口优势、产业优势、开放优势和教育优势。

一是发挥港口优势，从提升港口服务业和港口作业效率，降低港口的费用，提升通关效率等方面入手，降低天津港综合成本，增强竞争优势。二是发挥产业优势，一方面对传统产业进行改造升级，另一方面大力发展生物医药、人工智能、新材料、新能源等战略性新兴产业。三是打造开放的优势，促进投资便利化、贸易便利化，深化人民币的跨境使用，外汇管理体制的改革，加快建设跨境电子商务综合园区的建设等。四是发挥教育优势，培养熟悉中国技术、中国产品和中国标准的技能性人才，满足“一带一路”的建设需要。

天津在京津冀协同发展中承担什么样的角色

根据京津冀协同发展规划纲要，天津被赋予“一基地三区”的功能定位，即全国先进制造研发基地、北方国际航运核心区、金融创新运营示范区、改革开放先行区，以替代原来的北方经济中心这一角色定位。

河北省 HEBEI SHENG

■ 简　称 冀　■ 面　积 约19万平方千米　■ 人　口 7 461万人

■ 世界遗产 承德避暑山庄及其周围寺庙　清东陵　清西陵　长城　大运河

■ 地理之最

最高山峰：小五台山　最大湖泊：白洋淀　最大河流：滦河

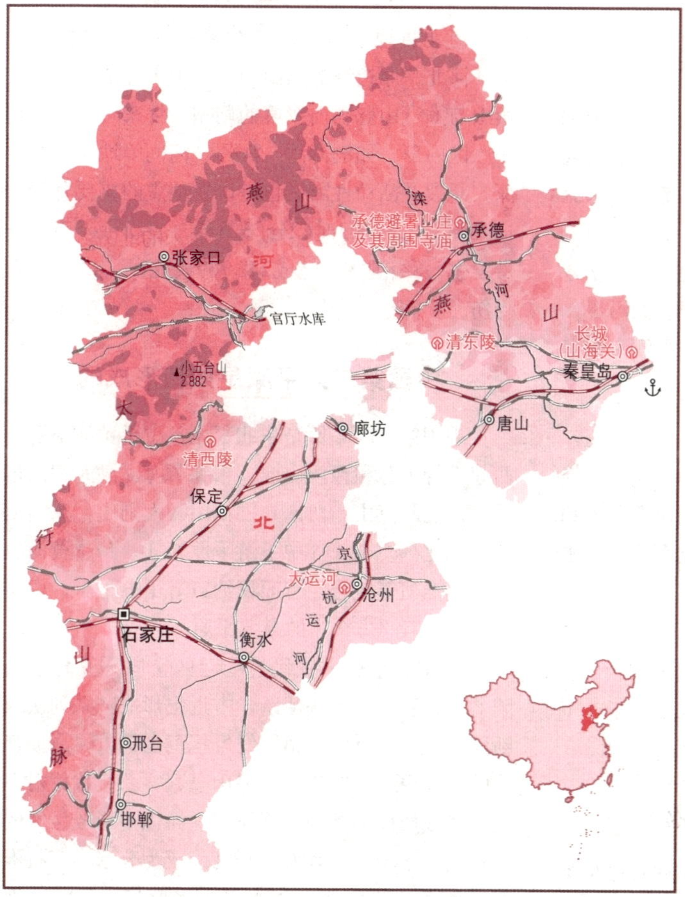

河北省的地理位置如何

河北省横跨华北、东北两大地区，总面积约19万平方千米，省会石家庄。北环北京市，东与天津市毗连并紧傍渤海，东南部、南部衔山东、河南两省，西倚太行山脉与山西省为邻，西北部、北部与内蒙古自治区交界，东北部与辽宁省接壤。隶属廊坊的“北三县”三河、大厂、香河，被京津两市包围，成为河北省的一块“飞地”。

河北省的地形地貌有何特征

河北省地势西北高、东南低，由西北向东南倾斜。地形复杂多样，高原、山地、丘陵、盆地、平原类型齐全。大的地形单元在空间上排列有序，从西北向东南依次是坝上高原、燕山和太行山地、河北平原。

高原分布在河北省西北部，是内蒙古高原的南缘，俗称坝上高原，海拔1 200～1 500米，约占河北总面积的8.5%。山地主要由太行山和燕山两大山脉组成，约占河北总面积的35%。其中，太行山脉呈南北走向，位于河北西部，是河北平原的天然屏障；燕山位于河北北部。丘陵主要分布在太行山脉东侧和燕山南侧。在河北的西北部，以白河谷底和小五台山为界，其间的洋河流域和桑干河流域构成了著名的冀西北山间盆地。河北平原是华北平原的一部分，分布于河北中部和东南部，约占河北总面积的43.5%，平原分为山麓平原、中部冲积平原和滨海平原。

河北省矿产资源概况如何

河北省矿产资源丰富，目前已发现各类矿产150多种。其中探明储量的矿产有120多种，储量居全国前5位的有40来种。已探明储量的矿产地有上千处，形成了以冶金、煤炭、建材、石化为主的矿业经济体系。

河北是国家确定的13个煤炭基地之一，即冀中煤炭基地。煤炭探明储量147.1亿吨。境内有华北、冀东、大港三大油田，累积探明储量27亿吨，天然气储量1 800亿立方米。

河北省境内有哪些河流

河北省河流众多，长度在18千米以上、1 000千米以下的就达300多条。境内河流大都发源或流经燕山、冀北山地或太行山山区，其下游有的合流入海，有的单独入海，还有因地形流入湖泊的内流河。河北省主要河流从南到北依次有南运河、子牙河、大清河、永定河、潮白河、蓟运河、滦河等，分属海河、滦河、辽河等水系。其中，海河水系最大，滦河水系次之。

华北平原为何多霾

河北地处华北平原，地势平坦开阔，西北方和北方分别被太行山脉、燕山包围。华北平原人口密度大，重工业占产业结构比例较大，钢铁厂、水泥厂、热力发电厂等重化工企业排放到空气中的污染物较多，加上机动车尾气排放、冬季取暖烧煤也会产生污染物，在无风或风力较小的情况下，华北平原地区易出现霾天气。

河北省春旱的原因是什么

河北省春旱的原因主要有：河流短促且流量不够大，水资源相对短缺；春季，气温回升快，地表蒸发旺盛，土壤水分逐渐减少；河北雨季处于夏季7—8月，春季降水少；地表植被稀疏，涵养水源能力弱，地表径流量小；河北省人口众多，人口密度大，农业、工业、生活用水蓄水量大，加剧了水资源短缺状况。

河北省具有怎样的气候特征

河北省属暖温带半湿润大陆性季风气候，四季分明，春季多风沙，夏季炎热多雨，秋季凉爽，冬季寒冷少雪。全省年平均气温约15℃。年平均降水量分布很不均匀，年际变化也很大，一般年平均降水量在500毫米左右，降水量分布特点为东南多、西北少。年日照时数约2 303小时，年无霜期81～204天。

河北省哪些地段易发生地震

河北省地震多发，主要集中在三个区段：一是环河北平原边缘的燕山和太行山山前地带；二是燕山与太行山脉斜向接壤的蓟州—怀来一带；三是平原区内部，如渤海湾、深州—河间等地。此外，深大断裂及活动性断裂也是诱发地震的重要背景。1976年7月28日03时42分53.8秒，唐山市丰南区一带发生7.8级地震，造成242 769人死亡，435 556人受伤。

中国第二大平原是如何形成的

中国第二大平原是华北平原，位于黄河下游，西起太行山脉和豫西山地，东到黄海、渤海和山东丘陵，北起燕山，西南到桐柏山和大别山，东南至苏、皖北部，与长江中下游平原相连，跨越黄河、海河、淮河等流域，总面积约31万平方千米，面积仅次于35万平方千米的东北平原。

华北平原在中生代为隆起区，局部发育了断陷盆地；新生代断块活跃，古近纪形成一系列次级断陷盆地；新近纪、第四纪堆积范围扩大，形成连片的大平原；同时边缘断块山隆起；新生代相对下沉，形成较厚的沉积。黄河在孟津以下形成巨大的冲积扇，冲积扇中轴淤积较高，成为分水脊，将淮河、海河分隔南北。华北平原主要是由黄河、淮河、海河、滦河冲积而成，南面为黄淮平原，北面为海河平原，因此又称为“黄淮海平原”。

海河平原上最大的湖泊是哪个

白洋淀是海河平原上最大的湖泊，位于河北省中部。白洋淀，又称西淀，位于38°44′N～38°59′N，115°45′E～116°07′E，是大清河流域中部的天然湖泊，是华北平原上为数极少的淀泊之一，素有“北国江南”“华北明珠”之誉。白洋淀是在太行山前的永定河和滹沱河冲积扇交汇处的扇缘洼地上汇水形成。现有大小淀泊143个，其中以白洋淀、烧车淀、羊角淀、池鱼淀、后塘淀等较大，总称白洋淀，面积366平方千米。从北、西、南三面接纳瀑河、漕河、唐河、潴龙河等河流。白洋淀平均年份蓄水量13.2亿立方米，水产资源丰富，淡水鱼有50多种，并以大面积的芦苇荡和千亩连片的荷花淀而闻名，素有“华北明珠”之称。

2017年4月，雄安新区设立，白洋淀大部分为雄安新区所辖，成为雄安新区发展的重要生态水体。

永定河漂流何以成为“北方第一漂”

永定河大峡谷漂流号称“北方第一漂”，主要有以下三个原因：一是永定河峡谷山清水秀，林深谷幽，途中有“一线天”“石桥”“木桥”“吊索桥”“亚洲第一桥”等，漂流期间可游泳可戏水，乐趣多多；二是永定河峡谷古迹和传说较多，将人文、生态、自然景观、探险、体育融为一体，富有趣味性和刺激性；三是永定河漂流开办最早，又近北京、天津等经济发展水平较高地区，影响最大。

河北省何以成为文物大省

河北文物是河北人民的骄傲，河北之所以被称为文物大省，有以下四个原因。

长信宫灯（汉）

一是文物有延续性，没有缺环。从200万年前的旧石器时代开始，经历新石器时代、夏商周、春秋战国、两汉魏晋南北朝、隋唐五代、宋辽金元、明清至近现代，河北均有人类生产生活的遗物保存。

二是文物品种齐全，内涵丰富。各时期的文物都较好地保存下来，明长城、明清皇陵等被联合国教科文组织列为世界文化遗产。

三是文物质量高。全省国家一级文物一千余件，其中国宝级文物18件。

四是文物数量众多。全省馆藏文物80余万件，各项统计数字均居全国前列。

为什么称河北是“人类祖先的东方故乡”

根据1978年在河北省张家口市阳原县泥河湾的重大考古发现，河北省在100万—200万年前已有人类居住。据考古发掘，这里有第四纪地质学的明显特征，遍布着从旧石器时代到新石器时代大量早期古人类的文化遗存，发现有大批经打制的石器和使用火的痕迹。泥河湾的发现，挑战了远古人类从非洲奥杜威峡谷单一起源的学说，河北也被专家学者称为“人类祖先的东方故乡”。

河北及北京一带有大批旧石器时代的文化遗存，典型的有“北京人”和“山顶洞人”遗址。新石器时代的文化遗存主要有仰韶文化、龙山文化及细石器文化等类型。仰韶文化因首次在河南省渑池县仰韶村发现而得名，为母系氏族社会文化，在河北主要分布于磁县、邯郸、武安、永年、邢台、石家庄、平山、蔚县、涿鹿、正定、曲阳、怀安等地。龙山文化因首次在山东省历城县龙山镇发现而得名，为父系氏族社会文化，在河北主要分布于磁县、邯郸、武安、永年、邢台、石家庄、平山、蔚县、涿鹿、涧沟、临城、唐山、崇礼、赤城等地。细石器文化分布于我国北方从东北、内蒙古到宁夏、新疆的草原地带，在河北主要分布于尚义、丰宁、承德等地。

泥河湾遗址有何考古价值

泥河湾遗址位于河北省阳原县东部，桑干河北岸，化稍营镇泥河湾村境内。泥河湾遗址群是我国乃至世界上独具特色的旧石器考古研究基地，从1924年西方学者巴尔博在这里发现大量古生物化石并命名为泥河湾层后，已有20多个国家和地区的

500多名考古专家前来考察和研究，我国一批知名专家更是经常来此调研。专家们认为“在一两个县的范围内，发现这么多遗址，在全世界是首屈一指”，“无论地质还是旧石器时代考古，泥河湾都是极为理想的场所”，“泥河湾是东亚地区人类文明的起源地”，“是世界人类及其文化起源的中心”。保护开发泥河湾遗址群的价值不可估量。我国发现100万年前的早期人类文化遗存25处，而泥河湾遗址群就占其中的21处。不仅如此，泥河湾丰富的文化积淀还包括古生物学、第四纪地质学、古地理学和古气候学等多种学科，成为举世闻名的“天然博物馆”。泥河湾遗址群的保护和开发，不仅对人类考古研究有重要意义，而且对推动当地经济发展有巨大带动作用。

河北省拥有几个国家历史文化名城

河北省拥有承德、正定、山海关、邯郸、保定、蔚县6个国家历史文化名城（截至2020年）。

承德，是国家公布的第一批国家历史文化名城。承德避暑山庄是清朝皇帝夏天避暑、狩猎和发布各类政治举措的中心，面积是颐和园的2倍、故宫的8倍，是我国5A级景区，也是我国现存占地面积最大的古代帝王宫苑。

正定，位于河北省西南部，华北平原中部的冀中平原，古称常山、真定，历史上曾与北京、保定并称“北方三雄镇”，为中国民间艺术之乡，也是百岁帝王赵佗、常胜将军赵云故里。

山海关，位于秦皇岛市，与甘肃嘉峪关遥相呼应，被称为“天下第一关”，曾被认为是我国明长城的东端起点，并与嘉峪关、镇北台并称为中国长城三大奇观。

邯郸，是我国的指南针和太极之乡，也是我国著名的成语典故之都，成语邯郸学步、胡服骑射、毛遂自荐、掩耳盗铃等众多的成语都来自这里。邯郸，在汉代时曾与洛阳、南阳、临淄、成都并称为“五大都会”。

保定，古称上谷，镇守首都南大门，被誉为“都南屏翰”，著名景点有大慈阁、清西陵、直隶总督署等。

蔚县，古称蔚州，是著名的“燕云十六州”之一，现为河北省张家口市辖县。位于河北省西北部，东临北京，南接保定，西倚大同，北枕张家口，是中国文化先进县、民间艺术之乡、剪纸艺术之乡等。

河北省“两翼、四区、五带、多点”的城镇空间结构是如何布局的

2016年，《河北省建设新型城镇化与城乡统筹示范区规划》提出，构筑“两翼、四区、五带、多点”的城镇空间结构，促进京津冀城市群多城联动、协同发展。

其中，“两翼”指石家庄、唐山两大省域中心城市。要强化两翼高端引领和辐射带动作用，作为京津冀协同发展的重要支撑。

“四区”指环京津核心功能区、沿海率先发展区、冀中南功能拓展区、冀西北生态涵养区。环京津核心功能区包括保定和廊坊，该区将加强科技研发和成果转化基地、功能承接平台建设，形成引领京津冀协同发展的核心区域。沿海率先发展区，包括秦皇岛、唐山、沧州，要主动融入“一带一路”倡议和环渤海合作大格局，打造全省开放型经济引领区和战略性增长极。冀中南功能拓展区包括石家庄、邯郸、邢台、衡水，该区将强化先进制造业发展、科技成果产业化、高新技术产业发展和农副产品供给功能，打造京津冀协同发展战略腹地和城乡统筹发展重要示范区。冀西北生态涵养区，包括张家口、承德和燕山、太行山区，该区将打造京津冀生态安全屏障和国家生态文明先行示范区。

“五带”指京石邯城镇发展带、京唐秦城镇发展带、沿海城镇发展带、石衡沧城镇发展带、京衡城镇发展带。

“多点”指发挥保定、邯郸两个区域中心城市功能，强化张家口、承德、廊坊、秦皇岛、沧州、邢台、衡水、定州、辛集等重要节点城市的支撑作用，进一步提高城市综合承载能力和服务能力，有序推动产业和人口集聚。

河北有哪些国家级经济技术开发区

河北省的国家级经济技术开发区有秦皇岛经济技术开发区、石家庄经济技术开发区、廊坊经济技术开发区、沧州临港经济技术开发区、唐山曹妃甸经济技术开发区、邯郸经济技术开发区等。

河北保定国家高新技术产业开发区有什么区位优势

保定国家高新技术产业开发区(下称保定高新区)是1992年11月经国务院批准建立的国家级高新技术产业开发区之一，形成了以新能源与能源装备产业为特色，以软件、新材料、生物制药等为补充的高新技术产业体系。

保定高新区位于保定市市区的北部，处于首都经济圈及环渤海经济圈核心地带，距北京130千米，天津140千米，石家庄120千米，地理位置优越。开发区毗邻北京、天津、石家庄机场和天津、黄骅港口，位于京广、神黄、津保三条铁路和京珠、京昆、津保、保沧等高速路交会处，是华北地区重要的交通枢纽。保定市区为产业区提供了较完善的基础设施，对排水、电力、燃气、热力等供给充足，政策支持和人才引进也在保定高新区的发展中发挥了不可替代的作用。

雄安新区的发展定位是什么，有何区位优势

雄安新区规划范围涵盖河北省雄县、容城、安新3县及周边部分区域，是中共中央、国务院于2017年4月1日设立的国家级新区，是继深圳经济特区和上海浦东新区之后又一具有全国意义的新区。

雄安新区位于京津保三角形的中心位置，背靠白洋淀，具有优越的地理位置。同时，交通便捷通畅，生态环境优良，资源环境承载能力较强，现有开发程度较低，发展空间充裕，具备高起点高标准开发建设的基本条件。

雄安新区作为北京非首都功能疏解集中承载地，要建设成为高水平社会主义现代化城市、京津冀世界级城市群的重要一极、现代化经济体系的新引擎、推动高质量发展的全国样板。

国务院关于河北雄安新区总体规划（2018—2035年）的批复于2019年1月2日发布。国务院要求按照高质量发展的要求，推动雄安新区与北京城市副中心形成北京新的两翼，与以2022年北京冬奥会和冬残奥会为契机推进张北地区建设形成河北两翼，促进京津冀协同发展。按照分阶段建设目标，有序推进雄安新区开发建设，实现更高水平、更有效率、更加公平、更可持续发展，建设成为绿色生态宜居新城区、创新驱动发展引领区、协调发展示范区、开放发展先行区，努力打造贯彻落实新发展理念的创新发展示范区。

山西省 SHANXI SHENG

■ 简　称 晋　■ 面　积 约16万平方千米　■ 人　口 3 492万人

■ 世界遗产 平遥古城　云冈石窟　五台山　长城

■ 地理之最

最高山峰：北台叶斗峰　最大湖泊：盐湖　最大河流：汾河　主要山脉：太行山

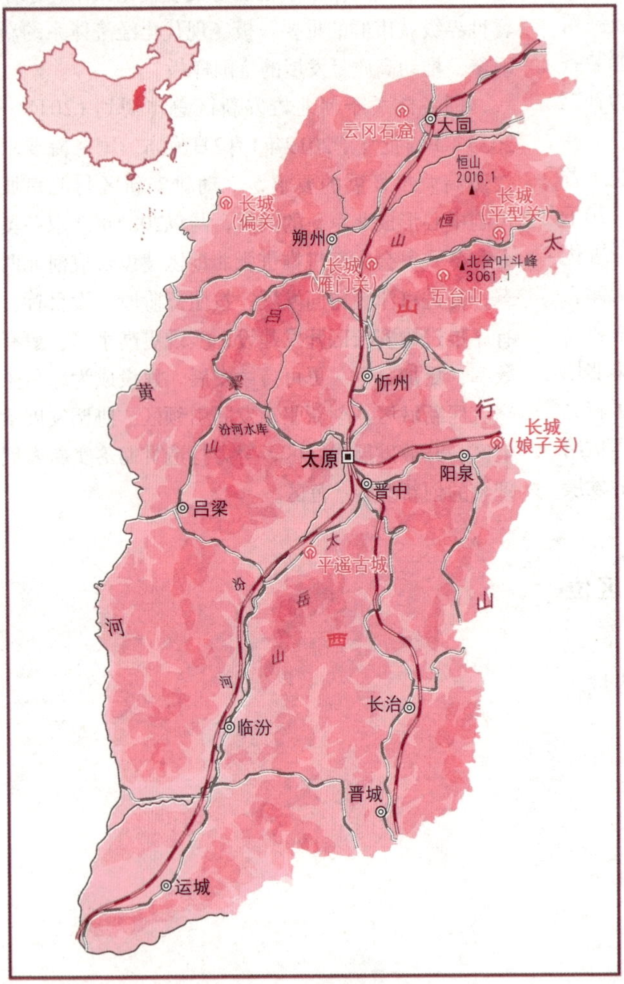

我国内陆省份，位于黄河中游东岸，华北平原西面的黄土高原上。东以太行山为界，与河北为邻；西、南隔黄河与陕西、河南相望；北以外长城为界与内蒙古毗连。

全省总面积约16万平方千米，行政区轮廓类似东北斜向西南的平行四边形。

山西省地理位置如何

山西，因居太行山之西而得名，简称“晋”，又称“三晋”，古称河东，省会太原。山西省是

山西省的地形地貌有何特征

山西省地处华北西部的黄土高原东翼，从总体来看是一个被黄土广泛覆盖的山地高原。地形复杂多样，有山地、丘陵、高原、盆地、台地等，其中山地、丘陵占80%，高原、盆地、台地等占20%。大部分地区海拔在1 000米以上。最高处为东北部的五台山叶斗峰，海拔3 061.1米，是华北最高峰；最低处为南部边缘运城市垣曲县东南西阳河入黄河处，海拔仅180米。

山西省境内总的地势特征是“两山夹一川”，东西两侧为山地和丘陵隆起，中部为一列串珠式盆地沉陷，平原分布其间。东部是以太行山为主脉形成的块状山地，山势挺拔雄伟，海拔在1 500米以上。西部是以吕梁山为主干的黄土高原，海拔多在1 500米以上，关帝山海拔最高达2 830米。

境内的大同、忻州、太原、临汾、运城、长治盆地，以及分布在太行山、吕梁山两山之间的中小盆地

及河流谷地，为省内人口密集和经济发达的地区。

你知道山西省有哪些名山胜景吗

山西境内名山遍布，可供观赏游览的名山胜景有200多处。中国五岳之一的北岳恒山，位于山西省大同市浑源县城南，与东岳泰山、西岳华山、南岳衡山、中岳嵩山并称“五岳”。被称为“佛教四大名山”之首的五台山，一到春季，生机勃发、万木争荣，松柏苍翠，百草浓绿，群鸟在亭塔楼阁上空飞翔。北武当山，集“雄、奇、险、秀”于一身，是吕梁山的一颗明珠，素有“三晋第一名山”之称。山西省名山胜景还有植被葱郁、气候宜人的五老峰，岩溶地貌发育良好、峡谷绝壁绵延上百千米的太行山，保存了华北地区少有的原始森林的历山，松林密布的灵空山，中国五大镇山之一的中镇霍山，栖息繁衍着国家一类保护动物褐马鸡的关帝山，保存较好、研究较早的大同火山群等。总之，山西境内名山遍布。

恒山断崖

你知道山西棋子山吗

棋子山，古名棋子岭、谋棋岭，位于山西省晋城市陵川县东北，山势平缓，主峰海拔1 488米。它是一处天然的“棋石”世界，黑白分明的天然“棋石”漫山遍野，经国家有关部门考察论证，陵川棋子山为中国围棋发源地。

棋子山山清水秀，松林蔽日。相传，殷商沦亡后，箕子在此摆布石子，推演天文，观测天象，同时发明了围棋。箕子曾与仙人对弈，此山故名谋棋山。周朝建立后，周武王曾向箕子访道于此，山石上留下了巨人脚印。山间有一岩洞，有清泉流出，称为棋子洞。棋子山也因此成为围棋起源纪念地、历史文化名人箕子纪念地、当代围棋文化与赛事活动中心。

为什么山西自古以来都是兵家必争之地

古人有云：“得山西者得天下，失山西者失天下”。山西自古以来都是兵家必争之地。首先，山西东临太行山，地势险要。其次，山西本身地处黄土高原，山势起伏连绵，比如大同众多的山区，临汾大大小小的盆地，吕梁的杀虎口，还有东部的娘子关，均为天险，要打通这里需要付出很大代价。第三，山西以其本身的险峻而成为一个很好的根据地。第四，山西是一个物产丰富的地区，遍地是煤矿，运城有解池(盐湖)，可以说军队所需要的能源它几乎都能提供。因此，无论从地理位置、地势地形还是军备资源上看，山西都是兵家必争之地。

大同的死火山群是如何形成的

山西大同火山群，是我国华北地区著名的死火山群，主要分布在大同盆地东部一带。

火山顶上的火山口处有水土流失冲刷切开的剖面。剖面由不同程度的褐红色、暗红色以及黑色的火山熔岩、火山砂砾、火山灰等物质堆积而成，在锥体四周有窄而浅的沟谷，说明火山地貌还处于侵蚀初期。由火山喷发物与上覆下伏地层接触判断，大同火山群是上新世末、晚更新世马兰黄土堆积之初多次活动的产物，最早活动的是北区、东区，南区次之，西区最新。这些火山，大约在6万年前就停止了喷发，因此又称它们为死火山群。

山西何以被称为“原始森林生态博物馆”

山西自然风光优美，峡谷径道绵长，原始森林覆盖率高，高山草甸面积广，名山星罗棋布，溶洞怪石分布广泛，天然湖泊历史悠久，温泉广布，河流富集，珍奇自然景观众多，构成了一个以原始森林为主体的华北地区罕见的动植物宝库，被称为“原始森林生态博物馆”。

历山自然保护区有华北地区唯一的原始森林，是最具有发展前景的自然生态旅游宝地。其核心区分布着800公顷原始森林，以及掩映于森林中的众多动物群。历山仅种子植物就有1 400多种，其中木本植物近500种，包括不少珍贵的南方种属，如连香树、山白树、青檀树等，还有中国最大的暴马丁香树，山西省唯一的人参种植场。区内共有各类野生动物300多种，其中猕猴是我国北方唯一的猴类动物。山区溪水中繁衍着我国最大的两栖类动物——大鲵，俗称“娃娃鱼”，十分珍贵。

山西省的气候有什么特点

山西省属于温带大陆性季风气候。春季多风沙，夏季炎热多雨，秋季年温差较大，冬季寒冷干燥。按照干湿度分类，大部分地区是半干旱地区，仅亚高山区和晋东南为半湿润地区。由于山西地形多样，海拔落差大，气候特征除了具有纬度地带性，还有明显的垂直变化。

山西全省年平均气温在4～14℃，北部和东部山地年均温在5～7℃，西部黄河谷底、太原盆地和晋东南的大部分地区，年均温在8～10℃，临汾、运城盆地年均温达12～14℃，各地气温差异较大。山西地形多样，多丘陵、盆地，海拔落差较大，所以局部气温差异也较大。谷底和盆地地势低洼，保温作用较强，因此白天增温快，但夜间盆地地形不利于空气流动，降温慢。当冷空气入侵时，盆地阻挡作用也会减小冷空气的影响。

你知道春季山西有可能出现什么灾害性天气吗

春季山西最有可能出现的灾害性天气有沙尘暴、寒潮和春旱。

山西地处黄土高原，黄土土质疏松，易被大风卷起，加上冬春季节，我国盛行来自蒙古—西伯利亚的西北风，风力较强劲，因此，山西可能会发生比较严重的沙尘暴。同时，由于近冬季风的源地，也可能发生急速降温的寒潮现象。春季气温回升，降水较少，也可能发生春旱。

为什么说汾河是“山西的母亲河”

汾河，古称“汾”，又称“汾水”，是黄河的第二大支流。汾者，大也，汾河因此而得名。汾河源于山西省宁武县境内管涔山，流经山西省的忻州市、太原市、吕梁市、晋中市、临汾市和运城市，全长约700千米，流域面积约3.9万平方千米，在万荣县荣河镇庙前村汇入黄河。

汾河纵贯山西省中部，上游穿行山地；中游经太原盆地，穿过灵石峡进入临汾盆地；下游河谷开阔，曲流发育，沿着汾渭地堑发育成河流，两侧是盆地和平原，养育了流域居民，是“山西的母亲河”。

你知道难老泉被称为“晋阳第一泉”吗

山西难老泉有“晋阳第一泉”之称，是晋祠三绝之一，也是晋水主要源泉。晋水源头位于晋祠内，共有三泉。鱼沼泉和善利泉时流时枯，难老泉则长流不竭，泉水自地下约5米的岩石中涌出，常年水温保持在17℃，清澈见底。泉名取自诗经名句“永锡难老”。晋祠内，周柏、难老泉、宋代彩塑，被称为晋祠三绝。

晋祠

难老泉泉水世代浇灌晋祠附近的千顷良田，造就了“千家灌禾稻，满目江南田”的丰饶景象。由于泉水含有多种矿物质，水温恒定，水质优良，培育出的大米口感香醇，回味无穷。难老泉也因此当之无愧成为“晋阳第一泉”。

你了解云冈石窟的艺术特色吗

山西云冈石窟位于大同市西郊17千米处的武周山南麓，距今已有1 500年历史，是佛教艺术东传中国后第一次用一个朝代时间、倾一国之力雕凿成具有皇家风范的佛教艺术宝库。云冈石窟继承了中国传统艺术风格，同时融合了古印度、西域等多个民族的艺术特征，是公元5世纪中西文化融合的历史丰碑。整个石窟按照开凿时间早晚，呈现了迥异的造像风格。早期气势磅礴，具有浑厚、纯朴的西域情调；中期精雕细琢，装饰华丽，显示出富丽堂皇的北魏时期艺术特色；晚期窟室规模虽小，但人物形象清瘦俊美。2001年12月14日，云冈石窟被联合国教科文组织列入《世界遗产名录》。

大同云冈石窟

山西成为中华民族的发祥地之一的原因有哪些

早在史前时期，山西就是中国原始人类的活动场所。考古学家研究证明，山西遗存了极其丰富而深厚的原始文化层。迄今已发现的旧石器遗址有300多处，是全国数量最多、最集中的地区。著名的有旧石器早期的西侯度文化、匼河文化，中期的丁村文化、许家窑文化，晚期的峙峪文化、下川文化。它们一脉相承，说明山西在远古时期就是人类活动的重要地区之一，是中华民族的发祥地之一。

襄汾丁村遗址博物馆

历史上晋国曾以霸主地位雄踞中原。山西在十六国北朝时期是统治中心，在唐末五代也是军阀斗争之地，并且，一直以来都是中原与匈奴、鲜卑、突厥、契丹等北方古老民族沟通的重要枢纽，对中华文明的发展产生了重要影响。

山西为什么被称为“中国古代建筑的宝库”

山西有众多闻名的古建筑，是我国古代建筑现存数量最多的省份，有“中国古代建筑的宝库”之称。我国唐代木结构建筑保存完好的不多，有4处在山西，分别是南禅寺、佛光寺、天台庵、广仁王庙。山西五代时期木结构建筑有大云院、镇国寺等；宋辽金代木结构建筑有近百处；元代的永乐宫、广胜寺建筑和壁画均为艺术珍品；始建于北魏而重建于明代的悬空寺建筑奇特；平遥双林寺被誉为“东方彩塑艺术宝库”；解州关帝庙是全国武庙之首等。

山西传统建筑有“五最”，分别是“最古”“最多”“最高”“最险”“最大”。概而观之，这里有全国最古老的木结构建筑，有数量最多的元代及早期的木结构建筑，有世界现存最高的全木结构佛塔，有最为险峻的佛、道、儒三教合一寺庙，有面积最大的院落式民居——王家大院。

为何山西有众多古城

山西地处我国华北西部的黄土高原地带，东邻河北，西傍陕西，南接河南，北连内蒙古。东有巍巍太行山作天然屏障，西、南以滔滔黄河为堑，北抵绵绵长城脚下。古城众多得益于以下的优势。

第一，从地理位置上看，首先山西处在农耕生产方式和游牧生产方式的交互地带。其次，山西处在汉族和游牧少数民族的交互融合地带。同时，山西与国都相邻。唐朝以前，国都主要在西安；五代以后，国都主要在北京。山西处在北京与西安、洛阳之间，这种政治地理优势，是其他任何一个省份所不具备的。

第二，从地势地形上看，山西西、南两边为黄河天堑，东边是太行山，北边为长城、沙漠戈壁，“凭山控水，据高负险”。

第三，从资源上看，山西物产丰富，具备了农业社会生产、生活所需的所有资源，如粮、棉、丝、盐、铁、煤、马、木材等，“北收代马之用，南资盐池之利”。

山西乔家大院为何如此有名

山西乔家大院

乔家大院始建于清乾隆二十年(1756年)，从始建到建成，中间经过近两个世纪。乔家大院是一座雄伟壮观的建筑群体，综观全院，布局严谨，设计精巧，建筑考究，砖瓦磨合，精工细做，斗拱飞檐，彩饰金装，砖石木雕，工艺精湛。从高空俯视院落布局，很似一个象征大吉大利的双“喜”字。乔家大院体现了中国清代民居建筑的独特风格，具有相当高的观赏、科研和历史价值，充分显示了中国古代劳动人民高超的建筑工艺水平，是一座无与伦比的艺术宝库，被专家学者称为“北方民居建筑的一颗明珠”。因此素有“皇家有故宫，民宅看乔家”之说，乔家大院名扬三晋，誉满海内外。

你知道山西“四大梆子”是什么吗

四大梆子是山西传统戏曲剧种：蒲剧、晋剧、北路梆子和上党梆子，深受群众喜爱。其中，蒲剧、晋剧、北路梆子同根异枝，一脉相承，皆为梆子声腔的正宗。上党梆子，起源于素有深厚戏曲传统的古上党郡泽、潞二州，以演唱梆子腔为主，兼唱昆曲、皮黄、罗罗腔、卷戏，俗称“昆梆罗卷黄”。

山西省戏剧在中国的戏剧史上占有十分重要的地位，特别是晋南地区，是山西省戏剧、也是中国戏剧的发源地之一。

你知道山西有哪些出名的特产

山西位于黄土高原上，地域广阔，土特产品种繁多。杏花村汾酒是我国的历史名酒，色如水晶美玉，清香纯正，畅销海内外。竹叶青酒色青绿，晶莹剔透，以汾酒为底酒，添加十余种中药材精制陈酿而成，具有和胃、消食、除烦的功效。著名的土特产还有山西老陈醋、清徐葡萄、汾阳核桃、柳林红枣、同川梨、五台山“台蘑”、大同黄花、恒山黄芪、稷山板枣、平陆百合、蒲州青柿子、垣曲猕猴桃、晋城红果果、代县辣椒、太谷中药“龟龄集”、高平丝绸、平阳木版年画、大同艺术瓷器和铜器、平遥推光漆器等。

你知道山西汾酒历史上的三次辉煌吗

汾酒，中国传统名酒，是清香型白酒的典型代表，有着4 000年左右的悠久历史。因产于山西省汾阳市杏花村，又称“杏花村酒”。

历史上，汾酒曾经有过三次辉煌。第一次是1 500年前的南北朝时期，汾酒作为宫廷御酒受到北齐武成帝的极力推崇，被载入二十四史，一举成名。第二次是晚唐著名诗人杜牧一首《清明》诗吟出千古绝唱，“借问酒家何处有？牧童遥指杏花村”。第三次是1915年，汾酒在巴拿马万国博览会上荣获甲等金质大奖章，为国争光，成为中国酿酒行业的佼佼者。

杏花村汾酒不仅是中国文化名酒，而且是名酒之始祖，国之瑰宝，凝聚着中国古代劳动人民的智慧。

山西老陈醋产地环境有何特别之处

山西老陈醋以“食而绵酸、口感醇厚、滋味柔和、酸甜适口、余香绵长”享誉中外，原料均取自本地生产的高粱、大麦、玉米和豌豆。高原上的日照强烈，昼夜温差大，所产杂粮糖分含量高，其他成分的含量也较高。山西老陈醋还有一个其他地区无法仿制的因素，这便是黄土高原寒冷的冬天及辐射强烈的夏天。

酿醋如酒，必得好水才出得好醋。山西老陈醋的用水皆取自地下，水脉源自天龙山。天龙山原名方山，属吕梁山脉分支，海拔1 700米，位于太原市西南36千米。天龙山屏峰黛立，松柏成荫，溪泉鸣涧，山中多砂页岩，森林覆盖率达70%，水质良好，是酿造山西醋的优质用水。

山西为何能被称为“煤乡”

晋煤外运

山西矿产资源丰富，其中，煤炭资源最为丰富，煤炭储量已探明的超过2 000亿吨，占全国煤炭储量总量的1/3，远景储量达到9 000亿吨。除了煤炭储量多，山西的煤炭还具有煤种齐全、煤质尤佳等优点。大同煤田是全国最大的优质动力煤产地，太原西山煤田是省内最大的炼焦煤产地，阳泉是全国最大的无烟煤产地。同时，山西还专门开通了运煤的路线，为各地提供高质高产的煤炭资源，因此，山西被誉为“煤乡”。

山西为什么能够成为全国的能源重化工基地

煤炭、电力工业是山西最大的支柱产业，为能源重化工业提供了资源和能源，使山西在全国经济布局中处在重要战略地位。

山西已探明的煤炭储量居全国第一，以大同煤矿集团为核心的晋北动力煤基地充分发挥动力煤资源和“西电东送”北通道中枢位置的优势，大力发展坑口电站、低热值煤和煤矸石综合利用电站，推进煤电一体化。同时，以煤焦化、煤层气和煤电等产业多元化发展为重点，大力发展煤炭深加工，延长煤焦产业链，建设煤、电、气、化一体化的能源化工基地。

山西“三纵十二横十二环”高速公路网的格局是如何形成的

山西省高速公路网最早规划为“人字骨架、九横九环”。2008年，为适应国家促进中部地区崛起战略和山西建设新型能源与工业基地等发展战略的要求，山西省交通运输厅组织对全省高速公路网规划进行了调整，修改为“人字骨架、两纵十一横十一环”。后又调整为“三纵十二横十二环”，增加了泽州韩家寨至芮城风陵渡这一横和太原二环，总里程达到7 258千米，比原规划增加了938千米。到2020年底，全省高速公路总里程可达到6 300千米，其中国家高速公路2 039千米。全省实现县县通高速公路。

山西经济发展要着力培育哪些新动力

能源产业一直是山西省的优势产业，要以“高碳资源低碳发展，黑色煤炭绿色发展”为原则，扎实推进山西国家新型综合能源基地建设。毋庸置疑，能源产业的优化发展还是山西经济发展要着力培育的新动力。一方面，着力推进煤炭及其相关产业向市场主导型、清洁低碳型、集约高效型、延伸循环型、生态环保型、安全保障型转变，走出一条具有山西特色的兴煤之路；另一方面，优化升级电力产业、煤层气产业和新能源产业。

除了能源资源的开发，山西也会优化提升现代载能产业，改造提升冶金、焦化、建材等传统优势产业，积极化解产能过剩，发展壮大现代煤化工和大数据产业，促进电力、煤炭与高载能产业互动发展，实现能源就地消纳增值，积极推进钢铁、建材等主要耗煤行业的清洁生产，减少污染。

同时，发展壮大装备制造业也是山西经济发展要培育的新动力。以重点企业、园区、技术、项目为依托，建立先进装备制造研发设计平台，构建高效完备的先进装备制造业服务体系，加快提升装备制造业竞争力，把装备制造业打造成为山西省经济转型升级的新引擎。

山西农业的三大发展区是如何划分的

2017年，山西省发布的《山西省农业可持续发展规划(2016—2030年)》中，将山西农业划分为三大发展区，分别是优化发展区、适度发展区和保护发展区。这三大农业发展区的划分依据了不同地区的地理环境和农业基础，以期实现农业结构更优化、区域布局更科学的目标。

其中，优化发展区主要包括位于汾河谷地和盆地区域的太原、晋中、临汾、运城、忻州、长治、晋城等市，这里是大宗农产品的主产区，农业生产条件好、潜力大，但也存在水土资源过度消耗、环境污染、农业投入品过量使用、资源循环利用程度不高等问题，因此要优化发展。

适度发展区主要包括大同、朔州、忻州、吕梁、太原等地。这些地区农业生产特色鲜明，但草地退化，水土流失严重，粮经饲结构失衡，生态环境恶化的状况依然存在。因此要坚持保护与发展并重，以养定种，立草为业，大力发展草牧业和粮改饲，推动粮经饲统筹和农牧结合。

保护发展区主要包括晋中、阳泉、长治、晋城等太行山低山丘陵区及忻州、吕梁、临汾等吕梁山低山丘陵区。这些区域水土流失严重，生态十分脆弱，在生态保护与建设方面具有特殊的战略地位。因此要坚持保护优先、限制开发，适度发展生态产业和特色产业，让耕地、草原等资源得到休养生息，促进生态系统良性循环。

山西“一核一圈三群”的城镇体系框架是如何布局的

2010年，山西省把推进城镇化建设作为“十二五”发展的重大战略，确定了“一核一圈三群”的城镇体系框架。其中，“一核”即由太原市区、晋中市区、清徐县城、阳曲县城构成的太原都市区，是全省城镇体系的组织核心，经济转型发展的增长极核。“一圈”即太原都市圈，是以太原都市区为核心，以太原盆地城镇密集区为主体，包括太原、晋中、吕梁、阳泉、忻州五市。该区域是省域经济与社会事业最为发达的核心区域和最为重要的城镇密集地区。“三群”为以大同盆地为主体，以大同、朔州为核心的晋北城镇群；以临汾、运城盆地为主体，以临汾、运城为核心的晋南城镇群；以长治盆地和晋城中部地区为主体，以长治、晋城为核心的晋东南城镇群。这三个城镇群是区域经济发展的核心区域，省域经济持续增长的重要区域。

山西发展红色旅游的优势是什么

山西是具有光荣传统的革命老区，是抗日战争时期的主战场，是华北敌后抗日根据地中心，是八路军总部和三大主力师所在地。独特的历史、不一样的经历给山西留下了独具特色而且具有较高历史价值和纪念价值的红色遗址、遗迹、遗物。

山西红色旅游资源极为丰富，星星点点分布在全省各地。全省现存革命遗址和纪念建筑物约3 400处，其中近500处已公布为各级文物保护单位，有60多处红色旅游景点可供游览参观。近年，山西推出了长城抗战文化游、太行抗战文化游、吕梁红色经典游等红色旅游线路。

内蒙古自治区

NEIMENGGU ZIZHIQU

■ 简　称　内蒙古　■ 面　积　约118万平方千米　■ 人　口　2 405万人

■ 世界遗产　元上都遗址　长城

■ 工艺品　羊绒衫　包头和阿左旗的地毯　多伦的马鞍　蒙古靴　包头的皮革制品等

■ 地理之最

最高山峰：敖包圪垯　最大湖泊：呼伦湖　最大河流：黄河　主要山脉：大兴安岭

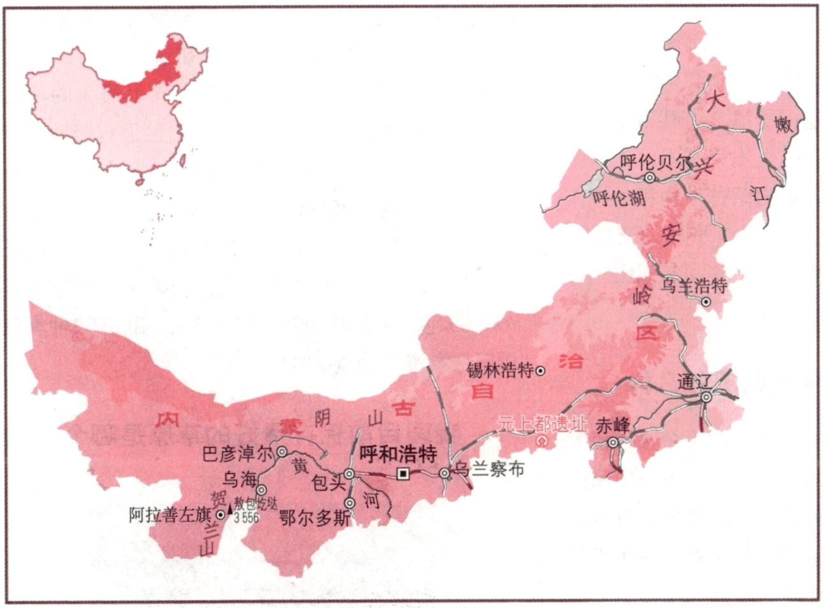

内蒙古自治区地理位置如何

内蒙古自治区位于我国北部边疆，由东北向西南斜伸，呈狭长形。全自治区面积约118万平方千米，约占中国陆地面积的12.3%，是中国第三大省级行政区域。东、南、西依次与黑龙江、吉林、辽宁、河北、山西、陕西、宁夏和甘肃8省级行政区域毗邻，跨越三北(东北、华北、西北)，靠近京津，北部同蒙古和俄罗斯接壤，国境线长约4 200千米。

内蒙古自治区的气候有什么特点

内蒙古自治区地域广袤，所处纬度较高，高原面积大，距离海洋较远，气候以温带大陆性季风气候为主。有降水少而不匀、风大、寒暑变化剧烈的特点。大兴安岭北段地区属于寒温带大陆性季风气候，巴彦浩特—海勃湾—巴彦高勒以西地区属于温带大陆性气候。总的特点是春季气温骤升，多大风天气，夏季短促而炎热，降水集中，秋季气温剧降，霜冻往往早来，冬季漫长严寒，多寒潮天气。

内蒙古自治区日照充足，太阳能资源非常丰富，大部分地区年日照时数都大于2 700小时，阿拉善高原的西部地区在3 400小时以上。全年大风日数平均在10～40天，70%发生在春季。其中，锡林郭勒、乌兰察布高原大风日数在50天以上，大兴安岭北部山地，一般在10天以下。沙暴日数大部分地区为5～20天，阿拉善西部和鄂尔多斯高原地区在20天以上。

内蒙古自治区地形地貌如何

内蒙古自治区地势较高，平均海拔1 000米左右，属于亚洲中部蒙古高原的东南部及其周边地带。内部又有明显差异，其中高原约占总面积的53.4%，山地占20.9%，丘陵占16.4%，平原与滩地占8.5%，河流、湖泊、水库等水域面积占0.8%。

内蒙古自治区的地形以蒙古高原为主体，具有复杂多样的形态。除东南部外，由呼伦贝尔、锡林郭勒、巴彦淖尔、阿拉善及鄂尔多斯等高原组成，海拔最高点贺兰山主峰3 556米。高原四周分布着大兴安岭、阴山、贺兰山等山脉，构成内蒙古高原地形的脊梁。

内蒙古高原西端分布有巴丹吉林、腾格里、乌兰布和、库布齐、毛乌素等沙漠，总面积约15万平方千米。在大兴安岭的东麓、阴山脚下和黄河岸边，有嫩江西岸平原、西辽河平原、土默川平原、河套平原及黄河南岸平原。这里地势平坦、土壤肥沃、光照充足、水源丰富，是内蒙古粮食和经济作物的主要产区。在山地向高平原、平原的交接地带，分布着黄土丘陵和石质丘陵，其间有低山、谷地和盆地分布，水土流失较严重。

内蒙古自治区的水文概况怎么样

内蒙古自治区境内共有大小河流千余条，最大的为黄河，由宁夏石嘴山附近进入内蒙古，由南向北，围绕鄂尔多斯高原，形成一个马蹄形。有近千个大小湖泊，主要的有呼伦湖、贝尔湖、达里诺尔湖、乌梁素海、岱海、居延海等。

内蒙古自治区按自然条件和水系的不同，可分为大兴安岭西麓黑龙江水系地区（克鲁伦河、额尔古纳河），呼伦贝尔高平原内陆水系地区，大兴安岭东麓山地丘陵嫩江水系地区（罕诺河、那都里河、多布库尔河、甘河等），西辽河平原辽河水系地区（老哈河和西拉木伦河），阴山北麓内蒙古高平原内陆水系地区，阴山山地、海河、滦河水系地区，阴山南麓河套平原黄河水系地区（黄河、大黑河），鄂尔多斯高平原水系地区，西部荒漠内陆水系地区等。

平均地表年径流量约291亿立方米，占河川径流总量的78%；多年平均径流量为80亿立方米，占河川径流总量的22%。由于河川径流受大气降水及下垫面因素的影响，内蒙古自治区年径流量地区分布不均，水资源不平衡，局部地区水量富而有余，而大部分地区干旱缺水。同时，河川径流年内分布不均，年际变化比较大。降水集中在6—8月，汛期径流量占全自治区径流量的60%～80%。

内蒙古自治区矿产资源有何特点

内蒙古自治区是我国发现新矿物最多的省级行政区域。自1958年以来，我国获得国际上承认的新矿物有50余种，其中10种发现于内蒙古，包括钡铁钛石、包头矿、黄河矿、索伦石、汞铅矿、兴安石、大青山矿、锡林郭勒矿、二连石、白云鄂博矿。包头白云鄂博矿山是世界上最大的稀土矿山。截至2018年底，内蒙古自治区保有资源储量居全国之首的有20种，居全国前3位的有45种，居全国前10位的有95种，稀土查明资源储量居世界首位。煤炭保有资源储量为4 590.41亿吨，占全国总量的26.87%，居全国第一位；金矿保有资源储量868.65吨，银矿91 460.97吨；铜、铅、锌3种有色金属保有资源储量6 144.1万吨。

我国目前保存最好的草原是哪个

呼伦贝尔草原

呼伦贝尔大草原位于内蒙古自治区东北部，大兴安岭以西，因呼伦湖、贝尔湖而得名。地势东高西低，海拔650～700米，总面积约为10万平方千米，是世界著名的天然牧场，四大草原之一，是我国目前保存最完好的草原，有“牧草王国”之称。

呼伦贝尔草原四季分明，被誉为世界上最好的草原。年平均温度0℃左右，无霜期85～155天，温带大陆性气候，属于半干旱区，年降水量250～350毫米左右，气候总体特征：冬季寒冷干燥，夏季炎热多雨，年温差、日温差大。

呼伦贝尔大草原是一片没有污染的绿色净土，出产的肉、奶、皮、毛等畜产品备受国内外消费者青睐，连牧草也大量出口日本等国家。它是中外闻名的旅游胜地。

我国最高的沙山在哪里

内蒙古阿拉善盟巴丹吉林沙漠中的金字塔形沙山，是我国最高的沙山，高500米。

巴丹吉林沙漠，位于内蒙古自治区的西部，是中国四大沙漠之一，总面积约4.7万平方千米。巴丹吉林沙漠年降水量不足40毫米，但是沙漠中的湖泊竟然多达100多个。高耸入云的沙山，神秘莫测的鸣沙，静谧的湖泊、湿地，构成了巴丹吉林沙漠独特的迷人景观，每年吸引了上万名国内外游客前来观光。

金字塔形沙丘又称星状沙丘，具有明显棱面，高度在100米以上，这种巨型沙丘又称为沙山。每个沙丘有3～4个棱面，最多可达5～6个棱面。每一个棱面常代表一种风向，这是气流受地形阻挡，发生变化所造成的。

神奇的阿尔山天池是怎样形成的，有何神奇之处

阿尔山天池位于阿尔山市东北74千米的天池岭上，东西长450米，南北宽300米，面积为13.5公顷，是阿尔山第二大火山口湖。天池是阿尔山国家地质公园内最具特色和最具代表性的火山遗迹，约形成于距今20万～30万年(中更新世)，由火山喷出物落在喷火口周围形成一道环状围墙，中间形成圆形凹坑，多年积水而成。海拔1 332.3米，低于吉林省长白山天池和新疆天山天池，位居全国第三。

阿尔山天池有许多神奇的地方，神奇之一是久旱不涸，久雨不溢，甚至水位多年不升不降。神奇之二，天池水没有河流注入，也没有河道泄出，一泓池水却洁净无比。神奇之三，距天池不远的姊妹湖丰产鲜鱼而天池却没有鱼。神奇之四，深不可测。

阿斯哈图石林是怎么形成的

内蒙古自治区赤峰市克什克腾旗位于内蒙古高原东部，大兴安岭山脉南缘，浑善达克沙地东端，是三大地貌区的结合部，有“塞上金三角”之称。在这两万多平方千米的范围内汇集了草原、湖泊、林海、沙地、石林等多种自然景观，被称作内蒙古风光的“百宝箱”。克什克腾的阿斯哈图石林处于大兴安岭余脉向西部草原过渡的地带。草原上群山呈现出典型的丘陵地形，阿斯哈图石林在这丘陵地带显得格外突出。

第四纪冰川长期的精雕细刻，造就了阿斯哈图石林这一神秘独特的自然风貌，具有华山之险峻，黄山之秀丽，泰山之雄奇。这里山连着山，峰连着峰，山山不同，峰峰各异。阿斯哈图石林风光秀丽，景色迷人，是举世罕见的“冰石林”。

内蒙古境内距离北京最近的沙漠是哪个

内蒙古境内距北京最近的沙漠是库布齐沙漠。“库布齐”为蒙古语，意思是弓上的弦。库布齐沙漠位于鄂尔多斯高原的北部，西、北、东三面均以黄河为界，地势南部高、北部低，南部为构造台地，中部为风成沙丘，北部为河漫滩地。

库布齐沙漠总面积约145万公顷，流动沙丘约占61%，形态以沙丘链和格状沙丘为主，属于温带干旱半干旱区，气温高，温差大，气候干燥，年大风天数为25～35天，东部属于半干旱区，雨量相对较大，西部属于干旱区，热量丰富。中东部有发源于高原北侧的季节性川沟十余条，沿岸土壤肥力较高。西部地表水少，水源缺乏，仅有内流河沙日摩林河流向西北消失于沙漠之中。沙漠西部和北部因地靠黄河，地下水位较高，水质较好，可供草木生长。

有“塞外西双版纳”之称的是哪个地方

黑里河道须沟，是国家4A级旅游景区，位于

内蒙古赤峰市宁城县黑里河国家级自然保护区，地处内蒙古宁城县、河北省承德县、隆化县三县交界地带，隶属燕山山脉七老图山支脉。道须沟内，流水潺潺，瀑布迭起，烟波浩渺，景色大有黄山之奇、庐山之秀。有人曾这样赞美道：道须沟里几多泉，汇流成溪更甘甜。奔腾东去济沧海，堪称辽河第一源。除此以外，道须沟更是一个动植物王国，让人能真切感受大自然的生机、美丽，有“塞外西双版纳”之称。

我国城市中最大的天然草原园区在哪里

我国城市中最大的天然草原园区是赛汗塔拉生态园，位于包头5个城区之间，总面积770公顷，其中林地150公顷，草地500公顷，南北长约4.1千米，东西宽约2.2千米，海拔1 034～1 058米，是全国城市中最大的天然草原园区。

园区地下水位较高，大部分为天然草滩，生长着大量的杨树、柳树。每当夏季来临，园区水草肥美，置身其中，“天苍苍，野茫茫，风吹草低见牛羊”的感觉油然而生。

响沙湾旅游区为什么充满神秘色彩

响沙湾位于鄂尔多斯市达拉特旗库布齐沙漠东段，黄河中游以南数十千米，鄂尔多斯高原北部。响沙湾沙丘高约100米，长约200米，坡度为45°，坡壁弧度呈半月形，是一个巨大的响沙回音壁，故称响沙湾。2011年，响沙湾被国家旅游局评为国家5A级旅游景区。

当你举步沙上或从沙峰上顺坡坐着往下滑行，脚下身下沙子立刻作响，轻则像奏乐、蛙鸣，天地间回荡着悦耳的交响乐；重则如击鼓或飞机、火车轰鸣，空气为之颤动，响声四处传播，顺风处声音更大，令人惊喜而欢呼。当天气干燥时，涓涓细沙从坡上缓缓流下，即使人不滑沙，手不拨沙，也会听到嗡嗡的沙响声，充满了神秘色彩。关于响沙湾的沙子为什么会响有以下这些说法：一是必须在晴天、沙坡表面15厘米左右的沙子干透后，沙子才会响；二是沙子必须在受到震动之后才会响；三是将这里的沙子移到其他地方3个月后就不会再响了。可见，响沙与光照、湿度、震动、磁场等有一定的关联。但造成响沙之响的确切科学原理是什么，还有待物理学家、地质学家们进一步研究才能揭开其神秘面纱。

穿沙公路为什么被称为“大漠奇迹”

“穿沙公路”，因穿越库布齐沙漠而得名。库布齐沙漠由东向西横亘在杭锦旗境内，自然地把杭锦旗分为南北两部分。由于大漠浩瀚，亘古无路，辟沙成途为历代之企盼。历时两年，费工万计，耗资逾亿，穿沙公路使隔绝库布齐沙漠南北的茫茫沙海顿然变通途。它南起杭锦旗政府所在地锡尼镇，北达巴彦淖尔市乌拉山火车站，与110国道、109国道及京兰线相通，穿越库布齐沙漠50多千米。

穿沙公路以其雄伟的气魄、浩大的工程，被誉为“大漠奇迹”。踏上穿沙公路，宛如进入了人工雕塑的艺术殿堂，令人驻足流连，不忍离去。公路两侧，乔木灌木、方格沙障、优良牧草以及甘草药材层层叠叠，与大漠黄沙相映，一望无际，如画如诗。

大窑文化遗址为什么国内外罕见

大窑文化遗址在呼和浩特市郊区保合少乡大窑村南山坡上，发现有旧石器时代早期的石器制造场，整体年代为距今50万年左右。经多次发掘，地层中出土800多件石器，地下还埋藏着不计其数的石器，其中龟背形刮削器是“大窑文化”的代表器物。此外，还发现了人类用火后的灰烬遗迹，以及肿骨鹿、披毛犀等哺乳动物化石。

大窑文化遗址的石器制造场面积之大、经历年代之久、出土石制品之多，在中国和世界上都是罕见的。

为什么说内蒙古的长城修建最早、最长、经历朝代最多

在中国历史上，有20多个王朝或诸侯国修建过长城，其中在内蒙古修建过长城的就有13个。内蒙古地区长城最早修建于2 300至2 800年前，是我国修建最早、经历朝代最多、省级行政区域内总长度

最长的长城。

内蒙古长城与国内16个有长城的省级行政区域相比，占据了“三最”，许多地段至今保存较好，这对研究我国古代战争防御史、建筑史和社会经济发展史、民族关系史有着重要的参考价值。

什么是“那达慕”

内蒙古那达慕

那达慕，意为“娱乐、游戏”，蒙古族牧民习惯称为“乃日”。这是蒙古族人民为了庆祝丰收或是喜庆日子而开展的具有广泛群众性和娱乐性的传统民俗文化活动。那达慕有深刻、丰富的文化内涵，在蒙古族人民的生活中占有重要地位。

传统搏克(蒙古式摔跤)、射箭、赛马为“男儿三艺”，是那达慕的核心项目。每逢那达慕召开，方圆数百里的牧民都会身着节日盛装，乘车骑马，从四面八方赶来参加和观看比赛。彩旗飘飘、人欢马嘶，平日宁静的草原顿时变得热闹起来。

如今，在不同的季节，蒙古族人民都要举行规模不等的那达慕。那达慕的内容也在不断丰富，集旅游观光、传统体育、文艺活动、经贸洽谈于一体，成为草原上极具影响力的文化经贸交流盛会。夏季那达慕、冰雪那达慕、旅游那达慕、国际那达慕，在广袤无垠的内蒙古大草原上，各种盛会异彩纷呈。

2006年5月20日，那达慕经国务院批准列入第一批国家级非物质文化遗产名录。那达慕以古老的传统和浓郁的特色，吸引着越来越多的海内外朋友。

内蒙古最重要的交通枢纽是哪个城市

通辽市是内蒙古东部中心城市，是内蒙古最大的交通枢纽，也是环渤海经济圈和东北经济区的重要枢纽。通辽市东靠吉林四平，西接内蒙古赤峰、锡林郭勒，南依辽宁沈阳、铁岭，北边与内蒙古兴安盟及吉林白城、松原为邻。

通辽市是国家实施“一带一路”和内蒙古自治区推进向北开放的重要节点。通辽境内有京通、通让、大郑、通霍、集通等9条铁路交会，已开通“通满欧”国际货运班列，4条高速、7条国道和8条省道贯穿。通辽民航机场可起降波音737等大中型客机，已开通航线10多条。通辽火车站是全国铁路枢纽编组大站之一。

你了解“中国乳都”——呼和浩特市吗

呼和浩特，意为“青色的城”，是内蒙古自治区的首府，是自治区政治、经济、科技、文化的中心，又因为呼和浩特盛产中国最优质的奶制品，所以也被誉为“中国乳都”。呼和浩特市地处内蒙古自治区中部大青山南侧，西与包头市、鄂尔多斯市接壤，东邻乌兰察布市，南抵山西省。

呼和浩特有着悠久的历史和光辉灿烂的文化，是华夏文明的发祥地之一，先后荣获“全球经济增长20强城市”“中国经济实力百强城市”“中国最具魅力金融生态城市”等称号。是连接黄河经济带、亚欧大陆桥、环渤海经济区域的重要桥梁，中国向蒙古、俄罗斯开放的重要沿边开放中心城市，东部地区连接西北、华北的桥头堡，也是中国北方重要的航空枢纽。

内蒙古的“金三角”地区指的是哪里

呼包鄂城市群位于内蒙古自治区中西部的核心区，包括呼和浩特、包头、鄂尔多斯三市，呈品字形分布，三者有着非常密切的经贸和社会联系。呼包鄂三市经过高速发展，已成为内蒙古最具活力的城市经济圈，被誉为内蒙古的“金三角”地区。

呼包鄂三市在打造“金三角”经济圈过程中，探索出一条不断提升产业发展水平的新路子。在加强基础设施建设，改善发展环境和条件的同时，呼包鄂集中优势资源做大做强优势特色产业实现了跨越式的发展。

内蒙古在实施“一带一路”中有何区位优势

内蒙古在推进“一带一路”建设中有以下区位优势。

地理位置优势：内蒙古横跨东北、华北、西北，毗邻8个省级行政区域，北部与俄罗斯、蒙古两国交界，满洲里和二连浩特是国内两个最大的内陆口岸，人流、物资流、资金流连通俄罗斯、蒙古乃至亚欧各国。独特的区位优势，决定了内蒙古在“一带一路”中地位举足轻重、不可替代。

资源优势：内蒙古高原是中国第二大高原。享誉世界的内蒙古草原、森林和大漠风光及蒙古族风情、历史文化遗迹熠熠生辉。自然资源丰富，尤其是矿产资源、土地资源、森林资源、农牧业生产资源丰富，但目前开发程度较低。这为加强对外合作开发提供了客观基础。

产业优势：内蒙古利用矿产业、林业、农业、畜牧业生产和技术的优势，加强与俄罗斯、蒙古农业、畜牧业的开发合作，前景广阔。

“一带一路”给内蒙古带来了哪些变化

“一带一路”倡议实施以来，内蒙古全方位扩大对外开放，形成了前所未有的开放新格局。

内蒙古巴彦淖尔河套平原自然条件得天独厚，农牧业资源丰富，有我国最大的葵花生产区，每年出口葵花子18万吨，90%销往中东、欧美市场。目前，巴彦淖尔市已建成番茄、葵花子2个国家级出口基地。仅从事葵花子出口的企业就达50多家，越来越多的产自内蒙古大草原的农产品出现在国际市场上。

内蒙古电力公司积极推进跨境电力输送，拓展电力出口业务，搭建起多条向蒙古国供电的通道。

“一带一路”倡议实施后，内蒙古已经与11个国家的41个地区建立了联系，在不断扩大对外贸易的同时，内蒙古也成为“一带一路”沿线国家投资新热点。

辽宁省 LIAONING SHENG

■ **简　称** 辽　■ **面　积** 约15万平方千米　■ **人　口** 4 259万人

■ **世界遗产** 盛京三陵(永陵、昭陵、福陵) 高句丽王城、王陵及贵族墓葬 沈阳故宫 长城

■ **地理之最**

最高山峰：花脖山　**最大河流：**辽河　**主要山脉：**千山

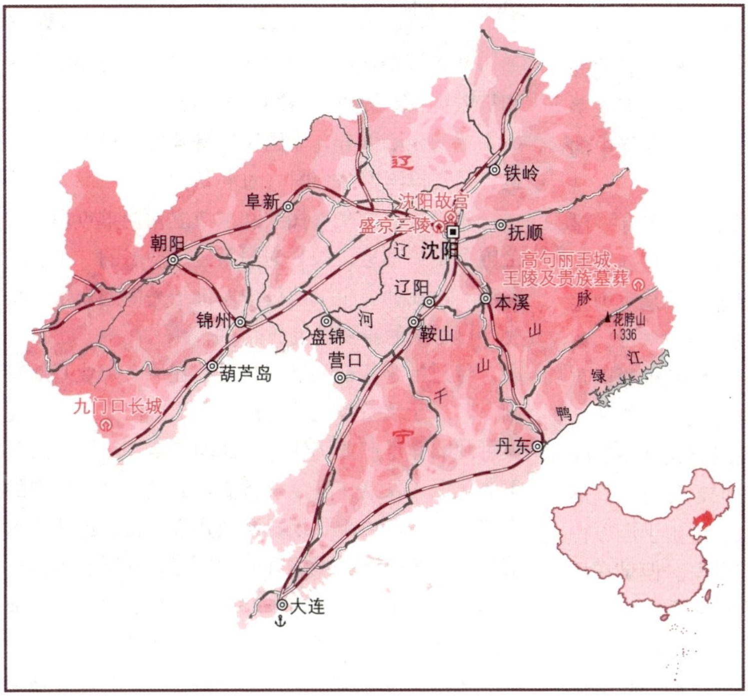

辽宁省的地理特征是怎样的

辽宁省位于中国东北地区的南部，南濒黄、渤二海，隔渤海海峡，与山东半岛遥相呼应；西南与河北省接壤；西北与内蒙古自治区毗连；东北与吉林省为邻；东南以鸭绿江为界与朝鲜隔江相望，陆地总面积约15万平方千米，省会沈阳。

辽宁省地势大致为自北向南、自东西两侧向中部倾斜，山地丘陵分列东西两厢，中部为平原，呈马蹄形向渤海倾斜。辽东、辽西两侧为平均海拔约800米和500米的山地丘陵；中部为平均海拔约200米的辽河平原；辽西渤海沿岸为狭长的海滨平原，称“辽西走廊”。

辽宁省的气候有什么特点

辽宁省地处亚欧大陆东岸、中纬度地区，属于温带大陆性季风气候区。雨热同季，日照丰富，积温较高，冬长夏暖，春秋季短，四季分明。全省年平均气温在7～11℃，受季风气候影响，各地差异较大，自西南向东北、自平原向山区递减，最高气温为30℃，极端最高气温可达40℃以上，最低气温为-30℃。辽宁省是东北地区降水量最多的省份，平均年降水量在600～1 100毫米。东部山地丘陵区年降水量在1 100毫米以上；西部山地丘陵区与内蒙古高原相连，年降水量在400毫米左右，是辽宁省降水最少的地区；中部平原降水量比较适中，年降水量在600毫米左右。

辽宁省有何水文特征

辽宁省境内有大小河流300余条，主要有辽河、浑河、大凌河、太子河、绕阳河以及中朝两国界河鸭绿江等。辽河是省内第一大河流，全长

1 300多千米。省内大部分河流自东、西、北三个方向往中南部汇集注入海洋。河流水文特点为河道平缓，含沙量高，流量年内分配不均，泄洪能力差，易发生洪涝。东部河流水清流急，河床狭窄，适于发展中小水电站。

沈阳怪坡“怪”在何处

沈阳怪坡，是条长80余米，宽约25米，呈西高东低走势的斜坡，位于沈阳市沈北新区境内的帽山西麓，面对旷野，背依群山。人们在此“怪坡”上，汽车下坡必须加大油门，而上坡即使熄火也可到达坡顶；骑自行车，下坡要使劲蹬，上坡却要紧扣车闸；人行坡上，也是上去省力，下来费劲。对怪坡形成的原因，众说纷纭，比较集中的说法有三个。

一是磁场作用。有人认为在怪坡西侧有一磁场或引力场，足以吸引各种车辆或行人轻松西行，但至今未能探测到磁场发生地及强度。二是重力位移。我们知道地球上的物体都受地心引力作用，物体沿坡下滑。但也会存在特殊情况，因某种原因重力场上的某个或某几个点分布异常是完全可能的。然而产生这种现象的范围不可能只限制在这条长80余米，宽约25米的坡，可是怪坡附近，却再也找不到这种现象了。三是视觉差。有人认为由于怪坡特殊的地形、地貌，造成了视觉上的误差。但是在坡上无论是用水平仪测量还是测海拔高度，坡度和落差都有，坡度约为1.87度，而两侧的落差为1.2米，这足以证明不是视觉差。各种说法都不能给怪坡以准确的科学定论，这更增加了“怪”的程度。

沈阳为何有“盛京”的别称

沈阳是国家历史文化名城，素有“一朝发祥地，两代帝王都”之称。这里是清朝(后金)在1625—1644年的首都盛京所在地。

1625年，清太祖建立的后金迁都于此，更名盛京。1636年，皇太极在此改国号为“清”，建立清王朝。1644年，清军入关定都北京后，以盛京为陪都。

从清定都沈阳这一天起，沈阳城有了系统完善的城市建设规划，即所谓内有井字形大街的方城，外有圆郭，四方有四个塔寺，方城与圆郭之间有八条放射状的大街的格局，整个城平面像一个车轮的形状。这种格局体现了中国传统文化，也可以说是沈阳城最早的规划。如今中街的道路格局保留了原来盛京城的格局，即井字格局。中街、沈阳路与正阳街、朝阳街就是在原来贯穿城市的四条井字形道路基础上扩建的。

辽宁作为我国先进装备制造业基地，发展现状如何

装备制造业指为国民经济各部门进行简单生产和扩大再生产提供装备的各类制造业的总称，是机械工业的核心部分，为国民经济各部门提供工作母机，是支撑国家综合国力的重要基石。

辽宁作为中华人民共和国成立初期重点建设的全国重工业基地，被誉为国家经济发展的“工业装备部”，在社会主义建设中发挥了关键的作用，具有不可替代的重要地位。

经过数十年的发展和积累，在原有工业基地基础上，辽宁装备制造业目前已经形成门类齐全、规模可观的完整产业链体系。2008年至2013年，随着工业化深入发展，辽宁装备制造业成为经济发展的支柱产业。但由于长期科研经费投入低、产业技术落后、体制改革缓慢等方面的原因，辽宁装备制造业的发展水平低于全国平均水平，且远落后于东部发达地区。辽宁发展先进装备制造业的对策可以从加大财政支持力度，降低企业的经营成本，加强龙头企业示范作用，注重专业人才培养，形成人才优势等方面入手。

你了解东北亚经济圈吗

东北亚指亚洲东北部的国家和地区，目前仍没有一个明确的定义，一般认为包括中国东北地区、日本、蒙古、韩国、朝鲜和俄罗斯的远东地区。冷战结束后，和平与发展成为世界两大主题，各国的竞争焦点从政治、军事领域转向经济领域，各国加强合作，最大限度地发掘区域经济发展潜力。东北亚区域既有经济发达国家，也有新兴的工业化国

家，还有发展中国家，各国发展水平、经济结构梯次明显，资源条件也各具特点，互补性强，合作空间大。20世纪90年代以来，东北亚区域各国之间的经济、技术、贸易合作迅速发展。加强东北亚各方的对话，促进理解和协作，已经成为东北亚各方共同的迫切愿望。目前，东北亚是全球经济中举足轻重、发展最快的区域之一。东北亚区域的国民生产总值之和占到世界经济总量的1/5。近年来，随着经济全球化进程的加快，以地缘关系为基础的区域性经济合作日趋加强，东北亚地区在亚洲乃至全球经济发展中的地位和作用也将越来越重要。

为何沈阳有“东方鲁尔”的美称

沈阳是中华人民共和国成立初期国家重点建设起来的以装备制造业为主的全国重工业基地之一。经过几十年的发展，工业门类齐全，已形成汽车及零部件、现代建筑、农产品深加工、化工、钢铁及有色金属深加工等优势产业，为国家级信息化与工业化融合试验区。2019年地区生产总值6 470多亿元。因为和著名的德国鲁尔工业区一样，沈阳在亚洲工业发展中占有重要地位，所以，素有“东方鲁尔”的美誉。

你了解沈阳故宫吗

沈阳故宫

中国有四大故宫，分别是沈阳故宫、北京故宫、南京故宫和台北故宫。沈阳故宫，是中国两大宫殿建筑群之一。作为清初皇宫，又称盛京皇宫，已有400年历史，占地面积6万多平方米，古建筑100余座，共500多间。沈阳故宫按照建筑布局和建造先后顺序，可以分为三个部分：东路——努尔哈赤时期建造的大政殿与十王亭，是皇帝举行“大典”和八旗大臣办公的地方。中路——大清门、崇政殿、凤凰楼、清宁宫等，是皇帝进行政治活动和后妃居住的地方。西路——戏台、嘉荫堂、文溯阁和仰熙斋等，于1782年建成，是清朝皇帝“东巡”盛京(沈阳)时，读书看戏和存放《四库全书》的场所。沈阳故宫不仅是古代宫殿建筑群，还以丰富的珍贵收藏而著称于海内外，故宫内陈列了大量遗留下来的宫廷文物，如努尔哈赤的剑、皇太极的腰刀和鹿角椅等。

你知道沈大国家自主创新示范区吗

沈大国家自主创新示范区指沈阳、大连两个国家高新技术产业开发区建设的国家自主创新示范区。作为国家2016年批复的创新示范区，沈大国家自主创新示范区积极开展科技体制改革和机制创新，在股权激励、科研项目和经费管理、科技金融结合、人才培养与引进、产学研用结合、创新创业服务体系建设、东北亚合作创新、知识产权保护与运用等方面进行探索示范。

沈大国家自主创新示范区主要推进六个方面的工作：推进以装备制造业为重点的传统工业转型升级，培育发展与传统工业互为支撑的新兴产业，构建具有区域特色的新型产业技术创新体系，营造鼓励创新创业的良好生态环境，集聚创新智力打造“人才特区”，构建大开放、大合作的协同创新格局。

为何说旅顺口的战略地位很重要

旅顺口是著名的优良军港，是我国北方的海军基地，从古到今都是兵家必争之地。旅顺口在辽东半岛的南端，大连的西南，隔海与山东半岛的烟台和威海遥相呼应，共同组成渤海的门户。扼守渤海门户的旅顺口是京津的咽喉，战略地位十分重要。1880年旅顺口成为军港，并陆续修建了东西海岸炮台和船坞，成为北洋海军的一个重要基地。旅顺港三面群山环绕，港口开向东南，东面是黄金山，西面是老虎尾，两山环抱，中间一口，港口航门狭小，仅容一舰出入，内分东西两港，水位较深，可停泊大型舰只，而且冬季不冻。如今的旅顺口已成为现代化的军港，我国海军北海舰队就驻守在此。

你了解沈阳大秧歌吗

沈阳大秧歌是一种古老的传统民间舞蹈，是明清时在继承唐代以来东北大秧歌传统特色基础上而形成的传统民俗乡土艺术，可以即兴表演而不受步法约束。表演者灵活地用腰、胯的扭动和步伐变化，采用走、摇、颤、跳、腾、挪、抖、闪等方式，以及扭、逗、浪、俏、哏等艺术手法进行表演，同时还将许多民间绝活杂耍融于表演之中。大秧歌开始时是少数民间闲散艺人在街头表演的谋生手段，逐渐变成了节庆或庙会期间的娱乐活动。

现行沈阳大秧歌，除继承了东北大秧歌原有传统艺术形式与风格外，已同辽南、辽西的高跷艺术融为一体，形成了独有的粗犷、豪放、火爆、热烈、欢快、强劲而自由的艺术特色和时代精神。

你了解辽宁的兴城古城吗

兴城古城是中国十佳古城，是我国目前保存最完整的四座明代古城之一，位于辽宁省兴城市老城区中心。兴城古城是唯一的方形卫城，城墙设有东南西北四门。城中心设有钟鼓楼，城门外筑有半圆形瓮城，城墙四角仍筑有炮台，用来架设红夷大炮。兴城具有得天独厚的旅游资源，在42平方千米的区域内，集“城、泉、山、海、岛”五大景观于一体，形成了北方沿海风景旅游区独特的风姿，每年前来观光的中外游客达百万人次。

辽宁哪个城市被誉为“东北之窗”“北方明珠”“浪漫之都”

大连，别称滨城，是京津的门户，位于辽宁省辽东半岛南端，地处黄渤海之滨，背依中国东北腹地，与山东半岛隔海相望。大连是中国东部沿海重要的经济、贸易、港口、工业、旅游城市。大连环境绝佳，气候冬无严寒，夏无酷暑，有“东北之窗”“北方明珠”“浪漫之都”之称，是中国东北对外开放的窗口和最大的港口城市，先后获得国际花园城市、中国最佳旅游城市、国家环保模范城市等荣誉。

吉林省 JILIN SHENG

■ **简　称** 吉　■ **面　积** 约19万平方千米　■ **人　口** 2 407万人

■ **世界遗产** 高句丽王城、王陵及贵族墓葬　长城

■ **地理之最**

最高山峰：白云峰　**最大湖泊**：松花湖　**最大河流**：松花江

主要山脉：长白山

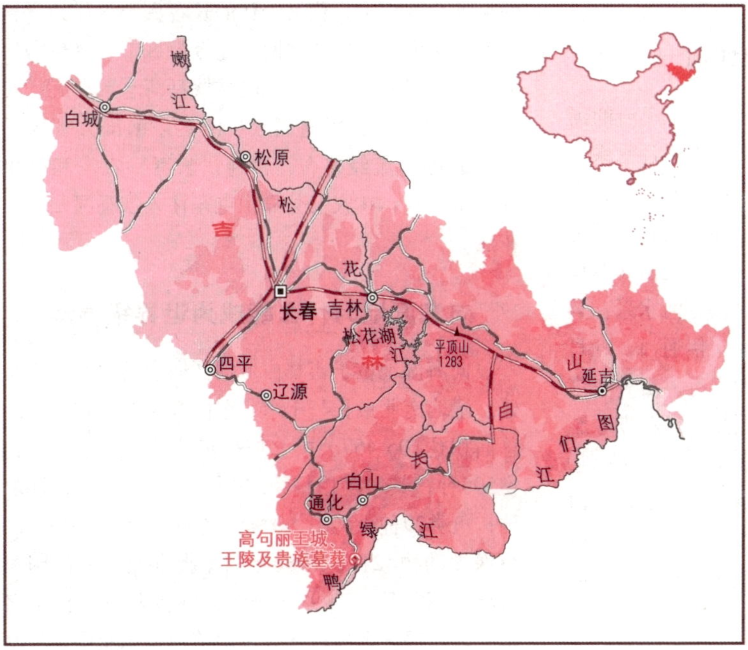

吉林省地理概况如何

吉林省位于我国东北地区中部，东与俄罗斯接壤，东南以图们江、鸭绿江为界河与朝鲜相望，西南接辽宁省，西接内蒙古自治区，北邻黑龙江省。最东端的珲春市最近处距日本海仅15千米，距俄罗斯的波西耶特湾仅4千米。省会长春。

吉林省土地肥沃，中部的主要土壤类型是黑土，另外还有草甸土和沼泽土等。全省油页岩、硅藻土、硅灰土、火山渣等11种矿产储量居全国首位。国家级保护动物有东北虎、金钱豹、梅花鹿、紫貂、丹顶鹤、金雕等。吉林省是“东北三宝”——人参、貂皮、鹿茸的主要产地，是我国最大的人参产地和出口基地。吉林省还是我国重要的林业基地，长白山区是我国六大林区之一。

吉林省的气候特征是怎样的

吉林省位于中纬度亚欧大陆的东侧，属于温带大陆性季风气候，四季分明，雨热同季。春季干燥风大，夏季高温多雨，秋季天高气爽，冬季寒冷漫长。从东南向西北由湿润气候过渡到半湿润气候再到半干旱气候。吉林省气温、降水、温度、风以及气象灾害等都有明显的季节变化和地域差异。冬季平均气温在−11℃以下。夏季平原平均气温在23℃以上。吉林省气温年较差在35～42℃，日较差一般为10～14℃。大部分地区年平均气温为2～6℃，极端最高气温为40.6℃，极端最低气温为−45℃。无霜期一般为100～160天。吉林省多年平均日照时数为2 259～3 016小时，年平均降水量为400～600毫米，但季节和区域差异较大，80%集中在夏季，东部降水最为丰沛。正常年份，光、热、水分条件可以满足作物生长需要。

吉林省的地形地势有什么特点

吉林省地处东北平原，地表形态差异明显。地势由东南向西北倾斜，以中部大黑山为界，可分为东部山地和中西部平原两大地形区。山地面积约占总面积的36%，丘陵和台地面积约占34%，平原面积约占30%。吉林省主要山脉有长白山、大黑山、张广才岭、吉林哈达岭、老岭、牡丹岭等。以松辽分水岭为界，以北为松嫩平原，以南为辽河平原。吉林省海拔最高点是长白山的白云峰(2 691米)。

吉林省的水系状况如何

吉林省河流众多，是东北地区主要江河的河源省，主要为五大水系，东部主要为图们江水系，包括布尔哈通河、嘎呀河、海兰江和珲春河等；东南部为鸭绿江水系，浑江流经白山和通化；西南部四平、辽源一带为辽河水系，主要为东辽河和西辽河；东北部汪清和敦化一小部分是绥芬河水系；其余均为松花江水系，支流有辉发河、伊通河、牡丹江、拉林河、饮马河、洮儿河、嫩江等。吉林省主要的湖泊有长白山天池(白头山天池)、松花湖、雁鸣湖、查干湖和月亮泡。长白山天池(白头山天池)是中国与朝鲜的界湖，也是中国最深的湖泊。长白山区拥有全国最好的矿泉水资源，是世界三大优质矿泉水水源地之一。全省湿地类型多、分布广、面积大。

为什么说登一次长白山等于从温带到了寒带

长白山位于吉林省东南部，是一座休眠火山。长白山地区是中国重要的野生物种基因库和野生药材基地，为中国三大天然药材宝库之一，同时也是世界植物的宝库。在登长白山的途中可以看到从温带到寒带的植物。长白山垂直自然景观带的基带是针阔混交林带。长白山植物，随高度的变化呈带状分布。随海拔的不同，长白山自下而上可分为四个不同的自然景观带：海拔1 200米以下，地势平缓，这里是阔叶林和针叶林混生地带，生长着杨、枫、榆、松、柏等植物，以及多种鸟类；海拔1 200～1 700米，主要是针叶林带，主要的动物有松鼠和紫貂；海拔1 700～2 000米，主要分布桦树；海拔2 000米以上是高山苔原带，主要是矮小的灌木、多年生草本、地衣、苔藓等形成广阔的地毯式苔原植被，以及寸草不生的荒原，即便是在盛夏，这里很多地方依然是白雪皑皑。

为什么说伊通河是“长春的母亲河”

流经长春的主要河流是伊通河，它是长春历史的见证，养育了一代又一代的长春人，被称为“长春的母亲河”。伊通河两岸如今是城市人口最密集的地方。伊通河属黑龙江流域饮马河水系支流，发源于哈达岭山脉伊通满族自治县东南部大青顶子山西北侧，流经磐石、伊通、长春、农安和德惠五个市、县，在农安县靠山屯东注入饮马河归入松花江。

向海湿地为什么能成为世界级湿地

向海湿地位于吉林白城地区通榆县西北70千米处。湿地南北最长45千米，东西最宽处为42千米，总面积达105 467公顷。据初步统计，湿地内有植物595种，其中药用植物220多种。脊椎动物300多种，鱼类29种。其中，国家一级保护动物10种，二级保护动物42种。1986年国家批准建立向海国家级自然保护区，1992年被列入《国际重要湿地名录》，在保护世界珍稀野生动植物资源及湿地自然生态环境、救护大型珍稀湿地禽类等方面，有着重要地位。

为什么说“南有桂林，北有泥林”

泥林又称“狼牙坝”，位于松原市乾安县西部，距县城35千米，西临大布苏湖，北靠大布苏镇。狼牙坝高出湖面约50米，南北长约15千米，面积约为58平方千米，沟壑纵横，泥柱如林，其形似锯齿，状如狼牙，故当地人称“狼牙坝”，远观犹如桂林的喀斯特地貌。中外考古学家在此挖掘出十几种脊椎动物化石，还相继挖出石器、兵器等，可以证明新石器时代就有先民在此聚居。

为什么说吉林拉法山国家森林公园是“关东第一奇山”

拉法山位于蛟河市城北偏东11千米处，主峰海拔886.2米。拉法山有“四奇”。第一奇：平地拔起一座山，周围与哪座山都不相连。第二奇：四面观看山型几乎一样，都是九个山峰，又称九顶铁叉山。第三奇：它有八十一峰七十二洞，洞洞天然形成，没有一个是人工开凿的。第四奇：无水起雾，拉法山上没有水，但到了8、9月份会出现拉法山云海。因此，吉林拉法山国家森林公园被称为“关东第一奇山”。

吉林雾凇的成因是什么

吉林雾凇又称玉树琼花，常在每年11月至次年3月出现（有时甚至在10月至次年4月出现），出现时间可长达半年，而每次持续的时间也长，一般在傍晚至次日早晨多见。

吉林市冬季漫长寒冷，气温日较差大(经常在18℃以上)，使空气易饱和，水汽凝结或凝华的多，再加上常有逆温层，大气层结稳定，冷空气能够持久。吉林市位于松辽平原向长白山的过渡地带，城区坐落于开阔平坦的河谷盆地之中。地形地势不仅有利于辐射降温，还有利于冷空气堆积，且不易增温变性。加之“山谷风”的作用，使吉林气温日较差增大。白天气温升高，大气含水量较多。夜间气温降低，大气含水能力减弱，就有多余的水汽凝结。从不封冻的松花江面向空中源源不断蒸发大量水汽，大大增加了空气中饱和水汽量。这些是吉林雾凇形成得天独厚的地理条件。

吉林省的名字是怎么来的

“先有乌拉，后有吉林”，这是流传甚广的俗语，因为在吉林市建城之前，女真扈伦四部之一的乌拉部已经在此建立乌拉古城。康熙十二年（1673年），清政府在吉林设副都统官职，建城郭，称吉林乌拉城，才正式用吉林作为城市的名字。“吉林”在满语中为“沿着”的意思，“乌拉”为“江”之意，“吉林乌拉城”即为“沿江之城”，简称吉林。吉林省名字的由来一般的说法是吉林省省会最早设立在吉林市，故名吉林省。

长春为什么有“汽车城”的美誉

长春是我国最早的工业发展基地之一，也是中国汽车工业的摇篮。从第一辆轿车在这里诞生起，长春就成为驰名中外的“汽车城”。1953年，长春开始了我国第一座汽车厂的建设。1956年，国产第一辆解放牌载重汽车的诞生，结束了我国不能生产汽车的历史。汽车产业是长春的主要经济来源和立城之本。第一汽车制造厂现在已发展成为中国第一汽车集团有限公司，是我国汽车行业中最具实力的公司之一。经过多年的建设、调整和发展，第一汽车集团现已形成以生产中型车，重型车，轻型车，中、高档轿车，改装车及汽车零部件为重点的汽车工业格局。

哪里被称为“小首尔”

延边朝鲜族自治州位于吉林省的东部，中、俄、朝三国接壤处，靠近日本海。东邻俄罗斯，南接朝鲜，是我国东北地区沟通内外，联结亚欧大陆的重要枢纽，与俄罗斯、朝鲜、韩国和日本等国家来往频繁。自治州首府延吉市是朝鲜族居民的集聚地，这里有浓郁的民族特色，被中外游人称为东北地区的“小首尔”。

延边朝鲜族自治州拥有丰富的自然资源，其中包含已探明的40多种金属矿藏，1 700多种野生经济动植物。森林覆盖率约80%，是我国重要的木材生产基地。延边朝鲜族自治州大力加强外贸、旅游、林木、医药等产业，形成了独特的经济发展格局。

在“十四五”规划中吉林省提出了什么策略振兴老工业基地

20世纪90年代以前，东北地区是我国经济较发达的地区，同时也是我国重要的工业基地，然而随着改革开放的深入，东北地区的经济发展速度逐渐落后于东部沿海地区，有鉴于此，国家提出了振兴东北老工业基地战略。

为振兴东北老工业基地，吉林省在“十四五”规划中提出如下措施：发挥科教优势，深入实施创新驱动战略，构筑振兴发展强大动力；提升产业基础能力，推进制造业升级，发展壮大实体经济；大力发展寒地冰雪经济，推进服务业转型提质，培育壮大新动能；扛稳维护国家粮食安全重任，全面推进乡村振兴，加快农业农村现代化；强化投资消费双轮驱动，深化项目建设，持续扩大内需；深化体制机制改革，优化营商环境，增强市场主体活力；优化国土空间格局，统筹区域协调发展，加快新型城镇化建设；传承红色基因，建设文化强省，增强发展软实力；巩固绿色发展优势，加强生态环境治理，加快建设美丽吉林；拓展合作空间，加快长吉图开发开放，深度融入一带一路；实施新基建“716工程”，完善现代基础设施体系，提升振兴发展支撑能力；加强社会事业建设，推进公共服务均等化，促进人的全面发展；努力扩大就业，增加居民收入，提高人民福祉；统筹发展和安全，推进社会治理现代化，建设更高水平平安吉林、法治吉林。

长春、吉林、图们江将采取怎样的措施融入“一带一路”中

为更好融入“一带一路”，吉林省对长春、吉林、图们江采取以下措施：推进开发开放，加快构建长吉大都市区；加快推进面向环渤海开放，依托中东部区域立体交通网络，对接辽宁沿海经济带和京津冀经济圈，加快建设通化内陆港区；扩大对外经济技术合作，把握中韩、中俄等边境国家的合作机会；进一步畅通对外通道，建设东北亚大通道枢纽，推动“借港出海”；努力扩大招商引资，以园区招商为重点，吸引产业链整体转移。

吉林省如何规划市域城镇空间结构

吉林省为优化城镇空间布局，规划形成“一区、六组群、两级三轴线”的市域城镇空间结构。“一区”即吉林都市区，是以中心城区为中心、交通半小时(半径30千米)可达的地域范围。吉林都市区是长吉都市区的重要组成部分，是全省的政治、经济和文化中心。“六组群”即六个城镇组群，分别为吉舒—舒兰城镇组群、蛟河—奶子山城镇组群、岔路河—万昌城镇组群、烟筒山—明城城镇组群、磐石—宝山城镇组群、桦甸—苏密沟城镇组群。城镇组群是以县城或重点镇为中心的城镇密集发展地区，是市域城镇人口和产业的主要承载空间。“两级三轴线”即一级城镇发展轴两条，分别为哈吉沈城镇发展轴和吉长城镇发展轴，分别以哈尔滨—吉林—沈阳高速公路和珲乌高速公路为支撑；二级城镇发展轴一条，即磐石—桦甸城镇发展轴，以103省道和长春—大蒲柴河高速公路为支撑。

吉林省的城市特色和整体城市设计规划是怎样的

为了打造城市特色，吉林省规划形成“一江、九山、六轴、十区”的城市景观结构。

“一江”指以松花江作为自然生态景观岸线。

“九山”指猴石山—长蛇山、三道岭、北山—玄天岭、龙潭山—帽儿山、炮台山、小白山—八虎山、鸡冠山、朱雀山、高新北森林科技城山体等九个山体风貌控制区。

“六轴”指以吉林大街—松江北路—寇家北路为贯穿南北的城市生活主要景观轴；以农林街—松江南路、恒山路、雾凇大路—高新大路、遵义路—湘潭街、九江大路作为五条城市生活次要景观轴。

“十区”指十个特色景观风貌区，包括历史风貌景观区、滨江特色景观区、现代城市景观区、现代高新技术产业景观区、工业遗产景观区等。

黑龙江省

HEILONGJIANG SHENG

■ **简　称** 黑　■ **面　积** 约46万平方千米　■ **人　口** 3 185万人

■ **世界遗产** 长城（牡丹江边境）

■ **工艺品** 皮衣、皮帽等皮制品

■ **地理之最**

最高山峰：大秃顶子　**最大湖泊**：兴凯湖　**最大河流**：松花江

主要山脉：小兴安岭

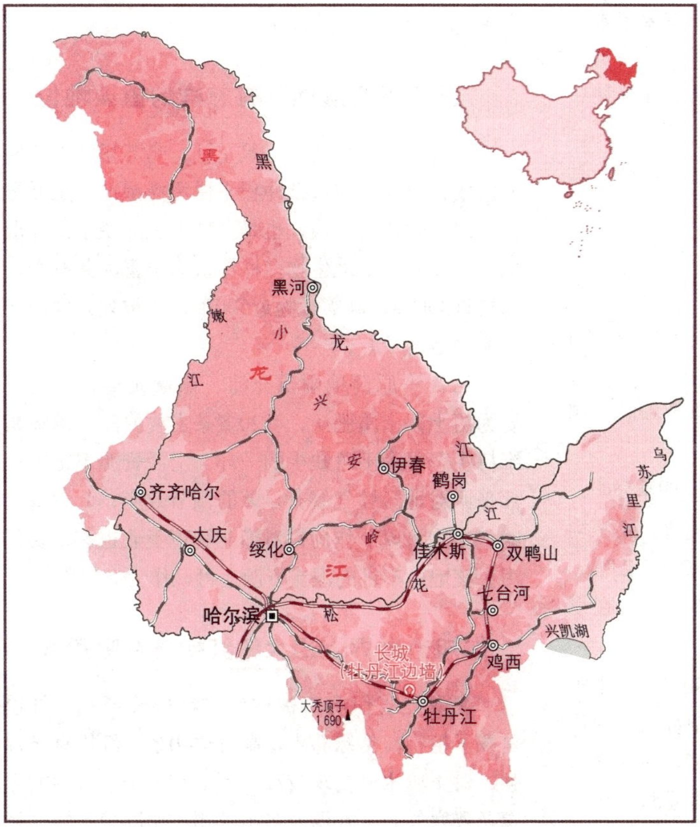

黑龙江省地貌特征如何

黑龙江省地貌特征为“五山一水一草三分田”。地势大致是西北、北部和东南部高，东北、西南部低，主要由山地、台地和平原构成。北部为西北—东南走向的小兴安岭山地，东南部为东北—西南走向的张广才岭、老爷岭、完达山。松嫩平原位于西南部，由松花江及其支流嫩江冲积而成；三江平原则位于东部，由黑龙江、松花江和乌苏里江冲积而成。两片平原均为省内主要的农产区。

黑龙江省气候有怎样的特点

黑龙江省地处中纬度亚欧大陆东岸，属于寒温带与温带大陆性季风气候。全省从南向北，依温度高低可分为中温带和寒温带。从东向西，依降水量多少可分为湿润区、半湿润区和半干旱区。全省气候的主要特征是春季低温干旱，夏季温热多雨，秋季易涝早霜，冬季寒冷漫长，无霜期短，气候地域性差异大。黑龙江省的降水表现出明显的季风性特征。夏季受东南季风的影响，降水充沛，冬季在干冷西北风控制下，干燥少雨。年平均气温−2～3℃，1月−30～−18℃，7月18～22℃，西北部气温最低。全年无霜期3～5个月，年降水量400～700毫米，以小兴安岭、张广才岭迎风坡最多。全年降水主要集中在6—8月。

你知道大兴安岭有“绿色宝库”之称吗

大兴安岭是全国面积最大的林区，是中国保存较完好、面积最大的原始森林，素有“绿色宝库”的美誉。大兴安岭位于内蒙古自治区东北部，黑龙江省西北部。地形呈东北—西南走向，属浅山丘陵地带。大兴安岭北部、西部和中部高，平均海拔573米。大兴安岭地区冬长夏短，夏冬多雨，气候湿润。温差较大，夏季昼长夜短，偶有极光出现；冬季夜长昼短，时有奇寒。尤其在漠河、洛古河地带，冬季长达7个月以上，而夏季只有2个月左右，每年的6—8月份，日照时间长达17小时。大兴安岭地区地广人稀，是全省人口密度最低的地区。人们赞美大兴安岭是聚宝盆，称它“遍地皆为宝，天下也难找”。大兴安岭盛产优质的木材，主要树木有兴安落叶松、樟子松、红皮云杉、白桦、蒙古栎、山杨等。由于森林覆盖率较高，这里也有各种各样的动物繁衍生息，主要有驯鹿、梅花鹿、棕熊、紫貂、花尾榛鸡、野鸡、棒鸡、天鹅、獐、狍、野猪、雪兔等。

你了解小兴安岭吗

小兴安岭位于黑龙江省东北部，呈西北—东南走向，是黑龙江干流与松嫩水系间的分水岭。小兴安岭北部以黑龙江中心航线为界，与俄罗斯隔江相望，是中国东北边疆的重要门户。

小兴安岭属北温带大陆性季风气候。四季分明，冬季严寒、干燥而漫长；夏季温热而短暂。年平均气温-1～1℃，最冷为1月份，平均气温-20～-25℃，最热为7月份，平均气温20～21℃。降水集中在夏季，属湿润地区。

小兴安岭属低山丘陵，地理特征是“八山半水半草一分田”。北部多台地、宽谷；中部为低山丘陵，山势和缓；南部属低山，山势较陡。最高峰为平顶山，海拔1 429米。小兴安岭森林资源丰富，是中国主要林区之一，盛产兴安岭落叶松、红松、云杉等。

你了解松嫩平原吗

松嫩平原是东北平原的最大组成部分，位于大小兴安岭与长白山脉及松辽分水岭之间的松辽盆地中部区域，主要由松花江和嫩江冲积而成。整个平原略呈菱形。松嫩平原与辽河平原由位于长春市附近松花江、辽河的分水岭隔开，又合称为松辽平原，是东北平原的主体。

松嫩平原占黑龙江省面积的1/3以上，其中耕地面积500多万公顷。土壤肥沃，黑土、黑钙土占60%以上。盛产大豆、小麦、玉米、甜菜、亚麻、马铃薯等，是重要商品粮基地，粮食商品率达30%以上。松嫩平原中南部有草原湿地、江湖泥林、林海雪原等自然美景；有著名的扎龙自然保护区，栖息着国家重点保护的天鹅、丹顶鹤等野生动物；盛产闻名全国的黑木耳、针蘑、鸡腿蘑、猴头蘑等菌类美食。

“三江平原湿地”有怎样的重要地位

三江平原由松花江、黑龙江、乌苏里江汇流冲积而成，三江湿地属低冲积平原沼泽湿地，是北方沼泽湿地的典型代表，也是全球少见的淡水沼泽湿地之一。三江湿地生物多样性极为丰富，共有脊椎动物近300种，高等植物近500种，已被列入《国际重要湿地名录》。

三江平原湿地雨量充沛、热量充足，土壤主要为沼土，土质肥沃，有20多条主要河流。沼泽是维持生态平衡不可缺少的一环，沼泽资源丰富的三江平原对地区性气候有显著的调节效应，起着重要的“生物水库”作用，对渔业和芦苇业也有重要作用。该地区丰富的泥炭资源还可以作为有机肥料。

你知道世界上最大的红松林在哪里吗

黑龙江省伊春市被称为“红松故乡”。红松是裸子植物，常绿乔木，高可达40米。红松喜光性强，对土壤水分要求较高，不适宜过干、过湿的土壤及严寒气候。在温寒多雨、相对湿度较高的气候与深厚肥沃、排水良好的酸性棕色森林土上生长最好。红松属半阳性树种，为浅根性植物，常生于排水良好的湿润山坡上，幼树耐庇荫，对大气湿度较敏感。红松主要分布于我国黑龙江、吉林，日本本州岛，朝鲜，韩国，俄罗斯等地。红松树王位于黑龙江省伊春市五营区的丰林自然保护区，树高38米，胸径1.7米，树龄约760年，是亚欧大陆北温带植物中的“活化石”。

世界上有地下森林的存在吗

火山口国家森林公园，位于黑龙江省牡丹江市境内镜泊湖西北约50千米处，坐落在张广才岭东南坡的深山内，海拔1 000米左右。当游人踏上张广才岭东南坡，沿着山路上行，眼前会突然出现一个硕大的火山口地下森林。关于地下森林的成因，至今尚难定论。但是较有说服力的观点认为，火山口的内壁岩石，经过长期风化剥蚀，早与火山灰等物质一起变为肥沃的土壤，而携带各种植物种子飞越火山口的群鸟，则成为天然播种者，如此长期下来，火山口的内壁上，逐渐长满了树，形成了森林。由于其环境的特殊性，地下森林不仅成为美丽的风景区，而且成为中外地理学家、历史学家、生物学家理想的科研基地。

“五大连池”是怎样形成的

五大连池老黑山火山口

五大连池在黑龙江省黑河市，是由五大连池火山群组成的，距今已有近70万年的历史。大约在更新世晚期、第四纪早期，这一地区的火山猛烈爆发，岩浆大量流溢。之后经过长期不断的地质作用，一座座形态别致的火山渐渐形成。由老黑山和火烧山喷溢的熔岩流，如同天然堤坝，把白河截为五段，成为五个熔岩堰塞的小池，而后蓄水成湖，从而形成了中国著名的火山堰塞湖——五大连池，五大连池火山之名便由此而得。五大连池火山群，以其奇异壮美的景观吸引了众多游客，享有“天然火山博物馆”之美誉。

世界最大的芦苇湿地在哪里

位于黑龙江省齐齐哈尔市的扎龙湿地总面积21万公顷，为亚洲第一，也是世界最大的芦苇湿地。扎龙湿地处于松嫩平原西部，主要土壤类型为黑钙土、草甸土、沼泽土。由乌裕尔河下游流域一大片淡水沼泽地和无数小型浅水湖泊组成。湿地的周围是草地、农田和人工鱼塘，是丹顶鹤等珍禽和其他鸟类栖息繁衍的天然乐园。在扎龙湖观鸟旅游区里，游客更是可参观保护区，观看鹤的录像，登楼凭眺湿地景观，参观养殖场，在苗圃和林场内，可观察到林栖鸟类。

你了解镜泊湖吗

镜泊湖位于黑龙江省牡丹江市的西南部，是牡丹江干流上的火山熔岩堰塞湖，也是中国最大、世界第二大高山堰塞湖，素有“北方西湖”和“东方瑞士”之称。镜泊湖南北长约45千米，东西最宽处约有6千米，最窄处约300米，水域面积约80平方千米，库容量约16亿立方米，森林覆盖率达68%以上。镜泊湖属于新生代第三纪中期所形成的断陷谷地。第四纪晚期，湖盆北部发生断裂，断块陷落部分奠定了今日湖盆基础。在距今4 800年左右，一次火山爆发的熔岩在吊水楼附近形成一道玄武岩堰塞堤，堵塞了牡丹江河道及其支流，形成了世界最大的火山熔岩堰塞湖——镜泊湖，还形成一系列的大小湖泊。

三江平原是如何实现从“北大荒”到“北大仓”的转变的

北大荒旧指黑龙江省三江平原、黑龙江沿河平原及嫩江流域广大荒芜地区。北大荒地处寒温带大陆性季风气候区，西伯利亚寒流长久地在这里盘旋，因此，北大荒的冬季漫长、寒冷、干燥。年平均气温从南至北由2.6℃下降到-3.5℃，寒冷的天气严重影响此地开发。但是北大荒是世界三大黑土带之一，有“捏把黑土冒油花，插双筷子也发芽”的美称。这里土质肥沃，有机质含量大都在5～8%，有的地区高达10%以上。这里有丰富的水资源，地表江河纵横，地下水储量可观，大气降水丰富，极为适宜农业发展。北大荒虽然生长季较短，但可以种植玉米、春小麦、大豆、甜菜、高粱等作物，需注意低温冷害。我国自20世纪50年代开始进行大规模开垦，经营农场，使得北大荒变成了北大仓。但与此同时，本区生态平衡遭到了一定程度的破坏。

1994年，黑龙江省人民政府批准建立三江自然保护区。该区是以沼泽湿地为主要保护对象的自然保护区，对于保护湿地生物多样性具有重要意义。

中国的“北极村”在哪里

北极村位于黑龙江省漠河市北极镇，地处53°33′30″N，122°20′27″E，是我国“北方第一哨”所在地，也是我国最北的村庄。北极村每年夏至前后，白天通常长达17个小时以上，而冬季午夜向北眺望，天空泛白，像傍晚又像黎明，是我国观测北极光最佳地点。北极村年平均气温在−10℃左右，冬季极端最低气温可降至−50℃。

哈尔滨为什么有“冰城”的别称

世界上冬季漫长而寒冷，冰雪覆盖时间较长的城市很多，其中我国最有名的“冰城”莫过于黑龙江的哈尔滨。哈尔滨是我国纬度最高、气温最低的大都市。四季分明，冬季漫长寒冷，而夏季则短暂凉爽。最冷的1月份，平均气温为−13.2～−24.8℃，最低气温曾达−52.3℃，最热的7月份，平均气温为18.1～22.8℃。10月至次年2月份为冬季，漫长而寒冷、干燥，雪覆大地。寒冷的气候孕育了哈尔滨丰富的冰雪文化。哈尔滨是世界冰雪文化发源地之一，亚布力高山滑雪，兆麟公园冰灯游园会，松花江上冬泳、雪雕、冰雪游乐，一年一度的冰雪大世界和哈尔滨国际冰雪节更是吸引了大批游客。

你知道“神州第一龙”的来历吗

1902年，俄国军官马纳金在黑龙江白崖的山上发现了恐龙化石，随即对白崖化石点进行考察，并组织了专门挖掘。1924年，挖掘出一具高4.5米、长8米的完整恐龙化石骨架。这架化石至今陈列在圣彼得堡的地质勘探博物馆内。它是我国出土的第一条恐龙化石，人称“神州第一龙”。

为什么哈尔滨有“东方莫斯科”之称

哈尔滨的建筑具有欧式风格、充满异国情调，有些建筑在中国其他城市几乎很难见到，因此哈尔滨有“东方莫斯科”之称。

哈尔滨的欧洲建筑文化风格的形成，是由于俄罗斯建筑文化对哈尔滨的影响。19世纪末，俄国获得了中东铁路的修筑权。随着中东铁路在哈尔滨的修建，俄罗斯的工程师、铁路职工、军队成员及其家属开始迁移到哈尔滨居住。在其后长达30年的时间里，俄罗斯人成为哈尔滨外国居民的主体。与此同时，他们把俄罗斯文化引入了哈尔滨，在建筑、教育、文学艺术、饮食服饰、语言等方面产生了巨大的影响，对哈尔滨文化的形成起到了重要作用。

亚洲最长、中国最早的步行街在哪里

哈尔滨的中央大街是我国的第一条步行街，也是亚洲最长的步行街。它长1 400米，始建于1898年，由德国设计师设计而成，建筑有着独特的西方建筑风格，包罗了文艺复兴、巴洛克等多种风格的建筑71栋。整条路都以方石铺成，每块方石打磨得相当精细，在那个年代一个方石能抵一个银圆，而一个银圆已经够一个穷人吃饱一个月了，所以当年也有人称这条街是由金子铺成的。一百多年以来，这条老街沉淀了不少文化，其建筑也都相当富有艺术气息。

黑龙江地区能实现沿边开发开放的区位条件是什么，应该怎样规划

黑龙江省作为我国与俄罗斯交界的最大省份，对俄贸易成为黑龙江省最主要的贸易方向。黑龙江省和俄罗斯仅仅一江之隔，省内有多个开放口岸与俄罗斯相通，在对外旅游、贸易以及银行合作等方面有极大优势。在“一带一路”背景下，对俄罗斯

沿边开发开放，有利于推进黑龙江省产业结构的调整、推进黑龙江省的物流业发展和推进区域经济一体化的发展。面对黑龙江省与俄罗斯之间运输道路不足、实施沿边开发开放措施较单一、黑龙江省不能发挥自身优势等问题，应促进建设安全高效、互相对接的国际化大通道、推进海陆联运形式的运营、加快中俄旅游业之间的对接、优化进出口方式等，积极推动中俄两国友好发展。

你知道大、小兴安岭林区生态保护与经济转型规划内容吗

大、小兴安岭林区是中国面积最大、森林积蓄量最多、国有林业最集中的林区，也是黑龙江、松花江、嫩江等水系的重要发源地和水源涵养区，在保持水土、调蓄洪水、维持寒温带生物物种多样性和区域生态平衡方面发挥着重要作用。同时，作为中国重要商品粮和畜牧业生产基地的一道天然屏障，大、小兴安岭林区对调节我国东北、华北地区气候也具有无可替代的保障功能。

大、小兴安岭经过近60年的高强度开发，整体生态功能退化。长期以来，林区产业结构极其单一，随着可采资源的逐步枯竭，传统林业经济逐渐萎缩，林区经济发展陷入困境。因此国家提出，大、小兴安岭林区生态保护与经济转型迫在眉睫。要大力发展绿色食品产业、林木深加工产业、林区商贸服务业等传统优势产业，并积极培育生态文化旅游业、北药产业、清洁能源产业等三大新兴产业。同时为了更好地支持林区经济转型，国家将在中央预算内安排专项资金，用于支持大、小兴安岭林区发展能够充分吸纳就业的接续替代产业以及支持林区开展“以煤代木”。

哈尔滨在亚欧大陆桥计划中扮演怎样的角色

哈尔滨地处东北亚中心地带，被誉为“亚欧大陆桥的明珠”，是第一条亚欧大陆桥和空中走廊的重要枢纽，哈大齐工业走廊的起点，国家战略定位的沿边开发开放中心城市、东北亚区域中心城市及“对俄合作中心城市”。亚欧大陆桥为欧洲与亚洲两侧海上运输线连接起来的便捷运输铁路线。途经哈尔滨的是第一亚欧大陆桥，是世界第一条连接欧洲、亚洲的大陆桥。它是以俄罗斯东部的符拉迪沃斯托克(海参崴)为起点，由绥芬河入中国境，途经哈尔滨、昂昂溪、扎兰屯、海拉尔直至满洲里出中国境，横穿西伯利亚大铁路通向莫斯科，然后通向欧洲各国，最后到荷兰鹿特丹港。

哈尔滨新区的设立能给黑龙江带来怎样的发展机遇

哈尔滨新区发展定位是中俄全面合作重要承载区、东北地区新的经济增长极、老工业基地转型发展示范区和特色国际文化旅游聚集区，是全国唯一以对俄合作为主题的国家级新区。目前，哈尔滨新区作为推进“一带一路”建设、加快新一轮东北地区等老工业基地振兴的重要举措，积极扩大面向东北亚开放合作，探索老工业基地转型发展的新路径，为促进黑龙江经济发展和东北地区全面振兴发挥重要支撑作用。

上海市 *SHANGHAI SHI*

■ 简　称　沪　■ 面　积　约6 340平方千米　■ 人　口　2 487万人

■ 工艺品　嘉定黄草编、面塑、上海绒绣、上海丝绸、海派戏装

■ 地理之最

最高山峰：大金山　最大湖泊：淀山湖　最大河流：黄浦江

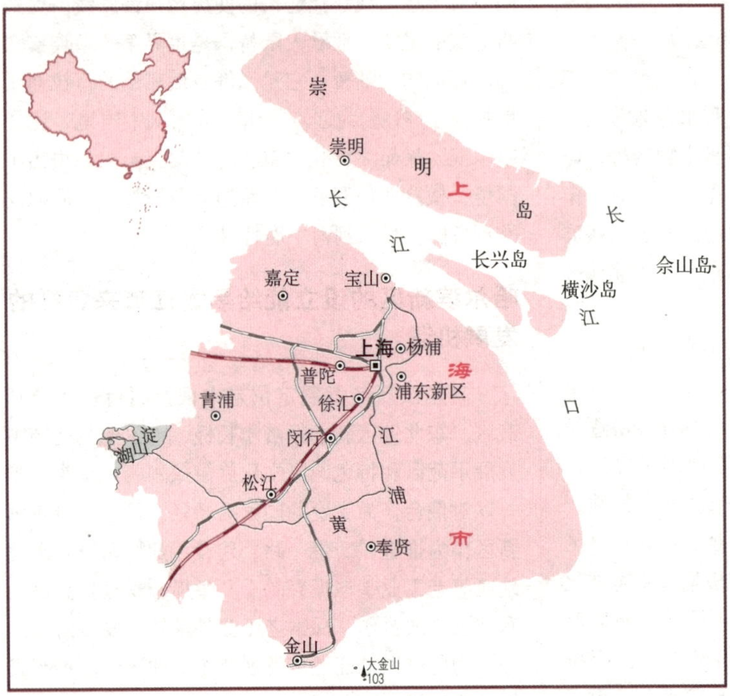

上海市地理位置如何

上海市位于我国华东地区，地处太平洋西岸，亚欧大陆东岸，长江三角洲前缘，我国南北弧形海岸线中部，平均海拔4米，水资源丰富。上海东隔东海与日本九州岛相望，南濒杭州湾，北、西与江苏、浙江两省相接，经济腹地广阔。长江三角洲作为我国最发达的地区之一，为上海的发展提供了强有力的支持。作为一个现代化的大都市，上海的一些节日也是非常富有时代感。如上海国际电视节、上海国际电影节、上海国际艺术节、上海国际旅游节、上海之春国际音乐节等。

上海市的气候有什么特点

上海市属北亚热带海洋性季风气候，主要气候特征：春季温暖，夏季炎热，秋季凉爽，冬季阴冷，全年雨量适中，季节分配比较均匀，四季分明，日照充分，总体上温和湿润，春秋较短，冬夏较长。上海气温最高的是7、8月，这些年上海的夏季越来越热，超过35℃的高温天数达10天左右；冬季1月下旬到2月初最冷。最适合前往上海旅游的季节为春季，即3—5月。全年无霜期约230天，年平均降水量在1 200毫米左右，但一年中60%的雨量集中在5—9月的汛期，有春雨、梅雨、秋雨三个雨期。

你了解上海黄浦江吗

黄浦江是上海的地标河流，流经上海市区，将上海分成浦西和浦东。黄浦江是上海的重要水道，在上海市中心外白渡桥接纳吴淞江(苏州河)后在吴淞口注入长江，是长江汇入东海之前的最后一条支流。黄浦江全长约113千米，河宽300～770米，主要水源为太湖和淀山湖。黄浦江流经青浦、松江、奉贤、闵行、徐汇、黄浦、虹口、杨浦、浦东新区、宝山10区，径流常年较为稳定，且年内分配相对均匀。受长江口潮汐水流的影响，黄浦江水流呈往复运动。作为上海的母亲河，黄浦江是一条多功能的河流，兼有饮用水源、航运、排洪排涝、渔业、旅游等价值，千百年来，形成一条具有浓浓海派特色的文化长河。

上海市的地形地势有何特点

上海市所处的长江三角洲，是长江所携带泥沙在长江口堆积而成的。因此具体地说，上海市的地形是三角洲，即河口冲积平原。三角洲前缘土质松软，平均海拔4米左右，除西部有少数海拔近100米的山丘外，三角洲均为坦荡低平的平原，地势最低的地方出现在西部淀山湖附近一带。如果从高处俯瞰上海，可以发现上海的河港为网状。根据成因和地面高程，上海市可分为三个地形单元：淀柳低地、碟缘高地和河口沙洲。

上海市的主要自然灾害有哪些

上海市主要有10种自然灾害。一是台风，上海属于亚热带季风气候，每年都遭受太平洋热带气旋的袭击，并伴有大风、暴雨、风暴潮等灾害。二是暴雨，上海年均降水量约1 200毫米，70%集中在4—9月，由于地势低洼，易造成江河泛滥，田地被淹，城市内涝。三是风暴潮，上海沿江沿海，经常发生由台风引起的风暴潮灾害，对海塘、堤坝、内河防汛墙等工程造成严重破坏。四是龙卷风，平均每年有2～3次，主要发生在郊区(县)，具有突发性和破坏性，危害较大。五是赤潮，长江口附近海域每年都要发生多起大规模(面积超过1 000平方千米)的赤潮灾害，对海洋生物资源造成严重破坏。六是浓雾，上海江海环绕，水汽充沛，受城市热岛效应和大气环境等因素影响，浓雾天气有增多趋势，主要集中在春季和冬季，对城市水上、道路和航空交通影响较大。七是高温，上海每年高于35℃高温日数一般为10天左右，异常时可达20至30天，对城市居民的生产和生活有一定影响。八是雷击，上海属我国雷击多发地区，全市年平均雷暴日近60天，常造成不少的人力和财产损失。九是地质灾害，主要是地面沉降和地下水污染。采取人工回灌等综合治理措施后，沉降有所控制，但地下水污染面积仍在2 100平方千米以上，浅层含水层受污染状况较普遍。十是地震，上海存在着发生中等强度以上地震的可能，历史上曾有5级左右地震的记录。黄海南部及邻近省市地震对上海可能产生的波及影响也不容忽视。

上海市的梅雨出现在什么时候

中国东部有一个雨期较长、雨量比较集中的明显雨季，由大体上呈东西向的主要雨带南北位移所造成，是东亚大气环流在春夏之交期间产生的特有现象。6月中旬以后，雨带维持在江淮流域，就形成梅雨(即刚好在梅子成熟的季节下的雨)。雨带停留时间称为“梅雨季节”，梅雨季节开始的一天称为“入梅”，结束的一天称为“出梅”。上海的梅雨季节在每年6月中下旬至7月中上旬。梅雨开始的时间，大致上纬度越高则时间越晚。正常的梅雨降水，对农作物的生长和人畜的生活起到积极作用。但若降水时间过长或出现暴雨，则容易造成内涝，甚至造成长江中下游广大地区的洪涝灾害。梅雨期间空气湿度大、温度高，易造成霉菌大量繁殖，危害人畜健康。梅雨期间海面附近的海雾和大风，对海上航运和渔业生产也极为不利。

你知道上海的滴水湖吗

上海的滴水湖位于上海浦东新区，又名芦潮湖，处于杭州湾与长江河口交汇处的东海之滨，距离上海市中心约76千米，是南汇新城的中心湖泊。从形状上来看，滴水湖呈正圆形，直径约2.6千米，总面积约5平方千米，蓄水量约1 620万立方米，最深约6.2米。湖中还有三个总面积为48万平方米的小岛。湖水源自大治河，水质为五类地表水，水体富营养化现象较为严重。滴水湖的主要景点有湖心岛、南汇嘴和中国航海博物馆。现为国家水利风景区。

崇明岛是如何形成的

崇明最早形成的是沙洲，并不是岛。崇明岛是长江三角洲发育过程中的产物。长江奔泻东下，流入河口地区时，由于比降减小、流速变缓等原因，所挟带的大量泥沙于此逐渐沉积。一面在长江口南北岸造成滨海平原，一面又在江中形成星罗棋布的河口沙洲。崇明岛便逐渐成为一个典型的河口沙岛。后来上岛的人们不断围垦，最终形成现在的崇明岛。

你了解上海港吗

上海港，位于我国大陆海岸线中部、长江入海口处，是我国自西向东以长江为横轴线和自北向南以海岸线为纵轴线的交会点，前通我国南北沿海和世界大洋，后贯长江流域和江浙皖内河、太湖流域。海港港区陆域由长江口南岸港区、杭州湾北岸港区、黄浦江港区、洋山深水港区组成。其间接经济腹地主要有浙江、江苏、安徽、江西，以及湖北、湖南、四川等省。从气候条件上来看，上海港属亚热带海洋性季风气候，受冬、夏季风交替影响，四季分明，以东南风最多，受季风气候影响，夏半年较容易出现台风。上海港有着强大的吞吐能力，在国际贸易往来中起着重要的作用。2020年，上海港集装箱吞吐量达4 350.3万标准箱，连续十一年保持世界第一。

你了解沪上新八景吗

沪是上海市的简称。沪上新八景又称新沪上八景、上海新八景，分别为外滩晨钟、豫园雅韵、摩天览胜、旧里新辉、十里霓虹、佘山拾翠、枫泾寻画和淀湖环秀。沪上新八景的定位来源于2010年上海世博会，借着“迎世博”的东风，上海大作家朱亚夫写文呼吁为上海设置新八景，当地民众反响热烈，参与选取新八景的民众也非常的多。在众人的参议推选下，诞生了如上文所提的八景。如今，沪上新八景也成为新时代大上海的象征。

上海的方言有哪些特征

上海话一般指上海市区话，属于吴语方言。是自上海开埠以后吴语区各地移民口音在松江话基础上自然融合而成的新型城市吴语，后来逐渐成为吴语区的代表和共通语言。上海的语言受移民中占优势的宁波和苏州两地居民方言影响巨大。吴语上海话是上海文化及气质的载体，是海派文化的重要根基。上海话也和老洋房、弄堂、石库门、旗袍等一样，具有历史继承性。上海话是在上海悠久历史中形成的方言，有深厚文化积淀，语音、词语和语法现象反映江东文化信息。随着时代的发展以及普通话的推广和普及，不少年轻人对上海话的使用率有所降低，但作为上海文化和历史的见证，上海话依旧在生活中占着非常重要的地位，对其的继承发展将一直成为研究重点。

你了解长江三角洲区域一体化吗

长江三角洲地区是我国经济发展最活跃、开放程度最高、创新能力最强的区域之一，在国家现代化建设大局和全方位开放格局中具有举足轻重的战略地位。推动长江三角洲区域一体化发展，增强长江三角洲地区创新能力和竞争能力，提高经济集聚度、区域连接性和政策协同效率，对引领全国高质量发展、建设现代化经济体系意义重大。为此，中共中央国务院印发了《长江三角洲区域一体化发展规划纲要》。

长江三角洲规划范围包括上海市、江苏省、浙江省、安徽省全域。以上海，江苏南京、无锡、常州、苏州、南通、扬州、镇江、盐城、泰州，浙江杭州、宁波、温州、湖州、嘉兴、绍兴、金华、舟山、台州，安徽合肥、芜湖、马鞍山、铜陵、安庆、滁州、池州、宣城27个城市为中心区，辐射带动长江三角洲地区高质量发展。以上海青浦、江苏吴江、浙江嘉善为长江三角洲生态绿色一体化发展示范区，示范引领长江三角洲地区更高质量一体化发展。以上海临港等地区为中国（上海）自由贸易试验区新片区，打造与国际通行规则相衔接、更具国际市场影响力和竞争力的特殊经济功能区。

上海的露天博物馆在哪里

思南公馆

思南公馆露天博物馆为上海的露天博物馆。思南路位于被称之为“上海最美马路”的地方，是上海特色街景的代表之一。作为上海市历史文化风貌区保留保护改造项目，思南路上的思南公馆秉承“修旧如故”的初衷，耗时十余年修复，在2010年重新开放于众，每一栋建筑都近乎原貌重现。而从2017年起，这片地灵人杰的土地又多了一重新的身份——中国第一座永远开放、永不落幕，却又日日更新的百年人文露天博物馆。思南公馆露天博物馆首批展示的20件展品，包括老洋房、街灯、古树、红砖道、鹅卵石墙面等，非常有自然韵味和人文气息。

“上海比萨斜塔”在哪里

上海市松江区佘山镇天马山景区的护珠塔为砖木结构，平面八角形，七层，高18.82米，楼阁式。每层有腰檐、平座、栏杆，原是一座玲珑的宝塔，相传塔里藏有舍利珠，夜间闪耀光芒，故又称护珠宝光塔。由于地基变动，塔身逐渐朝东南方向倾斜，截至2015年，护珠塔向东偏离2.28米，倾斜度7.10°。由于其斜度已超过了著名的意大利比萨斜塔，故有“上海比萨斜塔”之称，成为上海一大奇观。

人们都知道上海，但是你知道“下海”吗

在上海虹口区有一座小庙，名为“下海庙”，始建于清代乾隆年间。嘉庆年间因无人照看，曾一度废弃，后来由渔民集资重修。到了抗日战争时期，这座庙被炮火焚毁。直至1941年再度被重新修建。据说，当年的“下海”极为繁华，渔民从此下海捕鱼，归来后又在此交易买卖，人来人往，商贸聚集。黄浦江的“浦”，在吴方言区原意是小河。据悉，宋代为解决吴淞江泄水能力，在吴淞江两岸，大约每隔2.5千米开通一条进入吴淞江的水道，这种支流水道称为浦。当时的吴淞江，也就是现在虹口区海门路一段，南岸有一个浦，称作“上海浦”；与上海浦相对，北岸有个浦，叫“下海浦”。现在上海的命名，就是起源于“上海浦”。然而随着时间推移，“上海浦”兴旺发达，“下海浦”却日渐衰落。

上海浦东新区的定位是什么

浦东新区是上海市位于黄浦江以东、长江口以西的一块三角形地区，地处我国海岸线中点和长江入海口的交会处。根据《上海市浦东新区总体规划暨土地利用总体规划(2017—2035)》，浦东的功能定位为中国改革开放的示范区，上海“五个中心”的核心承载区，全球科技创新的策源地，世界级文化交流和旅游度假目的地，彰显卓越全球城市吸引力、创造力、竞争力的标杆区域。

为什么上海被称为“魔都”

上海开埠之前，由于清王朝长期闭关锁国，上海的发展受到极大的阻碍，开埠之后，其优越的地理条件，吸引了大量国外商家在此从事商业活动，上海迅速发展起来，成为一个与世界接轨的城市。现在的上海既保留了外滩那样的传统建筑与文化，也有新的时尚聚集区。“魔都”一词起源于日本作家村松梢风，他在作品《魔都》一书中，用“魔都”代指上海，书籍主要记录了作者在上海的种种体验，自此以后“魔都”一词在上海广泛传播。

你知道沪崇苏越江通道吗

沪崇苏越江通道是交通运输部确定的国家重点公路建设规划中上海至西安的重要组成部分，也是

上海市城市规划和交通规划的组成部分。它位于上海市东部，跨越长江口的南、北港和北支，连接上海市陆域、长兴岛和崇明岛，并与江苏省的启东市相连。项目的建成从根本上改变了上海与崇明岛及长江江北交通不便的状况，为崇明岛开放创造了重要前提和条件，并对完善上海的路网结构，增强上海的辐射能力，促进长江三角洲地区经济一体化、均衡化发展具有重要意义。

为什么只隔一条黄浦江，上海两岸文化发展差异会那么大

在上海当地原来有一句俗话“宁要浦西一张床，不要浦东一间房”。这句话充分说明了老上海的精华都集中在了浦西。以前浦西是上海几十年来城市建设的重心，是上海的标志。而浦东地区，仅仅是作为浦西发展的延伸，依附于浦西的发展而扩展，在城市化广度和深度上都无法与浦西相比。自1990年4月中央决定开放浦东新区之后，浦东开始迅速发展，如今已成为新开发的金融区，高楼林立；而浦西仍保留了众多老城区，浓缩了一代时光。

上海有什么支柱产业

支柱产业指在国民经济体系中占有重要的战略地位、产业规模占有较大份额并起着支撑作用的产业或产业群。

根据上海统计局的划分，信息产业、金融业、商贸流通业、汽车制造业、成套设备制造业、房地产业成为推动上海经济发展的支柱产业。从六大支柱产业的产业大类分布来看，信息产业、汽车制造业和成套设备制造业属于第二产业，而金融业、商贸流通业和房地产业属于第三产业，这样的行业分布代表了上海产业结构未来的发展方向。从产业的发展情况来看，信息产业与成套设备制造业由于附加值和技术含量高，有利于带动地方产业结构的优化升级，推动经济的发展。

上海弄堂是怎么形成的

上海弄堂的诞生，源于中国近代史上第一个不平等条约——《南京条约》。它的签订让英国用炮火轰开了清王朝闭关自守的大门，也使上海成为“五口通商”的口岸之一。随后，前来上海居住的外国人越来越多，在上海规划租界。早年的上海租界，不允许中国人居住，直至上海小刀会起义，城内及周边郊区的上海商人和一些平民纷纷逃入租界避难。随后，太平天国定都南京，攻占镇江，与清军对战，江浙地区大量地主、富商、豪绅、官僚也逃到了上海租界。为解决住房问题，外侨积极建屋，租与中国人以谋厚利，随后，一种砖木结构的老式石库门里弄出现了，其总体设计既仿照江南城镇民居的建筑风格，又采纳了欧洲联排式住宅的布局手法。因为这种石库门里弄住宅占地少、造价低，很快风靡上海租界，一跃成为民众的主要居住形式，这就是上海最早的弄堂，解决了当时人多地少的问题。

你知道上海近代城市发展的起点在哪里吗

上海外滩，位于上海市黄浦区的黄浦江畔，即外黄浦滩，1844年，这一带被划为英国租界，依靠其独特的地理位置，成为旧上海租界区乃至整个上海近代城市发展的起点。上海外滩全长1.5千米，南起延安东路，北至苏州河上的外白渡桥，东面为黄浦江，西面是原上海金融、外贸机构的集中地，沿路有几十座世界各国建筑大楼，被誉为“万国建筑博览群”。近年来，上海外滩又被许多新建的摩天大楼改变了不少。

外滩是近代上海最重要的公共空间，其形成与外滩的经济功能转变和租界管理、当地人的生活居住都有着密切的联系。上海开埠后，外滩就开始成为上海乃至中国的金融及贸易中心，成为上海的标志性建筑。

上海是如何从“工业基地”走向“全球城市”的

改革开放40年来，上海工业化进程大概可以分为五个阶段。1979年，上海提出了“先进的工业基地、外贸基地和科学技术基地”的“三个基地”定位。1992年浦东开发开放后，上海中心功能进一

步得到提升，着力践行“以上海浦东开发开放为龙头，把上海建成国际经济、金融、贸易中心之一”的“一个龙头、三个中心”功能定位。随着中国加入世界贸易组织，国际经济、金融、贸易、航运中心成为上海城市发展的主要目标。国际金融危机以来，上海中心功能进一步向创新转型。新时代，上海积极谋划建设卓越的全球城市，为的是打造成为综合性全球中心城市，并进一步确立了国际经济、金融、贸易、航运、科技创新中心的“五个中心”定位。

你知道上海奉贤的“小长城”吗

上海奉贤“小长城”，即华亭石塘，地处杭州湾北岸奉柘公路南侧，东至横泾公路桥，西至竹港河东，东西走向。2019年10月16日，入选第八批全国重点文物保护单位。石塘始筑于1725年（清雍正三年），至1735年（清雍正十三年）筑成。历史上由于杭州湾海水北侵，使得南部土地大面积被淹没，而奉贤到金山一代更是东海强潮的冲击点，因此，为了抗争海潮灾害，奉贤先民们在当地建筑了一道道石塘堤岸。石塘外的包土虽然坚固，但也给石塘加上了一道“障眼法”，将石塘隐藏在了地下。直到1996年春，在实施奉柘公路降坡拓宽工程中，这段包在土塘中的石塘才得以重见天日。华亭石塘也成了上海郊区最具规模的古迹。

你了解上海虹桥综合交通枢纽吗

上海虹桥综合交通枢纽可以算是世界上较为复杂的交通枢纽之一，它位于上海大都市圈的几何中心，距市中心12千米，始建于2006年，2010年投入使用。虹桥枢纽是上海东西现代服务轴的西部端点，集中有高速铁路、磁悬浮城际铁路、高速公路客运、城市轨道交通、航空运输等各种交通运输方式，日均集散客流量为48万人次。现在，上海虹桥综合交通枢纽已建成高速铁路、城际和城市轨道交通、公共汽车、出租车及航空港紧密衔接的国际一流的现代化大型综合交通枢纽，更加方便国内外人流、物流、信息流的往来。到2020年底，虹桥枢纽每天可以处理近110万人次旅客吞吐量。有关专家表示，如果包括磁悬浮在内，所有交通方式之间共有56种换乘模式，期间步行换乘距离约为200米，为人们的出行带来极大的便利。

上海在长江三角洲地区的辐射能力如何

上海作为长江三角洲的核心城市，对周边的地区具有辐射带动作用。其影响腹地包括江苏、浙江、安徽、江西大部和福建北部。从地理位置上看，上海地处平原，整个长江三角洲水陆交通发达，这为上海经济向江浙辐射提供了便利。从经济实力来看，随着浦东新区的加速发展和上海交通的不断完善，上海凭借着其强大的经济实力，集聚着较大的财富，吸引中外大型企业前来投资。从城市定位来看，上海的定位是全国经济金融和航运中心，对外货物流、人客流、技术流、信息流、创新流、金融流等联系非常密切。

江苏省 *JIANGSU SHENG*

■ **简　称**　苏　■ **面　积**　约10万平方千米　■ **人　口**　8 475万人

■ **世界遗产**　苏州古典园林　明孝陵　大运河　黄（渤）海候鸟栖息地

■ **地理之最**

最高山峰：云台山玉女峰　**最大湖泊**：太湖　**最大河流**：长江

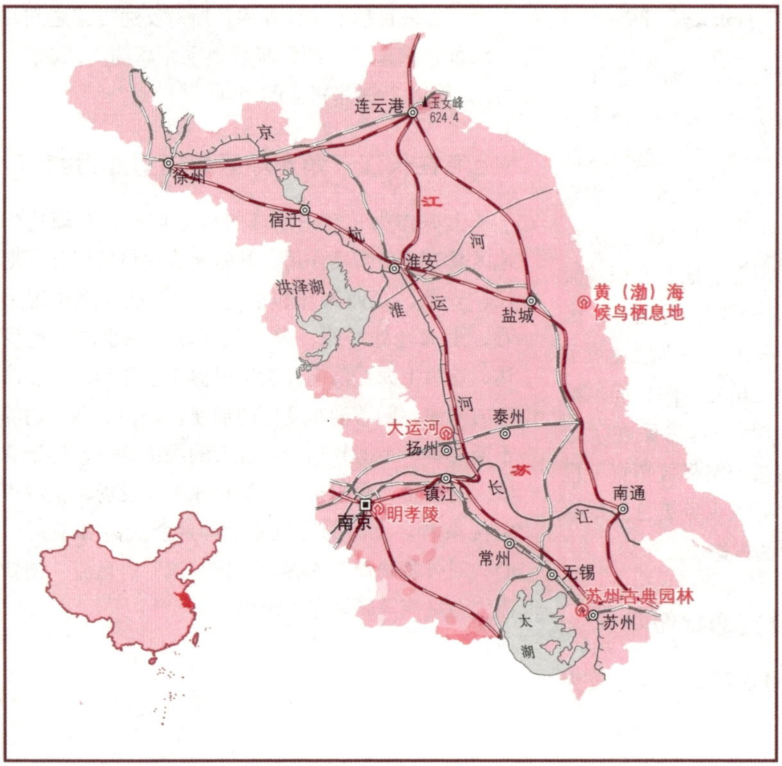

江苏是中国古代文明的发祥地之一，是非常具有历史底蕴的省份，无论古今，都承载着许多历史岁月的印记。

江苏省地理概况如何

江苏省位于我国东部沿海，居长江、淮河下游，东濒黄海，西邻安徽，北接山东，南与浙江、上海毗邻，京杭运河纵贯全省南北。省会南京。江苏是我国经济最活跃的省份之一，与上海、浙江、安徽共同构成的长江三角洲城市群成为六大世界级城市群之一。

江苏省气候有什么特征

江苏省属于温带向亚热带的过渡性气候，气候温和，雨量适中，四季分明，以淮河、苏北灌溉总渠一线为界，以北属暖温带湿润、半湿润季风气候，以南属亚热带湿润季风气候，具有寒暑变化显著、四季分明的特征。全省年平均气温为13～16℃，春季升温西部快于东部，全年日照时数(绝对日照)平均为2 000～2 600小时，≥0℃的日照时数平均为1 800～2 240小时。受季风气候影响，江苏雨热同期，降水充沛，年降水量724～1 210毫米，但地区差异明显，东部多于西部，南部多于北部。全省年蒸发量为900～1 050毫米，东部地区蒸发量较西部地区少。江苏气象灾害主要有干旱、雨涝、热带风暴(台风)、霜冻、冰雹等。

江苏省有哪些矿产资源

江苏省有着丰富的矿产资源，由于地跨华北地台和扬子地台两大地质构造单元，因此有色金属类、建材类、膏盐类、特种非金属类矿产是江苏矿产资源的特色和优势。非金属矿产有硫、磷、钠盐、水晶、蓝晶石、宝石、金刚石、高岭土、石灰石、石英砂、大理石、陶瓷黏土等，金属矿产有铁、铜、铅、锌、银、金等。方解石、泥灰石、凹凸棒石黏土、保温材料黏土、水泥用辉绿岩、水泥混合材料用闪长玢岩等6种矿产的保有储藏量列全国第一位。

江苏省的地形地貌有何特点

江苏省地形以平原为主，绝大部分地区海拔在50米以下。主要由苏北平原、黄淮平原、江淮平原、滨海平原、长江三角洲平原组成，河湖众多。江苏的低山丘陵集中在西南部，约占江苏省总面积的14.3%，主要有老山山脉、云台山脉、宁镇山脉、茅山山脉、宜溧山脉。连云港云台山玉女峰为江苏省最高峰，海拔624.4米。

江苏省的水文特征如何

江苏省跨江滨海，平原辽阔，水网密布，湖泊众多，有长江、淮河、沂沭河、秦淮河、苏北灌溉总渠等大小河流2 900多条。长江横贯江苏东西约433千米，京杭运河纵贯南北约700千米。江苏海岸线长约900千米。全国五大淡水湖，江苏得其二；太湖面积约2 400平方千米，居第三；洪泽湖面积约2 000平方千米，居第四。此外，还有大小湖泊290多个。江苏省的平原、水域面积分别约占69%和17%，比例之高居全国首位。其中，太湖在江苏省南部，邻接浙江省，湖面海拔约3米，最深处约48米。太湖为长江和钱塘江下游泥沙堰塞古海湾而成，最后注入长江。洪泽湖位于江苏省西部，发育在淮河中游的冲积平原上，由于地势低洼，常年积水，后演化成为众多小湖泊。

江苏省的自然资源有哪些

江苏省有着丰富的水资源、生物资源和矿产资源。江苏地处江、淮、沂沭泗流域下游，水资源十分丰富，年径流深为150～400毫米。长江横穿本省南部，系本省最可靠的水资源。江苏境内有太湖、洪泽湖、高邮湖、骆马湖等大中型湖泊，以及京杭运河、沂沭河、串场河、盐河、通榆运河、苏北灌溉总渠和通扬运河等各支河，河渠纵横，水网稠密。与此同时，地下水资源也十分丰富，地下水资源量达142.4亿立方米。江苏省的野生动物资源较少，但是由于靠江靠海，故水产资源多，是著名的“鱼米之乡”，有吕泗、海州湾等四大渔场，盛产黄鱼、带鱼、鲳鱼、虾类、蟹类及贝藻类等水产品。还有被誉为“长江三鲜”的鲥鱼、刀鱼、河豚，被誉为“太湖三白”的白鱼、银鱼、白虾等水中珍品。

江苏省的旅游资源有哪些

江苏省山水秀美，风光旖旎，加上历史悠久，城市密集，文化发达，人文荟萃，自然景观与人文景观相映成趣，名胜古迹遍布全省各地。已有2 500多年历史的苏州城，享有“东方威尼斯”之美称，充满水乡情调。江苏河湖相间，京杭运河纵贯南北，太湖、洪泽湖、瘦西湖、玄武湖、莫愁湖、云龙湖、天目湖等都是著名的游览湖泊。与此同时，江苏的名泉极多，有镇江中泠泉、无锡惠山泉、苏州虎丘憨憨泉、南京汤山温泉、东海汤庙泉等。江苏的山虽不高，但多负盛名。有南京钟山、清凉山，镇江北固山、金山、焦山，句容和金坛交界处的茅山，南通狼山，苏州天平山、灵岩山，徐州云龙山和连云港的花果山等。南京、苏州、扬州、镇江、徐州、淮安、常熟、高邮、常州、泰州、宜兴、南通、无锡等被确定为国家历史文化名城。

哪里是江苏的第一高峰

作为全国地形地势最平坦的省，江苏山少地多，第一峰是连云港云台山的玉女峰。玉女峰海拔

624.4米，云雾缭绕，是江苏最高点。玉女峰由锦屏山、前云台山、中云台山、后云台山和鹰游山等互不连续的断块山组成，东南侧平缓，西北侧陡峭。登上玉女峰，可以欣赏两种独特的景观：一个是海上日出，另一个是云台铺海。白云翻滚好像海水扬波，露出来的峰顶就像大海里的蓬莱仙岛，“群山俯伏”，此情此景令人有飘飘欲仙的感觉。玉女峰属于温带季风气候区，因此一年四季都非常适合旅游观赏。

江苏的海岸为什么不适宜建港口

地貌学上，海岸分基岩海岸、淤泥质海岸和生物海岸。江苏海岸类型93%为粉砂淤泥质海岸，海岸平直，比降很小，所以虽然江苏有着较长的海岸线，但淤泥质海岸不适合建港口。

你知道江苏省的四大湖泊吗

江苏四大湖泊分别是太湖、洪泽湖、高邮湖、骆马湖。太湖位于长江三角洲的南缘，是中国第三大淡水湖，有主要进出河流50余条。洪泽湖，中国第四大淡水湖，位于江苏省西部淮河下游，苏北平原中部西侧，正常水位约12.5米，最深约5.5米。洪泽湖湖面辽阔，资源丰富，历史悠久，既是淮河流域大型水库、航运枢纽，又是渔业、禽畜产品的生产基地，素有“日出斗金”的美誉。高邮湖位于江苏省高邮市与安徽省天长市之间，是全国第六大淡水湖、江苏省第三大淡水湖，一般水位5.55米，属河迹洼地型湖泊，水面宽广，环境优美，物产丰富。高邮湖大闸蟹、高邮湖龙虾是著名的品种之一，鱼虾的产量也很大。骆马湖介于宿迁和徐州二市之间，有灌溉、调洪、航运和水产之利。

江苏省的水文状况如何

江苏省内分布长江、太湖、淮河和沂沭泗四大水系，长江横穿东西，京杭运河纵贯南北，海岸线长约900千米。江苏省年降水量为700～1 250毫米，年径流深为150～400毫米，降水主要集中在6—9月，年均蒸发量为950～1 100毫米。在汛期和丰水期时，河流的含沙量较大，非汛期和枯水期则相反。省内主要河湖水位的高低、流量的大小，除受本地降雨影响外，还与过境水量的多寡有关，沿江沿海潮水位，主要受天文潮的支配。

太湖明珠在哪里

无锡，简称“锡”，古称新吴、梁溪、金匮，被誉为“太湖明珠”。无锡位于31°07′N～32°02′N，119°33′E～120°38′E，地处江苏南部、长江三角洲平原、江南腹地、太湖流域。北倚长江，南滨太湖，东接苏州，西连常州，构成苏锡常都市圈。无锡是长江经济带、长江三角洲城市群的重要城市，风景绝美秀丽，历史悠久，是在江南蒙蒙烟雨中孕育出的一颗璀璨明珠。无锡是江南文明的发源地之一，有文字记载的历史可追溯到商朝末年。

为什么“烟花三月下扬州”

扬州市地处江苏省中部，长江北岸、江淮平原南端。地形西高东低，以仪征市境内丘陵山区为最高，从西向东呈扇形逐渐倾斜。扬州市属于亚热带季风性湿润气候向温带季风气候的过渡区。气候主要特点是四季分明，日照充足，雨量丰沛。

“故人西辞黄鹤楼，烟花三月下扬州。”李白脍炙人口的千古绝唱平添了扬州这座古城名邑的无限风韵。三月的扬州，正是天气最好的时候，烟柳、琼花，都带着浓浓的春的气息。

苏州的古典园林有哪些特点

拙政园

苏州城历史悠久，有“园林之城”的称号。

宋、元、明、清历代遗存至今的苏州古典园林各具自然、历史、文化、艺术的特色。现存名园十余处，闻名遐迩的有拙政园、沧浪亭、狮子林、留园、环秀山庄、网师园、退思园等。其中，拙政园享有“江南名园精华”的盛誉。苏州园林叠山流水，以写意山水的高超艺术手法，蕴含浓厚的中国传统思想和文化内涵，以中国山水花鸟的情趣，寓唐诗宋词的意境，占地面积小，在有限的空间内点缀假山、树木，安排亭台楼阁、池塘小桥，使苏州园林以景取胜，景因园异，给人以小中见大的艺术效果。

江苏的地域文化有哪些

江苏是中国古代文明的发祥地之一，地域文化具有代表性的有楚汉文化、吴文化、金陵文化、淮扬文化和海洋文化。楚汉文化是以国家历史文化名城徐州为中心的区域性文化，有着雄浑刚强的特征。吴文化通常指靠近太湖的苏锡常地区文化，形成了清新娟秀、聪颖灵慧、细腻柔和而又视野开阔、乐于创新等显性特征。金陵文化以古都南京为中心，有着南北交会、兼容并蓄、开放包容的特点，主要包括六朝文化、明文化和民国文化，这三大块历史文化又可统属于“都城文化”。淮扬地区河多水多、船多桥多，淮扬文化以扬州为中心，呈现出古、文、水、绿、秀的地域风貌，在南北文化交流中形成了清新优雅与豪迈超俊相结合的显性特征。海洋文化通常指连云港、盐城、南通的沿海区域文化，主要包括山海文化、西游文化、海盐文化、江海文化。南北之间同中有异，具有沧海桑田、大胆开放的海派气概。

苏州的戏剧文化有哪些

苏州的代表戏曲有昆曲、苏剧、评弹等，苏州是昆曲和苏剧的故乡。昆曲是中国首个世界非物质文化遗产，兴起于600多年前苏州的昆山一带。昆曲兴盛之际，人们对其迷恋到了如醉如狂的地步，组织业余班社，举行唱曲活动，一年一度的虎丘曲会，几至“倾城阖户”“唱者千百”。在昆曲鼎盛时期，以苏州为中心，其流布范围几乎遍及全国各大城市，独霸剧坛200多年。昆曲繁荣期间，涌现了一大批优秀的演员，也出现了一批著名的作家，为后人留下了一大批著名的传奇剧本。如昆曲《牡丹亭》《窦娥冤》。著名作家白先勇于2004年4月重新主持制作，同众多艺术家携手打造了“青春版”昆曲《牡丹亭》，至今已经在世界各地巡演100多场，场场爆满，并且受邀在奥地利维也纳金色大厅进行表演。

苏州人为什么爱吃甜食

苏州人爱吃甜食与其地理位置息息相关。苏州位于南方地区，由于气候温暖湿润，当地种植甘蔗较多，主要产品为蔗糖，因此蔗糖常成为调料。此外，苏州糕点的配料用得最多的就是玫瑰和桂花，不仅能为糕点增加甜度，也能带来自然的香气，因此，深受当地人喜爱。

苏南和苏北地区如何划分

从历史上来看，1949—1952年，中国共产党在华东大区下分别设立苏南行署区(驻无锡)、苏北行署区(驻泰州)和南京直辖市。苏南行署区辖无锡市和镇江、常州、苏州、松江4个行政分区，苏北行署区下辖泰州、扬州、盐城、淮阴、南通5个行政分区，南京则不属于其中任何一边。苏南苏北从地理上的划分通常以长江为界。如果以经济来划分，则以南京、扬州至南通一线作为分界。现在通常所说的苏南是江苏省南部地区的简称，地处中国东南沿海长江三角洲中心，是江苏经济最发达的区域，也是中国经济最发达、现代化程度最高的区域之一。苏南地区包括南京、苏州、无锡、常州、镇江。

江苏有哪些古镇

江苏的古镇在生活、文化、建筑、物产等方面各具特色，无处不反映着江南地区“小桥流水”的特征，不仅拥有深厚的底蕴，也体现着南北荟萃的多元文化。江苏的古镇大多体量小，建筑低层高密度，错落有致，多数沿河，形成独特的水乡风情。

一般来讲，江苏有十大较为有名的古镇。

1. 周庄古镇：位于苏州昆山市，有着“天下第一水乡”的美誉。

周庄

2. 同里古镇：位于苏州吴江区，太湖之畔，自宋代建镇距今已有1 000多年历史。

3. 角直古镇：位于苏州吴中区，被誉为“神州水乡第一镇”，拥有2 500多年的历史。古桥、古街、古民宅，以及具有1 300多年历史的古银杏树令人赞叹不已。

4. 淳溪古镇：位于南京高淳区，南临固城湖，北倚石臼湖，宝圣寺塔为标志性建筑，明清古街高淳老街保存完整。

5. 锦溪古镇：位于苏州昆山市西南，是一个拥有2 000多年历史的江南水乡古镇，素有“中国民间博物馆之乡”的美誉，著名的景点有通神御院、陈妃水冢、莲池禅院等。

6. 枫桥古镇：位于苏州虎丘区，处在大运河、古驿道和枫江的交会处，沿河形成两条市街——枫桥大街和寒山寺弄，随河成市，因水成街，具有独特的水乡风韵。

7. 木渎古镇：别名渎川、胥江，雅称香溪，位于苏州吴中区，地处太湖流域，是江南著名的风景名胜区，素有“吴中第一镇”“秀绝冠江南”之誉。

8. 千灯古镇：位于苏州昆山市，距今已有2 500多年的历史，是爱国学者顾炎武的故乡，又是昆曲的发源地。千灯原名“千墩”，名出吴越争霸。

9. 沙家浜镇：位于苏州常熟市南部，文化底蕴深厚，境内有唐市、横泾两座古村落，明清时期产生进士举人40人。抗战时期沙家浜成为苏常太抗日游击根据地中心，新四军在此留下了战斗足迹。

10. 黄桥古镇：位于泰州泰兴市，建镇于北宋神宗元丰年间，是一座具有悠久历史和丰厚底蕴的文化名镇。它南濒长江，东连如皋，北接姜堰，是苏中、苏北地区通往苏南的重要门户，也是苏中、苏北地区规模最大的集镇。

江苏为什么有“鱼米之乡”的美誉

江苏省的简称“苏”的繁体字很形象地诠释了江苏的含义。“蘇”由草、水、鱼、禾四字组成，象征着江苏自古就是富庶之地、国之钱仓。省内平原辽阔，土地肥沃，物产丰富，江河湖泊密布，我国五大淡水湖中的太湖、洪泽湖在此横卧，历史上素有“鱼米之乡”的美誉，水产资源极为丰富，鱼、虾、蟹、蚌种类繁多，珍稀鱼品种也不少。

你知道连云港吗

连云港，江苏省下辖地级市，古称“海州”，是“一带一路”的重要出海口，因面向连岛、背倚云台山，又为海港，得名连云港。连云港市位于中国沿海中部，东濒黄海，属温带季风气候，东与朝鲜、韩国、日本隔海相望，西与徐州市、宿迁市相连，南部与淮安市和盐城市毗邻，北至西北与山东省日照市、临沂市相邻。连云港是中国首批14个沿海开放城市之一，新亚欧大陆桥东方桥头堡，以及“一带一路”倡议规划中的重要支点城市。它发挥“一带一路”交会点和出海口优势，对接“一带一路”沿线国家和地区，开通的中亚、中欧国际班列已经形成规模化常态化运行，逐步成为新亚欧大陆桥经济走廊重要节点城市。

为什么南京又叫石头城

公元前472年，越王勾践灭吴之后，企图进一步吞并楚国，他看中了位于现在南京中华门的长干里一带，召见他的谋士范蠡监理建城，定名“越城”，又叫“范蠡城”。当时的“越城”很小，到了公元前333年，楚威王灭越，又在南京清凉山(又叫石头山)筑城，称为“金陵邑”，这就是南京又称“金陵”“石头城”的来历。

为什么苏南和苏北的发展有那么大的差距

苏南和苏北的发展有较大的差距，其影响原因可分为自然和人文因素。

江苏是个平原省份，从江苏北部开始，湖泊大河星罗棋布，河流湖泊将平原地区割裂，让省内南北之间的沟通极为艰难，特别是淮河和长江两条大河横卧在此，基本奠定了苏北、苏中、苏南的地理格局。再加上古时基础建设落后，自然灾害频繁，以及战争等原因，苏北地区的人口密度也只有苏南地区的一半，是江苏省内人口最稀疏的地方。除此之外，受制于黄河的入侵，整个苏北地区的沿海被厚厚的泥沙掩埋，每逢退潮时分总有上百里的泥滩裸露出来，航运条件极为恶劣，因此在航运先机上就弱于苏南地区，再加上淮河水量不足，内河航运也无法和苏锡常一带的长江沿线相提并论。

苏南地区这些年来聚焦高新产业发展，产品附加值得到了较大的提升，一些产业技术甚至达到了世界领先水平。苏北地区缺少一个发展中心，无法得到邻近地区的帮助和扶持，和靠近上海的苏南地区无法相比。与此同时，教育差距也是构成苏南苏北经济发展水平差距的因素，苏南地区更加注重教育，积累人力资本。

苏北与苏南一江之隔，陆路交通运输不便，一直是制约其经济发展的瓶颈。如今，苏南、苏北已靠多座长江大桥联系起来，带动了苏北的经济发展。

你知道江苏境内的京杭大运河吗

京杭大运河，是世界上开凿最早、最长的一条人工河道。大运河北起北京，南达杭州，流经北京、河北、天津、山东、江苏、浙江六个省级行政区域，沟通了海河、黄河、淮河、长江、钱塘江五大水系，全长1 797千米。它始建于春秋末期，隋朝时期贯通南北，元代延长取直，明清后期还有疏凿和完善，近现代又对其进行大规模的整修，历时2 000多年的厚重积淀，才有了如今完整的运河体系。江苏境内的大运河全长约700千米，流经徐州、宿迁、淮安、扬州、镇江、常州、无锡、苏州等8个地级市。江苏是中国运河河道最长、文化遗存最多、保存状况最好和利用率最高的省份。直至今天，京杭运河江苏段仍是黄金水道，年运输量超过10条铁路。

2014年6月22日，中国大运河在第38届世界遗产大会上获准列入《世界遗产名录》，成为中国第46个世界遗产项目。

为什么江苏省方言差距很大

由于古代交通不便，江苏省有长江和淮河，却没有先进的渡江装备和高架桥，这两道天然的屏障阻碍了人们的往来，让同一个省的城市有不一样的文化风俗语言。江苏省的方言分为三大区域：现在的苏北大部分地区，主要是由徐州、宿迁西北部、连云港北部为主导的中原官话区；淮河以南、长江以北大部，以及长江以南西部，是由淮安、盐城、扬州、泰州、南通西北部、南京、镇江、常州西部为主导的江淮官话区；长江以南东部，是由苏州、无锡、常州东部南部为主导的吴语区。

你了解扬子江城市群吗

扬子江城市群，涵盖南京、镇江、常州、无锡、苏州、扬州、泰州、南通沿江八市，是中国经济发展基础最好、综合竞争力最强的地区之一，具备了建设城市群的良好基础和条件。扬子江城市群将发展成为江苏经济发展的主导力量，同时它将是长江三角洲区域一体化发展的载体和必然结果。江苏省政府在《关于加快建设扬子江城市群的意见》中指出，城市群内八座城市各有分工，南京建设国家中心城市，苏州发挥创新驱动、经济转型示范引领作用，南通与无锡作为重要节点城市，致力于发挥区域带动力，常州、泰州提升中部支撑，扬州、镇江彰显历史文化名城魅力。

浙江省 ZHEJIANG SHENG

■ 简　称 浙　■ 面　积 约10万平方千米　■ 人　口 6 457万人

■ 世界遗产 中国丹霞(江郎山)　杭州西湖文化景观　大运河　良渚古城

■ 地理之最

最高山峰：黄茅尖　最大湖泊：千岛湖（新安江水库）　最大河流：钱塘江

主要山脉：雁荡山

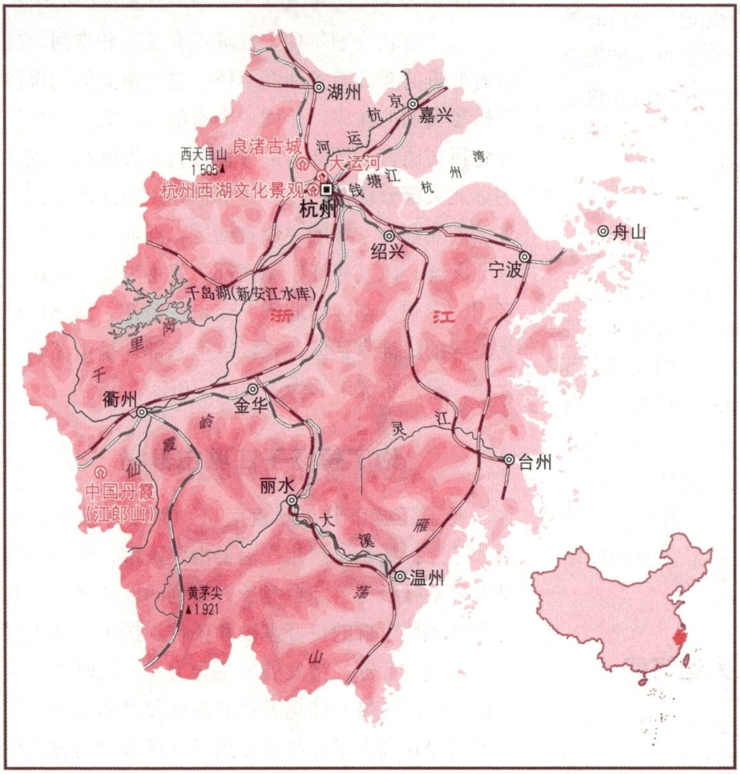

浙江省概况如何

浙江省地处我国长江中下游地区，东南沿海。省以江名，简称为“浙”(因境内有钱塘江，弯弯曲曲形如“之”字，称为“折江”)。东滨我国岛屿最多的东海，南与福建省相邻，西连江西、安徽两省，北与上海市、江苏省相接。东西、南北直线距离均约为450千米，海岸线长约2 200千米。省会杭州。

“文化之邦”的称谓足以见证浙江省悠久厚重的文化底蕴。远古的良渚文化开启了浙江文明的先河，几千年来，浙江的经济与文化独树一帜，特别是中国经济重心南移后，江南文化逐步繁荣。近代开埠之后，浙江在内忧外患的困境中不仅没有没落，反而愈发有活力。改革开放以来的浙江，无论是在经济还是在文化、社会方面都更进一步，这些发展与进步的背后不能忽视历史积淀的优秀文化与人文精神。

浙江省的气候有什么特征

浙江省位于中低纬度，靠陆面海，季风气候显著，四季分明，气温适中，光照较多，雨量丰沛。全省气温与降水在时间分配上具有一致性，年平均气温在15～18℃；临海近，水汽来源多，降水充足，年降水量在1 000～2 000毫米；处于亚热带，无霜期长，植物的生长期也长。浙江水热条件配合较好，利于水稻、棉花、桑、茶、竹等作物的生产，但也会受一些灾害性天气的影响。某些年份冬夏季风太强或太弱、进退异常等会引发寒潮、伏旱、洪涝、台风或是大风天气，会给社会生产尤其是农业生产造成较大危害。梅雨是浙江气候的一大特色，梅雨期降水可为浙江农业生产提供充足水资源，增加地表的径流量，利于航运并调剂季节水量。浙江民间有“黄梅无雨半年荒”的说法。通常早在5月底入梅，迟至7月上旬出梅。梅雨期持续时间异常，会引起旱涝灾害。浙江省逐步完善的水利工程、防灾设施的建设，大大减轻了灾害性天气的危害。

浙江省的地形地势有什么特点

浙江省位于我国地势的第三级阶梯上，地势由西南向东北倾斜，地表形态多样，有山地、丘陵、平原、盆地、岛屿，而且江、河、湖、海水体并存。全省最高点为黄茅尖，海拔1 921米。省内地形有“七山一水两分田”的说法，大致分为浙北平原、浙西丘陵、浙东丘陵、中部金衢盆地、浙南山地、东南沿海平原及滨海岛屿等七个地形区。平原、盆地约占全省面积的23.2%，山地、丘陵约占70.2%，淡水水域约占6.4%。从全省来看，海拔较低的是沿海平原，大多在7米以下，如浙北的杭嘉湖平原；海拔稍高的是河谷平原，主要位于河流水系的中下游沿岸，例如苕溪水系中下游的河谷平原；盆地遍布全省，在浙江中部分布最为集中；山地丘陵主要分布在浙西、浙南地区；沿海还有半岛、岛屿等地形类型。丰富的地表形态在浙江省的地名命名与地名分布上都有较好的体现，也为该省农业的全面发展，提供了十分有利的条件。

浙江省的水文水系状况如何

浙江省河网密布，数量众多，江、河、湖、海水体兼有。河流除钱塘江之外，均发源于省内山区。河流上游水能资源丰富，可做梯级开发，河流含沙量小。从流域面积和年径流量来看，钱塘江位居第一。人工河有京杭大运河南段，也称为江南运河，运输繁忙。浙北地区湖泊广布，著名的有杭州西湖，绍兴的东湖、鉴湖，以及嘉兴南湖。人工水库遍布全省，西部的新安江水库(又称千岛湖)最为著名，面积约573平方千米，是集蓄水、防洪、灌溉、发电、航运、渔业为一体的多功能水库。

浙江省自然资源概况如何

浙江省位于有“鱼米之乡”之称的长江中下游平原，又有着多样的地表形态和雨热同期的气候条件，自然资源种类丰富。矿产资源以内生矿为主，已探明的矿种有100多种，最具特色的是非金属矿产；金属矿产有铁、锰、银、铜、锌、金、钨等。浙江省植物种类丰富，森林覆盖率达60%以上，蕨类、裸子、被子植物约3 500种，林木中樟科、山茶科、木兰科种类最多，被称为我国的“东南植物宝库”。面积广阔的林区为浙江省多种动物提供了栖息之所，全省有陆生脊椎动物680余种，国家一、二级保护动物100余种，省重点保护的陆生野生动物70多种。另外，现今人工饲养的家畜种类也较多，如绍兴麻鸭、仙居鸡、温岭高峰牛都很有名气。海洋资源丰富，全省大于500平方米的海岛约有3 000个，是我国岛屿最多的省，港口、渔业、海洋旅游、油气、滩涂五大资源得天独厚。

享有“东南海鱼仓”的舟山渔场发展现状如何

舟山渔场位于浙江省舟山群岛附近海域，长江等沿岸径流带来了丰富的营养盐，使这里水质肥沃，初级生产力高于其他海区，为各类海洋生物提供了充足的饵料。该海域沿岸岸线曲折，岛屿密布，港湾众多，台湾暖流、沿岸流在这里交汇，生境类型丰富，各类海洋生物都能找到相应的生存空间，非常适于海洋生物生长和繁殖，因此形成了我国最大的渔场。

舟山渔场渔业资源非常丰富，产量较高和经济价值较大的种类非常多，在全国海洋渔业中占重要地位的种类有大黄鱼、小黄鱼、带鱼、乌贼、银鲳、马鲛鱼、鲷科鱼类、虾类和蟹类等。据统计，舟山渔场约有鱼类360种，虾类60种，蟹类11种，贝类134种，海洋哺乳动物20余种，海洋藻类154种。

多种原因导致现在舟山渔场生态系统严重退化。水质恶化，沿岸水域和长江口、杭州湾附近海域重度污染，舟山渔场海域近岸区域多数为劣四类水质。随着舟山渔场捕捞压力的加大和环境变化，舟山渔场渔业资源衰退严重。经济鱼类的产量急剧减少，比例下降，渔捞种类逐渐低龄化、小型化。

舟山渔场渔业资源的退化历经几十年的时间，要实现有效恢复将是一个漫长的过程。进行舟山渔场生态振兴工程，应该坚持生态文明建设，以科技创新和体制创新为动力，以恢复和改善舟山渔场海域的水质、生态环境和渔业资源为立足点。重点突破渔场振兴的共性技术和关键技术，加强海域资源与环境的保护，促进舟山渔场和全国渔业持续健康发展。

你了解西湖吗

杭州西湖

西湖位于杭州市区西南部，景区总面积约60平方千米，汇水面积为21.22平方千米，湖面面积约为6.38平方千米。2011年6月24日，“杭州西湖文化景观”正式列入《世界遗产名录》。西湖有100多处公园景点，有“西湖十景”“新西湖十景”“三评西湖十景”之说。西湖四周，古迹遍布、文物荟萃，有60多处国家、省、市级重点文物保护单位和20多座博物馆（纪念馆）。

西湖南、西、北三面环山，湖中白堤、苏堤、杨公堤、赵公堤将湖面分割成若干水面。西湖的湖体轮廓呈近椭圆形，湖底部较为平坦。湖泊天然地表水源是金沙涧、龙泓涧、赤山涧(慧因涧)、长桥溪四条溪流。湖泊平均水深约为2.3米，最深约5米，最浅不到1米。西湖引钱塘江水，每年水量约为1.2亿立方米。

钱塘江大潮奇观的形成原理是什么

钱塘江大潮

钱塘江潮是一种潮汐现象。潮汐是海水周期性有规律的涨落运动，它是由月球和太阳对地球表面海水的吸引力造成的。当月球、太阳、地球处在同一条直线上时，月球和太阳的引潮力加在一起，会使潮水涨得更高。每月农历初一、十五以后的两三天，月球、太阳、地球排列在一条直线上，这几天世界各地的潮水普遍比平时高涨。每年观潮的最佳时间是农历的八月十五到八月十八。钱塘江的秋潮比其他地方的秋潮更壮观，与杭州湾的特殊地形分不开。钱塘江入海的地方(即钱塘江口)名杭州湾，外宽内窄，呈喇叭形，出海处宽达100千米，而往西逐渐收缩为20千米左右，最狭窄处只有3千米宽。潮水涌来时，越往西越受到两岸地形的约束，只好涌积起来，潮头越积越高，好像一道直立的水墙，向西推进。同时，由于潮流的作用，把长江带入海中的大量泥沙，不断地带到杭州湾来，在钱塘江口形成一个体积庞大的“沙坎”。当潮水向钱塘江口内涌去时，被拦门沙坎挡住了潮头，就形成了后浪推前浪的奇观。

乌镇的民居有什么特色

乌镇位于浙江省桐乡市，距苏州和杭州约80千米。多种民居各具特色。临水民居：“家家面水，户户枕河”是乌镇和许多江南水乡小镇相同之处，但此地却有一部分民居用木桩或石柱打入河床中，上架横梁，搁上木板，造成“人在屋中居，屋在水中游”的“水阁”，水阁三面有窗，窗旁有门，门外有石阶，这即是乌镇的“水上吊脚楼”。面水民居：这类民居建于滨河路街一侧，有的还在宅前设面水的廊棚或过街楼，居民在此从事各种杂务和休息活动。传统建筑：街巷内的传统民居是在城镇中心的民居，以三合院和四合院为主，这类民居在平面布局上强调中轴线对称，纵向进深随地形而置，一般2进至5进，布局上前厅后楼，后庭幽深。同时也有灵活自由布局的园林住宅。

“鸡毛换糖”与当今义乌小商品“义乌模式”有什么渊源

“鸡毛换糖”指在那个物资匮缺的年代，小商小贩走南闯北，走街串巷，以红糖、草纸等低廉物品，换取居民家中的鸡毛等废品以获取微利。最早的“鸡毛换糖”，形成于我国的浙江省义乌地区，而最终这一行为对地区经济发展的促进作用得到认可，并发挥出巨大的积极作用。

从事“鸡毛换糖”的农民就是早期的小商品经营者，他们的交易方式有以下几个特点：首先，这种交换的利润很低。在像义乌这样一个农业生产条件极差的地区，不具备起码商业资本的农民才愿意从事微利商业。其次，义乌商人特有的货郎担如同一个流动摊位，既不需要很高的投入，又可以避免许多行政干预，因此可以说走乡串户的“敲糖帮”是一批名副其实、流动性很强的自由商人。长期积累的市场经验使他们了解全国范围内日用小商品供求不平衡的地区分布，流动摊位的交易方式也降低了商品交易的成本。他们从各地调集富余的日用品以弥补缺乏固定的生产基地的不足，这恰恰决定了日后小商品经营者在商品集散和流通中的地位。20世纪70年代末80年代初，义乌一批日用小商品的经营者完全摆脱了传统农业的狭小市场空间，以祖传的“鸡毛换糖”的小商品交易开拓市场，开创了以专业市场群带动区域经济社会发展的“义乌模式”。

河姆渡文化起源于哪里

河姆渡文化，得名于20世纪70年代河姆渡遗址的发掘，是分布于长江下游地区的一支新石器时代晚期文化，其分布区域大致位于杭州湾南岸宁绍平原东至舟山群岛一带。河姆渡遗址距今约6 000～7 000年。在浙江余姚河姆渡遗址出土的大量文物中，有种类齐全的骨、石、陶、木制成的生产工具和生活工具。大量保存完好的古代稻谷，说明河姆渡是世界上最早种植水稻的地区之一。而榫卯结构清楚的木构件，色彩鲜艳的漆碗，依然能吹出动听音响的陶埙、骨哨等，说明河姆渡人文明程度较高。

河姆渡文化的农具，最具有代表性的是耒耜。河姆渡文化的建筑形式主要是栽桩架板高于地面的干栏式建筑。干栏式建筑是中国长江以南新石器时代以来的重要建筑形式之一，目前在河姆渡地区发现最早。它与北方地区同时期的半地穴房屋有着明显差别，成为当时最具有代表性的特征。因此，长江下游地区的新石器文化同样是中华文明的重要起源。它是代表中国古代文明发展趋势的另一条主线，与中原地区的仰韶文化并不相同。

“浙北金三角”指的是哪里

浙北三镇指位于嘉兴市的乌镇、西塘和位于湖州市的南浔三镇。因为互为犄角，且地方富庶，人称“浙北金三角”。西塘古镇位于嘉兴市嘉善县，是春秋战国时期吴越两国的相交之地，西塘与其他水乡古镇最大的不同在于古镇中临河的街道都有廊棚，总长近千米。乌镇古镇可谓“鱼米之乡、丝绸之府”，位于桐乡市北部，镇区由十字形水系分为东栅、西栅、南栅和北栅四个区域。南浔古镇位于湖州市，是“辑里湖丝”的故乡，既充满着浓郁的历史文化底蕴和灵气，又洋溢着江南水乡古镇诗画一般的神韵。

浙江的文化概况如何

浙江省作为中国的文化大省，其文化类型丰富多样。浙江文化是我国历史长河中的一颗璀璨明珠。文化可通过具体物质载体表现出来，举例如下。

1. 纺织文化。有史记载，早在新石器时代晚期，浙地先民就会用麻类的野生植物纺纱织布，在唐朝浙地的纱已经全国闻名，宋朝时就开始种棉并开始棉纺织，明朝后期染坊数量与规模都已经空前强大。“中国纺织看绍兴”的纺织文化品牌效应现今已日益彰显。2. 兰文化。“勾践种兰渚山”是我国关于“艺兰”的最早记录。浙地会稽山的气候很适宜兰花生长，在浙江尤其是绍兴，平民或官仕都有植兰、摆兰的风俗，并且兰与许多文化名士都有密切的联系，而且出现了以兰为生的“兰农(商)”。另外，浙江省的省花就是兰花。3. 桥文化。越人擅长搭石为桥。河网密布的地理环境下，桥在生活中是必不可少的。绍兴市在民间就有“万桥市”的称谓，市内桥梁极多而且样式全、造型奇、保存完整。浙江的古桥主要有矴步、梁桥、拱桥、浮桥、廊桥五种类型。

杭州如何打造“杭州城市记忆工程”

近年来，为提升杭州的文化影响力，杭州市档案局开展了“杭州记忆”工程建设，具体包括“城市记忆”“乡村记忆”“企业记忆”“家庭记忆”四个子项目。

杭州充分挖掘以良渚文化、吴越文化、南宋文化等为代表的杭州传统文化潜力，加大名城、名镇、名村、街区、历史建筑和非物质文化遗产、工业遗产、商业遗产、校园遗产等保护力度，延续城市文脉，彰显文化特质。发挥西湖和大运河世界文化遗产的综合带动效应，积极做好南宋皇城遗址、跨湖桥文化遗址、钱塘江古海塘遗址和西溪湿地等地的保护利用工作，努力打造世界级文化和自然遗产群落。

杭州的城市交通网络将如何继续完善

为了完善杭州的交通网络，杭州深化交通治堵行动计划和“畅通西部”三年行动计划，谋划建设城西综合交通枢纽，基本建成“二环四纵五横九延两连”城市快速路网。二环，指绕城高速公路和杭州都市区高速公路；四纵，指绕城高速公路内四条纵向快速路；五横，指绕城高速公路内五条横向快速路；九延，指绕城高速以外快速路延伸线；两连，指外围组团间加强联系的两条纵向联络线。

同时加快绿色交通发展，健全地铁、公交车、出租车、公共自行车、水上巴士“五位一体”大交通体系，完善绿道网和慢行系统，建成国家绿色交通发展示范城市和“公交都市”。

温州的城市空间形态有什么特点

温州，简称“温”或“瓯”，浙江省地级市，国家历史文化名城，东南沿海重要的商贸城市，浙江省区域中心城市之一。温州位于浙江省东南部，瓯江下游南岸，素有“东南山水甲天下”之美誉。

城市的空间形态受到多种因素的影响。早期温州受到地形的影响，中心城市背倚大罗山、吹台山等山脉，面向瓯江和东海，沿着瓯江形成带状的城市形态。近几十年来，随着城市工业、陆上交通的发展，建成东西走向的温州大道、机场路、瓯海大道等道路，温州呈沿一条主要交通轴线向两侧发展的带状形态。

“温州模式”是怎么演化的

“温州模式”是一种以温州商人为主体、以国际市场为导向、立足于区域内本土民营企业和传统制造业的区域国际化模式。

温州模式的发展初创期，以1978年改革开放为标志，持续至1984年温州成为14个沿海对外开放城市之一，又称家庭工业阶段。家庭工业实质上是家庭内部依赖自身劳动力及少量帮工，利用住宅作为生产场所，利用当地出产的原材料进行简单加工的工业。家庭工业最初是作为农闲时期劳动力利用的一种形式发展而来，作为一种兼业存在。

从1984年至1992年，温州模式进入成长期。该阶段家庭企业主要将资金、劳动力、技术等生产要素进行联合，进行合伙经营或组建股份合作制企业，加强市场化程度。

1992年至2003年，温州模式进入快速发展阶段。响应国家政策号召，温州提倡股份私有制改革，积极推动温州企业质量建设并规划地区发展战略。政策、环境与市场的同时推动，使得企业发展迎来黄金时期，温州企业呈现工业化、规模化、集团化趋势。发展至1997年以后，市场逐步进入供需平衡阶段，民营企业面对国内产能过剩的困境，通过海外华侨网络将产品推向国际市场，形成新的市场增长点。

2003年至今，温州模式进入转型期。国际贸易保护主义的推行与国内市场饱和导致市场急剧萎缩，温州的经济地位开始下降。同时温州经济产业集中度低、产业结构层次低、产业技术水平低、产品竞争力低，导致企业发展形成瓶颈。为升级转型，温州形成以永嘉阀门、乐清电器为首的17个区域产业集群发展模式和对外合作升级转型发展模式。

浙江省将如何打造世界级大湾区

浙江省大湾区空间规划，分别从宏观、中观与微观三个层面进行了系统性地规划与布局。从宏观层面的具体规划来看，浙江大湾区的总体布局是“一环、一带、一通道”，即环杭州湾经济区、甬台温临港产业带和义甬舟开放大通道。在中观层面，规划指出环杭州湾经济区将是大湾区建设的重点，而围绕环杭州湾经济区建设，未来将构筑“一港、两极、三廊、四新区”的空间格局。其中，“一港”指高水平地建设中国(浙江)自由贸易试验区，争创自由贸易港。“两极”指增强杭州、宁波两大都市区辐射带动作用，带动环杭州湾经济区高质量发展。“三廊”指加快建设杭州城西科创大走廊、宁波甬江科创大走廊、嘉兴G60科创大走廊。“四新区”指着力打造杭州钱塘新区、宁波前湾新区、绍兴滨海新区、湖州南太湖新区，将新区建设成为产城融合、人与自然和谐共生的现代化新区。在具体落实发展的微观层面，着重提出了“产业集群”与“发展平台”的作用。规划细则指出，浙江大湾区的建设既要发挥现有产业优势，瞄准未来产业发展方向，整合延伸产业链，打造若干世界级产业集群；也要推进产业集聚区和各类开发区整合提升，打造若干集约高效、产城融合、绿色智慧的高质量发展大平台。

浙江省打算如何完善综合交通运输网络，打造全省1小时交通圈

为打造全省1小时交通圈，浙江深入推进大港口、大路网、大航空、大水运、大物流现代交通五大建设。加快推进省际省域干线铁路、都市区城际铁路和城市轨道交通建设；完善以高速公路为骨架、普通国省道为支撑、农村公路为基础的结构合理、能力充分的公路网；服务国家“一带一路”倡议和长江经济带发展战略，推进舟山江海联运服务中心建设；推进民用机场建设，加快杭州萧山国际机场、宁波栎社国际机场、温州龙湾国际机场改建扩建工程；大力推进运输场站体系建设等。

上海自贸区的建立给浙江省带来怎样的机遇

上海自贸区的建立对浙江经济发展中的管理制度创新起到了很好的示范作用。浙江省作为我国经济发展的前沿阵地，可以通过借鉴上海自贸区的这些全新的管理制度和政策来探索本地的制度创新。对于浙江省的企业进入国际市场来说是相当有利的，一方面，使浙江企业进入国际市场原本所需的高昂信息搜寻成本大幅度降低，距离也大大缩短。与此同时，上海自贸区的建立也能使浙江企业获得更多的国际人才、国际资本和国际合作，努力提升浙江省外向型经济的水平。上海市的各种商务成本会不断提高，为了降低这些成本，那些用地成本较高的企业便会向周边地区转移。另一方面，上海自贸区内的各种建设又需要周边地区相应的产业、基础设施等加以辅助。这就为浙江省的产业结构调整提供了良好的机遇。

安徽省 ANHUI SHENG

■ 简　称 皖　　■ 面　积 约14万平方千米　　■ 人　口 6 103万人

■ 世界遗产 黄山　皖南古村落—西递、宏村　大运河

■ 地理之最

最高山峰：莲花峰　最大湖泊：巢湖　最大河流：长江　主要山脉：大别山、黄山

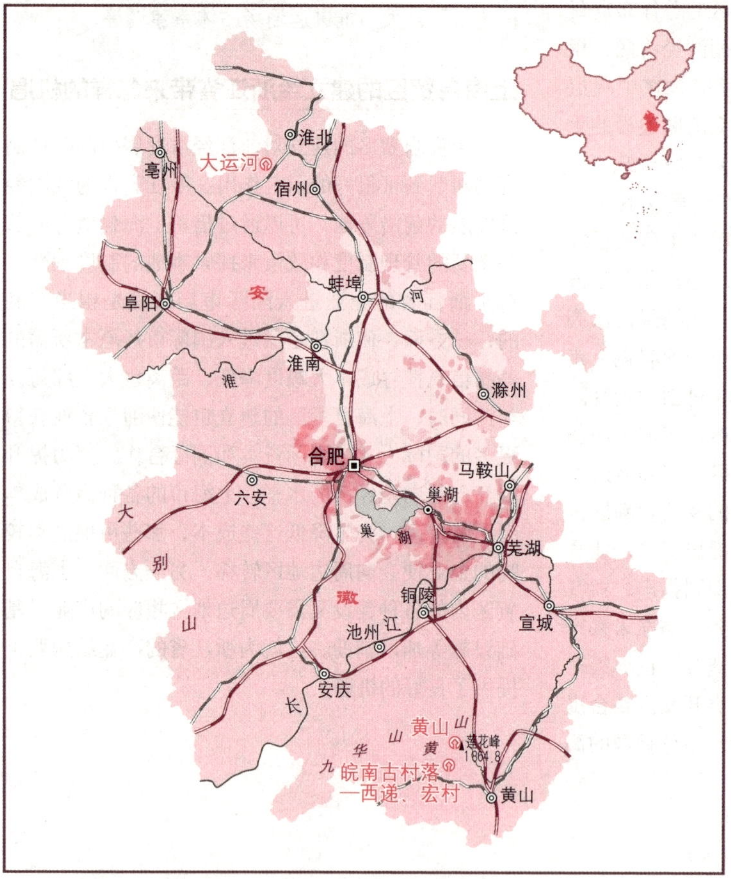

安徽省的地理概况如何

安徽省位于华东腹地，跨长江、淮河中下游，东连江苏省、浙江省，西接湖北省、河南省，南邻江西省，北靠山东省，是近海临江的内陆省份。省会合肥。

安徽省自然资源丰富，土地肥沃，适宜各种农作物生长。安徽省是矿产资源大省，其中煤、铁、铜、硫、明矾石为五大优势矿产。生物种类丰富，有国家一级重点保护动物，如丹顶鹤、梅花鹿等，尤以扬子鳄、白鳍豚最为珍贵。国家级保护树种有黄山栎、香樟等。安徽省重要的水利工程有淠史杭灌溉工程、驷马山引水灌溉工程。

安徽省是长江三角洲的重要组成部分，处于全国经济发展的战略要冲和国内几大经济板块的对接地带，经济、文化和长江三角洲其他地区有着历史和天然的联系。安徽文化发展源远流长，由徽州文化、淮河文化、皖江文化、庐州文化等组成。

安徽省的地形地貌有什么特征

安徽省的地形地貌南北迥异，复杂多样。西南部地势高，东北部地势低，平原、丘陵、低山都有，以平原为主。长江、淮河横贯全境，自然区分成五个区域：淮北平原地区、沿淮平原地区、江淮丘陵地区、沿江平原地区和皖南山地农业区。全省有2 000多条河流，500多个湖泊，其中长江、新安江、淮河和巢湖比较出名。著名的山脉有黄山、大别山、九华山和天柱山等，海拔1 864.8米的黄山莲花峰为安徽省内最高峰。

你了解安徽省的气候特征吗

安徽地处暖温带与亚热带过渡地区，受季风影响明显，四季分明，淮河以北属暖温带半湿润季风气候，淮河以南为亚热带湿润季风气候。农业生产条件适宜，年平均气温14～17℃，1月平均气温－1～4℃，7月平均气温28～29℃，气温由北向南递增，平均无霜期200～250天。全年平均降水量773～1 670毫米，有南多北少，山区多、平原丘陵少，夏季降水丰沛，冬季降水稀少的时空分布特点。

你了解安徽省的水文水系特征吗

安徽省水文状况有强烈的季风气候特征，径流年际变化大，年内分配不均，汛期集中于5—8月或6—9月，常有旱涝等自然灾害发生。安徽省河流主要属于长江与淮河流域，仅有南部新安江水系属于钱塘江流域。长江自江西省湖口流入安徽省境内，从和县乌江流出。长江于安徽省境内全长约400千米，流域面积约6.6万平方千米。安徽省湖泊数量达到500多个，主要分布在长江与淮河沿岸地区，总面积约为1 750平方千米。巢湖为全省面积最大的湖泊，也是全国五大淡水湖之一。

你了解黄山吗

安徽黄山

黄山风景区位于安徽省黄山市境内，它以奇松、怪石、云海、温泉“四绝”著称于世。黄山经历了造山运动和地壳抬升，以及冰川和自然风化作用，形成峰林结构。黄山有七十二峰，素有“三十六大峰，三十六小峰”之称，主峰莲花峰海拔1 864.8米。黄山山体主要由燕山期花岗岩构成，垂直节理发育，侵蚀切割强烈，断裂和裂隙交错，长期受水溶蚀，形成花岗岩洞穴与孔道。全山有岭30处、岩22处、洞7处、关2处。黄山的第四纪冰川遗迹主要分布在前山的东南部。

黄山集8亿年地质史于一身，融峰林地貌、冰川遗迹于一体，兼有花岗岩造型石、花岗岩洞室、泉潭溪瀑等丰富而典型的地质景观。前山岩体节理稀疏，多球状风化；后山岩体节理稠密，多柱状风化，山体峻峭，形成了“前山雄伟、后山秀丽”的地貌特征。黄山是安徽旅游的标志，也是中国著名的风景胜地。

巢湖有什么特点

安徽巢湖

位于安徽省中部的巢湖是中国第五大淡水湖，湖区水面南北宽约22千米，东西长约55千米，总面积约770平方千米。巢湖湖水占地面积大，水浅，且湖底平坦，水流速度慢，为我国典型的浅水湖泊。巢湖流域常年平均气温为15～16℃，属亚热带和暖温带过渡性的亚热带季风气候区。该区多年平均降水量为1 000～1 200毫米，降水在时空分布上不平均，梅雨季节(6—7月)雨量相对比较集中。以巢湖为中心的巢湖流域，现有常年性的河流30

多条，主要分属7条水系：杭埠河、南淝河、柘皋河、白石天河、裕溪河、兆河、派河。

一直以来，巢湖流域都是河网纵横、港汊众多，降水的季节性和区域性分布不均，使得巢湖流域拥有不同规模的河流，也形成了不同通航能力的水路航线。其中杭埠河、南淝河流域面积较大，水量充沛，具有很强的通航能力，自古为交通要道，承担着大型的运输任务。

巢湖流域素有"皖中鱼米之乡"之称。鱼类特产有鲥鱼、鲫鱼、鲤鱼、银鱼、鲢鱼等约100种，虾类约8种。其中被誉为"巢湖三珍"的银鱼、螃蟹、白虾更是驰名中外。由于物产丰富，植物种类繁多，该区域也成为长江流域一个较为重要的产粮区。巢湖流域不仅是安徽省重要的商品粮油、水产品等生产、加工基地，也是安徽省社会和经济发展水平较高的地区之一。

九华山有什么特色旅游资源

九华山位于安徽省池州市境内，是以丰富的自然和人文景观为特色的国家5A级山岳型旅游景区，它与五台山、峨眉山和普陀山合称为中国佛教四大名山。九华山拥有30多座海拔超过千米的高峰，其中十王峰最高，约1 344.4米。

九华山是安徽省南部三大山之一，为多山丘陵地带，平均海拔1 000多米，除外围山地由硬度较小的闪长岩、沉积岩构成，主体为花岗岩岩体。核心区域多为中山，绵延千里，山峦起伏，群峰竞秀，九大主峰犹如九朵莲花，千姿百态，各具神韵。千年的佛教发展历程，让九华山的山水和建筑有着浓郁的宗教神秘色彩，根据风格对其分类，大体上可以分为宫殿式、民居式和组合式三种类型。九华山自然景观与人文景观和谐交融，佛教建筑历史悠久，数量众多，规模宏大，不愧为"九华一千寺，撒在云雾中"。

六安瓜片的产地环境有什么优势

六安瓜片，中华传统名茶，中国十大名茶之一，简称瓜片、片茶，产自安徽省六安市大别山一带，唐朝称"庐州六安茶"，为名茶；明朝始称"六安瓜片"，为上品、极品茶；清朝为朝廷贡茶。六安瓜片为绿茶特种茶类，具有悠久的历史底蕴和丰厚的文化内涵。在世界所有茶叶中，六安瓜片是唯一无芽无梗的茶叶，由单片生叶制成。

六安地区全年气候湿润温和，平均气温在15℃左右，海拔较高，无霜期时间长，超过200天。春秋时节温和凉爽，对于茶树的生长十分适宜。全年雨水充沛，年平均降水量在1 200～1 400毫米，空气湿润，常年空气相对湿度大，达到80%左右。其中春季降水量最大，为春茶的品质提供了良好保证。阳光充足，年日照时数为2 000多小时。土壤肥沃，主要为黄棕壤与山地黄棕壤，土壤中有机质含量高，酸碱度适中。这些条件为六安瓜片的优良品质提供了保证。

哪座山享有"蓬莱之后无别山""皖东明珠"的美誉

琅琊山享有"蓬莱之后无别山""皖东明珠"之美誉，因盛产多种中药材，又被人们誉为"天然药圃"。境内有醉翁亭、琅琊阁、南天门、深秀湖、同乐园等景点。自宋代以来，琅琊山一直是皖东有名的胜境。

琅琊山为江淮之间的低山丘陵，西南高，东北低。山区内沟谷发育，最大切割深度约100米。山的主体溶岩出露面积较大，在漫长的地质历史过程中，逐步形成了不同程度、不同裸露形态的崖溶沟槽、石芽及小型岩溶洼地，以及隐蔽型的岩溶洞、岩溶漏斗和溶隙、溶孔，如琅琊寺后的雪鸿洞、鸡爪山的重熙洞等。

在气候特征上，琅琊山属于亚热带向暖温带过渡的湿润性季风气候区。山里气候温和，雨量充沛，受季风影响明显，四季分明，因而"四时之景不同"。山里多年平均气温为15.2℃，冬季月平均气温为1.5～4.5℃，夏季7—8月平均气温为27～28℃，年平均降水量约为1 050毫米，全年无霜期约为200天。良好的气候，给山区林木的繁殖和其他物种的繁衍创造了有利的条件。

哪里的古城墙是全国七大古城墙中唯一保存完好的

淮南市的寿县古城墙是全国七大古城墙中唯一保存较完好的宋代城墙，它的砖壁石基都还保持着原来的风貌。

寿县地处襟江扼淮的重要位置，千百年来一直是兵家必争之地。因此，历代对其城垣修筑很讲究，屡毁屡建，日益坚固。据光绪《寿州志》记载，如今寿县古城墙重建于北宋熙宁年间（1068—1077年），明清时曾多次修葺，历经900多年的沧桑。

古城的平面呈方形，城墙周长7 147米，高9.7米，底宽18～20米，顶宽6～10米，墙体以土夯筑成，外侧贴砖，外壁下部有2米高条石砌基。城外东、南为濠，宽约60米，北环淝水，西接寿西湖，外壁墙脚筑有宽约8米的护城石堤。古城有东、西、南、北四门，东为“宾阳”、南为“通淝”、西为“定湖”、北为“靖淮”。城门具有军事防御和防汛抗洪的双重功能。

哪个城市素以“淮右襟喉、江南唇齿”闻名于世

合肥，安徽省省会，因东淝河与南淝河在此汇合而得名，素以“淮右襟喉、江南唇齿”“三国旧地、包拯故里”闻名于世。合肥位于省境中部，长江与淮河之间，沿江近海，具有承东启西、接连中原、贯通南北的重要区位优势。合肥属于亚热带向暖温带的过渡区域，气候温和，四季分明。合肥境内有丘陵岗地、低山残丘、低洼平原三种地形，以丘陵岗地为主。

合肥是一座具有2 000多年历史的古城，名胜古迹众多，有三国古战场逍遥津，宋代建筑风格的包公祠、包公墓园，以及晚清重臣李鸿章故居等。今日合肥为沿海之腹地、内地之前沿、“长三角”城市群成员。合肥也是全国区域性综合交通枢纽，立体化交通网络不断完善。

哪座城市有“中华药都”之称

亳州，位于安徽省西北部，华北平原南端，距合肥约330千米。亳州全境呈现出东南—西北向斜长形状，长度约为150千米，宽度大约是90千米。亳州境内与黄河决口扇形地接壤，属平原地带，地势平坦，只有东部有龙山、齐山、狼山、石弓山、双锁山等10多处石灰岩山地。亳州整体地势呈现出西北高、东南低的特点。另外，亳州位于北温带南部，属于暖温带半湿润季风气候，气候温湿，四季分明。优越的地形地势和良好的气候条件非常适合种植药材，使亳州成为安徽的药材基地，有“中华药都”之称，拥有全国最大的中药材专业市场。亳州市中药材种植有400多个品种，尤以芍药最为著名，被称为“亳芍”，在中国《药典》上冠以“亳”字的还有亳菊、亳桑皮、亳花粉等。

亳州还是全国最大的黄牛产区，形成了许多牛肉屠宰、牛肉加工企业，以及制革企业。亳州还有“酒乡”的美称，盛产古井贡酒和高炉家酒等名酒。同时，亳州还是全国重要的商品粮、商品棉、优质烟、优质丝生产基地和国家定点鲜活农副产品批发中心之一。

你知道芜湖名字的由来吗

芜湖，简称“芜”，别称江城，位于长江三角洲城市群，是华东地区重要的科研教育基地、安徽创客之城、南京都市圈成员城市、合肥都市圈城市、G60科创走廊中心城市。芜湖地处长江三角洲西南部，南倚皖南山系，北望江淮平原，浩浩长江自城西南向东北缓缓流过，青弋江自东南流向西北，穿城而过，汇入长江。因境内贯穿芜湖平原的水阳江中，有一长形湖泊因“蓄水不深而生芜藻”，故得名芜湖。

芜湖是华东重要的工业基地、科教基地和全国综合交通枢纽。芜湖属于亚热带季风气候，总面积约6 000平方千米。境内矿藏有铁、铜、石灰岩等。农业以种植水稻、油菜、棉花为主。长江流经市境西北部，青弋江、水阳江、漳河自南向北流贯境内，河湖交织。芜湖港为长江沿岸重要港口之一，经济繁荣。

安徽省有哪几大文化圈

安徽的两条水系将全省分为三个自然区域，形成了三大文化圈：淮河文化、皖江文化和徽州文化。三大文化圈合而为一，总称安徽文化、皖文化。这不仅是中华文明的重要组成部分，还是中华文明的源头之一。

淮河文化：由于淮河流域特殊的地理位置和人文环境，各种不同文化在此碰撞、交流，淮河文化作为在融合中原文化、吴楚文化基础上形成的一种区域文化，具有兼容性和过渡性的特点，孕育出了中华文化奠基人的老子、庄子、管子、颜回等先哲，以及“三曹父子”“竹林七贤”等文学艺术大家。

皖江文化：皖江文化源远流长，拥有大量的人类古文明遗址。同时，唐宋时期，一批中国文学史上赫赫有名的诗人在安徽当官，留下了大量名篇。战争给淮北平原留下了斑斑伤痕，也留下了丰厚的文化遗迹，滋养着这个地区的文化，同时，也塑造了这个地区的人文精神和豪爽、乐天、侠义的民风。

徽州文化：由于南宋政治、经济重心的南移，中原文化也随之南下，特别是皖南地区，远离战乱，这对安徽文化产生了重要影响。徽州成为安徽文化最发达的地区，成为此后几百年我国学术文化的重镇。徽州文化是特殊的地理区位形成的相对封闭的文化圈，这个文化圈的核心源于儒家文化。徽州文化是儒家文化理想成为社会现实的显现。

徽派建筑有什么特点

徽派建筑又称徽州建筑，流行于安徽东南部及浙江西北部地区。徽派建筑作为徽州文化的重要组成部分，历来为中外建筑大师所推崇，并非特指安徽建筑。

徽派建筑以砖、木、石为原料，以木构架为主，梁架多用料硕大，且注重装饰，还广泛采用砖、木、石雕，表现出高超的装饰艺术水平。历史上徽商在扬州、苏州等地经营，徽派建筑对当地建筑风格亦产生了相当大的影响。徽派建筑坐北朝南，注重采光；以木梁承重，以砖、石、土砌护墙；以堂屋为中心，以雕梁画栋和装饰屋顶、檐口见长。

徽派建筑在总体布局上，依山就势，构思精巧，自然得体；在平面布局上规模灵活，变幻无穷；在空间结构和利用上，造型丰富，讲究韵律美，以马头墙、小青瓦最有特色；在建筑雕刻艺术的综合运用上，融石雕、木雕、砖雕为一体，显得富丽堂皇。

徽派建筑

徽商外出经商成功衣锦还乡之后，以奢华精致的豪宅园林体现身份，或整修祠堂光大祖宗门面。徽派建筑讲究规格礼数，官商亦有别。除富丽堂皇的徽商巨贾之家外，小户人家的民居亦不乏雅致与讲究。徽派建筑集徽州山川风景之灵气，融中国风俗文化之精华，风格独特，结构严谨，雕镂精湛，不论是村镇规划构思，还是平面及空间处理、建筑雕刻艺术的综合运用都充分体现了鲜明的地方特色。尤以民居、祠堂和牌坊最为典型，被誉为徽州古建三绝，为中外建筑界所重视和叹服。

徽商文化有什么特点

徽商来自古时的徽州，包括现在安徽南部的歙县、休宁、祁门、黟县、绩溪，以及江西婺源等六县。六县之中，歙县和休宁县的商人尤为著名。徽商在宋代开始活跃，在明代后期到清代初期成为全国最大的商帮。徽商皆处于贫困山区，种地无以生存。明清时期，商品经济空前活跃，徽商主要经营盐、典当、茶叶、木材四大行业，当时在江南流传有“无徽不成镇”的谚语。

徽商之所以能称雄商界数百年，成为全国十大商帮之一，与它“贾而好儒”的本质特点分不开。徽商的“贾而好儒”首先表现在其思想观念上的崇儒重儒。

植根于厚实新安文化土壤之上的徽商，作为一个整体文化素质较高的商帮，在商业活动中大多自觉用儒学思想来规范自己的经营活动，讲究义利之道，见利思义，讲究诚信商德，不欺妄奸诈，货真价实。他们善于把握商机，权衡大道，在商海竞争中技高一筹。他们大多在致富后重视文化建设，捐资兴学，刻书藏书，修方志，邀讲学，培养子弟读书入仕，谋求政治地位的提高，同时也促进了地方的繁荣，孕育了一大批杰出人才。自明清以来，徽商以自身的开拓进取创造了辉煌业绩。商业的繁荣和文化的成就，同时形成了一种儒商精神，树立了一代儒商的形象。

被誉为“千年寿纸”的宣纸产自哪里

宣纸是中国独特的手工艺品，产自安徽省宣城市泾县。泾县地处中纬度地区，属于北亚热带湿润季风性气候。气候温和，雨量充沛，四季分明，年平均气温约15℃。泾县草本植物有1 000余种，适宜宣纸的取材与制造。

宣纸具有质地绵韧、光洁如玉、不蛀不腐、墨韵万变之特色，享有“千年寿纸”的美誉。用宣纸题字作画，墨韵清晰，层次分明，浓而不浑，淡而不灰。

中国四大名砚之歙砚产自哪里

歙砚，与甘肃洮砚、广东端砚、黄河澄泥砚并称中国四大名砚。歙砚产于过去安徽黄山与天目山、白际山之间的歙州，即现在的歙县、休宁、祁门、黟县、婺源等地。歙石的产地以婺源与歙县交界处的龙尾山下溪涧为最优，龙尾山也是大部分存世歙砚珍品的石料出产地，所以歙砚又称龙尾砚。

歙砚的制作材料被称为歙石或歙砚石，一般需要5亿～10亿年才能形成，其中最适合制砚的是轻度千枚岩化的板岩。其主要矿物成分为绢云母、石英、黄铁矿等。歙砚石的花纹结构十分突出，分为鱼子纹、罗纹、金晕纹、眉纹等类型。其矿物粒度细，微粒石英分布均匀，故有发墨益毫、滑不拒笔、涩不滞笔的效果，受到历代书法家的称赞。造型浑朴，采用浮雕、浅浮雕、半圆雕等手法是歙砚的工艺风格和特点。

“文房四宝”之徽墨产自哪里

徽墨，产自安徽省黄山市和宣城市。黄山市、宣城市地处北亚热带，属于季风性湿润气候，具有温和多雨、四季分明的特征。山麓盆地与平原谷地多沙壤土，溪河两岸多冲积土，适宜制墨材料松木、桐籽树的生长。

徽墨有落纸如漆、色泽黑润、经久不褪、纸笔不胶、香味浓郁、奉肌腻理等特点，素有“拈来轻、磨来清、嗅来馨、坚如玉、研无声、一点如漆、万载存真”的美誉。

黄梅戏有哪些特点

黄梅戏，中国五大戏曲剧种之一，起源最早可追溯到唐代。据史料记载，早在唐代，黄梅采茶歌就很盛行，经宋代民歌的发展、元代杂剧的影响，逐渐形成民间戏曲雏形。至明清，黄梅戏戏风更盛。

黄梅戏唱腔淳朴流畅，以明快抒情见长，具有丰富的表现力；表演质朴细致，以真实活泼著称。一曲《天仙配》让黄梅戏流行于大江南北，在海外亦有较高的声誉。

黄梅戏与京剧、越剧、评剧、豫剧并称“中国五大戏曲剧种”，也是安徽省的主要地方戏曲剧种。湖北、江西、福建、浙江、江苏、香港、台湾等地亦有黄梅戏的演出团体，受到广泛的欢迎。

安徽省在经济方面如何更好地融入长江三角洲

长江三角洲是我国社会经济最发达的地方，被誉为中国经济发展的“龙头”。安徽全面融入长江三角洲是实现安徽奋力崛起的有效途径。目前，长江三角洲地区产业逐渐向集约型科技型方向发展，附加值低的传统产业需要向外转移。安徽人口众多，自然资源也比较丰富，因此，有条件承接长江三角洲传统产业，实现与长江三角洲的共同发展。

从长远看，安徽与长江三角洲存在经济互补的发展关系，安徽承接产业转移进行发展，长江三角洲也依靠安徽丰富的资源为自身的长久发展提供动力。

为使安徽省更好地融入长江三角洲，要增加在交通基础设施上的投入，发展立体交通，推进各交通干线发展，尤其在偏远地区实现道路通畅；要强化创新驱动理念，提升企业制度改革，加强对长江三角洲企业的引进，给予企业政策支持；要借鉴其他地区优秀发展模式，建设一批对外交流合作区，吸引各地区优秀企业人才；要增加对生态环境建设投入，始终坚持“资源节约型环境友好型”发展道路；始终坚持农业基础发展地位，发展特色农业，未来要将农产品深加工作为经济发展新的增长点，加快建设农产品加工分类制造集中区，将安徽打造成为长江三角洲乃至全国的重要农产品深加工基地。

安徽的“牛形村落”是哪个村落

宏村镇，古称弘村，位于安徽省黄山市黟县东北部。背倚黄山，地势较高。整个镇呈“牛”形结构布局。宏村镇是国家首批12个历史文化名村之一，全国重点文物保护单位、安徽省爱国主义教育基地、国家5A级景区。2000年，被联合国教科文组织列入《世界遗产名录》。宏村镇的建筑主要是住宅和私家园林，也有书院和祠堂等公共设施，建筑组群比较完整。各类建筑都注重雕饰，木雕、砖雕和石雕等细腻精美，具有极高的艺术价值。宏村古民居群是徽派建筑的典型代表，现存完好的明清民居440多幢。

目前，宏村内拥有许多客栈、餐馆、纪念品店、小吃店等商业性店铺，商业化越发严重，破坏了宏村古老的文化韵味。为了减弱宏村的商业气息，实现可持续发展，有学者指出应该建立古村落外部商业区，保护传统文化的完整性，开发多元化旅游产品。

为何蚌埠被称为“火车拉来的城市”

1912年，津浦铁路开通，使安徽北部的这个小渔村骤然喧闹起来，人口增多，商贾纷至沓来，一座新兴的城市悄然成长。

1947年1月1日，蚌埠正式设市，为安徽省第一个设市的城市。1952年4月，蚌埠市直属安徽省。

蚌埠是华东铁路运输网的重要节点，京沪铁路、淮南铁路在蚌埠交会，同时也是京沪高铁和京福高铁的交会点，蚌埠南站为京沪高铁七大中心枢纽站之一。

你知道合肥“1331”空间战略规划吗

2013年，《合肥市城市空间发展战略及环巢湖地区生态保护修复与旅游发展规划》（以下简称《规划》）正式公布。按照《规划》，合肥将被打造成长江三角洲地区继沪宁杭之后的现代化新兴中心城市，城市人口将达到千万以上。“大湖名城、创新高地”的“1331”市域空间发展新格局跃然而生。

1个主城区：双心两扇两翼。“双心”指位于老城区的老城中心和位于滨湖新区的新城中心。“双心”强化提升了城市的服务功能，彻底打破了过去单中心城市结构。合肥的“城湖联动”具体将体现在主城区与巢湖相互依托、城湖共生；城市地区与巢湖地区在生态修复、文化保护、产业发展、旅游发展、城乡建设、交通组织等六个方面实行联动。“两扇”则位于合肥的西北方和东南方，两个扇形区域通过保护生态，发展现代服务业，弘扬水绿交融的空间特色。“两翼”则位于合肥的东北部和西南部，通过产业集聚，提升产业档次，通过空间重构解决工业围城。

3个副中心：巢湖、庐江和长丰升级为“副中心城区”。巢湖城区要发展特色，定位为现代产业发展高地，全国著名的旅游休闲度假胜地，山川秀美的生态之城。庐江城区要综合拓展，定位为合肥南部重要副中心城市，新兴现代产业基地，区域商贸中心。长丰城区则要优质建设，定位为市域北部发展极，合肥经济圈重要枢纽城市，对接淮南的综合产业基地。

3个产业新城：三大产业新城升级工业，强化服务业。未来的合肥，将在依靠科技创新的新型工业化基础上多元发展。这在“1331”战略的三大产业新城中有着突出的体现。其中，合巢产业新城以合宁与合巢芜两大发展轴为共同支撑，定位为产业拓展，为未来合肥产业承接的战略储备空间，重点发展高端装备制造业、清洁型先进制造业等。庐南产业新城定位为合肥—皖江联系方向上以循环重化、采矿冶金为主的产业新城。空港产业新城为创新发展的临空生态产业基地。

1个环巢湖示范区：在这一区域中，将以生态保护为前提、以旅游发展为特色，保护环巢湖自然生态网络。

安徽省南北经济差异为何大

安徽省以淮南与蚌埠为界划分为皖北和皖南。皖南包括芜湖、马鞍山、铜陵、宣城、安庆、黄山等市，皖北包括淮北、淮南、蚌埠、阜阳、宿州、亳州等市。

皖北地区基础薄弱。在工业社会以前，安徽的皖北地区属于中原的富庶地带，不仅土地平坦，而且土地也很肥沃，是整个安徽的农业中心，也是当地的人口重心，聚集了大量的农业人口。但在进入工业化社会以后，皖北农业经济的劣势就显露出来，多余的人力只有选择外出打工，形成了内部的人力真空。工业水平还处于初级阶段，即使给予企业优厚的建厂条件也缺乏合适的产业工人，所以在安徽内部的经济发展上，皖北地区长期处于不利的地位。

皖南自古以来商贸繁盛，是安徽省重要的经济、文化和旅游中心。靠近长江三角洲地区，与苏南、浙北相连，是承接“长三角”产业转移的前沿阵地。

经济上来说，皖北和皖南的支柱产业是不一样的，皖北多能源城市，环境受到破坏，产能较落后。皖南环境好，旅游资源也很丰富，带动了很多产业发展。

蚌埠有哪些发展旅游业的有利条件

蚌埠市地处淮河中下游，保留了久远的历史和珍贵的文化遗存，是淮河文明的重要起源地；又位于淮北平原和江淮丘陵的过渡地区，地形地貌复杂多样，山水相连，自然景观幽美。蚌埠是一座兴起于铁路、发展于商贸的移民城市，地跨淮河两岸，淮河又把中国东部地区的南方和北方划分开来，南来北往的商贾带来了全国各地的语言、文化、风俗和美食，便捷的交通同时也造就了蚌埠这座开放包容、文化多元的城市。

蚌埠拥有“蚌埠十景”，包括垓下遗址、淮河文化广场、龙子湖风景区等在内的大量旅游资源，是皖北旅游业的招牌。

福建省 *FUJIAN SHENG*

■ 简　称　闽　■ 面　积　约12万平方千米　■ 人　口　4 154万人

■ 世界遗产　武夷山　福建土楼　中国丹霞(泰宁)　鼓浪屿

■ 地理之最

最高山峰：黄岗山　最大湖泊：金湖　最大河流：闽江

主要山脉：武夷山

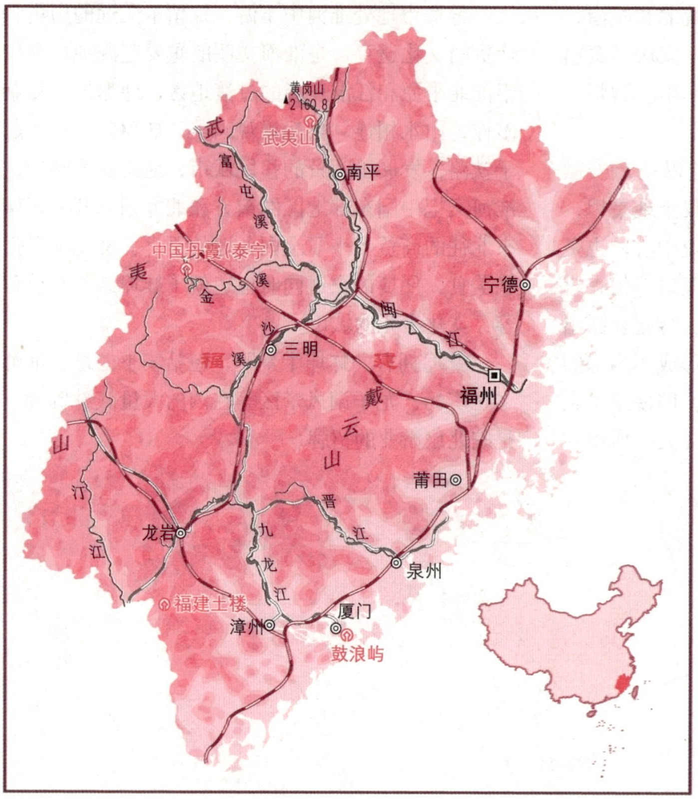

福建省地理位置有何特点

福建省地处中国东南部、东海之滨，东隔台湾海峡与台湾省相望，东北与浙江省毗邻，西北横贯武夷山脉与江西省交界，西南与广东省相连，连接长江三角洲和珠江三角洲。福建历来是中国与世界交往的重要门户和基地。福建作为古海上丝绸之路的重要起点，长期以来都是中国对外贸易的重要窗口。2015年3月，随着《推动共建丝绸之路经济带和21世纪海上丝绸之路的愿景与行动》的发布，福建再一次站到了中国对外开放前沿。根据该行动计划，福建将建设成为21世纪海上丝绸之路核心区，推进福建海峡蓝色经济试验区建设。在“一带一路”倡议涉及的15个港口中，福建的福州、厦门、泉州占据了三席。可以说，福建已经成为21世纪海上丝绸之路的重要起点。

福建省的地形有何特征

福建省总体地势西高东低，横断面略呈马鞍形。境内峰岭和丘陵连绵起伏，河谷、盆地穿插其间，山地、丘陵占全省总面积的80%以上，素有“八山一水一分田”之称。受新华夏构造体系的控制，在西部和中部形成斜贯全省的闽西大山带和闽中大山带。陆地海岸线约长3 700千米，以侵蚀海岸为主，堆积海岸为次，岸线十分曲折。潮间带滩涂面积约20万公顷，底质以泥、泥沙或沙泥为主。

除此之外，福建省港湾众多，自北向南有三都澳、罗源湾、兴化湾、湄洲湾、厦门湾和东山湾等深水港湾。福建省共有岛屿1 500多个，海坛岛现为全省第一大岛，原有的厦门岛、东山岛等岛屿已筑有海堤与陆地相连而形成半岛。

福建省的气候有何特征

福建靠近北回归线，受季风环流和地形的影响，形成亚热带季风气候，其西北有山脉阻挡寒风，东南又临太平洋，因此温暖湿润为气候的显著特色。年平均气温15～22℃，从西北向东南递升，平均降水量1 400～2 000毫米，是中国降水量最丰富的省份之一，气候条件优越，雨热同期，适宜人类聚居以及多种作物生长。但省内气候差异较大，受地形影响，水热条件的垂直分异也较明显。

福建省的水文状况如何

福建省河流是一个相对独立的多元水系。省内主要有闽江、九龙江、晋江、汀江等水系。福建省干支流水系排列受地质构造所控制，山脉走向大致与海岸线平行。河流的干流多呈北西—南东向，支流多为北东—南西向，属于典型的格状水系类型。河流主要以闽江水系为主，总体特征为流域面积小、河流流程短、水流湍急、树枝状(羽状)水系。水文特征：流量较大，夏汛且汛期较长，水位变化较小，含沙量小，无结冰期。闽江是福建最大的河流，也被称为母亲河。闽江由沙溪、金溪、富屯溪等支流和闽江干流组成，流域面积约6万平方千米，流域范围包括福州、南平、三明、龙岩、宁德、泉州等市。

福建省第一岛在哪里

海坛岛，又名平潭岛，是我国第六大岛、福建省第一大岛，地处我国东南沿海，福建省平潭县境内，距福州约128千米，东面与台湾省新竹港相距仅68海里，是福建省距台湾省最近处。岛屿南北长29千米，东西宽19千米，面积为267.13平方千米，占平潭县总面积的72%。海坛岛的地貌非常独特，海蚀地貌十分典型，有罕见的花岗岩海蚀柱、风动石和球状风化花岗岩等，被誉为“海蚀地貌博物馆”。海坛岛的气候为南亚热带海洋性季风气候，冬暖夏凉。岛上有着丰富的生物资源、矿产资源和沙地资源。

福建省的高山有哪些

福建省作为有着“八山一水一分田”称号的省份，山脉众多，境内从东到西主要有太姥山、戴云山、鹫峰山、博平岭、玳瑁山和武夷山，均呈东北—西南走向。最高峰为武夷山主峰黄岗山，海拔2 160.8米，是我国大陆东南部的最高峰，同时也是南平市的最高峰。挂墩山，海拔1 831米，所在区域是武夷山生物多样性保护区，未对游人开放；位于建宁与泰宁交界的白石顶，海拔1 857米，是三明市的最高峰；沙县的最高峰罗钹顶，海拔1 537米，地势较为平坦，游人易于攀登；闽南地区最高的山峰为戴云山，也是泉州市的最高峰，海拔1 856米。除此之外，还有许多各具特色的高山。据不完全统计，省境内海拔在1 200米以上的高山达200多座。

福建省第一山是哪一座山

武夷山

武夷山位于江西与福建两省交界处，有着“福建第一山”的美誉。武夷山地貌类型为丹霞地貌，是地质构造、流水侵蚀、风化剥蚀、重力崩塌等综合作用的结果。总体上武夷山地形层次分明，呈梯状分布。地势由西北向东南倾斜，最高处海拔为2 160.8米。从气候条件上来看，武夷山四季分明，地处亚热带，年平均气温12～13℃，降水也较为丰富。由于适宜的气候条件，武夷山保存了世界同纬度最完整、最典型、面积最大的亚热带原生性森林生态系统，发育有明显的植被垂直带谱，几乎囊括了中国所有的亚热带原生性常绿阔叶林和岩生性植被群落。与此同时，武夷山也有着非常丰富的文化遗产和自然遗产，值得我们去了解和探索。

你了解莆田湄洲岛吗

湄洲岛南北纵向狭长，形如眉宇，故称湄洲，位于福建省莆田市东南42千米，是莆田市继南日岛之外的第二大岛，陆地面积约14平方千米，包括大小岛、屿、礁30多个。湄洲岛距台湾省台中港仅有72海里，素有“南国蓬莱”美称，是国家5A级旅游景区。

为什么福建的茉莉花茶这么出名

福建省拥有“八山一水一分田”，且地处亚热带季风气候区，气候湿润，为酸性红壤，地势总体上西北高、东南低，境内山地丘陵面积约占全省土地总面积的80%以上，茶树多数栽植于山岭丘陵之上、谷壑溪涧之间。由于日照时间短，昼夜温差大，降水量大，湿度高，福建所产鲜叶氨基酸含量多，氨基酸与多酚类的比例恰当。尤其福州地区盛产茉莉花茶。种植历史悠久，加上福建人民早就已经掌握了种茉莉花、窨茉莉花茶的一整套技术，所以，窨制出的“福建茉莉花茶”品质优良、清香无比，名扬国内外。

你知道泰宁丹霞吗

泰宁丹霞

泰宁丹霞景区位于福建省泰宁县境内，由金湖和上清溪南北两大片区组成，是中国亚热带湿润区青年期低海拔山原—峡谷型丹霞的唯一代表，是“中国丹霞”青年期—壮年期—老年期地貌演化过程中不可或缺的重要一环，被国内外地学界专家称为“中国丹霞故事开始的地方”。泰宁丹霞地貌以“最密集的网状谷地、最发育的崖壁洞穴、最完好的古夷平面、最丰富的岩穴文化、最宏大的水上丹霞”等特点在“中国丹霞”中处于不可替代的地位。泰宁丹霞景区以典型青年期丹霞地貌为主体，兼有火山岩、花岗岩、构造地貌等多种地质遗迹，是一个综合性地质公园。

福建东山岛上的“风动石”为什么屹立不倒

福建东山岛“风动石”以奇、险、悬而居全国风动石之最，被誉为“天下第一奇石”，现已经是东山岛的标志性景观。它奇妙之处就在于前后左右重量平衡极佳，大风吹来时，石体左右晃动，但倾斜到一定角度就不会再动了，故称风动石。东山岛风动石为花岗岩石质，高约4米，宽约4.5米，长约4.5米，重约200吨。人力也能晃动风动石。风动石自然形成的解释有几种，最常见的是球形风化说。即风动石和它下面的支撑石，原来是一个整体，在长期的风吹、日晒、水冲等作用下，花岗岩层层风化，它们才“分了家”。分家后两块岩石的连接部位变得较细小，继续风化后形成支点，产生“风动”的效果。

武夷山茶叶为什么珍贵，其生长环境如何

武夷山，位于江西与福建交界处，属典型的丹霞地貌，地处亚热带，武夷山四季气温较温和，年降水量在2 000毫米以上，是福建省降水最多的地区，年相对湿度高达85%，雾日在100天以上。武夷山多沟谷坑涧，在沟谷坑涧里的茶园每天的光照时间都比较短，狭窄的地方每日光照时间不足五六个小时，光照时间短也刚好有效降低了阳光的照射强度，为茶树生长提供了适宜的生长环境。武夷山岩谷峡隙涧的茶园土壤均为风化岩石，土层较厚，土壤疏松，孔隙度在50%左右，不会发

生洪涝，适合茶叶喜阴怕涝的生长习性。生长在岩缝之中的武夷岩茶是中国乌龙茶中之极品，产量少，所以十分珍贵。

你知道福建的火俗吗

福建一带，以昙石山新石器时代文化遗址为代表的诸多古迹里，大量的贝壳残留以及瓦罐等陪葬品，都说明当地的先民已经在熟练地使用火取暖和烧制食物了。自汉代开始，一批批中原人越过黄河、越过长江、越过武夷山脉，迁徙到福建区域。在人类的原始崇拜意识里，火可以横扫一切妖魔鬼怪。在福建许多地区的民间崇拜与祭祀活动中，火扮演了特殊的角色，逐渐形成了这里多样而震撼的“火俗”。例如福建的莆田，就有一个“跳火”的习俗，又称“踏火”。在正月十七这一天，抬着神轿的跳火青年面对大火毫无惧色，赤脚踏着炭火从宫庙前轮番而过，引来阵阵欢呼。除此之外，还有类似“烧火船”的环节，该活动流行于福建沿海地区与台湾岛西岸，祈愿能消除灾厄。

福建省的世界遗产有哪些

福建作为历史悠久的省份，拥有许多独具特色的民俗风情与自然景观：南平武夷山(世界文化和自然遗产)、福建土楼(世界文化遗产)、三明泰宁丹霞(世界自然遗产)、厦门鼓浪屿(世界文化遗产)、泉州南音(人类非物质文化遗产)、厦门南音(人类非物质文化遗产)、莆田妈祖信俗(世界非物质文化遗产，中国首个信俗类世界遗产)、宁德廊桥传统营造技艺(世界非物质文化遗产)。

福建土楼有哪些特色

福建土楼，因其大多数为福建客家人所建，故又称“客家土楼”。土楼产生于宋元，成熟于明末、清代和民国时期。土楼是以土、木、石、竹为主要建筑材料，利用一定比例的沙质黏土和黏质沙土，用夹墙板夯筑而成的两层以上的房屋。福建土楼是以土作墙而建造起来的集体建筑，呈圆形、半圆形、方形、四角形、五角形、交椅形、畚箕形等，各具特色，其建筑设计有利于家族团聚，又能防御外敌。

福建土楼

福建土楼中，最为出名的是永定土楼。永定土楼，又称筒子楼，位于福建省龙岩市永定区，其中最古老的是馥馨楼，位于湖雷镇下寨村，是福建现存最早的土楼，其建于公元769年，至今已有1 200多年历史，是居住在永定地区的客家人自卫防御的坚固楼堡。永定土楼千姿百态，种类繁多，分方楼、圆楼两大体系，被称为一座没有大门的中国客家土楼博物馆。

福建土楼作为福建客家人引以为豪的建筑形式，是福建民居中的瑰宝。可以说，福建土楼堪称“天、地、人”三方结合的缩影，数十户、几百人同住一楼，反映客家人聚族而居、和睦相处的家族传统。福建土楼于2008年7月，被列入《世界遗产名录》。

你了解福州新区吗

福州新区位于福州市滨海地区，初期规划范围包括马尾区、仓山区、长乐区、福清市部分区域，规划面积800平方千米。福州新区区位条件优越，生态环境秀美，产业基础坚实，与台湾地区交流合作紧密，战略地位重要。根据《福州新区发展规划》，福州新区的建设，将为福州拓展省会城市发展空间、培育新的发展增长极搭建一个跨越的全新平台。其焦点主要有：构建两岸合作交流主体区、走生态宜居新型城镇化道路、成为引领开放发展的承载区、打造海西经济区现代产业高地、建设国家扩大对外开放新门户，以及给出城乡一体化的发展路径。

福州新区将带来六大优势。1．对台优势：福州新区、福建自贸区福州片区，均与台湾北部隔海相望，在深化对台交流合作方面具有重要地位；2．港口优势：福州港是全国24个沿海主要港口之一，拥有闽江口内、江阴、松下和罗源湾等多个港区；3. 产业优势：在福州新区范围内，已基本形成了以机械装备、冶金、食品、纺织等为主体的产业体系；4. 生态优势：福州是中国空气质量最好的城市之一，也是内地最绿的城市之一；5.整车进口优势：福州港江阴港区汽车整车进口口岸是国务院批准的全国第六个沿海整车进口口岸，亦是福建省唯一的整车进口口岸；6. 电子商务优势：福州市是全国首批电子商务示范城市。国家六部委已正式同意增补福州为跨境电商进口试点城市，开展跨境电子商务保税进口业务。

你知道福建高铁的新变化吗

“八山一水一分田”的福建，因为高耸的武夷山脉和戴云山脉挡住了它与内地的联系，被认为“闽道更比蜀道难”。20世纪50年代建成的鹰厦铁路成为福建数十年来通往内陆地区的唯一铁路主动脉。由于受到环境、地形等各方面的限制，改革开放初期，福建省铁路营业里程仅为1 630千米，不到全国铁路网总规模的2%。改革开放40年后，福建也从一个铁路基础设施极其落后的省份，发展成为全国首个“市市通高铁”的省份。2018年12月，南龙铁路牵手合福高铁、福厦高铁、龙厦高铁，使连接福建各地的快速铁路环线正式“封口”，实现了“八闽环状线”的互联互通，九个地级市紧紧联系在了一起。

你了解福建泉州的红砖文化吗

泉州位于福建省东南部，历史悠久。其红砖文化来源主要有两个：一是遗存的闽越文化和传入的中原文化间的交融发展，二是海外文化的影响，开放多元的文化氛围吸引了国内外人士前来定居，当地的历史、信仰和审美心理共同决定了独特的红砖文化所形成的闽南建筑风格。但也有别的说法，一种认为是由于泉州一带各处易见三氧化铁含量高的黏土，取材容易，而且烧出的红砖色彩特别好看；另一种则认为是由于泉州人对红色有特殊的喜好与崇拜。虽然这两种说法都不是很全面，但具有一定的依据。

泉州的“北戴河”在哪里

我们常说的北戴河景区地处河北省秦皇岛市北戴河区东部沿海，而坐落于福建省泉州市惠安县东南海滨的崇武古城，被誉为“中国八大最美海岸线”，拥有“南方北戴河”之称。崇武古城是1387年(明洪武二十年)江夏侯周德兴经略海防时为抵御倭寇所建，是我国现存最完整的丁字型石砌古城，也是明政府为抗击倭患，在万里海疆修筑的60多座卫所城堡中仍保存完好的一座。也因其壮阔的山海景观、独特的古城气质、别致的民俗气息和鬼斧神工的石雕技艺而闻名。在这座历史悠久的古城里，记载着一篇篇抗击外夷的历史篇章，加之美丽富饶的景观，故被称之为泉州的“北戴河”。

泉州有哪些古建筑

泉州民居

历史悠久的泉州市有着不少古民居、古街巷、古寺庙。泉州古建筑中最有地方特色的是泉州民居，尤其是贵族、官僚、富豪、士大夫阶层中文人、画家的居所。他们的宅第规模可观，形式讲究，其造型、格局、技艺、用材等都蕴含着某个特定时代的文化气质。从类型上来看，有三开间或五开间红砖白石双坡曲燕尾脊的汉式古大厝，有“手巾寮”的纵向住宅，有骑楼式商住合一的建筑，还有与山村环境十分协调的“吊脚楼”(木楼)，还有一种是外围护有高大坚固防御墙体，适应大家族集居特殊形式的土楼建筑。中西合璧的住宅称“洋楼”，代表地有蔡氏古民居、杨阿苗故居、黄宗汉故居、李光地故居、林路大厝。泉州的古寺庙众多，有“泉南佛国”“闽南蓬莱”之名，留有大量古迹、文物，成为重要的旅游资源和珍贵的学术研究资料，代表地有开元寺、承天寺、清净寺、天后宫、草庵等。而泉州的古街巷代表地则有中山路、南俊巷、状元街、西街等。

福建有哪些剧种

福建戏曲集聚，其中闽剧、莆仙戏、梨园戏、高甲戏、芗剧(歌仔戏)被称为福建省五大剧种。闽剧，流行于闽中、闽东、闽北地区，并传播到我国台湾和东南亚地区。明代末年，弋阳腔传入闽中，与当地的方言小调逐渐融合，形成江湖调，随后出现了演唱江湖调的江湖班及以江湖调和歌为主要唱腔的平讲班。清末，平讲班和演唱昆腔、徽戏等外来声腔的唠唠班及福州演唱儒林戏的儒林班合流，最终形成闽剧。高甲戏是闽南地方戏曲剧种之一，又名弋甲戏、九角戏、大班、土班。梨园戏发源于宋元时期的泉州，与浙江的南戏并称为“搬演南宋戏文唱念声腔”的“闽浙之音”，距今已有800多年的历史，被誉为“古南戏活化石”。莆仙戏原名兴化戏，是中国现存最古老的戏曲剧种之一。歌仔戏是以闽南歌仔为基础，吸收梨园戏、北管戏、高甲戏、潮剧、京剧等戏曲的营养形成的闽南方言戏曲剧种。

福建的车牌字母有什么规律

在我国的大部分省市，车牌号的字母排列顺序都是按照省内各个城市的经济发展水平排列，而福建的车牌号字母则是按照地理位置来排列的。福建省各地的机动车号牌代码是：A—福州市、B—莆田市、C—泉州市、D—厦门市、E—漳州市、F—龙岩市、G—三明市、H—南平市、J—宁德市、K—平潭综合实验区（属于省直管)。代码A到J编排规则按各市地理位置，从省会福州开始，沿海向南到漳州向西转到龙岩，再转向北到南平，最后向东到宁德，形成一个圈。

你知道福建的七闽、八闽、九闽吗

福建简称“闽”，在历史上先后有“七闽”“八闽”“九闽”的别称。“七闽”，是福建见于史籍之始，也是福建简称“闽”的出处，曾被用来泛指福建一带地区。“七闽”概指周朝时散居于今福建和浙江南部以蛇为图腾的七支部族。从宋至清的900年间，福建在大部分时间里保持八府建制，故有“八闽”之称。1683年（清康熙二十二年)，一代名将施琅率清军统一台湾，之后他针对当时清朝内部“迁人弃地”的错误意见，上疏清廷，详陈台湾的重要性，力主保留台湾，屯兵守卫，设官管理。清廷最终采纳施琅的意见，于翌年(1684年)增设台湾府，管理台湾、澎湖，仍归福建省管辖。这样福建为九府建制，史称“九闽”。

海上丝绸之路的起点在哪里

泉州市，是福建省下辖地级行政区，在福建省东南沿海，是全国首个东亚文化之都，联合国教科文组织唯一认定的海上丝绸之路起点，列入国家“一带一路”倡议的21世纪海上丝绸之路先行区。泉州因刺桐港而享誉全世界，有1 000多年的古港历史。泉州自古享有“东方第一大港”“四海人文第一邦”等盛名，是闽南文化的主要发源地和保存地。古代泉州府的管辖范围包括如今的泉州、厦门、金门、钓鱼岛、澎湖及台湾。古泉州港有“四湾十六港”之称。“四湾”指泉州湾、深沪湾、围头湾、湄洲湾，每个港湾中各有四个支港。

福建省为什么有那么多方言

福建方言，来源于历史上中原战乱，汉人三次大规模南下，带来了中原一带的汉语，但从晋末到宋初前后，中原汉语变化比较剧烈，先后入闽的汉人语言各具不同特点，这些特点最终交叠反映在逐步形成的闽语中。方言的形成主要是由于历史上社会的分裂、人民的迁徙、民族的融合和地理的阻隔。福建全省通用汉语方言，以闽语和客家话为主，闽语又分为闽东语、闽南语、莆仙话、闽中语及闽北语。

江西省 *JIANGXI SHENG*

■ **简　称**　赣　　■ **面　积**　约17万平方千米　　■ **人　口**　4 519万人

■ **世界遗产**　庐山　三清山　中国丹霞(龙虎山、龟峰)

■ **地理之最**

最高山峰：黄岗山　　**最大湖泊**：鄱阳湖　　**最大河流**：长江

主要山脉：罗霄山、武夷山

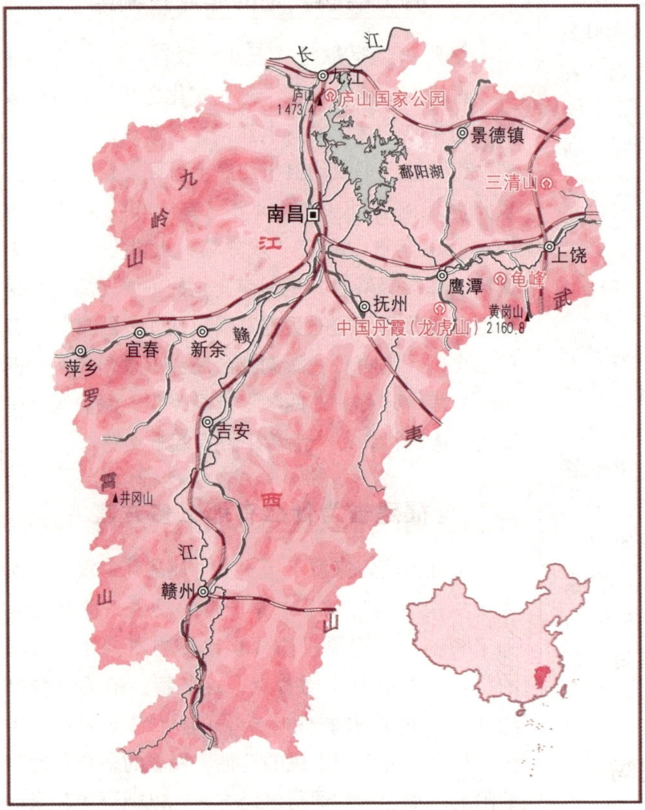

江西省的地理概况如何

江西省，别称江右，因733年唐玄宗设“江南西道”而得名。位于我国东南偏中部、长江中下游南岸，东邻浙江省、福建省，南连广东省，西靠湖南省，北毗湖北省、安徽省而接长江。它是珠江三角洲、长江三角洲乃至海峡两岸的共同腹地，拥有优良的生态和丰富的资源。

江西物华天宝，人杰地灵，汤显祖、陶渊明、黄庭坚、杨万里、朱熹等历史名人都与江西有着很深的渊源；庐山、三清山、井冈山、龙虎山等层峦叠翠，或巍峨或秀美，书院文化、道教文化、戏曲文化、方言文化等在岁月的沉淀下熠熠生辉，省内还有多个历史文化名城和国家森林公园。

江西省的地形地势有什么特点

江西处于我国江南丘陵地带，是一个以山地丘陵为主的省。东、南、西三面为山丘环抱，层峦叠嶂，中南部丘陵起伏，盆地相间，北部平原坦荡，河湖交织，整个地势南高北低，周高中低，从南向北、由周边朝中间缓缓倾斜，天然构成一个以鄱阳湖平原为底部的向北敞口的大盆地。

江西省的气候特征是什么

江西省属亚热带季风气候，温暖湿润，南北气候略有差异，但总体上四季分明，日照充足，雨量充沛，无霜期长，有利于农作物生长。在气温上，全省年均温为16～19℃，热量丰富，但气温变幅大，气温年较差可达30℃左右。冬季北部最低气温一般为−4～6℃，特别寒冷年份在−10℃以下；南部最低气温一般为−2～4℃，特别寒冷年份可达−5℃以下。降水丰沛，但分布不均匀，洪涝、干旱发生频繁。江西是全国多雨区之一，全省年平均降水量为1 300～2 000毫米。从地理分布来看，九岭山、怀玉山和武夷山一带较多，为1 800～2 000毫米；长江南岸的九江附近和吉泰盆地较少，为1 300～1 500毫米；其余大部地区为1 500～1 700毫米。从时间分布来看，降水季节变化明显，1—3月降水量占全年降水量的16%～21%，4—6月占42%～53%，7—9月占18%～27%，10—12月占10%～15%。

为什么说赣江是江西省的母亲河

赣江流域人口稠密，是江西人口最多的区域，赣江养育着大多数的江西人，因此说赣江是江西的母亲河。赣江是江西境内第一大河流，干流贯穿江西南北，是长江的八大支流之一。赣江干流长约800千米，流域总面积约8万平方千米，其中约98%在江西省境内。赣江流域地形复杂，整体以山地丘陵为主，其中山地面积约占流域面积的五成，丘陵面积占三成，其余两成为平原与盆地。赣江流域属于典型的南国水乡，水系发达，支流众多，流域面积在10平方千米以上的支流就达2 000多条，小型支流更是数不胜数。

赣江流域干支流大多由南向北流，其中从石城县至赣州段为上游，也称为贡水，在赣州城区与章江汇合，合成赣江。赣江自赣州至新干县段为中游，河段长约303千米，较大的支流多在此段汇入。赣江在新干县以下称为下游，河段长约208千米。

鄱阳湖有什么特点

鄱阳湖是我国第一大淡水湖，位于江西省北部，长江中下游交界处南岸。它纳江西境内的赣江、抚河、修水、饶河和信江等五河来水，经湖口注入长江。鄱阳湖形似葫芦，以松门山岛为界，分为东南、西北两部分，东部宽阔，较浅，为主湖区，西部狭窄，较深，为入江水道区。鄱阳湖平均宽16.9千米，最宽处70余千米，最窄处仅3千米，最大长度173千米。鄱阳湖湖盆自东、西向中，由南向北倾斜，湖底海拔一般由12米降至湖口约1米。

鄱阳湖属构造湖，高水是湖，低水似河，汛期五河洪水入湖，湖水漫滩，湖面扩大，水流平缓；冬春季节，湖水落槽，湖滩显露，湖面变小，比降增大，水流湍急，与河道无异。因此，洪、枯水期所出现的这种湖水面积的大变幅，形成了鄱阳湖“高水湖相，低水河相”的湖盆特征，从而出现“洪水一片，枯水一线”的独特景观。近十年来，鄱阳湖在秋季的9、10月份开始出现低枯水位。水位变化对湿地生态环境存在一定的影响。湿地水分条件和水位的变化直接影响到湿地植物物种组成、物种多样性和群落演替。

庐山的地质地貌有什么特点

庐山位于江西省北部九江市南36千米处的庐山市，北边为长江，南边是鄱阳湖，山、湖、江连接，造就了庐山“雄、奇、险、秀”的美名。庐山为褶皱断块山，有较强的活动性。庐山山势沿北东—南西向延伸，长约30千米，宽5～10千米，最高峰汉阳峰海拔为1 473.4米，其他山峰和岭脊海拔在1 200～1 400米，属中山地形。

庐山地区含有褶皱和断层构造，地质演化经历了前期的浅海沉积，经过吕梁运动上升，而后下沉，至奥陶纪晚期地壳抬升再缓慢下沉，受加里东运动影响成陆再下沉，至燕山运动后成陆，最后经过喜马拉雅运动和新构造运动成山。庐山冰川地貌为海洋性山麓冰川的冰蚀地貌，刃脊发育较多，呈火焰锯齿状，还有冰川U形谷和冰窖。庐山在冰后期，流水作用加强，在U形谷内形成冰阶和瀑布景观。另外，还发育有湖岸地貌和岩溶地貌。

江西武功山是如何形成的

武功山位于江西省中西部萍乡市东南部，属罗霄山脉北段，山体呈东北—西南走向。武功山历史上曾与庐山、衡山并称江南三大名山，主峰白鹤峰(金顶)海拔1918.3米。武功山主要由加里东期、燕山期花岗岩组成，经喜马拉雅构造运动的抬升和之后的风化剥蚀、重力滑脱作用，形成典型奇特的花岗岩峰穹、峰林地貌景观。武功山的地壳演化史就是扬子板块与华夏板块的裂解、碰撞、对接的复杂演变史，是地壳缩短、拉伸和隆起、拗陷变化机制，在历次形成的断裂、裂隙的基础上，形成了武功山今天挺拔雄伟、浑厚秀丽的变质核杂岩构造景观和水文地质遗迹，并建有武功山国家地质公园。

婺源何以成为中国最美乡村之一

婺源油菜花

婺源地处赣东北，与皖南、浙西毗邻，明清时代的徽派建筑几乎遍布各村，有古建筑4 100余幢，是当今中国古建筑保存最多、最完整的县之一。这些徽派建筑以黛瓦、粉壁、马头墙为表型特征，以砖雕、木雕、石雕为装饰特色，以高宅、深井、大厅为居家特点。其典型特征主要是依山傍水、外形美观、布局灵活和装饰优美。徽派建筑将古典、朴素和富丽堂皇等多种风格融为一体，是中国建筑中重要的流派之一。

“江右商帮”指的是哪里的商人

赣商在历史上被称为“江右商帮”，是我国历史上十大商帮之一，与晋商、徽商等鼎足而立。明清时期，赣商凭借发达的陆路水路交通、精湛的技艺、丰富的物产如茶叶、瓷器、大米、纸张等优势条件，诚信经商，商品交易的范围遍布全国各地，财力仅次于晋商和徽商，有着“无赣不成商”的美誉。瓷都、药都、铜都等地名，反映了江右商人的创业精神和显著业绩。如今，当代赣商更是遍布世界各地。

婺源篁岭为什么有“晒秋”的习俗

篁岭晒秋

篁岭古村静卧在江西婺源东部的群山之中，整体形态以自然山川地势为依托，村民在上下高差近百米的山坳坡地上开基建房。因可建设用地较少，村庄房屋密集，并随山势呈阶梯状，形成山寨式的梯云村落。为解决斜坡上建村无处晒农作物的问题，村民有意在三楼形成前后高差，并在房屋前方搭建木架，托起圆圆的竹簟，形成独特的晒台。每年农历的六月六，村民把农作物放在晒台上晾晒，形成了极富特色的“晒秋”民俗。“晒秋”不限于秋季，春晒茶叶、夏晒山珍、秋晒果蔬、冬晒熏腊，色彩斑斓、延绵有序。

近年来，当地政府推动篁岭农村产业融合发展，通过房屋产权整体置换统合旅游开发经营权、老建筑异地搬迁复兴古村鼎盛期的风貌、原住民返迁兼业和就业实现“就地城镇化”、打造“篁岭晒秋”品牌、构筑乡土中国符号等措施，将篁岭打造成具有地方特色的集农业观光、民俗体验与休闲度假于一体的综合性民俗文化村。

你了解江西的书院文化吗

书院是一种历史文化的象征，更是古代文明传播的庄重场所。中国几千年的封建教育体制，素有私学与官学之分，书院则是代表了封建社会中后期的一种以私人创建为主、官方资助为辅的“私学”。

江西文化昌盛，在唐代就有许多著名的书院。江西的书院起步早、数量多、影响大，在中国书院史上占有重要的地位。据《新唐书》记载，当时全国书院建置有11处，各类方志所载书院有33处。在这44处书院中，江西有15处。江西书院名闻天下，其中“鹅湖”“白鹿洞”“白鹭洲”“象山”四书院并列为江西四大书院，在中国文化史上独领风骚。朱熹、王阳明等饱学之士均在此讲学，培养了众多历史上赫赫有名的人物。

江西三大都市区的经济发展战略是什么

江西三大都市区包括南昌大都市区、九江都市区和赣州都市区，其经济发展战略各不相同。

南昌大都市区：进一步健全综合交通枢纽、生产组织与服务、科教与文化服务、技术创新、旅游集散中心等区域性服务职能；发展战略性新兴产业和文化创意产业，培育休闲度假、后台服务等功能，建设成为长江中游城市群的核心增长极之一，建成中部地区重要的综合交通枢纽、先进制造业基地、商贸物流中心和低碳经济示范区。

九江都市区：以九江市辖区为核心，强化长江沿岸152千米的城镇发展和资源要素集聚，沿江联动瑞昌市、柴桑区、湖口县、彭泽县形成沿江产业发展带；向南联动庐山风景名胜区、共青城市、德安县、庐山市、都昌县；引导(南)昌九(江)城镇走廊的轨道站点周边地区的开发，整合环庐山地区资源，建成长江中游地区的重要门户和经济中心之一，长江中下游及京九沿线综合交通枢纽，著名的现代化工贸港口城市和国际知名的休闲度假旅游区。

赣州都市区：充分发挥该区域生态环境、矿产资源和文化资源优势，寻求特色发展动力，加快提升城乡公共服务与基础设施建设水平，建成我国东南部地区的新兴开放高地和重要增长极、赣江源头地区的生态文明建设示范区和城乡一体化发展先行区。

江西的绿化模式创新之处在哪里

江西近年来一直坚持生态优先，绿色发展，努力将“资源—产品—废弃物”的传统发展模式升级为“资源—产品—废弃物—再生资源”的循环发展模式。为让循环经济的理念渗入到各个领域，江西继续从政策、金融、科技等多方面继续加大引导与支持，大力推进有色、钢铁、煤炭、电力、化工、建材等传统产业绿色化、循环化改造，建立以清洁生产技术、废弃物处理技术、资源循环利用技术等为核心的绿色技术创新体系，推进绿色金融发展，拓展绿色产业融资渠道，搭建绿色产业信息平台。循环产业也已成为地方经济绿色崛起新的增长极。

九江的地理交通状况如何

九江得舟楫之便，加上物产丰富，自古就是通都大邑，是长江中游重要的物资集散地，曾是中国的“四大米市”“三大茶市”之一。现代水陆空交通网络四通八达。长江与京九铁路两条大动脉在九江市区交会，使九江成为承东启西、引南接北的交会点。九江港是长江流域十大港口之一，年客、货运量分居长江各港口前列；铁路有京九、武九、合九、铜九和南九城际高速“五龙”会聚；福银高速公路昌九段和杭瑞高速公路九景段首尾相连，彭湖高速、永武高速、九瑞高速、绕城高速相继建成，105（北京—珠海）、316（福州—兰州）国道穿境而过；九江庐山机场已开通上海、广州、北京、厦门等多地航线。

江西如何迎接“一带一路”新机遇

为了更好迎接“一带一路”带来的机遇，江西省规划积极发挥江西地处东部沿海地区和中西部地区过渡带优势，建设一批开放合作平台，打造连接长江经济带对接“一带一路”的重要载体和枢纽。重点培育、扶持光伏产品、绿色食品、先进装备、陶瓷建材、特色文化等优势产业，鼓励企业“走出去”，围绕铁路公路、城市交通、水利水电等热点领域，承揽“一带一路”沿线国家工程设计、工程咨询和工程总承包项目，在参与“一带一路”建设中有所作为。同时，通过与其他国家进行合作等方式，引导“一带一路”沿线国家投资江西。

江西赣江新区的定位是什么

2016年6月6日，国务院批复设立江西赣江新区。江西赣江新区区位优势明显、交通条件优越、产业特色鲜明、创新能力较强、生态环境良好。赣江新区有四大战略定位：一是长江中游新型城镇化示范区；二是中部地区先进制造业基地；三是内陆地区重要开放高地；四是美丽中国“江西样板”先行区。建设好江西赣江新区，对于促进中部地区崛起、推动长江经济带发展、加快内陆地区开发开放具有重要意义。要把建设好江西赣江新区作为实施国家区域发展总体战略、推动长江经济带发展的重要举措，为促进江西经济社会发展和中部地区崛起发挥更大的作用。

世界瓷都景德镇提出了怎样的振兴措施

景德镇烧陶历史最早可以追溯到两千多年前的汉朝，经历几百年的发展，从唐朝开始慢慢走向繁荣。景德镇曾经是日用陶瓷的生产中心，随着社会的发展，建筑、卫生陶瓷后来居上，出口比例逐年扩大，近年来，日用陶瓷的出口比例大大降低。景德镇陶瓷小规模作坊遍布街道，小作坊的规模小、资金实力十分薄弱，产品没有形成大规模产业化生产，与目前的市场经济体制不相适应，受同行业威胁较大。

为了振兴景德镇，当地政府提出了“复兴千年古镇、重塑世界瓷都、保护生态家园、建设旅游名城，打造一座与世界对话的城市”发展定位，使景德镇成为展示中国文化的名片。加强对景德镇陶瓷市场的扶持力度，建立健全配套产业，广开销路，同时加快现代陶瓷科技研究，加快新一代制陶技术的运用。打造产业化集群的同时也不忘创作出一系列精美陶瓷收藏品。转变传统小作坊陶瓷发展的观念，打造规模化生产的完整陶瓷产业链，形成产业集群，突出个别陶瓷品牌，让景德镇陶瓷能够走得出去，重新塑造“瓷都”品牌。

2019年，国务院正式批复景德镇国家陶瓷文化传承创新试验区实施方案，景德镇成为国家首个文化类国家级试验区。

山东省 SHANDONG SHENG

■ **简　称**　鲁　　■ **面　积**　约16万平方千米　　■ **人　口**　10 153万人

■ **世界遗产**　泰山　曲阜孔庙、孔林、孔府　大运河　长城（齐长城）

■ **地理之最**

最高山峰：玉皇顶　　最大湖泊：南四湖　　最大河流：黄河

主要山脉：泰山

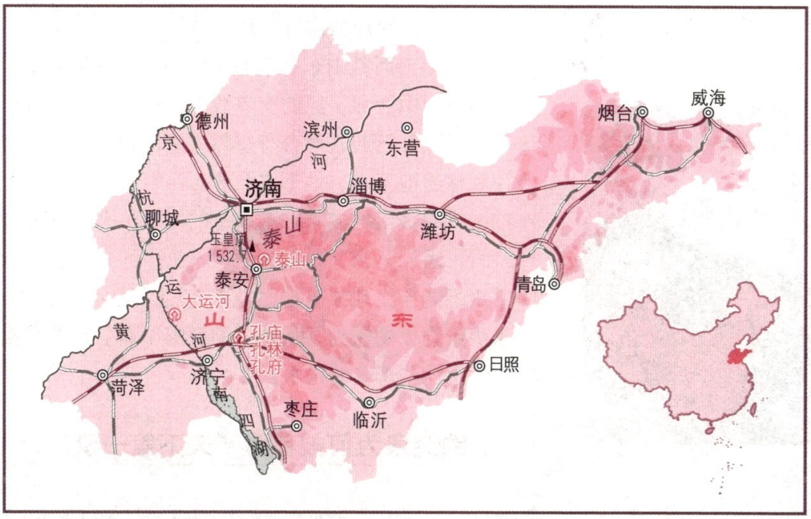

山东省有什么样的气候特征

山东属暖温带季风气候，降水集中，雨热同季，春秋短暂，冬夏较长。年平均气温11～14℃，山东省气温区域差异东西大于南北。全年无霜期由东北沿海向西南递增，鲁北和胶东一般为180天，鲁西南地区可达220天。山东省光照资源充足，年均光照时数2 290～2 890小时，热量条件可满足农作物一年两熟的需要。年平均降水量一般在550～950毫米，由东南向西北递减。降水季节分布很不均衡，全年降水量有60%～70%集中于夏季，易形成涝灾，冬、春及晚秋易发生旱灾，对农业生产影响最大。

山东省有什么样的地理特征

山东省位于中国东部沿海、黄河下游，包括半岛和内陆两部分。山东半岛突出于渤海、黄海之中，同辽东半岛遥相对应；内陆部分自北向南与河北、河南、安徽、江苏4省接壤。山东省中部山地突起，西南、西北低洼平坦，东部缓丘起伏，形成以山地丘陵为骨架、平原盆地交错环列其间的地形大势。泰山雄踞中部，主峰玉皇顶海拔1 532.7米，为山东省最高点。黄河三角洲平均海拔2～10米，为山东省陆地最低处。

山东省地形复杂，大体可分为中山、低山、丘陵、台地、盆地、山前平原、黄河冲积扇、黄河平原、黄河三角洲等9个基本类型。平原面积约占全省面积的65%，主要分布在鲁西北地区和鲁西南局部地区。

泰山为何被称为“五岳之首”

五岳分别是东岳泰山（玉皇顶海拔1 532.7米，位于山东省泰安市）、西岳华山（南峰海拔2 154.9米，位于陕西省渭南市）、南岳衡山（祝融峰海拔1 300.2米，位于湖南省衡阳市）、北岳恒山（天峰岭海拔2 016.1米，位于山西省大同市）、中岳嵩山（峻极峰海拔1 491.7米，位于河南省郑州市）。

五岳为群山之尊，泰山为五岳之长。泰山是

中华民族的象征，是东方文化的缩影，是“天人合一”思想的寄托之地，是中华民族精神的家园。泰山被称为五岳之首的原因主要有以下三点：第一，自秦始皇封禅泰山后，历朝历代帝王不断在泰山封禅和祭祀，并且在泰山上建庙塑神，刻石题字。先后有72个皇帝到泰山封禅，奉泰山为“五岳独尊”。第二，除了历朝历代的帝王外，文人骚客也喜爱吟咏赞叹泰山，留下了大量关于泰山的诗词歌赋，这是其他四岳所不能比拟的。第三，中华民族的传统文化中喜爱和尊崇“东方”，太阳是从东边升起，以“东”为大的中国人自是将东岳泰山尊为“五岳之首”。

山东泰山

你知道胶东半岛吗

胶东半岛，又称山东半岛，位于山东省东部、胶莱谷地以东，伸入渤海、黄海间，总面积约26 600平方千米，约在35°05′N～37°50′N，119°16′E～122°42′E。半岛三面临海，北面与辽东半岛隔渤海湾相望，东部与朝鲜、韩国隔海相望。山东半岛海岸蜿蜒曲折，港湾岬角交错，岛屿罗列，是华北沿海良港集中地区。青岛、威海等均为我国著名港口。

胶东半岛属暖温带湿润季风气候，夏热多雨，冬寒少雪，春旱多风，秋旱少雨。当地最冷月均温-3～-1℃，最热月均温约25℃，年降水量650～850毫米，约60%集中于夏季，降水强度大，常出现暴雨。胶东半岛地带性土壤为典型棕色森林土(俗称山东棕壤)，一般分布在缓坡地和排水良好的平地，多已辟为农田和果园，变为发育成熟化的耕作土。低山丘陵中上部土层浅薄，质地较粗，多种植花生、甘薯等作物。半岛的果树栽培以苹果、梨、葡萄为主，著名的有烟台苹果、莱阳茌梨、平度大泽山葡萄等。

济南为何被称为“泉城”

济南城内百泉争涌，分布着久负盛名的趵突泉、黑虎泉、五龙潭、珍珠泉四大泉群，有美泉100多处，使得济南素有“泉城”美称。济南的泉水与济南的地形结构有关系。

济南南面是山东有名的千佛山，北面是平原，济南位于山区和平原的交界线上。这里的山区由石灰岩组成，石灰岩发育有空隙、裂隙和洞穴，能储存和输送地下水。地下水顺着石灰岩层的倾斜，大量地流向济南，成了济南泉水的水源。平原下为岩浆岩，组织紧密又覆盖着一层不透水的黏土层，地下水不能自由地流出地面。这些被拦阻的大量地下水由于强大的压力，从地下的裂隙中涌上地面，就形成了这些著名的泉水。

趵突泉为何被称为“天下第一泉”

济南趵突泉

趵突泉，位于山东省济南市，位居济南七十二名泉之首，被誉为“天下第一泉”，也是最早见于古代文献的济南名泉。乾隆皇帝南下时因趵突泉水泡茶味醇甘美，曾册封趵突泉为“天下第一泉”。趵突泉公园始建于1956年，其名胜古迹，文化内涵极为丰富，是具有南北方园林艺术特点的代表性山水园林之一。趵突泉是泉城济南的象征与标志，与千佛山、大明湖并称为济南三大名胜，此外当地还有相当丰富的文化活动，如趵突泉灯会、菊展、泉水文化节等。

趵突泉水从地下石灰岩溶洞中涌出，水质清醇甘洌，一年四季恒定在18℃左右。严冬，水面上水气袅袅，像一层薄薄的烟雾，一边是泉池幽深、波光粼粼，一边是楼阁彩绘、雕梁画栋，构成了一幅奇妙的仙境美景，被称为“云蒸雾润”。

山东的农业在我国地位如何

山东属于全国耕地率最高的省份，是我国的农业大省，全国粮食作物和经济作物重点产区，素有“粮棉油之库，水果水产之乡”之称，农业增加值长期稳居我国各省第一位。山东省的粮食产量较高，粮食作物种植分夏、秋两季。夏粮主要是冬小麦，秋粮主要是玉米、地瓜、大豆、水稻、谷子、高粱和小杂粮。其中小麦、玉米、地瓜是山东的三大主要粮食作物。

为了实现强农富农新突破，山东省大力推动农业供给侧结构性改革，围绕主体功能，强化创新驱动，培育新型主体，聚焦工作推动，“纵横”结合发力，抓好“五项大事”，进一步提升农业生产、加工、贸易大省的优势地位，着力打造农产品质量强省和品牌强省，推进由传统农业大省向现代农业强省转变，在农业现代化进程中继续走在全国前列。在横向上，山东将以现代农业示范园区、农村改革试验区、各类标准化基地为重点，搭建起一些大平台，探索一定区域内要素集聚、产业集群、协调发展的格局，着力夯实农业现代化发展的基础。在纵向上，将以质量品牌为总抓手，按产业、产品为单元载体，有效连接生产、加工、流通各环节，实现全产业链谋划、上下游联动，加快推进农业转型升级。

环渤海地区指哪些地方

“环渤海地区”亦称“环渤海经济圈”，指京津冀、辽东半岛、山东半岛环渤海滨海经济带，同时延伸辐射到辽宁、山东、山西以及内蒙古中东部。区域内包括北京、天津、唐山、沧州、石家庄、保定、沈阳、大连、济南、青岛、烟台、秦皇岛、葫芦岛等多座城市。

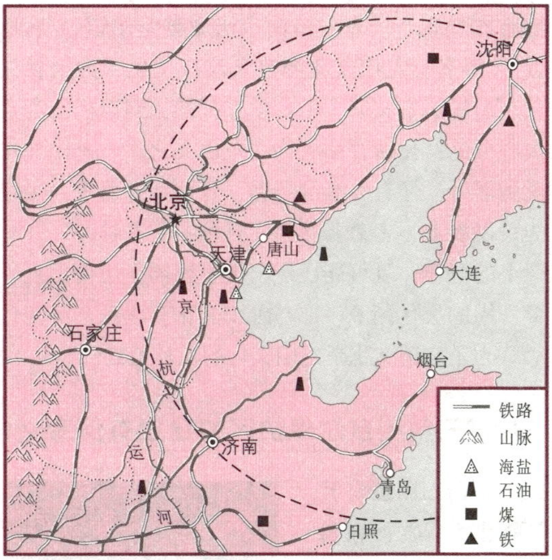

环渤海地区示意图

渤海是一个内海，被辽东半岛、山东半岛和华北平原所环抱，是东北、华北、西北和华东部分地区的主要出海口。东北三省及内蒙古东部的粮食、畜产品、石油，西北地区的煤炭、皮毛，华北地区的石油、轻纺产品，渤海的海产品，甚至远在数千里之外的青海、新疆的货物都要经过这里运往世界各地。国家于2018年明确指出，要以北京、天津为中心引领京津冀城市群发展，带动环渤海地区协同发展。

“四面荷花三面柳，一城山色半城湖”描述的是山东哪个景点

在山东省济南市大明湖大门的楹柱上有一副对联：四面荷花三面柳，一城山色半城湖。这副楹联将济南风光特征概括得恰到好处，吸引了大量的游客。大明湖，位于山东省济南市市中心偏东北、老城区北部，由众多泉水汇流而成，平均水深2米左右，是繁华都市中一处难得的清净之地，也是泉城济南重要的风景名胜、开放窗口和闻名中外的旅游胜地，素有“泉城明珠”的美誉。

你了解龙山文化吗

龙山文化，泛指我国黄河中下游地区约新石器时代晚期的一类文化遗存，属铜石并用时代文化，因首次发现于山东省济南市历城县龙山镇(今属章丘)而得名。龙山文化源自大汶口文化，为汉族先民创造的远古文明。考古学家把挖掘到以黑陶为主要特征的文化遗存命名为“龙山文化”。龙山文化除陶器外，还有大量的石器、骨器和蚌器等。当地先民以农业为主兼营狩猎、打鱼、蓄养牲畜，并有骨卜的习惯，且可能已经出现了铜器。历史上夏、商、周的文化渊源，都与龙山文化有联系，济南也被认为是史前文化至龙山文化的发祥地之一。

黄河三角洲自然保护区的建立有何意义

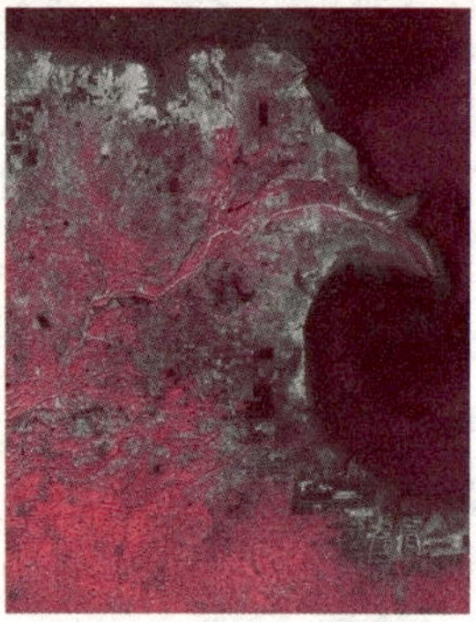

黄河三角洲遥感影像图

黄河三角洲是黄河携带大量泥沙在渤海凹陷处沉积形成的冲积平原，三角洲平均每年以2～3千米的速度向渤海推进，形成大片的新增陆地。黄河三角洲面积逐年扩大，生态类型独特，海河相汇处形成大面积浅海滩涂和湿地，成为东北亚内陆和环西太平洋鸟类迁徙的重要“中转站”和越冬繁殖地。位于黄河入海口处的黄河三角洲自然保护区正是以保护河口湿地生态系统和珍稀、濒危鸟类为主的湿地类型保护区。而地理学上的黄河三角洲指黄河在今山东省滨州市、东营市，以及向下冲积而成的三角洲平原，是我国第二大河口三角洲，仅次于长江三角洲。

黄河三角洲地域辽阔，自然资源丰富，是一块有待开发的宝地，被评为中国最美六大沼泽湿地之一。黄河三角洲自然保护区地势十分平坦，很容易受到海水潮涨潮落的滋润，并且有沼泽地、河床漫滩地等，动植物资源丰富，其中属国家一级重点保护动物的有丹顶鹤、白头鹤、白鹳、大鸨、金雕、白尾海雕、中华秋沙鸭等。这里也是丹顶鹤在我国越冬的最北界和世界稀有鸟类黑嘴鸥的重要繁殖地。

为何山东会成为南水北调工程的目的地之一

山东分属于黄、淮、海三大流域，水资源的主要特点：水资源总量不足；人均、亩均占有量小；水资源地区分布不均匀；年际年内变化剧烈；地表水和地下水联系密切等。山东省人均水资源占有量远远小于国际公认的维持一个地区经济社会发展所必需的1 000立方米的临界值，属于人均占有量小于500立方米的严重缺水地区。南水北调山东段工程自2013年建成通水以来，已顺利完成7个年度的省界调水任务，对缓解山东地区淡水资源缺乏，促进生产生活具有十分积极的作用。

山东有何资源优势，能成为全国四大海盐产地之一

山东自古以来是产盐大省，是全国四大海盐产地之一。山东省的原盐实际产量约占全国总量的1/3，其中海盐产量约占全国海盐总产量的75%以上，是全国原盐的供应基地。

盐业的重要原料之一是卤水。卤水是矿化很强的水，常用以提取某些化工原料，如食盐、碘、硼、溴等，是盐类含量大于5%的液态矿产。山东省的卤水资源丰富，沿海岸带每年可开采约3亿立方米。丰富的地下卤水资源为山东盐业、盐化工业的发展提供了得天独厚的条件。

其中，莱州湾盐区是山东省海盐的主要产地，包括烟台、潍坊、东营、惠民的17个盐场，盐田总面积约400平方千米。莱州湾盐区从技术装备水平、产品质量以及企业经济效益来看，在国内各盐区中处于领先地位，主要盐场综合机械化水平达到60%以上，单位面积产量高达73吨每公顷，列北方各海盐区单产之首。

烟台为何被誉为“苹果之乡”

烟台引进苹果种植，已有140多年的历史，是中国苹果栽培最早的地方，被称为中国现代苹果的发源地。烟台苹果的主产区是栖霞。栖霞素有

“胶东屋脊”之称，主要地形为丘陵山地，有“六山一水三分田”的特点。该区域地处山东半岛东部，西、北靠渤海，东、南临黄海，境内多山地、丘陵，属于暖温带季风气候，四季分明，气候温和，日照充足，雨量适中，空气湿润。年平均气温12.0～13.4℃，年平均无霜期为210～231天，年平均日照时数2 416～2 630小时，年降水量505～864毫米，且降水集中在6—8月，正值烟台苹果果实生长发育需水量较大时期。棕壤土占总土地面积的80%左右，土质较细且松软，耕性良好，保水力强。土壤中有机质含量0.90%左右，pH5.5～9.0。这样的地理环境，非常适宜栽植苹果，被农业农村部确定为中国苹果优势产区，烟台苹果以“果形端正、色泽艳丽、果肉甜脆、香气浓郁”享誉国内外。

山东哪个城市被称为“世界风筝之都”

潍坊，又称鸢都，是世界风筝的发源地，制作风筝历史悠久，工艺精湛。潍坊风筝是山东潍坊传统手工艺珍品，现在世界上70%以上的风筝都出自潍坊。2006年，潍坊风筝被列入第一批国家级非物质文化遗产名录，潍坊被称为“世界风筝之都”。

风筝

潍坊风筝形式多样，大致可分为串式、桶式、硬翅、软翅、板式、动态六大类。潍坊风筝的题材非常广泛，包括人物、飞禽、鱼虾、文玩器物、历史人物、神话传说等。此外，风筝艺人还把以上题材绘成象征吉祥的装饰图案，表达了人们对美好生活的向往。当地每年都会举办潍坊国际风筝节，活动内容包括放飞仪式、国际风筝比赛、国内风筝大奖赛、评选风筝十绝、参观潍坊风筝博物馆等。潍坊国际风筝节的举办，让世界了解了潍坊，也使潍坊更快地走向了世界，极大地促进了潍坊经济和旅游业的发展。

你了解“闯关东”吗

在中国近代史上，有三次大的移民潮，分别是闯关东，走西口，下南洋。闯关东的移民以山东百姓为主，目的地是东三省一带。关，指山海关。东三省具体指吉林、辽宁、黑龙江三省，因位于山海关以东，故又称关东。

19世纪，黄河下游连年遭灾，山东人口稠密，灾害频发。关东则地广人稀，沃野千里，史书记载，“有自然之大利三，曰荒，曰矿，曰盐”。因此，黄河下游的中原百姓，闯入东北，数量规模为历史最高。

山东有哪些港口

山东有青岛、日照、岚山、烟台、威海、东营、东风、龙口、羊口等港口。其中，青岛港始建于1892年，是国家特大型港口，货物吞吐量全国港口排名第五位(2020年)；日照港是中国第八大港口（2020年），也是交通运输部规划的我国沿海主枢纽港之一；1861年开埠的烟台港，目前是中国环渤海港口群主枢纽港，是中国沿海25个重要港口之一。山东主要的内河港口有济宁、台儿庄、济南、聊城等。其中，济宁仍然是京杭运河中段的交通枢纽，南北物资运输的水运重镇。

齐鲁文化有何特点

齐鲁文化是“齐文化”和“鲁文化”的合称。“齐文化”是在东部滨海的齐国产生的以姜太公为代表的道家思想学说，又吸收了当地文化加以发展而成。而“鲁文化”是在春秋时期的鲁国产生的以孔子为代表的儒家思想学说。两种文化在发展中逐渐有机地融合在一起，形成了具有丰富历史内涵的齐鲁文化。齐鲁文化的主要内涵：自强不息的刚健精神、崇尚气节的爱国精神、经世致用的救世精神、人定胜天的能动精神、民贵君轻的民本精神、厚德仁民的人道精神、大公无私的群体精神、勤谨睿智的创造精神等，对我们优秀传统精神的形成具有重要作用。

山东半岛蓝色经济区包括哪几座城市

山东半岛蓝色经济区是中国第一个以海洋经济为主题的发展战略区域。它的设立是中国区域发展从陆域经济延伸到海洋经济、积极推进陆海统筹的重大战略举措。规划主体区范围包括山东全部海域和青岛、烟台、威海、潍坊、淄博、东营、日照等8市，以及滨州的无棣、沾化2个沿海区县。

山东半岛蓝色经济区发展规划以临港、涉海、海洋产业为主体，以科学开发海洋资源与保护生态环境为导向，以区域优势产业为特色，以经济、文化、社会、生态协调发展为前提，形成具有较强综合竞争力的经济功能区。

哪座城市是孔子的故乡

曲阜，位于山东省的西南部，是济宁市下辖的县级市，也是中国古代伟大的思想家、教育家、儒家学派创始人孔子的故乡。

春秋末期，孔子在曲阜开坛授学，开创儒家文化。从汉武帝开始，儒家学说就成为历朝历代的治国之学说，一直影响了中国两千多年的历史。不仅如此，儒家文化还影响到东亚和东南亚各国。正因如此，孔子就被历朝历代的统治者尊为孔圣人，并在曲阜为其建立了“孔府、孔庙和孔林”，对孔子的子孙进行封赏。

曲阜孔庙

哪座城市被誉为“中国太阳城”

山东德州被誉为“中国太阳城”，是山东省新能源产业基地。德州之“德”源于“德水”。德水为古黄河别名。德州市位于山东省西北部，黄河下游北侧，地处京沪、德石铁路交会点。京沪（福）高速公路、青（岛）银（川）高速公路、德（州）石（家庄）高速公路和京杭运河穿越辖区，为全国交通运输主枢纽城市。德州物产丰富，其中德州扒鸡、保店驴肉、乐陵金丝小枣被称为德州三宝。旅游名胜有太阳谷景区、新湖风景区、苏禄王墓、东方朔公园等。

河南省 HENAN SHENG

■ **简　称** 豫　■ **面　积** 约17万平方千米　■ **人　口** 9 937万人

■ **世界遗产** 龙门石窟　殷墟　登封“天地之中”历史建筑群　大运河　长城　丝绸之路：长安—天山廊道的路网

■ **地理之最**

最高山峰：老鸦岔脑　**最大湖泊**：丹江口水库　**最大河流**：黄河　**主要山脉**：伏牛山

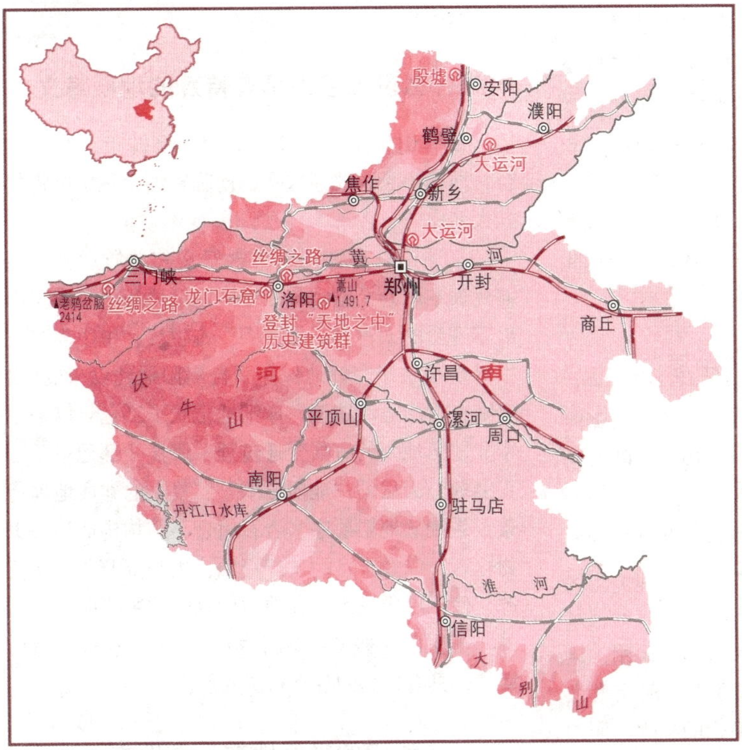

河南省的地形有什么特点

河南省地势西高东低，位于我国地势第二级阶梯和第三级阶梯的过渡地带，平原、山地和丘陵分别约占河南省总面积的55%、26%和18%。河南省北、西、南三面被太行山、伏牛山、桐柏山、大别山呈半环形包围，中东部为黄淮海冲积平原，西南部为南阳盆地。灵宝市境内的老鸦岔脑为全省最高峰，海拔为2 414米；最低处在固始县淮河出省处，海拔仅为23.2米。

河南省西部和西北部以山地为主，主要山脉有太行山、小秦岭、崤山、熊耳山、外方山、伏牛山等，地形复杂，地势起伏较大，海拔大多在1 000～1 500米以上，东部是广阔的大平原，是我国地势的第三级阶梯的一部分，地形起伏和缓，略向东南倾斜，海拔多在200米以下。

河南省的气候有什么特点

河南大部分地处暖温带，南部跨亚热带，属北亚热带向暖温带过渡的大陆性季风气候，同时还具有自东向西由平原向丘陵山地气候过渡的特征，具有四季分明、雨热同期、复杂多样和气象灾害频繁的特点。全省由南向北年平均气温为12.9～16.5℃，年平均降水量464.2～1 193.2毫米，降水以6—8月份最多，年平均日照时数1 506～2 231小时，全年无霜期209～290天，适宜多种农作物生长。

河南省春季(3—5月)多风干旱，处于冬季风向夏季风转换的过渡季节，气温迅速回升，乍寒乍暖。夏季(6—8月)炎热多雨，盛行温暖、湿润的偏南夏季风，气温高，降水多。秋季(9—11月)晴朗，日照时间较长，为夏季风向冬季风转换的过渡季节，气温迅速下降，降水减少。冬季(12—2月)寒冷干燥，盛行寒冷、干燥的偏北冬季风，气温低、降水少。

河南省的水文状况如何

河南省地跨长江、淮河、黄河、海河四大流域，省内河流大多发源于西部、西北部和东南部山区，境内有1 500多条河流纵横交错，流域面积100平方千米以上的河流有500多条。河南省是国家特大型水利重点工程——南水北调中线工程的核心水源地、主要受水地以及输水总干渠工程渠首所在地，开通以来河南段常年平均受水量达8.7亿立方米。

河南省地下水广泛分布于河谷平原、山间盆地及黄土丘陵区，具有埋藏浅、补给快、储存条件好、富水性强、易于开采等特点。

河南省为什么被称为“中原”

中原又称中土、中州、华夏，是相对于边疆地区而言的，一般指以洛阳至开封一带为中心的黄河中下游地区，狭义上指今天河南省一带。

河南省被称为“中原”与中国古代九州的划分有关。九州最早出现在先秦时期的典籍《尚书·禹贡》中，根据《尚书·禹贡》的记载，九州分别是冀州、兖州、青州、徐州、扬州、荆州、豫州、梁州和雍州。九州中的“豫州”即今天的河南省大部，河南省的简称“豫”即来自豫州的称呼，而豫州位于九州之中，因此历史上河南省也被称作“中州”“中原”。

河南能成为“华夏文明发源地”的优势在哪里

中华传统文化源远流长，在漫长的历史岁月中产生了各种各样的文化，如中原文化、三晋文化、三秦文化、巴蜀文化、江淮文化、吴越文化等。

中原文化就是我国中原地区的物质文化和精神文化的总称，以河南省为核心，以黄河中下游地区为腹地，逐层向外辐射，影响延及四周，是中华文化的主干。因此，河南省也可以被称为“华夏文明发源地”。

河南能成为“华夏文明发源地”的优势就在于其优越的地理位置。河南省位于黄河中下游地区，土地平坦、土壤肥沃、水源充足、气候适宜，利于农耕文明的发展，因此从夏朝开始一直到宋代，河南所在的中原地区长期是我国的政治和经济中心。我国历史上先后有20多个朝代定都于中原地区，我国八大古都中有一半位于河南省，包括洛阳、开封、安阳和郑州。

为什么说王屋山具有特殊的地质意义

王屋山位于河南省西北部的济源市，东依太行，西接中条，北连太岳，南临黄河，是中国古代九大名山之一。

王屋山具有特殊的科学意义和地质意义，能够代表本区乃至整个华北地区的地质历史。王屋山出露齐全的太古宇、元古宇、古生界、中生界和新生界地层层序完好地保存了自嵩阳运动以来的8次造陆、造山运动遗迹，详细地记录了25亿年以来，华北地区地壳的海陆变迁过程，俨然一部记录于石头上的、天然的“地质史书”。复杂的地质地理背景，系统的地层层序、岩石组合、结构构造和古生物化石，以及丰富的矿产资源、生态资源和人文资源，使王屋山成为储存地质信息的“数据库”。此外，王屋山森林覆盖率高达98%以上，珍稀动植物繁多，具有很高的观赏和研究价值。

淮河的发源地在什么地方

淮河位于中国东部，介于长江与黄河之间，古称淮水，与长江、黄河和济水并称“四渎”，是中国七大江河之一。淮河发源于河南省南阳市桐柏县的桐柏山，流域包括湖北、河南、安徽、江苏、山东五省。以黄河故道为界，分成淮河和沂沭泗河两大水系。淮河干流全长约为1 000千米，流域面积约为27万平方千米，其中沂沭泗流域面积约为8万平方千米。淮河流域处于我国地势第二级阶梯的前缘和第三级阶梯上，地形总趋势是西高东低。

禹州市盛产钧瓷的原因是什么

禹州市位于河南省中部，是中原城市群南缘的中心城市，地处伏牛山余脉与豫东平原的过渡地带。禹州是中国第一个奴隶制王朝——夏朝的建都地，被誉为“华夏第一都”。同时禹州以钧瓷文化著称，也是中国“五大名瓷”之中钧瓷的唯一产地。

钧瓷生产以神垕镇一带的窑厂最为集中和著名。历史上大凡烧造陶瓷的地方都离不开两种自然资源，一是制瓷原料，二是烧瓷燃料。神垕镇盛产钧瓷的原因是其周边的山体主要由炭岩、砂页岩构成，瓷土、釉药、耐火材料和煤的储量非常丰富，且覆盖层薄，极易开采。境内仅探明的陶土储量就达10亿吨，石灰石10亿吨，煤炭1.8亿吨，有着十分优越的钧瓷生产条件。当地长期流传的“东山煤，西山釉，北山瓷土处处有”的民谣就是对此生动的写照。

中岳嵩山位于哪里

嵩山位于河南省西部，主峰峻极峰海拔1 491.7米。公元前770年，周平王迁都洛阳以后，定嵩山为中岳，始称“中岳嵩山”。它与山东的东岳泰山，陕西的西岳华山，湖南的南岳衡山，山西的北岳恒山，以及神话传说中海上的方丈、蓬莱、瀛洲三山合称三山五岳。

嵩山横跨荥阳、新密、巩义、登封、偃师、伊川、洛阳等市县，全长60多千米。主体部分在登封境内，分东西两部分，东为太室山，西为少室山。太室山主峰为峻极峰，少室山最高峰为连天峰，两山各有36峰，合称嵩山72峰。

太行山大峡谷位于哪里

太行山大峡谷地处晋豫两省交界，位于河南省安阳市林州石板岩乡境内，南北长50千米、东西宽1.25千米，两岸为典型的嶂石岩地貌，台壁交错、谷幽峰奇，形成气势恢宏的大峡谷风光，海拔800～1 739米，相对高度1 000米以上，境内峰、峦、台、壁、峡、瀑、嶂、泉等自然景观姿态万千，是北方山水风光的典型代表。

开封“地上悬河”形成的原因是什么

开封“地上悬河”位于开封市北的城郊，河面宽8千米，大堤高约15米。黄河流出郑州邙山后进入平原，河流落差骤然变小，泥沙大量沉积，致使开封段的黄河河床以每年8～10厘米的速度增高，日积月累，此处的河床已高出开封市区地平面7～8米，最高处达10米以上，从而导致了两岸大堤日增年高。因黄河被两岸大堤夹护着从开封城北高处汹涌流过，形似天河，故世人将这种人工奇观称为“地上悬河”。

哪里被称为“中原第一瀑布群”

龙潭沟瀑布群被称为“中原第一瀑布群”。龙潭沟瀑布群位于河南省伏牛山脉腹地南阳市的西峡县双龙镇，地处伏牛山西段，距西峡县城30千米。龙潭沟瀑布群是流水长期冲击下而形成的梯式瀑布群，聚集了共计19个梯式瀑布和大小潭穴72处，落差最高的瀑布约35米，最低的也有15米；最大的潭水面积800平方米；潭水深度从2米到50米不等，而小瀑小潭更是不计其数。其中最为著名的要数“四连瀑”，四处瀑布依次连接，逶迤蛇行，飞流直下，气象万千。

河南省有中国四大石窟中的哪一座

洛阳龙门石窟

中国四大石窟包括莫高窟(甘肃敦煌)、云冈石窟(山西大同)、龙门石窟(河南洛阳)和麦积山石窟(甘肃天水)。其中，龙门石窟位于河南省。

龙门石窟位于洛阳市城南6千米处的伊阙峡谷间。由于地处洛阳都城之南，古代帝王将自己比作"真龙天子"，故此处又称"龙门"。龙门自古为险要关隘，交通要冲，一向为兵家必争之地。因山清水秀，环境清幽，气候宜人，素为文人墨客观游胜地。又因石质优良，宜于雕刻，故而古人择此而建石窟。龙门石窟开凿于北魏孝文帝迁都洛阳之际(公元494年)，之后历经东魏、西魏、北齐、隋、唐、五代的营造，从而形成了南北长达1千米、具有2 300余座窟龛、10万余尊造像、2 800余块碑刻题记的石窟遗存。

龙门石窟是北魏和唐代皇家贵族发愿造像最集中的地方。在北魏时期雕凿的众多洞窟中，以古阳洞、宾阳中洞、莲花洞这几个洞窟最有代表价值。其中古阳洞集中了北魏迁都洛阳初期的一批皇室贵族和宫廷大臣的造像，典型地反映出北魏王朝举国崇佛的历史情态。

龙门石窟造像延续时间长，跨越朝代多，所处地理位置优越，自然景色优美，是许多石窟难以比拟的，其以大量的实物形象和文字资料从不同侧面反映了中国古代政治、经济、宗教、文化等许多领域的发展变化，对中国石窟艺术的创新与发展作出了重大贡献。

红旗渠为什么被称为"人工天河"

红旗渠位于河南安阳林州市，是20世纪60年代林县(今林州市)人民在极其艰难的条件下，从太行山腰修建的引漳入林的人工灌渠，被称为"人工天河"。

红旗渠被称为"人工天河"的原因是其巨大的工程量和艰苦的动工条件。红旗渠工程于1960年2月动工，至1969年7月全面完成，历时近10年。该工程共削平了1 250座山头，架设151座渡槽，开凿211个隧洞，修建各种建筑物12 408座，挖砌土石达2 225万立方米。据计算，如果把这些土石垒筑成高2米、宽3米的墙，可形成一条纵贯祖国南北、把广州与哈尔滨连接起来的土墙。

红旗渠总干渠全长70.6千米(山西省平顺县石城镇至河南省林州市任村镇)，从分水岭分为三条干渠，灌溉面积达300多平方千米，解决了林县人民以往靠天等雨的恶劣生存环境，改善了耕种环境。

"中国八大古都"中的哪几个位于河南

"中国八大古都"指由中国古都学会通过并经国内史学家承认的西安、洛阳、南京、北京、开封、杭州、安阳和郑州等八个城市，这八个城市都是历史上被视为正统朝代("二十五史"记载的朝代)中有历史记载或考古证据表明是较长时间的主要政权的都城。

"中国八大古都"中的郑州、洛阳、开封和安阳都在河南。传说黄帝以郑州为都，郑州也是夏朝初年、商朝早中期的都邑，还是东周时期郑和韩的都城；洛阳是我国建都朝代最多、时间最长的古都，夏、商、西周、东周、东汉、三国时期魏、西晋、北魏、隋、唐、后梁、后唐、后晋等都曾以洛阳为都城；开封在夏时为都，称"老丘"，是夏朝历时最长的都城(225年)，战国时期魏国建都于此，称"大梁"，后北宋以开封为都城，称"东京"；安阳在殷商时期为商都殷墟。汉末以后，以邺城为中心的安阳先后成为曹魏、后赵、冉魏、前燕、东魏、北齐六个王朝的都城。因此，河南是中国古代文明的重要发祥地之一。

哪座城市是隋唐大运河的中心城市

隋唐大运河是以洛阳为中心，北至涿郡(今北京)，南至余杭(今杭州)的人工运河，主要功能是漕运。隋唐大运河跨越10多个纬度，纵贯中国最富饶的华北平原和东南沿海地区，地跨北京、天津、河北、山东、河南、安徽、江苏、浙江8个省、直辖市，是中国古代南北交通的大动脉，在历史上产生过巨大的作用，是中国古代劳动人民创造的一项伟大的水利建筑工程。隋唐大运河由永济渠、通济渠、邗沟和江南河四段运河组成，连接了黄河、海河、淮河、长江和钱塘江。其中，洛阳是永济渠和通济渠的连接城市，是隋唐大运河的中心城市。隋唐时期，国家粮仓设在洛阳，江南等地的漕粮大量运来。

洛阳最著名的花卉是什么

洛阳牡丹

牡丹因洛阳而闻名于世，有“洛阳牡丹甲天下”的美名。洛阳也因“千年帝都，牡丹花城”的说法，蜚声中外。

洛阳牡丹是中国名花之一，花朵硕大，花容端丽，雍容华贵，素有“花王”之称。洛阳牡丹的人工栽培始于隋，盛于唐，甲天下于北宋。洛阳野生牡丹主要为白色的杨山牡丹和紫斑牡丹，经过人工栽培后，出现了许多不同颜色的牡丹。

洛阳地区盛产牡丹得益于其肥沃的土壤。河洛地区的洛阳盆地土地肥沃且黏性较大，这对相对喜干怕涝的牡丹生长十分有利。根据2004年的一项科研结果，洛阳地区土壤中的各种微量元素，特别是锰、铜、锌、钼元素明显高出其他地区，其中锰的有效态含量是其他地区平均含量的20多倍。这些微量元素能有效促进植物细胞生长，促进叶绿素、糖类、酶类的合成及花蕾的形成。

郑州为什么被称为“中国铁路的心脏”

郑州被称为“中国铁路的心脏”。一是因为郑州站的重要地位。郑州站位于中国最繁忙的两大铁路干线——京广铁路与陇海铁路的交会处。同时从地图上看，郑州位于全国八大铁路枢纽的正中心，扼守中原腹地、辐射全国铁路网。二是因为郑州拥有亚洲最大的列车编组站和中国最大的零担货物转运站。同时，从郑州站开出的列车可通往全国所有省级行政中心，郑欧班列以及“八横八纵”铁路快速客运通道几乎都从郑州经过。

你了解郑东新区吗？

郑东新区是河南省在城镇化进程中建起的一个城市新区。2003年1月，郑州国际会展中心第一根基桩轰然入地，自此拉开了郑东新区建设的帷幕。经过十几年建设，郑东新区已经成长为一座功能完善、产业繁荣的现代化新城。辖区面积达260平方千米，下辖12个乡（镇）办事处，和白沙园区、中央商务区、中原科技城（智慧岛）3个产业集聚区或专业园区。从大气恢宏的中央商务区到亚洲最大的高铁站——郑州东站，从郑州国际会展中心、河南艺术中心到280米高的“大玉米”——千禧广场，一个个新地标拔地而起。城市核心区绿化率接近50%，入住人口达到142万。郑东新区由一张蓝图变为一座展示河南对外开放形象的“如意新城”。

驻马店市区位优势较大但经济总量较低的原因是什么

驻马店市位于河南中南部，北接漯河、周口，南邻信阳，地处淮河上游的丘陵平原地区，因历史上南来北往的信使、官宦在此驻驿歇马而得名，素有“豫州之腹地、天下之最中”的美称。京广高铁、京港澳高速、大广高速等纵贯南北，新阳高速横跨东西。可以说，驻马店的区位优势较大。

但驻马店的经济总量在河南省的排名并不靠前。其中一个原因是驻马店市是一个农业大市，农业在经济结构中的比例很大，但目前农业的附加值和产值比较低。受此影响，驻马店市工业一直不太发达，这也导致了驻马店市的经济实力一直不是很强。

平顶山逐渐转变城市定位的原因是什么

平顶山市以前是我国重要的能源和重工业基地，也是我国重要的能源原材料工业基地，因其境内煤炭储量丰富(已探明原煤储量达100亿吨，是中南地区最大的煤田)而被称为“中原煤仓”。

平顶山煤田是我国较早开发的煤田之一，从20世纪50年代就开始开发建设，但随着煤炭资源的日益枯竭和环境问题的日渐突出，平顶山市非常有必要进行城市定位的转变。如今，平顶山市延长煤炭产业链，改变了以往直接输出煤炭产品的做法，转为兴建平顶山尼龙新材料产业集聚区，打造国际新材料产业基地，培育壮大新能源、新医药、现代金融、全域旅游、现代物流、生态循环农业等产业。

中国(河南)自由贸易试验区的定位是什么

中国(河南)自由贸易试验区简称河南自贸区，位于河南省郑州市、洛阳市和开封市境内，涵盖范围140.24平方千米，包括三个片区：郑州片区、洛阳片区、开封片区。

中国(河南)自由贸易试验区战略定位是：以制度创新为核心，以可复制推广为基本要求，加快建设贯通南北、连接东西的现代立体交通体系和现代物流体系，将自贸试验区建设成为服务于“一带一路”建设的现代综合交通枢纽、全面改革开放试验田和内陆开放型经济示范区。其中，郑州片区的定位是重点发展智能终端、高端装备及汽车制造、生物医药等先进制造业以及现代物流、国际商贸、跨境电商、现代金融服务等现代服务业；洛阳片区的定位是重点发展装备制造、机器人、新材料等高端制造业以及研发设计、电子商务、国际文化旅游展示等现代服务业；开封片区的定位是重点发展创意设计、文化传媒、现代物流等服务业。

“中原城市群”包括哪些城市

中原城市群以河南省郑州市、开封市、洛阳市、平顶山市、新乡市、焦作市、许昌市、漯河市、济源市、鹤壁市、商丘市、周口市，以及山西省晋城市、安徽省亳州市为核心发展区。联动辐射河南省安阳市、濮阳市、三门峡市、南阳市、信阳市、驻马店市，河北省邯郸市、邢台市，山西省长治市、运城市，安徽省宿州市、阜阳市、淮北市、蚌埠市，山东省聊城市、菏泽市等中原经济区其他城市。

中原城市群地处沿海开放地区与中西部地区的接合部，交通条件便利。高速公路通车里程居全国前列，郑州等机场可实现与国内外主要枢纽机场的快速联通，米字形高速铁路网和现代综合交通枢纽格局正在加速形成，立体综合交通网络不断完善。同时，中原城市群产业体系完备，装备制造、智能终端、有色金属、食品等产业集群优势明显，科技创新能力持续增强，国家和省级创新平台数量众多，人力资源丰富。

湖北省 HUBEI SHENG

■ 简　称　鄂　■ 面　积　约19万平方千米　■ 人　口　5 775万人

■ 世界遗产　武当山古建筑群　明显陵　土司遗址　神农架

■ 地理之最

最高山峰：神农顶　最大湖泊：洪湖　最大河流：长江

主要山脉：大巴山

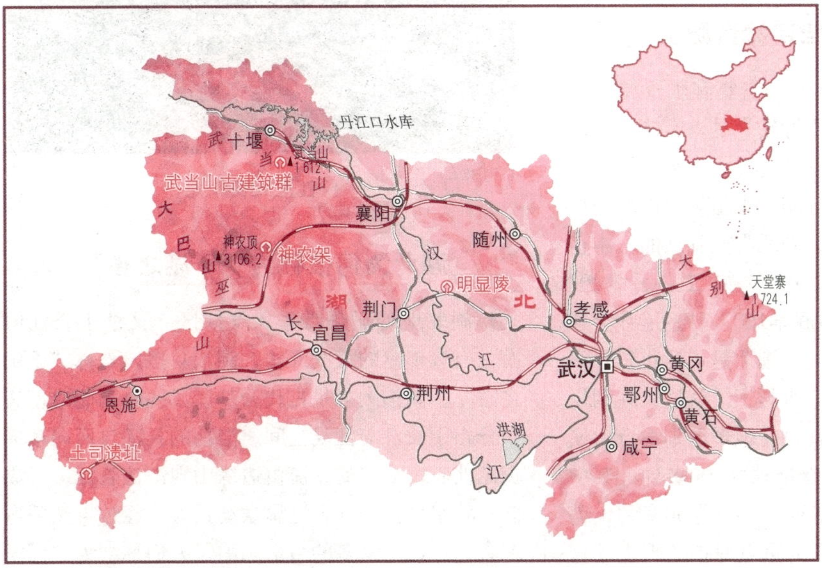

湖北省的地理位置有什么特点

湖北省，地处我国中部偏南、长江中游、洞庭湖以北，故名湖北。湖北东连安徽，南邻江西、湖南，西连重庆，西北与陕西为邻，北接河南。湖北省东、西、北三面环山，中部为江汉平原。长江自西向东，横贯全省。长江及其最大支流汉江，润泽楚天，水网纵横，湖泊密布，湖北省因此又称“千湖之省”。湖北省处于中国地势第二级阶梯向第三级阶梯过渡地带，因为坐守长江天险之地，自古为兵家必争之地，是连接江南地区和西北地区，以及成渝地区的重要通道，也是我国的重工业基地。

湖北省的气候有什么特点

湖北省地处亚热带，位于典型的季风区内。全省除高山地区外，大部分为亚热带季风性湿润气候，光照充足，热量丰富，无霜期长，雨热同期，降水多。湖北省大部分地区太阳年辐射总量为85～114千卡/厘米^2。多年平均日照时数为1 100～2 150小时。夏季日照时数最多，冬季最少，春秋两季因地而异。湖北冬冷、夏热，春季温度多变。1月最冷，大部分地区平均气温2～4℃；7月最热，除高山地区外，平均气温27～29℃，极端最高气温可达40℃以上。全省无霜期在230～300天。湖北省年平均降水量在800～1 600毫米。降水空间分布呈由南向北递减趋势，有明显的季节变化，一般是夏季最多，冬季最少。6月中旬至7月中旬雨量最多，强度最大，是梅雨期。

湖北省的地形地势有何特点

湖北省地形呈三面高起、中间低平、向南敞开、北有缺口的不完整盆地。西、北、东三面被武陵山、巫山、大巴山、武当山、桐柏山、大别山等山地环绕，山前丘陵岗地广布，中南部为江汉平原，与湖南省洞庭湖平原连成一片，地势平坦，土壤肥沃，除平原边缘岗地外，海拔多在35米以下，略呈由西北向东南倾斜的趋势。湖北省地形多样，山地、丘陵、岗地和平原兼备，有55.5%的山地、24.5%的丘陵和岗地，以及20%的平原湖区，地势高低悬殊，西部的神农架号称“华中屋脊”，其最高峰神农顶，海拔3 106.2米；东部平原的监利县谭家渊附近，地面海拔为零。

湖北省有哪些自然资源

湖北省的自然资源丰富，主要有水资源、动植物资源和矿产资源。水资源较充足，有非常大的开发潜力。湖北自然地理条件优越，由于海拔高低悬殊，植被垂直分布层次分明，类型呈现出普遍性与多样化的特点。据统计，湖北省已发现的木本植物有100多科、300多属、1 300多种，其中乔木400多种、灌木700多种、木质藤本100多种。这在全球同一纬度所占比例是最大的。湖北是“活化石”水杉的原产地，闻名世界的“水杉王”就生长在利川市。湖北省的动物资源丰富，在地理区划系统中属东泽界、华中区，有陆生脊椎动物600多种，其中两栖类40多种、鸟类400多种、爬行类60多种，兽类100多种。全省被国家列为重点保护的野生动物有100多种，黄梅县、石首市被中国野生动物保护协会分别命名为“中国白头鹤之乡”和“中国麋鹿之乡”。湖北省矿产资源丰富，全省已发现矿产100多种(不含亚矿种，下同)，约占全国已发现矿种数的81%；其中已查明资源储量的矿产有80多种，约占全国已查明资源储量矿产的56%；已发现但尚未查明资源储量的矿种近50种。

湖北省的水文特征有何特点

湖北属于亚热带季风气候，西南季风和东南季风均影响本区，为暴雨形成提供了条件，河湖流量较大。湖北省素有“千湖之省”之称，境内湖泊主要分布在江汉平原上，面积百亩(1亩≈667平方米)以上的湖泊有800多个，湖泊总面积约3 000平方千米。面积大于100平方千米的湖泊有洪湖、梁子湖、斧头湖等。从河流来看，湖北省境内除长江、汉江干流外，境内各级河流河长5千米以上的有4 000多条，另有中小河流1 000多条，河流总长约6万千米，其中河长在100千米以上的河流有40多条。

汉江汇入长江处

湖北为何被称为“千湖之省”

湖北地处亚热带季风气候区，又处于长江中游，有着丰富的大气降水，湖泊众多，素称“千湖之省”。湖泊大都是古代云梦泽淤塞分割而成，集中分布于长江与江汉之间。浩荡的长江自西向东横贯湖北省，众多的支流由边缘山地汇注长江，形成向心状水系。长江在这里摆动很大，经过自然截弯取直，形成了众多的弓形湖泊，人们称之为“江汉湖群”。现有天然湖泊750多个，其中水面面积1平方千米以上的有约230个。

湖北第一湖在哪里

洪湖是湖北的大型淡水湖，也是湖北的第一湖，中国第七大淡水湖，位于湖北省南部洪湖市、监利县之间，长江与东荆河间的洼地中。湖面常年水面350平方千米。洪湖东西两侧与长江相通，是鱼类繁殖的良好场所，洪湖在水文特征上有众水所归之势，汇水区内径流主要通过四湖总干渠入湖，并经若干涵闸与长江相通，实现洪水的调蓄，是中国生态系统保存较好、水质唯一整体达到二类标准的大型淡水湖泊。洪湖有“湖北之肾”的美称，兼具供水、灌溉、生物栖息地、养殖、航运和旅游等多种功能。洪湖拥有独特的湿地生态、红色旅游、三国文化、地热温泉、美丽乡村等丰富的旅游资源，每年吸引着无数的游客前来参观。

湖北的五大湖指哪五个湖

湖北的五大湖指洪湖、梁子湖、斧头湖、龙感湖和长湖。

洪湖是湖北省最大的淡水湖，也是全国第七大淡水湖，坐落于风景优美的江汉平原，面积约350平方千米。全湖呈多边形，湖岸平直，湖底平坦，地势自西北向东南倾斜，海拔在23～28米。

梁子湖地处长江中游南岸，位于湖北省东南部，东与鄂州市交界，西与武汉市接壤，素有鄂州市南大门之称。梁子湖面积约340平方千米。

斧头湖在咸宁市嘉鱼县县城东北28千米，东北为武汉市江夏区，东南为咸宁市咸安区，西为嘉鱼县潘家湾、渡普两镇，面积约160平方千米。

龙感湖是位于湖北省和安徽省交界处的一个淡水湖泊，为湖北省黄冈市黄梅县和安徽省安庆市宿松县共有。湖泊总面积约150平方千米。

长湖位于荆州、荆门、潜江三市交界处，是宋末由古云梦泽变迁而成的长条状河间洼地大湖泊，东西长30千米，南北最宽处18千米，湖泊面积约130平方千米。

你了解湖北的武当山吗

武当山

武当山，位于湖北省西北部十堰市丹江口市境内。东接闻名古城襄阳市，西靠车城十堰市，南望原始森林神农架，北临高峡平湖丹江口水库，总面积312平方千米，武当山周边高峰林立，天柱峰海拔1 612.1米。从气候类型上看，武当山处于北亚热带季风气候区，具有南北过渡属性，从丹江口水库沿岩至天柱峰顶，气候的垂直变化明显。武当山植物资源和动物资源丰富，有植物700多种。水杉、珙桐被列为国家一级重点保护树种；银杏、香果树、篦子三尖杉、金钱松、山白树、榧树、水青树、杜仲、胡桃、鹅掌楸等被列为国家二级重点保护树种。武当山有鸟类100多种，兽类40多种，昆虫1 000多种，种类丰富，类型独特。

武当山古建筑群有何特点

武当山古建筑群，位于湖北省丹江口市境内，建于唐贞观年间，明代达到鼎盛。历代明朝皇帝都把武当山作为皇室家庙来修建。明永乐年间，明成祖朱棣大建武当山，历时12年，建成9宫、8观、36庵堂、72岩庙、39桥、12亭等33座建筑群，嘉靖年间又增修扩建。整个建筑群严格按照真武修仙的故事统一布局，并采用皇家建筑规制，形成了“五里一庵十里宫，丹墙翠瓦望玲珑，楼台隐映金银气，林岫回环画镜中”的“仙山琼阁”的意境，绵延70千米，体现了道教“天人合一”的思想，堪称中国古代建筑史上的奇观，被誉为“中国古代建筑成就的博物馆”和“挂在悬崖峭壁上的故宫”。武当山现存古建筑53处，庙房830余间，建筑面积2.7万平方米，建筑遗址9处，现存各类文物5 000余件。1982年，被国务院列入第一批国家级风景名胜区。金殿、紫霄宫、“治世玄岳”石牌坊、南岩宫、玉虚宫遗址等被国务院列为全国重点文物保护单位。1994年，武当山古建筑群被列入《世界遗产名录》。

“亚洲第一坑”在哪里

在湖北省黄石市铁山区境内，有一个硕大山坑，它形如一个倒葫芦，东西长2 200米，南北宽550米，最大落差444米，坑口面积达108万平方米，底部面积8 150平方米，被称为“亚洲第一坑”。据说这个大坑的形成，历经了100多年的时间。“亚洲第一坑”坐落在黄石国家矿山公园，原来是大冶铁矿的一个露天开采场。“亚洲第一坑”不仅是我国千年矿冶文化的重要组成部分，也见证了我国近代钢铁工业发展的历史。大冶铁矿还有着独特的景点开发资源：这里拥有亚洲最大的露天采矿坑、世界第一高陡边坡和亚洲最大的硬岩复垦基地，有汉冶萍公司开凿的平窿、张之洞视察大冶铁矿遗址等。另外，还有迄今世界上最古老的铜矿采掘、冶炼遗址——铜绿山古矿冶遗址。

湖北的云雾山有什么特点

湖北云雾山位于武汉市黄陂区，享有“西陵胜地、楚北名区、陂西陲障、汉地祖山”之美誉，是一处以山地为主的自然风景区。多年平均气温18℃，雨量充沛、四季分明、日照充足、气候宜人，有各种树木150余种，中草药材600余种，森林覆盖率在95%以上，环境优美，河溪相间。云雾山一年四季都适合游玩，主要景区包括竹林寺、八里柳溪、杜鹃花海、恐龙谷等，还有“非遗”泥塑、白鹭林、花语山可供参观。云雾山是全国著名的杜鹃花研究基地。

你了解“亚洲天池”——丹江口水库吗

丹江口水库

丹江口水库是亚洲第一大人工水库，于1958年始建，1973年竣工，水域面积840平方千米，蓄水总量达290亿立方米，是中国南水北调中线工程的水源地，国家一级水源保护区，有“亚洲天池”之美誉，是汉江的天然水位调节器。丹江口水库水质优良。2014年12月12日14时32分开始向南水北调中线工程沿线地区的北京、天津、河南、河北4个省市的20多座大中城市提供生活和生产用水。丹江口水库气候宜人，水质透明，水面宽阔，风平浪静，具有防洪、发电、灌溉、航运、养殖、旅游等综合效益。

“华夏第一城池”在哪里

襄阳位于汉江中游，自古便是兵家必争之地。襄阳城始建于汉，周长7 000多米，护城河最宽处250米，被称为“华夏第一城池”。襄阳是国家历史文化名城，楚文化、汉文化、三国文化的发源地之一，已有2 800多年历史。襄阳市位于湖北省西北部，汉江中游平原腹地，因地处襄水之阳而得名。这座有历史底蕴的城市，自古就是藏龙卧虎之地，因其南北交会的地理位置和丰厚的文化积淀，孕育出无数英豪、俊秀，产生了许多著名的政治家、军事家、文学家、史学家、诗人、书法家等。

湖北省的代表文化有哪些

湖北省的代表文化包括楚文化、青铜文化和漆器文化。

楚文化：是中国春秋时期南方诸侯国楚国物质文化和精神文化的总称，是汉文明的重要组成部分。现今湖北省大部、河南西南部为早期楚文化的中心地区。

青铜文化：铜是人类最早使用的金属之一。在铁器出现之前，铜及其合金曾是用量最多、用途最广、对人类社会发展所起作用最大的一种金属。青铜礼器是楚国铜器最重要的组成部分。楚国的青铜礼器有鼎、簠、敦、盏、壶、缶等。

漆器文化：楚人生活在一个漆的王国中，其日常生活实用器具和娱乐用品多是漆品，死后丧葬用品也多用漆品。楚国的竹胎漆器以竹编织物最为精致。楚国的竹编织物在许多楚墓中都有出土。

“孝感三宝”指什么

膏、盐、磷被誉为“孝感三宝”。第一宝为“膏”，应城石膏地质储量4.29亿吨，特别是纤维石膏，品位在亚洲居首位，储量8 800万吨，占全省储量的92.3%，占全国储量的58.7%。第二宝为“盐”，云梦、应城一带的岩盐埋藏浅，氯化钠含量高，地质储量达2 800亿吨。第三宝为“磷”，大悟磷矿地质储量1.72亿吨，采选条件好。孝感境内还有稀土、金、银、铜、镍等贵重金属矿，其中重稀土（钇）的地质储量3.1万吨，占全省储量的100%。

你知道古时候的“江陵”指哪里吗

江陵，就是如今湖北的荆州。位于湖北中南部、长江中游、江汉平原腹地。荆州是一座具有历史底蕴与现代文化的滨江城市。“禹划九州，始有荆州。”从“天下第一循吏”孙叔敖到明朝万历首辅张居正，从荆州走出去的宰相达100多位。从屈原到李白、杜甫，大批文人墨客在荆州吟诗作赋。荆州是春秋战国时楚国都城所在地，是国务院公布的全国首批24座国家历史文化名城之一、中国优秀旅游城市、国家园林城市、重要的陆路交通枢纽和长江港口城市。

享誉全国的安徽黄梅戏起源于哪里

黄梅戏，原名黄梅调、采茶戏等，起源于湖北黄梅，发展壮大于安徽安庆，黄梅戏的起源最早可追溯到唐代。黄梅县地处长江北岸，旧时大部分地势低于江岸，有“江行屋上，民处泊中”之说，由于自然灾害频繁，迫使黄梅人纷纷学唱黄梅戏，以适应灾年逃水荒、打连厢、唱道情、行乞他乡求生存的需要。黄梅戏也因此由山区向江湖平原地区发展，向鄂赣皖毗邻地区流传。

湖北省唯一的少数民族自治州是哪里

湖北省唯一的少数民族自治州是恩施土家族苗族自治州，位于29°07′N～31°24′N，108°23′E～110°38′E。它东连荆楚，南接潇湘，西邻渝黔，北靠神农架，有土家族、苗族、侗族、汉族、回族、蒙古族、彝族、纳西族、壮族等近30个民族。

土家族主要分布在来凤、鹤峰、咸丰、宣恩和利川五县市，另外巴东、建始和恩施三县市的土家族占其总人口的25%～30%。苗族主要分布在利川、来凤、宣恩、咸丰，约占全州苗族人口总数的90%。蒙古族主要分布在鹤峰和利川。白族主要分布在鹤峰等地。侗族主要分布在宣恩、恩施、咸丰等县市交界的山区里。回族在全州各县市均有分布。另外一些少数民族零星地分布于全州各地。

湖北的世界遗产有哪些

湖北的世界遗产包括：武当山古建筑群，位于丹江口市的西南部，于1994年12月15日入选《世界遗产名录》，集中体现了中国古代建筑装饰艺术的精华；明显陵，位于钟祥市东北5千米的松林山上，于2000年11月入选《世界遗产名录》，是睿宗献皇帝朱祐杬和献皇后的合葬墓，陵寝内部结构完好，保存完整，真实地展示了明代陵寝规制布局的特点；唐崖土司城遗址，位于湖北省咸丰县唐崖镇，于2015年7月4日入选《世界遗产名录》，有石人、石马、石牌坊等大型石雕，土王墓葬及古墓葬群、夫妻杉、妃子泉等数十处景点；神农架，位于湖北神农架林区，分为西部的神农顶—巴东片区和东部的老君山片区，于2016年7月17日入选《世界遗产名录》，拥有独特的生态环境和生态系统。

神农架

你知道“青铜故里”“钢铁摇篮”“水泥故乡”在哪里吗

黄石市，位于湖北省东南部，长江中游南岸，是中华人民共和国成立后湖北省最早设立的两个省辖市之一，也是华中地区重要的原材料工业基地，全国资源枯竭转型试点城市。黄石拥有深厚的工业文化底蕴，其发达的工业为其赢得“青铜故里”“钢铁摇篮”“水泥故乡”的美称。黄石是华夏青铜文化的发祥地之一，也是近代中国民族工业的摇篮，境内有武九铁路贯穿，并有大广、沪渝、福银、杭瑞四条高速公路交会，还拥有国家一类水运口岸。从第二产业发展来看，黄石是中国中部地区重要的原材料工业基地。全市形成了黑色金属、有色金属、机械制造、建材、能源、食品饮料、纺织服装、化工医药等八大产业集群。

你听过“吴楚东南第一关”吗

湖北省罗田县境内的大别山主峰——天堂寨位于安徽省金寨县与湖北省罗田、英山县交界处，号称“中原第一峰”，有“吴楚东南第一关”之称。从自然景观来看，天堂寨属北亚热带湿润季风气候，具有典型的山地气候特征，雨热同期，温光同季，因此孕育了丰富的生物资源和植物资源，区域内瀑布众多，怪石林立，可谓“植物的王国，天然的氧吧”。天堂寨景区总面积120平方千米，境内千米以上的高峰25座，天堂寨最高峰海拔1 724.1米，系江淮分水岭，多年平均降水量1 350毫米，湿度85%，年均气温12.6℃，水质为地表一级卫生饮用水。从人文景观来看，天堂寨有着多处农民起义的遗址。天堂寨主峰，地势险要，横亘鄂皖，为兵家必争之地。历代民众，为反抗压迫，聚集天堂寨，留下了多处历史遗址。“岩石古寨插云间，吴楚东南第一关”“兹山独储英，群雄出其间”写的便是这一史实。

你知道“天下江山第一楼”是哪里吗

黄鹤楼位于湖北省武汉市的蛇山之巅，享有“天下江山第一楼”“天下绝景”之美誉。黄鹤楼是武汉市标志性建筑，与晴川阁、古琴台并称“武汉三大名胜”。黄鹤楼始建于三国时代公元223年，为江南三大名楼之首。由于时代差异，不同时代的黄鹤楼有着不同的形态特征，现代黄鹤楼以清同治楼为雏形重新设计，楼为钢筋混凝土仿木结构，七十二根大柱拔地而起，六十个翘角层层凌空，琉璃黄瓦富丽堂皇，五层飞檐斗拱潇洒大方。

武汉黄鹤楼

你了解湖北长江经济带吗

湖北长江经济带，位于长江流域中游，横贯东西，全长1 061千米，面积5万多平方千米，人口达2 000多万，交通便利，自然资源丰富，工业基础好，城镇体系完备，是湖北省东、西两大区域联系的天然纽带。湖北计划把湖北长江经济带建成引领湖北经济社会发展和促进中部地区崛起的现代产业密集带、新型城镇连绵带、生态文明示范带。湖北长江经济带的建设将加大推动湖北经济的协调发展，充分发挥沿江地区产业发展潜力，有效推动产业结构优化升级。

你了解武汉城市圈吗

武汉城市圈，是以武汉为中心，100千米左右为半径，呈放射状分布的城市群，覆盖黄石、鄂州、黄冈、孝感、咸宁、仙桃、潜江、天门等周边8个大中型城市所组成的城市群，武汉为中心城市，黄石为副中心城市。武汉城市圈的建设，涉及工业、交通、教育、金融、旅游等诸多领域，不仅是湖北经济发展的核心区域，也是中部崛起的重要战略支点，该圈将充分发挥核心城市龙头作用和交通网络疏解功能，加快把武汉城市圈打造成长江中游城市群最重要的增长极，推动武汉、鄂州、黄石、黄冈等相邻城市联动发展。

你知道湖北土家族的文化吗

土家族文化历史悠久。土家族在湖北省主要分布在恩施土家族苗族自治州的来凤、鹤峰、咸丰、宜恩、建始、巴东、恩施、利川等县市，以及宜昌市的长阳、五峰两县。饮食上以苞谷、稻米为主；衣着上，尚俭朴，喜宽松；建筑上，主要有茅草屋、土砖瓦屋、木架板壁屋、吊脚楼四种类型；土家族多聚族而居，民居自成群落，非常注重礼节；语言属于汉藏语系藏缅语族，接近彝语支，分为南部方言和北部方言。

湖北土家族民居有何特点

土家族吊脚楼

土家族吊脚楼是土家族居住形式与建筑文化的集中体现。湖北恩施土家族传统民居布局紧凑，寨中建筑没有明显的中轴线，以“半干栏式”为其主要造型特征，屋内结构非常稳固。从结构上讲，吊脚楼基本上是木构架承重，由砖墙、土坯或木板作外围护。除此之外，其装饰风格丰富多彩，一般家庭门窗有古朴的木雕，大户人家还有精美石雕和砖雕，无处不反映着土家族人的创造精神与审美意趣。

“鄂西秘境”恩施大峡谷有什么奇观

恩施大峡谷位于恩施市屯堡乡和板桥镇境内，北接重庆天坑地缝、恩施梭布垭，南连利川腾龙洞，总面积300平方千米，大小峡谷沿线总长108千米。其五大奇观是：清江升白云、绝壁环峰丛、天桥连洞群、暗河接飞瀑、地缝配天坑。峡谷洞中有山，山中有洞，洞内终年恒温14～18℃，峡谷中遍布绝壁悬崖、流水飞瀑、千仞孤峰、壮观地缝、原始森林，被称为“喀斯特地形地貌天然博物馆”，富有很高的地理研究价值。

三峡工程对湖北经济的影响有哪些

三峡工程建设是我国综合开发长江资源，振兴长江经济带，促进东西协调发展的重大战略措施。其巨额投资产生了巨大的市场需求，增加了湖北省内的国内生产总值，促进湖北地区产业结构调整和基础产业发展，同时对湖北省建筑、运输、建材和旅游四大市场起到带动作用，吸引了省内外游客前来参观旅游，带动了三峡周边的景区发展，也对湖北大中型企业技术进步、技术改造起到拉动作用，对新型工业，例如钢结构建桥、升船机制造产业等也起到优化升级的推动作用。

三峡大坝工程包括主体建筑物工程及导流工程两部分。大坝为混凝土重力坝，防洪库容221.5亿立方米，能够抵御百年一遇的特大洪水。总装机容量2 250万千瓦，是世界上装机容量最大的水电站。三峡大坝改善长江航运条件，形成长达600千米的巨型水库，是当今世界上最大的水利枢纽工程。三峡大坝旅游区是国家5A级旅游景区。

长江三峡西陵峡

湖南省 *HUNAN SHENG*

■ **简　称** 湘　　■ **面　积** 约21万平方千米　　■ **人　口** 6 644万人

■ **世界遗产** 武陵源　中国丹霞(崀山)　土司遗址

■ **地理之最**

最高山峰：壶瓶山　**最大湖泊**：洞庭湖　**最大河流**：长江　**主要山脉**：雪峰山

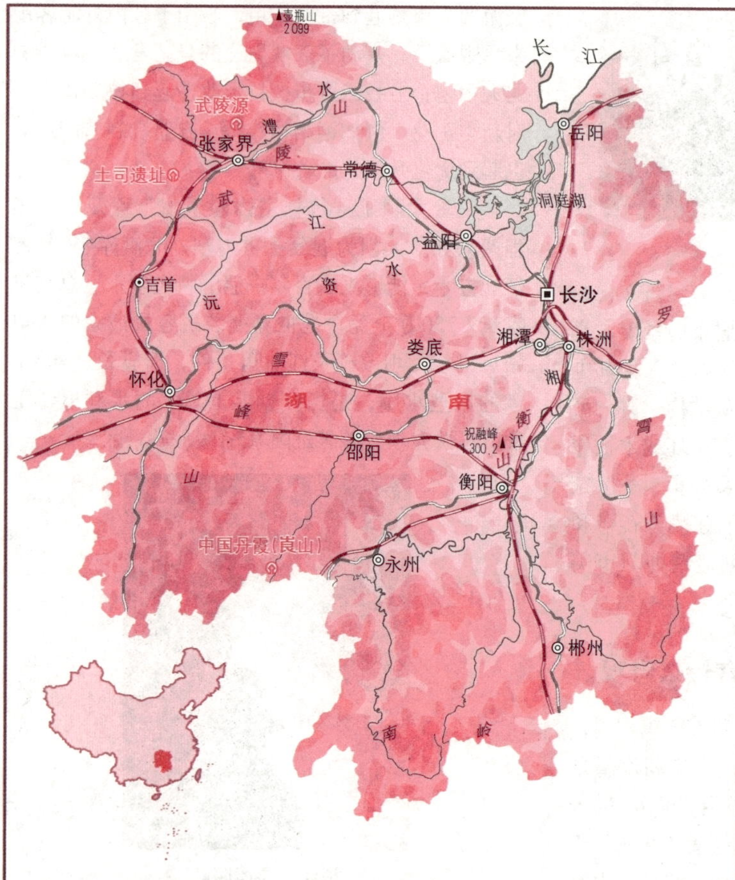

湖南省的地理概况如何

湖南省地处我国中南部，长江中下游地区，由于大部分地区位于洞庭湖以南，因此称为湖南，又因湘江纵贯全省南北，故简称为“湘”。湖南周边与6个省级行政区域相邻，东以幕阜、武功诸山系与江西省为界，西以云贵高原东缘连贵州省，西北以武陵山毗重庆市，南枕南岭与广东省、广西壮族自治区为邻，北以滨湖平原与湖北省接壤。

湖南省的地形地势特点是什么

湖南省处于云贵高原向江南丘陵、南岭山地，以及江汉平原的过渡地带，地形复杂多样，境内有山地、丘陵、盆地、平原、洼地。北部地势低平，中部为丘陵盆地，地势向北倾斜、西略高于东，大部分地区海拔在100～800米。从整体上呈现出南部高、北部低的地势特点，这也造成了河流由南向北流。

具体来看，省内东部耸立着高大的罗霄山、武功山、幕阜山等山脉，是湘赣两水系的分水岭；西部矗立着陡峭的武陵山、雪峰山脉；南部横亘着连绵不断的南岭山脉；中部、东北部分布着崎岖不平的江南丘陵和广阔的洞庭湖平原等地形区。

湖南省的水系概况及气候特征是什么

湖南省水网发达，分布着洞庭湖和湘江、资江、沅江、澧水四大水系，以及其他若干小的河流。由于湘江在其上游阶段叫作潇湘，中游阶段叫作蒸湘，下游叫作沅湘，故而湖南又被称为“三湘大地”。

湖南省的气候类型为亚热带季风性湿润气候，有着十分丰富的光、热、水资源。湖南省的年日照时数长，光照充足，热量丰富，但气温年较差较大，表现出冬冷夏热，春季气温多变，秋季气温骤降的特点。东、南、西三面环山的地形特征使得冬季风能够直接进入该省，因此1月份温度低。又由于该省独特的山地分布使得其气候垂直递变特别明显，尤其在以山地地形为主的湘西和湘南地区表现突出。

此外，湖南省还是我国降水量较大的省份，夏雨较集中，雨量充沛，没有明显的干季。全省年均温16～18℃，分布总趋势东南高、西北低。无霜期从北到南为270～300天。湖南省年平均降水量1 200～1 700毫米。

湖南省有哪些自然资源

湖南省是国内植物资源丰富的省份之一。植物茂盛，种类多样，有着较多的珍贵树种，其中包括水杉、珙桐、绒毛皂荚等国家级保护珍稀野生植物。木本植物目前有2 000多种。森林植物区系成分较为复杂，森林覆盖率超过了全国平均水平。经济林主要有油茶、茶叶、油桐等，雪峰山区和湘南南岭成为广木、江华木的产地。此外湖南省的草场资源也比较丰富。适宜的气候为野生动物的生存和繁衍提供了有利的场所，湖南省的国家级保护动物约有90种；禽鸟种类较多，在全国鸟种数中所占的比例较大。湖南省矿藏丰富，以“有色金属之乡”和“非金属矿产之乡”著称，郴州柿竹园矿区建有世界有色金属博物馆。此外，湖南省土地资源总量大且类型齐全，天然水资源总量在南方九省中排名第一，为农业经济的发展提供了有利条件。

为什么湖南省被誉为“有色金属之乡”和“非金属矿产之乡”

湖南省矿藏丰富，素以“有色金属之乡”和“非金属矿产之乡”著称。已探明储量的100多种矿藏中，锑的储量居世界首位，钨、铋、铷、锰、钒、铅、锌，以及非金属雄黄、萤石、海泡石、独居石、金刚石等的储量居中国前列。浏阳市内发现的海泡石，填补了矿产资源的一项空白。复杂的地质构造使得湖南具备了特殊的成矿条件，煤炭资源具有种类多、分布地区广的特点，湖南省是我国南方产煤量较大的省份。

湖南形成了从探采选冶、精深加工、研发设计和人才培养的完整产业体系，产业基础良好，配套齐全。铜、铝、铅、锌、钨、锑、铋、银等产业集群开始形成，一批主导产品畅销国内外市场，实现了规模化、集团化经营。

张家界地貌是如何形成的

张家界地貌景观

张家界地貌是一种特殊的砂岩地貌，指在中国华南板块大地构造背景和亚热带湿润区内，由产状近水平的中、上泥盆统石英砂岩为成土母岩，以流水侵蚀、重力崩塌、风化等营力形成的，以棱角平直的高大石柱林为主，以及深切嶂谷、石墙、天生桥、方山、平台等造型地貌为代表的地貌景观。张家界地貌整个生命周期分为三大阶段：岩体形成阶段(中志留纪—晚泥盆纪)，挤压剥蚀阶段(侏罗纪—新近纪)，地貌演化阶段(第四纪)。张家界拥有系统完整的微地貌，保存一套完善的砂岩峰林演化模式，具有重要的科研价值和美学价值，是难得的天然博物馆和罕见的旅游名胜地。

君山银针产地的自然环境有何特点

君山银针是中国名茶之一，产于湖南岳阳洞庭湖中的君山，形细如针，故名君山银针，属于黄茶。其成品茶芽头茁壮，长短大小均匀，茶芽内面呈金黄色，外层白毫显露完整，而且包裹坚实，茶芽外形很像一根根银针，雅称“金镶玉”。

君山又名洞庭山，为湖南省岳阳市君山区洞庭湖中岛屿。岛上土壤肥沃，多为沙质土壤，年平均温度16～17℃，年降水量为1 340毫米左右，相对湿度较大，3—9月间的相对湿度约为80%，气候非常湿润。春夏季湖水蒸发，云雾弥漫，岛上树木丛生，自然环境适宜君山银针茶树生长，山地遍布茶园。

君山岛四面环水，无高山深谷，年均日照时间约为1 740小时，空气湿度大，阳光中含有较多的红光和黄光，昼夜湿差较小，这种小气候特别有利于茶树生长。

君山岛上土质主要为细小沙质土，肥沃深厚，土质疏松，吸热能力强，表层水分蒸发快。盛夏季节，高温迫使茶树主根向纵深延伸，以便吸收土层深处的水分和养料，以至有些茶树主根长达6米多。同时，砂质土壤散热也快，夏季子夜后，岛上的气温可降到20℃左右，昼夜温差大也有利于茶树生长。

为什么说“湘莲甲天下，潭莲冠湖湘”

湖南湘潭的湘莲、福建建宁的建莲、浙江宣平的宣莲并称为中国三大莲子。湘潭位于湖南省中部偏东，湘江下游，气候湿润，四季分明，年平均气温17℃左右，且阳光充足，雨量丰富，形成了湘莲生产的有利气候条件。

湘莲颗粒呈椭球体，皮色淡红，皮纹细腻，圆壮、均匀、饱满，三粒成熟的莲子竖向对接总长度为一寸，故称“寸三莲”。湘莲肉色乳白，子叶间空隙小，莲芯(胚)直，具清香味，适宜机械化去壳、去芯。因其蛋白质含量高，脂肪含量低，煮食易烂，肉质细腻，糯香鲜甜，总糖、蛋白质等含量居中国三大莲种之首，因此有“湘莲甲天下，潭莲冠湖湘”一说。

如何理解“北有浏阳烟花，南有宜章红炮”

浏阳花炮和宜章红炮分别是湖南省浏阳市和宜章县的特产，均为中国国家地理标志产品。

浏阳花炮造型美观，色彩鲜艳，质量可靠，素有“浏阳花炮震天下”的美名。浏阳花炮产业的成功离不开浏阳市独特的气候和地形地貌条件。浏阳属亚热带季风性湿润气候，四季分明，春夏潮湿多雨，境内以红壤为主，为优质的花炮原材料如杉木、楠竹、硫黄、红土、硝石等提供了良好的自然条件。同时其四面环山，地形以山地、丘陵为主，可耕种田地面积较少。这一地形特点，为危险系数较高的花炮产业提供了天然屏障，花炮生产布局在沟壑中，有利于花炮生产安全，最终使浏阳市成为世界著名的花炮之乡。

宜章县是中国红炮的主产区，红炮生产已有100多年历史。宜章地理位置和气候条件优越，农林特产丰富，自然资源丰富，已探明可供开采的矿产资源达30多种，是全国100个重点产煤县之一。丰富的矿产资源，为宜章红炮的生产提供了基本的物质原料。便利的交通环境，有利于宜章红炮的生产运输。独特的自然人文条件和加工工艺，造就了宜章红炮外观精致、爆声清脆、纸屑鲜红等独特品质，在业界赢得了“北有浏阳花炮、南有宜章红炮”的美誉。

“长沙”一名的由来是什么

长沙市是湖南省的省级行政中心。关于“长沙”一名的由来，有多种说法，其中一种观点认为得名于“沙土之地”。长沙的地质结构以石英砂岩、砂砾岩、粉砂岩及页岩等为基础。经过长年的外力作用，地层崩塌的岩石，经风化和水流的冲刷，形成大量的沙、石，聚积于地表。特别是现长沙市区所在的湘江河谷地带，分布着大片的沙滩、沙洲等。每当枯水时节，这些洲、滩露出，向人们展现出成片的沙土，尤其是沙粒较大的区域，呈现出一片“白沙如霜雪”的景象，引人注目，故古籍中多称长沙为沙乡或沙土之地。

洞庭湖一带为什么被誉为“鱼米之乡”

洞庭湖捕鱼

洞庭湖为我国第二大淡水湖，是长江中游重要湖泊，也是著名的旅游风景名胜区。湖区面积现约2 000多平方千米，历史上曾达到4 000～6 000平方千米，号称“八百里洞庭”。洞庭湖处于长江中游荆江南岸，跨岳阳、汨罗、湘阴、望城、益阳、沅江、汉寿、常德、津市、安乡和南县等县市，由东、西、南洞庭湖和大通湖四个较大的湖泊组成。湖内水产丰富，航运便利。现是长江流域最重要的集水、蓄洪湖盆。

洞庭湖地区土质肥沃，气候温和，雨量充沛，自然资源丰富，淡水鱼产量大。地形平坦，气候适宜，水稻的产量大，是我国重要的商品粮、淡水鱼、棉、麻生产基地。同时，周围地区农业生产基础雄厚，劳动力众多，使得洞庭湖一带成为湖南乃至全国的“鱼米之乡”。

凤凰古城有什么特色

湘西凤凰古城

凤凰县位于湖南省西部，北与吉首市和花垣县接壤，东南与麻阳县为邻，西邻贵州省铜仁市。地处西部山区，以喀斯特地貌为主，是一个以苗族为主体的多民族聚居的山区小镇。得天独厚的自然景观和悠久的历史赋予了它独特的原生态资源。

凤凰古城位于凤凰县城的东北部，是一座国家历史文化名城，国家4A级景区，湖南十大文化遗产之一。古城虽历经沧桑，仍保存完好，古风依旧，号称“满城风光，满城文物”。古城的自然景观有国家森林公园南华山，有集“奇、险、秀、峻”为一体的奇梁洞，有凤凰八大景：东岭迎晖、南华叠翠、奇峰挺秀、溪桥夜月、龙潭渔火、梵阁回涛、山寺晨钟、兰径樵歌，还有美丽的沱江及风情万种的吊脚楼等。

古城的人文景观有沈从文故居及墓地、熊希龄故居、北门城楼、东门城楼、城墙、虹桥、万名塔、文昌阁等。古城现有文物古建筑60多处，古遗址100多处，明清时代特色民居120多栋，各种庙祠馆阁30多座，古色古香的石板街道200多条，是中国西南现存文物建筑最多的地方。凤凰古城可与云南丽江古城、山西平遥古城相媲美，享有“北平遥，南凤凰”之美誉。

马王堆汉墓有什么历史意义

长沙马王堆汉墓帛画

1972—1974年发掘的长沙马王堆汉墓，是西汉长沙国丞相、轪侯利苍一家三口的墓葬，共出土了3 000多件珍贵文物。保存完好的墓葬结构及丰富的随葬品，是汉代生活方式、丧葬观念的完整呈现。700余件工艺繁复的精美漆器，反映了汉代髹漆业的辉煌成就；500多件织精绣美的丝织衣物，力证了西方文献中“丝国”(Seres)的记载；逾50篇“百科全书”式的简帛文献，传承了先哲们的学识与智慧；诡谲奇幻的彩棺帛画，蕴含了汉代的升天幻想及永生渴望；宛如梦中的千年遗容，创造了人类防腐技术的奇迹……

马王堆汉墓出土文物反映了中国汉代文明的高度成就，展示了中国汉代在经济、天文、地理、历史、哲学、艺术、医学等方面所取得的成绩，是中国古代文明的历史见证，是世界文明的宝库，被誉为“20世纪中国重大考古发现之一”。其出土文物保存之完好，器物之多样，制作之精致，内涵之丰富，都是前所未有的，至今仍是衡量汉初社会发展的标杆。

哪里被誉为“高山之城，茶马遗风”

茶马古道指存在于中国西南地区，以马帮为主要交通工具的民间国际商贸通道，是中国西南人民经济文化交流的走廊。茶马古道分川藏线、滇藏线两路。

茶马古道上的高城村历史上是宝庆（今邵阳）、新化、安化、益阳等多个县之间的一个中转站，运输茶叶、盐、中药材的马帮都要在此住上一夜，有些货栈还在这里设有中转的仓库。因为高城村是茶马古道上的一个“驿站”，所以称之为“高山之城，茶马遗风”。

湖南省四大经济板块的涵盖范围分别是什么？各有怎样的发展方向

湖南省的四大经济板块分别是长株潭地区、大湘西地区、大湘南地区、洞庭湖地区。

长株潭地区，包括长沙市、株洲市、湘潭市，总面积约2.8万平方千米。本区重点发展先进装备、智能制造、新一代信息技术、新材料、生物医药、节能环保、现代物流、现代金融、文化创意等产业。

大湘西地区，包括湘西土家族苗族自治州、怀化市、张家界市、邵阳市、娄底市，总面积约8.15万平方千米。本区重点发展优质农产品精深加工、生态文化旅游、中医药、健康养老、商贸物流等产业。

大湘南地区，包括郴州市、衡阳市、永州市，总面积约5.69万平方千米。本区重点发展有色金属精深加工、精密模具、电子信息、轻工制造、红色旅游等产业。

洞庭湖地区，包括岳阳市、常德市、益阳市和长沙市望城区，总面积约4.68万平方千米。本区重点发展棉麻纺织、食品加工、船舶制造、港口物流、能源石化等产业。

湖南省有哪些历史文化旅游资源

湖南是华夏文明的重要发祥地之一，境内历史遗存众多，出土和发现的澧县城头山古城遗址、里耶秦简、走马楼三国吴简、马王堆汉墓，以及凤凰古南方长城、岳麓书院、岳阳楼等，均是湖南悠久历史的浓缩与见证。悠久的历史孕育了灿烂的文化，全省有长沙、岳阳、凤凰、永州4座国家级历史文化名城，有秋收起义文家市会师旧址、洪江古建筑群等200多处全国重点文物保护单位。湖南自古崇文重教，书院最多时达280所，宋代以来，尤以长沙岳麓书院、衡阳石鼓书院闻名遐迩。19世纪末，创立于长沙的时务学堂，开近代书院制度改革和新式学堂设立的风气之先。湖南人文荟萃，英才辈出，有“伟人故里”“将帅之乡”“革命圣地”“红色摇篮”之称。湖南民俗多姿多彩，湘绣、滩头木版年画、皮影戏、江永女书等100多项民俗艺术被列为国家非物质文化遗产项目；花鼓戏、昆剧、湘剧、祁剧和常德丝弦等民间歌舞享誉中外；德夯苗寨风情、以摆手舞为特色的土家情调等民俗别具一格。

湘绣产业要如何创新焕发活力

湘绣，中国四大名绣之一，指以长沙为中心的湖南刺绣的总称。它起源于古代民间刺绣，经过历代艺人的不懈努力，已形成了工艺精湛、独具特色的艺术风格。以湘绣历史及文化内涵、艺术境界、技术工艺为代表的湘绣文化，是我国古代“男耕女织”农耕文明与湖湘民间“活态”文化的重要体现，是湖湘文化乃至中华文化的重要代表。湘绣的产业化进程较早，早在20世纪80年代，湘绣就已成为湖南传统工艺的拳头产品，产品远销欧美，但随着经济发展和人们生活方式的改变，新的生活结构迅速改变着人们的审美观，传统湘绣在新知识、新技术、新观念的冲击下，面临着自身延续和发展的巨大挑战与压力。

为了推进湘绣产业创新发展，近几年政府与市场相互合作，加快产业园区建设，推动湘绣产业集聚创新；加强湘绣协会建设，推动湘绣产业自律规范发展；加强国际营销，推动湖南名片湘绣企业走出国门；引入版权金融服务，推动湘绣产品创新发展；发展湘绣文化体验旅游，推动湘绣产业与文化旅游产业融合发展，如加快推进以“湘绣文化”为主题的特色小镇建设，主动对接国家的“特色小镇”建设的最新政策。

面对“一带一路”新机遇，湖南省如何主动抓住机遇，推动发展

为了更好融入“一带一路”，湖南省采取了以下措施。

拓宽外向通道。推动与国家“一带一路”陆海空大通道互联互通，深度融入全球产业链、物流链和价值链。西北方向经湖北、重庆连接新亚欧大陆桥、中亚、西亚及中巴经济走廊。西南方向经贵州、云南连接中南半岛经济走廊、孟中印缅经济走廊。东部经长江三角洲、海西经济区，南部经珠江三角洲、北部湾，连接21世纪海上丝绸之路。

优化外贸结构。完善外贸布局，创新发展模式，促进外贸向优质优价、优进优出转变。优化提升一般贸易，扩大传统优势产品和具有自主知识产权的高新技术产品出口。加快发展服务贸易，扩大旅游、物流、软件、外包、技术、文化、中医药等领域服务贸易。大力发展跨境电子商务、市场采购和外贸综合服务体等新型贸易业态，实施“湘品网上行”工程等。

大规模“走出去”。以俄罗斯、东盟、欧盟、中亚、南亚、拉丁美洲、非洲等国家和地区为重点，加强双边多边政策对接，推进国际产能和装备制造合作，推动特色优势产业拓展海外市场。支持有实力、有条件企业在境外建立生产研发基地，承揽国际工程项目，跨国兼并收购重点企业和项目。推动企业在境外建设加工制造型、农业产业型、商贸物流型、资源利用型等经贸合作园区。促进沿线人文交流，推动科技、教育、文化资源“走出去”等。

广东省 GUANGDONG SHENG

■ **简　称** 粤　■ **面　积** 约18万平方千米　■ **人　口** 12 601万人

■ **世界遗产** 开平碉楼与村落　中国丹霞(丹霞山)

■ **地理之最**

最高山峰：石坑崆　**最大湖泊**：新丰江水库　**最大河流**：珠江　**主要山脉**：南岭

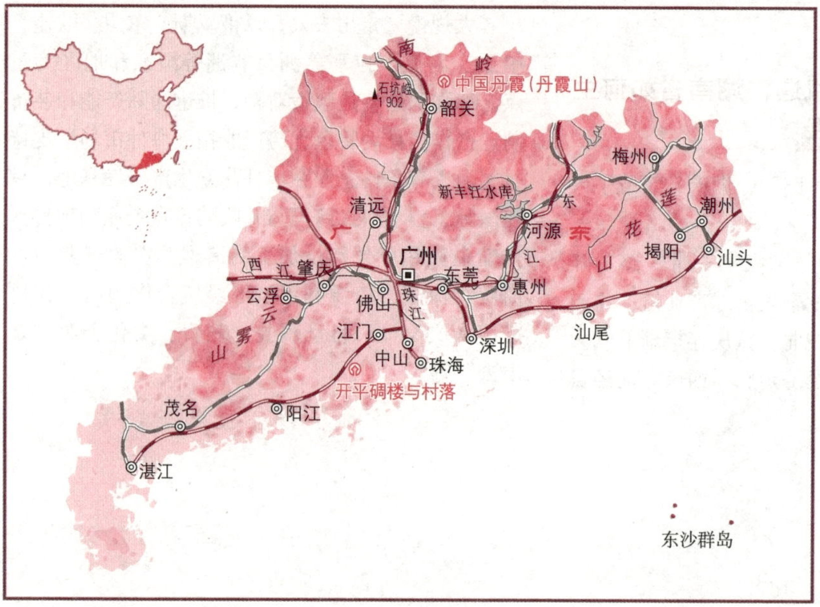

广东省的地理位置有什么特点

岛屿众多，海岸线狭长，与港澳等经济较发达区域毗邻，是广东省地理位置的特点。广东省地处我国大陆最南部，自东至西依次与福建省、江西省、湖南省、广西壮族自治区相邻；南连香港、澳门特别行政区；西南端隔琼州海峡与海南省相望。广东省陆地最东端至饶平县大埕镇，最西端至廉江市高桥镇，东西跨度约800千米。广东省陆地最北端至乐昌市白石镇，最南端至徐闻县角尾镇，跨度约为600千米。与港澳毗邻，临近南海等地理优势为广东省在改革开放后的飞速发展奠定了基础。

广东省的地形有什么特点

广东省地形复杂多样，有山地、丘陵、台地和平原，面积分别占全省土地总面积的33.7%、24.9%、14.2%和21.7%，河流和湖泊等只占全省土地总面积的5.5%。地势总体呈北高南低，北部多为山地和高丘陵，最高峰石坑崆海拔为1 902米，位于阳山、乳源与湖南省的交界处；南部则多为平原和台地。平原以珠江三角洲平原面积最大，潮汕平原次之。此外局部还有景色奇特的丹霞地貌，如丹霞山和金鸡岭等。

广东省的气候有什么特点

广东省属于亚热带季风气候区，光、热和水资源均十分丰富。年平均气温为19～24℃。全省平均日照时数为1 745.8小时，1月平均气温为16～19℃，7月平均气温为28～29℃。

广东降水充沛，年平均降水量在1 300～2 500毫米。降水的空间分布基本上也呈南高北低的趋势。受地形的影响，年降水量分布不均，主要有恩平—阳江、海丰和龙门—清远3个多雨中心，年降水量均大于2 100毫米；在背风坡的罗定盆地、兴梅盆地和沿海的雷州半岛、潮汕平原少雨区，年降水量小于1 400毫米。降水的年内分配不均，4—9月的汛期降水占全年的80%以上；年际变化也较大，多雨年降水量为少雨年的2倍以上。

洪涝和干旱灾害经常发生，台风的影响也较为频繁。春季的低温阴雨、秋季的寒露风和秋末春初的寒潮和霜冻，也是广东多发的灾害性天气。

广东省的水资源状况如何

广东水资源相当丰富，年降水总量约3 000亿立方米，河川径流总量1 800多亿立方米，加上西江和韩江等流入广东的客水量2 000多亿立方米，此外还有深层地下水约60亿立方米，可供开采的人均水资源占有量达4 000多立方米，大大高于我国平均水平。

广东境内主要水系为珠江的西江、东江、北江和三角洲水系，以及韩江水系，还有粤东的榕江、练江、螺河和黄岗河，以及粤西的漠阳江、鉴江、九洲江和南渡河等独流入海河流。广东的水资源时空分布不均。珠江通航能力仅次于长江，居我国第二位。

广东省在地域组成上主要分成哪几部分

传统的广东省地域划分一般把广东省划分为“珠三角”、粤东、粤西和粤北四个区域，其中“珠三角”包括广州、深圳、佛山、东莞、中山、珠海、江门、肇庆和惠州等市；粤东包括汕头、潮州、揭阳、汕尾等市；粤西包括湛江、茂名、阳江、云浮等市；粤北包括韶关、清远、梅州、河源等市。

但随着“珠三角”概念的不断扩大，“珠三角”所包含的市也越来越多。狭义上的“珠三角”就是传统的九市。新规划的“大珠三角”还包含汕尾、阳江、清远、云浮、韶关和河源等市。

丹霞地貌有什么特点

丹霞地貌可笼统地表述为以陡崖坡为特征的红层地貌。在丹霞地貌区域的悬崖上可以看到的粗细相间的沉积层理，颗粒粗大的岩层叫“砾岩”，细密均匀的岩层叫“砂岩”。丹霞地貌最突出的特点是“赤壁丹崖”广泛发育，形成了顶平、身陡、麓缓的方山、石墙、石峰、石柱等奇险的地貌形态。

丹霞地貌主要分布在中国、美国西部、中欧和澳大利亚等地。我国是丹霞地貌分布最广的国家。广东省韶关市东北的丹霞山由红色沙砾陆相沉积岩构成，是世界“丹霞地貌”命名地。

鼎湖山为什么被称为“北回归线上的绿洲”

鼎湖山是岭南四大名山之一，位于肇庆城区东北18千米，由10多座山组成，总面积11.55平方千米。鼎湖山主峰海拔1 000.3米，是珠江三角洲的最高峰。鼎湖山的纬度位置大致为北纬23°，因地球上北回归线穿过的同纬度地区大都是荒芜沙漠或贫瘠干草原，所以鼎湖山又被誉为“北回归线上的绿洲”。

鼎湖山地区属亚热带季风气候，日照长，太阳辐射较强，既无严冬又无酷暑，终年温暖。夏季盛行湿热的东南或偏南气流，加之台风频繁光顾，带来了充沛的降雨，为鼎湖山成为“北回归线上的绿洲”创造了良好的条件。

鼎湖山国家级自然保护区成立于1956年，是我国第一个自然保护区，也是唯一隶属于中国科学院的自然保护区。保护区内生物多样性丰富，是华南地区生物多样性富集的地区之一，有高等植物2 500多种，约占广东省植物总数的四分之一，被生物学家称为“物种宝库”和“基因储存库”。

西樵山的地质构成有什么特点

西樵山位于广东省佛山市的西南部，是一座具有四五千万年历史的死火山，也是我国华南史前时期最早的石器制造场。西樵山主峰海拔344米，山体外陡内平，状如莲花簇瓣，直径4千米，面积13.6平方千米，有72座奇峰。西樵山最大的特点是

“山里有湖，湖里有山，水在山中，山在水里”，全山有36个岩洞，232个泉眼和28处瀑布，且有东、西2个“天湖”，其中以“飞流千尺”“云岩飞瀑”等景点最为壮观。

西樵山是最早发现古人类在火山岩区域活动的地方。古人类不仅留下了奇异的石洞、石屏风等人为地质景观，也保留有各种人文遗迹，被考古学家誉为“珠江文明的灯塔”。

通天箩为什么被称为“中华第一洞”

通天箩位于广东省韶关市，被称为“中华第一洞”，是一个极为罕见的完全封闭的下降洞穴。整个洞穴呈倒立梯形，深约100米，口径70多米，底部直径约140米，四壁呈倒立梯形，形似一个肚大口小的巨大谷箩，因此，被当地人称为“通天箩”。

通天箩在地质学上叫漏斗。在石灰岩地质区，雨水沿着岩石的裂隙渗入地下，一路溶蚀四壁，逐渐扩大，在地下形成大型的溶洞。溶洞的洞顶在重力的作用下，不断往下崩塌，直到最后洞顶完全塌陷，形成了喀斯特漏斗。在箩底生长着大片原生森林，所以也被称为“地下森林”。由于外界的人和动物都很少能进入天坑，天坑形成了一个相对封闭的生态环境。在漫长的时间里，洞底积累了养分丰富的泥土。随着地表变动、刮风、下雨、鸟兽活动，植物种子进入洞内，进而生根发芽、开花结果、繁衍后代。

这种高度封闭的“地下森林”在世界上并不多见，因此通天箩成为现代生物学家研究原始生态的宝库，对研究岩洞植被的起源和发展有极大价值。

珠江水系在我国有什么地位

珠江，又名粤江，原指广州到入海口96千米长的一段水道，因流经著名的海珠岛而得名，后来逐渐成为西江、东江、北江以及珠江三角洲上各条河流的总称。

珠江年径流量3 300多亿立方米，居全国江河水系的第二位，仅次于长江，是黄河年径流量的7倍，淮河的10倍；珠江发源于云贵高原，全长2 320千米，流域面积40多万平方千米。珠江水系共有大小河流700多条，总长36 000多千米，丰盈的河水与众多的支流，给珠江的航运事业带来了优越条件，珠江航运价值仅次于长江，居全国第二位。

广州珠江

中国大陆的最南端在哪里

中国大陆的最南端为湛江市。湛江，是广东省下辖的地级市，位于中国大陆最南端的雷州半岛，坐落于广东省西南部，地处粤桂琼交会处。湛江东濒南海，南隔琼州海峡与海南省相望，西临北部湾，背靠大西南，东北与广东省茂名市相连。湛江海陆空交通发达，是粤西和北部湾城市群中心城市，也是中国大陆通往东南亚、欧洲、非洲和大洋洲航程最短的港口城市。

湛江地处北回归线以南的低纬度地区，属热带和亚热带海洋性季风气候，冬无严寒，夏无酷暑，亚热带作物及海产资源丰富，海鲜产品更是闻名全国。湛江的陆地大部分由半岛和岛屿组成，多为海拔100米以下的台阶地。湛江大陆海岸线长1 000多千米，岛岸线长度为700多千米，海岸线总长2 000多千米，是全国海岸线最长的城市。

北回归线穿过广东省哪些地方

由于北回归线是人们为了划分地球上太阳直射范围，以及北温带与热带而假想出来的地理界线，为了方便确认，便在北回归线穿过的地方修建北回归线标志塔。我国现在已建有11座北回归线标志塔，由东向西分别在台湾花莲(2座)、嘉义，广东汕头(2座)、肇庆封开、广州从化，广西桂平、南宁武鸣，云南普洱墨江、文山西畴。我国是世界上北回归线标志塔最多的国家。因此，北回归线标志塔在广东省由东向西从汕头—广州从化—封开一线穿过。

珠江三角洲是怎样形成的

珠江三角洲的形成与存在一度是地理学术界争论的一个问题。1947年，吴尚时等提出了“珠江三角洲溺谷生成学说”，认为珠江三角洲与其他大河三角洲不同，拥有特殊的成陆模式，是一个复合三角洲。三角洲上的台地与山丘，如广州白云山、中山五桂山和南海西樵山等曾是浅海中的基岩岛屿，珠江水系携带来的泥沙正是以这些基岩岛屿为沉积核心逐渐淤积扩展，连接成陆，最终“酿造”出了拥有独特河网与地形的珠江三角洲。

而且，人类活动在一定程度上加速了珠江三角洲的形成。公元996年，珠江三角洲开始出现修筑堤围的记载，东江在莞城以上沿岸修筑了桑园围、罗格围、东江堤等大围田。堤围的不断修筑，加速了珠江三角洲河网水系的形成，也加速了泥沙在河床和河口的沉积，促使陆地迅速扩展，修筑堤围使得河道固定和简化，进而促进了三角洲的外伸。

七星岩有怎样的景色

七星岩位于广东省肇庆市，景区总面积达8.23平方千米，以喀斯特地貌的岩峰、湖泊景观为主要特色。七星岩又名栖霞洞和虚碧岩，因七座石灰岩峰排列状如天上北斗七星而得名，主体由阆风岩、玉屏岩、石室岩、天柱岩、蟾蜍岩、仙掌岩和阿坡岩等七座石灰岩山峰组成。星湖原是由西江古河道形成的沥湖，20多千米长的林荫湖堤如绿色飘带般把仙女湖、中心湖、波海湖、青莲湖和里湖连接在一起，素有“岭南第一奇观”的美誉。

七星岩地区是典型的石灰岩地区，是喀斯特地貌的产物。同时，七星岩景区内的摩崖石刻是岭南地区保存得最多最集中的摩崖石刻群。叶剑英的“借得西湖水一圜，更移阳朔七堆山，堤边添上丝丝柳，画幅长留天地间”，勾勒出七星岩秀丽的景色。

岭南中的“岭”指的是什么

岭南是我国南方南岭以南地区的概称。南岭又称五岭，而五岭就是构成南岭的五个山峦，从西到东分别是越城岭、都庞岭、萌渚岭、骑田岭和大庾岭，这五座山大体分布在广西东部至广东西北部和湖南、江西交界处。还有一种意见认为，五岭不单是指五个岭名，还包括穿越南岭的五条沟通内地与两广的通道。

此外，南岭还是我国一条重要的地理界线。它是南亚热带和中亚热带的分界线、江南丘陵与两广丘陵的分界线，以及长江水系和珠江水系的分水岭。

岭南园林有什么特色

岭南园林是中国传统造园艺术的三大流派之一，在中国造园史上有着非常重要的意义，特别是在现代园林的创新和发展上，有着举足轻重的作用。

在建筑形式上，岭南园林有比较鲜明的特色：一是体型轻盈、通透、朴实。二是装修精美、华丽，大量运用木雕、砖雕、陶瓷、灰塑等民间工艺，门窗格扇、花罩漏窗等都精雕细刻，再镶上套色玻璃做成纹样图案，在色彩光影的作用下，犹如一幅幅玲珑剔透的织锦。三是布局形式和局部构件受西方建筑文化的影响，如中式传统建筑中采用罗马式的拱形门窗和巴洛克的柱头，用条石砌筑规整形式水池，厅堂外设铸铁花架等，都反映出中西兼容的岭南文化特点。

岭南园林有皇家、私家、公共园林等。皇家园林有南越王的四台、闽越王的桑溪、南汉的西御苑、闽王的西湖水晶宫等。现在南汉药洲的九曜石仍存于广州的九曜园中。私园以顺德清晖园、佛山梁园、番禺余荫山房、东莞可园最为有名。公共园林有惠州西湖、肇庆七星岩等。

粤菜为什么会有清淡鲜美的特点

粤菜注重质和味，口味比较清淡，力求清中求鲜、淡中求美，而且随季节时令的变化而变化，夏秋偏重清淡，冬春偏重浓郁，追求色、香、味、形。重在保留食物的鲜美，烹饪的方法大多以蒸煮为主。

那为什么粤菜有清淡鲜美的特点呢？这是因为广东位于我国大陆最南部，纬度低且临海，大部分地区属于亚热带季风气候区，雨水充沛，空气湿度大，气温高。炎热又潮湿的天气易导致上火，所以广东人比较喜爱清淡鲜美的食物。此外，广东人在饮食上也很讲究，讲究保留食物最原始的味道，追求食物的鲜美，菜品也做得很精细，不加各种人工的调味料。还因为广东的物产丰富，特别是海产品非常丰富，这些鲜美的食材直接蒸煮会比各种加工要更鲜美，更能保留食物本身的味道。因此，粤菜大多比较清淡鲜美。

珠海为什么被称为“百岛之市”

珠海沿江大道

珠海位于广东省珠江口的西南部，东与香港隔海相望，南与澳门相连，西邻江门市新会区、台山市，北与中山市接壤，是珠江三角洲中海洋面积最大、岛屿最多、海岸线最长的城市，素有“百岛之市”之称。

珠海于1980年成为经济特区，是中国最早实行对外开放政策的四个经济特区之一。珠海区位优越，濒临南海，东与香港水路相距36海里，南与澳门陆地相连，港珠澳大桥竣工后，珠海成为内地唯一与香港、澳门同时陆路相连的城市。

深圳有什么优势能成为我国第一个经济特区

深圳地处广东南部，珠江口东岸，与香港一水之隔，东临大亚湾和大鹏湾，西濒珠江口和伶仃洋，南隔深圳河与香港相连，北部与东莞、惠州相邻。深圳在1980年3月被确定为我国第一个经济特区。

在最早的一批经济特区(深圳、珠海、汕头和厦门)中，深圳因其独特的地理区位优势得到飞速发展。深圳既与香港只有一街之隔，又与广州距离很近，几乎就是中国与世界的窗口。当时，香港实现产业转型，将工厂转移到成本低廉的深圳，与深圳形成了“前店后厂”的格局。香港商人的投资又带来管理经验、人才和资本。而这种地利优势是其他3个同期创立的特区所不具备的。

深圳发展高新技术产业的优势在哪里

在20世纪90年代初期，深圳开始将发展高新技术产业作为城市经济转型的战略方向。虽然深圳作为一个移民城市并非全国任何一个技术中心，亦没有发展科技工业的经验，但深圳逐渐积累优势的做法值得其他城市学习。

在20世纪80年代末90年代初，深圳出台了一系列政策和法规，鼓励科技人员创办企业，吸引科技人员流入深圳企业从事研发工作，在全国最早形成了重视科技研发、让科技人员也能先富起来的城市文化氛围。这直接导致一大批科技人员纷纷创办起了科技公司，从贸易入手迅速转型为研发型生产企业，并得到了政府科技政策的大力扶持，最终涌现出像华为、中兴等高科技巨头和一大批高科技企业。

从20世纪90年代中期开始，深圳高新技术产业进入了发展的黄金时代，政府也从最初的促进科技成果转化、鼓励科技人员创业，走向了系统的科技产业政策设计，以及整体的创新环境打造，最终在21世纪初(2010年左右)，初步建构了一个成熟的区域创新体系。与国内及国际对创新体系主要着眼于“产学研”三个维度不同，深圳区域创新体系最重要的经验就是“官、产、学、研、资、介”六大维度相结合。

汕头能成为我国早期重要的港口有哪些优势

汕头位于广东省东部，北接潮州市，西邻揭阳市，东南濒临南海。境内有韩江、榕江、练江三江入海，陆地海岸线长217.7千米，海岛岸线长167.37千米，有大小岛屿82个。汕头能成为我国早期重要的港口依赖于三个优势：一是濒临南海，建港条件优越。汕头港临近西太平洋国际黄金航道，距香港、台湾高雄均不足200海里。二是华侨众多，与海外交往密切。汕头目前在海外的华侨、华人遍布世界40多个国家和地区。独特侨胞优势使汕头在对外开放方面具有特殊的优越条件和巨大潜力，与世界各国友好交流合作活跃。三是汕头是百载商埠。汕头于1860年开埠，是近代中国最早对外开放的港口城市之一，商贸历来比较发达。在20世纪30年代，汕头港口吞吐量居全国第三位，是粤东、闽西南、赣东南的交通枢纽、进出港口和商品集散地。

而在今天，汕头的港口优势地位已逐渐被深圳和广州等城市所替代，其原因主要是汕头市的经济腹地狭小、陆路交通不便等。

汕头海湾大桥

广州为什么能成为“海上丝绸之路”的起点之一

海上丝绸之路的起点主要是广州和泉州，“广州通海夷道”是中国海上丝绸之路最早的叫法，也是当时世界上最长的远洋航线。广州能成为“海上丝绸之路”的起点之一，主要是因为从秦朝开始，广州就一直是华南地区的经济、政治、文化和科教中心，是我国东南沿海的重要港口城市。隋唐时期，广州成为中国的第一大港和世界著名的东方港市。而在唐代，广州还设立了专门的机构“市舶司”来管理海外贸易事务。所以，广州能成为“海上丝绸之路”的起点之一。

广州南沙港有怎样的区位优势

从自然地理的角度来看，南沙港坐落于广州市南沙区西岸龙穴岛，南向南海，东望深圳，西靠南(海)、番(禺)、顺(德)，位于珠江三角洲的地理几何中心，拥有内河、港口、海洋等发展湾区经济的区位要素。南沙港是广佛经济圈和珠江三角洲西翼城市通向海洋的必由之路，方圆100千米内覆盖整个“珠三角”城市群，距香港38海里，距澳门41海里，有20多千米的黄金海岸线，是连接珠江三角洲两岸城市群的枢纽。

从人文地理的角度来看，南沙港拥有广大且经济发达的经济腹地——珠江三角洲，拥有较大的土地开发潜力和土地承载能力，同时在进行大规模开发之前就拥有初具规模的专业型港区(南沙港早在1997年就成为一类开放口岸)，具有良好的区位优势。

梅州为什么被称为“世界客都”

梅州位于广东省东北部，地处闽粤赣三省交界，东部与福建省龙岩市和漳州市接壤，南部与潮州市、揭阳市和汕尾市毗邻，西部与河源市接壤，北部与江西省赣州市相连。梅州被称为“世界客都”是因为梅州生活着大量客家人，以及梅州在客家文化上有着重要的地位。

客家文化形成于自东晋以来客家先民的5次大迁徙中。梅州是全世界最有代表性的客家人聚居地之一，是客家人南迁的最后一个落脚点和衍播四海的出发地之一，与赣南、闽西等并称闽粤赣边区客家大本营，是全世界客家华侨的祖籍地和精神家园。目前，梅州有700多万华人华侨分布在世界五大洲80多个国家和地区，是国家和省重点侨乡，同时也是港澳台同胞的重要祖籍地之一。如台湾省500万客家人中，就有180万祖籍在梅州。

广东省华侨众多的原因是什么

广东省华侨众多主要是因为广东省自古就是我国海上贸易发展最早和移民出洋最早、最多的省，近代以后逐渐发展成为重点侨乡。目前，广东有3 000多万海外侨胞，占全国海外侨胞人数一半以上，分布于世界160多个国家和地区。同时，省内有10万多归侨和3 000多万侨眷，主要集中在珠江三角洲、潮汕平原和梅州等侨乡地区，华侨文化和侨乡文化也是岭南文化的重要组成部分。

你了解广州“十三行”吗

“十三行”具体的位置在今天的广州市十三行路。自唐代以来，广州一向是我国重要的商港之一，而广州十三行在17世纪后期至19世纪中叶期间，又是我国对外贸易中的一种特殊的组织。

在清朝，广州十三行是清政府特许经营对外贸易的专业商行，创立于康熙盛世，别名“洋货行”和“洋行”，被誉为“金山珠海，天子南库”。1757年，随着乾隆皇帝仅留粤海关一口对外通商上谕的颁布，清朝的对外贸易港口便只剩下广州十三行。位于珠江边上的中外交易场所，十三行口岸洋船聚集，几乎所有亚洲、欧洲、美洲的主要国家和地区都与十三行发生过直接的贸易关系。十三行拥有通往欧洲、拉美、南亚、东洋和大洋洲的环球贸易航线，是清政府闭关政策下唯一幸存的海上丝绸之路。

客家围龙屋有什么特点

客家围龙屋，又称围屋、客家围等，是客家民居经典的三大样式(客家围屋、客家排屋、客家土楼)之一，客家围屋是最常见、保存数量最多的一种客家传统建筑。客家围龙屋始建于唐宋，兴盛于明清，结合了客家古朴遗风和南方文化的地域特色，是中国五大特色民居建筑之一。客家围龙屋最具代表性的有梅州的蔡蒙吉故居和兴宁的东升围等。

客家围龙屋的主体结构为“一进三厅两厢一围”。无论大小，传统的客家围龙屋大门前必有一块禾坪和一个半月形池塘，禾坪用于晒谷、乘凉和其他活动，池塘具有蓄水、养鱼、防火、防旱等作用。大门之内，分上中下三个大厅，左右分两厢或四厢，俗称横屋。在左右横屋的尽头，筑起围墙形的房屋，把正屋包围起来，正中一间为“龙厅”，故名“围龙”屋。小型围龙屋一般只有一至二条围龙，大型围龙屋则有四至六条围龙。客家围龙屋的共同特点是南北以子午线为中轴，东西两边对称，前低后高，主次分明，坐落有序，布局规整。以屋前的池塘和正堂后的“围龙”组合成一个整体，里面以厅堂、天井为中心设立几十个或上百个生活单元，可以几十个、甚至数百人同居一屋。

广东省有哪三大民系

广东省主要有广府民系、客家民系和潮汕民系三大民系。三大民系的形成是中原汉族与岭南本地居民长期融合的结果。其中，广府民系又称广府人，主要分布在广州、佛山、东莞以及粤西南的广大地区，语言为以广州方音为标准音的广州话，又称粤方言；潮汕民系又称潮汕人和潮州人，主要分布在汕头、潮州、揭阳、丰顺和汕尾等地，语言为以汕头方言为标准音的潮汕话，又称闽南方言；客家民系又称客家人，主要分布在梅州、河源、惠州、韶关、深圳龙岗等地，语言为以梅县方言为标准音的客家话，又称客家方言。

在三大民系中，广府民系分布范围最广，是广东风俗文化的主要代表，珠江三角洲是粤方言分布的核心地带。广东省使用粤语的人数在6 700万左右，而全世界使用粤语的人数近1.2亿。

广府民居的典型代表是什么

广府民居通常指珠江三角洲地区、粤西地区的建筑，而镬耳屋是广府民居典型代表，因其屋两边墙上筑起两个像镬耳一样的挡风墙而得名。镬耳屋的建筑特点是瓦顶建龙船脊和山墙筑镬耳顶，用于压顶挡风，其一般为砖木结构，以青砖(麻石)砌墙，阶砖铺地，红、白石板铺天井。镬耳的山墙可挡风入巷，让风通过门、窗流入屋内；发生火灾时，高耸的山墙可阻止火势蔓延。镬耳屋象征着官帽两耳，具“独占鳌头”之意，旧时只有有功名的乡绅才能采用，也是家境殷实的象征。

镬耳屋的内部格局是广东民居典型的“三间两廊”式结构。“三间”指的是排成一列的三间房屋，其中间为厅堂，两侧为居室。三间房屋前为天井，天井两侧的房屋即为“廊”，“两廊”一般用作厨房或门房。这种廊檐相间的布局，较于闭塞自封的北方建筑更显开放，而且还颇为实用：一方面便于空气流通、消暑散热；另一方面靠着廊庑连接了建筑的骨骼，起到隔绝风雨、遮挡阳光的作用。

“深圳速度”指的是什么

“深圳速度”一词首先出现于1982年，当时中国一冶在承建深圳国商大厦时，以平均不到5天一层楼的建造速度创造了“深圳速度”。而在1982年11月—1985年12月的37个月期间，中建三局建设工程股份有限公司在承建深圳国际贸易中心大厦(简称国贸大厦)时，创下了3天盖一层楼的速度，刷新“深圳速度”。

建设中的深圳

在经济发展方面，“深圳速度”使深圳特区的发展日新月异。东滨大亚湾、西临珠江口、南接香港的深圳市，从1979年设立以来，短短40多年已发生了翻天覆地的变化。这个昔日的小渔村，得改革开放之东风，成为中国内外瞩目的经济特区和开放城市。在短暂的时间里，深圳从一个人口只有2.5万的小渔村，发展到人口超过1 300万的特大城市，深圳经济特区面积也从最初的327.5平方千米扩大到了现在的约2 000平方千米，地区生产总值也从1979年的1.79亿元增长到了2019年的2.69万多亿元，创造了世界经济发展史上的奇迹。

“广东四小虎”指的是哪些城市

“广东四小虎”，指20世纪80年代广东崛起的四座经济发展迅猛的中小城市——南海市(现佛山市下辖区)、东莞市、中山市和顺德市(现佛山市下辖区)。而称这些城市为“小虎”，一是将其与亚洲“四小龙”——韩国、新加坡及中国的台湾、香港的迅速崛起相对应，二是跟经济特区相比，这几个的城市基础设施规模、人口规模等较小，但实际的产业规模并不小。

当年的“四小虎”大体上分为两种经济发展模式：珠江东岸的东莞，与香港形成“前店后厂”的关系，成为承接香港加工制造业转移的主要基地；珠江西岸南海、中山和顺德，则依托香港的资讯、订单和技术，内外结合，大力培育乡镇企业，培育出像顺德的家电、南海的陶瓷、中山古镇的灯饰等闻名全国的特色产品。

中国第一座商用核电站为什么选址在大亚湾

大亚湾核电站选址在深圳大亚湾是因为其靠近香港的区位优势。

1980年前后，香港的电力供应曾一度紧张，为抓住此商机，当时的水利电力部和广东省政府计划在靠近香港、广州、深圳等电力负荷中心的深圳市大鹏镇境内建设一座核电站，因选址在大亚湾畔，故命名为大亚湾核电站。

大亚湾核电站是中国首座引进先进技术、设备和资金建设的大型商用核电站，拥有两台单机容量为98.4万千瓦的压水堆核电机组，由中国广东核电集团与香港中华电力公司合资建设和运营。大亚湾核电站于1987年8月开工建设，1994年5月建成投入商业运行。大亚湾核电站大部分的电量输送香港，清洁核电为粤港两地经济发展注入了动力。

粤港澳大湾区包括哪些城市

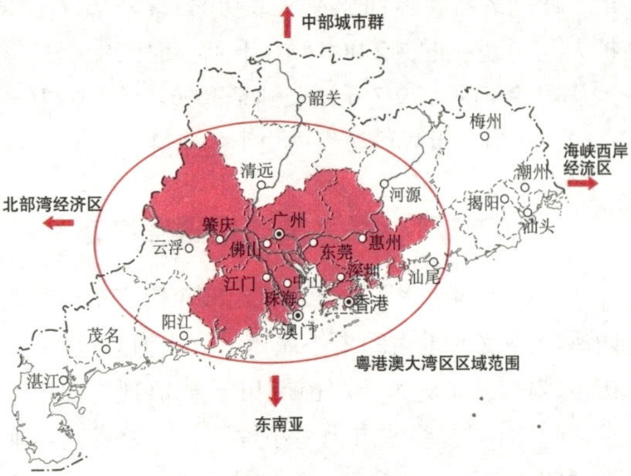

粤港澳大湾区示意图

粤港澳大湾区是由香港、澳门两个特别行政区和广东省的广州、深圳、珠海、佛山、中山、东莞、惠州、江门、肇庆九市组成的城市群，是继美国纽约湾区和旧金山湾区、日本东京湾区之后的世界第四大湾区。粤港澳大湾区的定位有5个：一是充满活力的世界级城市群；二是具有全球影响力的国际科技创新中心；三是“一带一路”建设的重要支撑；四是内地与港澳深度合作示范区；五是宜居宜业宜游的优质生活圈。粤港澳大湾区重要基础工程的港珠澳大桥的建成通车，意味着珠海、香港和澳门三地人员的往来更为便捷，粤港澳大湾区的互联互通更进一步。

“一带一路”对广东欠发达地区的经济产生怎样的影响

随着“一带一路”建设的推进，广东与沿线国家经贸、文化等各方面的往来会不断加强，迎来全新的开放空间和机遇，在国际物流产业、国家旅游业、对外投资，以及吸引外资等方面得到发展。而广东欠发达地区因其土地价格低廉、投资政策倾斜等优势，一定会从“一带一路”的建设中吸引大量外资投资，从而得到快速发展。

广州为什么能成为“一带一路”的枢纽城市

从历史因素来看，广州自古就是中国对外贸易的枢纽城市。从公元3世纪左右开始，广州就成为海上丝绸之路的主港，并在唐宋时期成为中国第一大港，是世界著名的东方港市。而且广州还是明清时期中国唯一的对外贸易大港，也是世界上唯一2 000多年长盛不衰的大港，海上丝绸之路的三大著名港口之一。

从其他方面来看，广东是我国经济总量最大、开放程度最高、对外贸易总量和对外投资规模居首位的省，更是中国大陆与海上丝绸之路沿线国家经贸合作量最大的省，而广州作为广东省的省级行政中心，一直是华南地区的经济中心。因此，广州能成为“一带一路”的枢纽城市。

广西壮族自治区

GUANGXI ZHUANGZU ZIZHIQU

■ **简　称** 桂　■ **面　积** 约24万平方千米　■ **人　口** 5 013万人

■ **世界遗产** 中国南方喀斯特（桂林、环江）　左江花山岩画

■ **工艺品** 宾阳壮锦、坭兴陶器、瑶绣、贝雕、芒编、梳篦、纸伞、手绘式屏风等

■ **地理之最**

最高山峰：猫儿山　**最大河流**：红水河　**主要山脉**：越城岭、大瑶山、十万大山

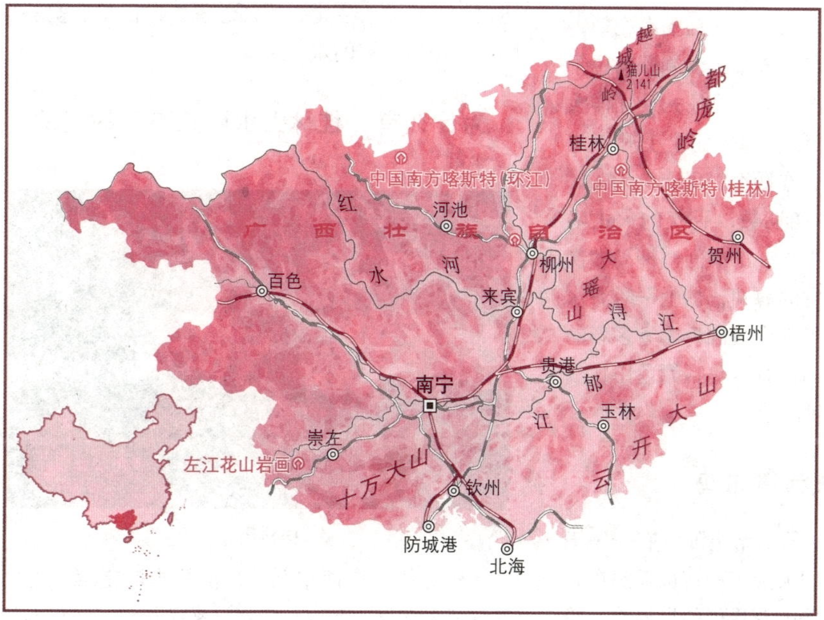

广西地貌特征如何

广西位于云贵高原东南边缘，两广丘陵西部，四周多被山地、高原环绕呈盆地状，有“广西盆地”之称。广西地势自西北向东南倾斜，属云贵高原向东南沿海丘陵过渡的地带，因此形成了复杂多样的地貌类型。其中，喀斯特地貌广布，占广西总面积的37.8%。喀斯特地貌，是具有溶蚀力的水对可溶性岩石(大多为石灰岩)进行溶蚀作用等所形成的地表和地下形态的总称，又称岩溶地貌。我国喀斯特地貌分布区域较广，如广西、云南等地。喀斯特地貌主要特征体现在溶洞、天坑等地理现象。以石芽、石林、峰林、天生桥等构成的桂林山水更是广西地表喀斯特景观的代表，并且是山中有洞，无洞不奇。以岩洞地貌为主的芦笛岩洞景观，有各种奇态异状的溶洞堆积地貌，形成了“碧莲玉笋”的洞天奇观。七星岩石钟乳构成的“地下画廊”，真是琳琅满目。凌云水源洞、龙州紫霞洞等也都是著名的溶洞景观区。

广西气候有什么特点

广西地处低纬度，北回归线横贯中部，南临热带海洋，北接南岭山地，西毗云贵高原，大部分属亚热带季风气候区。气候温暖，雨水丰沛，光照充足。夏季日照时间长、气温高、降水多，冬季日照时间短、天气干暖。广西冬短夏长，年均温在16～23℃，北部夏季长达4～5个月，冬季仅2个月左右，南部5—10月均为夏季，冬季不到2个月，沿海地区几乎没有冬季。广西年降雨量在1 000～2 800毫米，具有雨量丰富、无霜期长、雨热同季等特点，适合植物生长。但广西也常因季风进退失常造成降水和气温变率大，旱涝灾害和“两寒”(倒春寒和寒露风)，以及台风、冰雹等灾害性天气出现频率较高。每年4—7月，常出现大风天气，且影响范围和程度均较大。此外，桂西地区年年降雹，不利于冬季农作物和果木生长。

中国地质年龄最年轻的火山岛在哪里

涠洲岛是火山喷发堆凝而成的岛屿，有海蚀、海积及溶岩等景观，有“蓬莱岛”之称，是中国地质年龄最年轻的火山岛，也是广西最大的海岛。涠洲岛位于北部湾中部，北接广西北海市，东望雷州半岛，东南与斜阳岛毗邻，南与海南岛隔海相望，西面面向越南。总面积约25平方千米。涠洲岛位于广西沿海大陆架之上，3亿年以前曾是一片汪洋大海，直到晚更新世后期，涠洲岛才完全上升露出海面，呈现出现今的样子。在距今250万年～7 000年，涠洲地区发生了至少四期数以百次的火山喷发，形成了现在岛上地层主体。这中间涠洲岛多次发生海洋风暴和地震及引发的海啸，加上平时海水与海岸的相互作用，形成了现今涠洲岛丰富多彩的海蚀、海积、海滩地貌。岛内景区包括鳄鱼山、滴水丹屏、石螺口和五彩滩景区等。

你了解德天大瀑布吗

在距广西南宁200千米的西南边陲，有一座横跨中越两国的世界第二跨国大瀑布——德天瀑布。德天瀑布仅次于加拿大、美国交界处的世界第一跨国瀑布——尼亚加拉瀑布。德天瀑布与相邻的越南板约瀑布合称为中越跨国大瀑布。德天瀑布宽约120米，落差约70米，纵深约60米，是一座立体的多级瀑布。多道高低不齐、大小不一的湍流从苍翠的峰峦间悬空三级跌落。德天瀑布的景观随四季变化而变幻，春夏秋冬姿态各异。坐落在秀美如画的中越边境，为祖国南疆增添了亮丽的景观。

“邕”字为何与南宁的关系如此密切

南宁，简称“邕”，是广西壮族自治区首府、北部湾城市群核心城市。东晋大兴元年（公元318年），从郁林郡分出晋兴郡，郡治设在晋兴县城即今南宁，这是南宁建制的开始。唐朝贞观六年(公元632年)，唐太宗定名为邕州，南宁简称“邕”由此而来。邕江一名亦始于唐代，一说因邕州得名，又因南宁市郊原有邕溪故名。邕江水量充沛，航运条件好，是南宁市主要的城市用水源，干支流航道也是重要的运输线路。邕江解决了南宁的供水问题，同时邕江河面宽敞，水流平缓，水位变化幅度不大，十分有利于航运，给南宁带来了便利的水路交通。历史上，南宁素以商贸发达著称，溯左江而上可达龙州，溯右江而上可达百色，顺邕江而下可达梧州、广州、香港、澳门。邕江自古以来就是我国西南地区重要的水上通道。

为什么有“桂林山水甲天下”的说法

桂林山水

桂林位于广西东北部，湘桂走廊南端，北、东与湖南交界，西南与柳州、来宾相连，东南与梧州、贺州相连。桂林平均海拔150米。地处低纬，属亚热带季风气候。气候温和，雨量充沛，年降水量1 900毫米，年平均温度19.3℃，最冷的月份为1月，平均温度在4～8℃，可谓冬无严寒，夏无酷暑，气候条件十分优越。

桂林山水是桂林旅游资源的总称，桂林山水是中国山水的代表，典型的喀斯特地貌构成别具一格的桂林山水。桂林山水“山清、水秀、洞奇、石美”，包括山、水、喀斯特岩洞、石刻等，其境内的山水风光举世闻名，享有“桂林山水甲天下”的美誉。

为什么北海银滩享有“天下第一滩”的美誉

北海银滩位于广西北海市银海区南海沿岸，处于广西南端，濒临北部湾。银滩西起侨港镇渔港，东至大冠沙，由西区、东区和海域沙滩区组成，东西绵延约24千米，海滩宽度在30～3 000米，陆地面积12平方千米，总面积约38平方千米。北海银滩原来叫“白虎头”，因为从地图上看整个区域像一个张开嘴的大白虎。北海银滩的沙质，均为高品位的石英砂，二氧化硅的含量高达98%以上，在阳光的照射下，洁白、细腻的沙滩会泛出银光，故称银滩。北海银滩以其“滩长平、沙细白、水温净、浪柔软、无鲨鱼”等特点，被称为“天下第一滩”。

你了解世界文化遗产——花山岩画吗

花山岩画地处广西崇左市左江及其支流明江流域，与其依存的山体、河流、台地共同构成壮丽的左江花山岩画文化景观。遗产区面积6 621公顷，系战国至东汉时期岭南左江流域当地壮族先民骆越人祭祀活动遗留下来的遗迹，已有1 800～2 500年历史，其地点分布之广、作画难度之大、画面之雄伟壮观，为国内外罕见，具有很强的艺术内涵和重要的考古科研价值。它也是目前为止中国发现的单体最大、内容最丰富、保存最完好的一处岩画。花山岩画因其景观、岩画与中国南方壮族先民骆越人生动而丰富的社会生活融合在一起而有其独特性。绘画颜料是赭红色的赤铁矿粉，用动物脂肪稀释调匀，用草把或鸟羽直接刷绘在天然崖壁上。花山岩画风格古朴，笔调粗犷，场面十分壮观，现存图像1 900多个，包括人物、动物和器物3类，以人物为主。2016年，左江花山岩画文化景观入选《世界遗产名录》，花山岩画申遗成功填补了中国岩画类世遗项目的空白。由于花山岩画历史久远，又缺少相关文献记载，关于花山岩画的内容，说法不一，至今还没有定论。

你知道粤语的发祥地在哪里吗

关于粤语的形成及早期粤语的中心，叶国泉、罗康宁等提出了“西江流域文化起源说”，认为粤语形成于广信(今封开)，封开粤语代表了早期粤语，是现在粤语的源头。对此说法的客观性也有学者表示质疑，认为“现代的粤语跟唐代的中原汉语相比接近，如果按照上面的说法(即叶、罗的观点)，粤语在魏晋南北朝的时候就开始脱离中原自立发展了，那么为何后来能跟唐代的中原汉语如此接近呢？”吴芳、甘于恩的“粤语多源论”从历史及人口迁移的角度阐述粤语文化的混杂性和广东人口来源的多层次性，从现实的粤语方言特点论证粤语不可能单一来源于西江流域。他们指出粤语并非形成于一个特定的时期，特定的地点，而是随着不同时期的汉族移民，由不同的路径进入粤地，逐渐形成的，这点是显而易见的。经过漫长的发展演变至今天，各地粤语呈现出各种差异性，但由于广府文化的权威性和示范性，各地粤语形成后，有慢慢向广府片粤语靠拢的趋势，而这种趋势也使得多源的粤语能够呈现某些较为一致的语言特征。

崇左为什么有“中国糖都”之称

广西崇左市被誉为“中国糖都”。曾被外界广泛喻为“夕阳产业”的蔗糖业，在崇左却成了生机勃勃的环保生态型“朝阳产业”。甘蔗作为一种热带和亚热带经济作物，具有喜高温、喜光照、需水量大、吸肥多等生长习性与特点，对热量、光照和水分等条件有着特殊的依赖性。崇左地处祖国南疆，位于广西西南部，属南亚热带季风气候区，光热充足，湿润多雨，且光照、热量与降水同期，无霜期长甚至无霜，与甘蔗生长所需要的气候条件相适应，且崇左地势起伏和缓，石灰岩地层分布广泛，在气候、耕地、土壤等方面有着得天独厚的种蔗优势。从20世纪90年代开始，甘蔗生产与制糖业逐渐成为该市的第一大产业。

你了解“七百弄”吗

七百弄国家地质公园位于广西河池市大化瑶族自治县的北部。广西桂林至南宁一带被认为是世界上岩溶地貌发育最好的地区，其中七百弄国家地质公园高峰丛深洼地最为典型。洼地的形成过程是怎样的呢？在深洼地发育初期，裂隙受地表水的冲刷侵蚀，逐渐变宽变深。随着地表水对岩石的溶蚀、冲蚀、搬运作用增强，周围有更多岩体坍塌，洼地的面积逐渐变大。与此同时，地表水入渗和地下水的侵蚀导致地下岩溶系统发育，地下河流规模不断扩大，地下河道顶部逐渐变薄。若地表洼地超过自身堆积物的重量，则容易发生岩溶坍塌，洼地的深度增加，形成体积和深度较大的洼地。被誉为“天下第一弄”的甘房弄洼地是世界上最深最陡的峰丛洼地，该洼地的深度为530米，面积约2.35平方千米。

你知道中国最大的桑蚕产地是哪里吗

中国是世界桑蚕产业的发源地。江浙地区、广东、广西、云南等地是我国传统的桑蚕产地。进入21世纪以来，全国桑蚕产业的空间格局在深化发展，呈现明显的以“东桑西移”为特征的梯度转移态势，产业生产明显出现向西部和中部地区转移的现象：在劳动力资源日趋紧张的外部环境下，东部地区以江苏、浙江、广东为代表的传统主产省份，桑园面积、蚕茧和生丝产量减少较多，桑蚕产业比较优势有所下降；而西部地区以广西、云南为代表，桑园面积、蚕茧和生丝产量出现较大幅度的增长，加上技术进步、政策扶持等因素的共同作用，桑蚕产业的比较优势显著增强，特别是广西，已经成为我国桑蚕产业第一主产地。

你知道密度、数量位居世界第一的天坑群在哪里吗

乐业大石围天坑群集中分布于广西乐业县西北部，在将近20平方千米的范围内就有20多个天坑。乐业天坑群也是目前世界上发现天坑数量最多、分布密度最大、最集中的岩溶天坑发育区，堪称“世界第一的岩溶天坑博物馆”。其中，大石围天坑最大，它东西长600米，南北宽420米，底部原始森林面积约10万平方米，居世界第一。乐业大石围天坑的形成有以下四个方面的原因。第一，乐业地区有大面积的碳酸盐岩，符合岩体必须是可溶的这一天坑形成的基本条件；第二，乐业附近的地质构造是很少见的S形旋扭构造，而乐业天坑群正处在S形旋扭构造的中部，这种特殊的构造，使岩层产生了深度很大的张性裂隙；第三，乐业充沛的降雨，是形成天坑的最活跃因素，雨水沿裂隙溶蚀岩体，形成地下水系统，也就是我们常说的地下河，由于地下水长时间对岩层的不断侵蚀、搬运，逐渐形成巨大的地下空洞，地壳运动时，整个岩层垂直塌陷；第四，乐业地处云贵高原东南麓，受印度洋板块和亚欧板块互相挤压抬升的造山运动的影响，地表不断往上升，而地下河系统不断向下侵蚀，使天坑越来越深。

为什么梧州有“世界人造宝石之都”的美誉

据不完全统计，世界上50%的人造宝石(立方氧化锆等)是我国加工的，其中约80%通过梧州集散与交易，梧州已经成为世界上最大的人造宝石加工基地和交易集散市场，有“世界人造宝石之都”之称。

梧州能获得如此美誉，有什么优势条件呢？梧州毗邻粤港澳，起承东启西的作用，是西部大开发的门户城市。梧州不仅地理位置优越，而且资源丰富。梧州有黄金、稀土、铜、铁等10余种矿产资源，且储量大；水资源丰富，全市建有中小型水电站30多座，因此梧州的水电资源充足，价格便宜。此外，人造宝石行业从整体上说还是属于劳动密集型行业，梧州与周边地区相比，劳动力来源充足，价格低。此外，梧州招商引资计划能提供给投资者一系列政策优惠，降低投资方的成本，增加收益。

“北部湾城市群”的战略定位是怎样的

北部湾城市群是国家于2017年批复同意建设的国家级城市群，规划覆盖范围包括广西壮族自治区、广东省、海南省部分地区。根据规划，北部湾城市群的总体定位是：发挥地缘优势，挖掘区域特质，建设面向东盟、服务“三南”(西南、中南、华南)、宜居宜业的蓝色海湾城市群。《北部湾城市群发展规划》指出，北部湾城市群将强化南宁核心辐射带动，打造“一湾双轴、一核两极”的城市群框架。北部湾城市群背靠祖国大西南、毗邻粤港澳、面向东南亚，位于全国“两横三纵”城镇化战

略格局中沿海纵轴最南端，是我国沿海沿边开放的交会地区，在我国与东盟开放合作的大格局中具有重要战略地位。

你知道桂林的城市形象定位是什么吗

桂林新一轮的总体规划将桂林定位为国际性风景旅游城市，国家历史文化名城，中国山水城市。古往今来，桂林被誉为“中国山水之都，世界旅游名城”，“桂林山水甲天下”传承了数百年，也因为这一句话，桂林吸引了全国乃至世界的大量游客。桂林市城市形象定位，首先突出其山水特色，发挥本身得天独厚的自然资源优势；其次，突出桂林的人文特点，利用其历史文化古迹，开发一系列新的人文风景旅游景点。综合考虑桂林的自身状况、在区域中的地位以及在游客心中的印象，可将桂林的城市形象定位为：山水之都，休闲之城。这一定位突出了桂林多山多水的城市特点，同时，又体现了桂林城市居民的生活特征。

面对粤港澳大湾区的建设，广西如何规划空间格局

根据《广西全面对接粤港澳大湾区建设总体规划（2018–2035年）》，广西提出高水平构建“两带三区”的空间格局，以实现与大湾区的充分联动发展。“两带”，即沿江升级、沿海突破，聚焦大湾区广州—佛山、香港—深圳、澳门—珠海三大发展极，重点打造两个对接经济带。“三区”，即机制创新、分类引导，培育对接大湾区的三大合作区：东部产业融合先行试验区、南部沿海开放引领区和西南跨境经济合作区。

广西为构建“南向、北联、东融、西合”的全方位开放发展格局进行了哪些努力

自2014年以来，广西围绕推进高水平开放，共推出180项改革任务。主要举措包括：一是持续深化口岸通关便利化、重点开发开放试验区和园区体制改革及中国—东盟博览会升级。建立完善西部陆海新通道建设机制，着力提升投资贸易自由化便利化及互联互通水平。二是加强同以东盟为重点的“一带一路”沿线国家经贸文化交流合作，主动对接珠江三角洲和粤港澳大湾区发展，大幅提升了开放型经济水平。三是大力推动沿边金融创新试点。建成全国第一个东盟货币服务平台、跨境保险服务中心、国检试验区，在全国率先开展人民币与越南盾特许兑换业务试点。

2020年12月，自治区人民政府印发了《关于促进新时代广西北部湾经济区高水平开放高质量发展的若干政策》。这是自治区加快北部湾经济区高水平开放高质量发展，助推构建“南向、北联、东融、西合”全方位开放发展新格局，服务“一带一路”、西部陆海新通道建设，加快构建以国内大循环为主体、国内国际双循环相互促进的新发展格局的重要举措。

海南省 *HAINAN SHENG*

■ **简　称** 琼　　■ **面　积** 约3.4万平方千米　　■ **人　口** 1 008万人

■ **工艺品** 贝壳工艺品、海水珍珠、黎锦、苗族蜡染、藤器、椰雕等

■ **地理之最**

最高山峰：五指山　**最大湖泊**：松涛水库　**最大河流**：南渡江　**主要山脉**：五指山

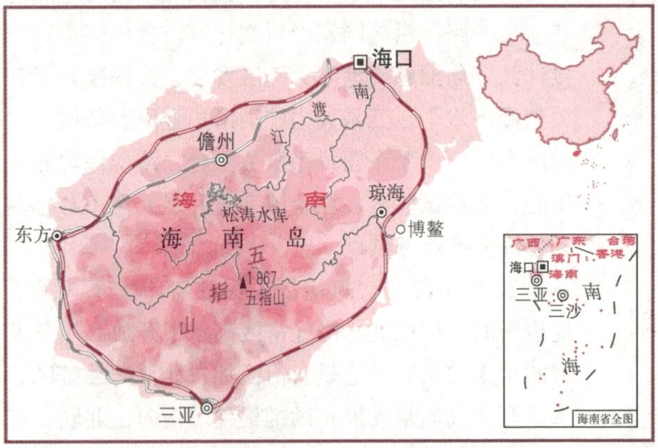

海南省的地理位置如何

海南省，位于中国最南端。北以琼州海峡与广东省划界，西临北部湾与越南相对，东濒南海与台湾省对望，东南和南部在南海与菲律宾、文莱、马来西亚为邻。海南省的行政区域包括海南岛、西沙群岛、中沙群岛、南沙群岛的岛礁及其海域。省会海口。

海南岛的地形及地质构造有什么特征

海南岛中部高四周低，呈穹隆山地形，以五指山、鹦哥岭为隆起核心，中部偏南到四周沿海由山地、丘陵、台地、平原逐级递减，构成环形层状地貌，梯级结构明显。地质构造形态在空间分布上，以各种不同的方向、形迹和性质的构造组合，形成东西向构造、南北向构造、北东向构造、北西向构造等主要构造体系，成为陆地的主要构造格局，控制着岛陆沉积建造、岩浆活动、成矿作用及山川地势的发展。

海南岛是如何形成的

海南岛在地质上处于太平洋板块、亚欧板块、印度洋板块的交界处，地壳运动十分活跃，海南岛中已知的最早的地层年龄是18亿年，但海南岛的形成却较晚。海南岛的形成与琼州海峡的形成有直接的关系。自地质史上的中元古代以来，经历了中岳运动、晋宁运动、加里东运动、海西运动、印支运动、燕山运动、喜马拉雅运动和第四纪冰川活动等地质构造运动，雷琼之间多次发生断陷，使海南岛与大陆分离，成为位于南中国海北部大陆架上的“大陆型岛屿”，并分别塑造了不同的地质构造。

海南省的植被有何特点

海南省的水热条件优越，植被的组成种类丰富多样，属热带及热带岛屿植被类型。据调查，海南岛的植物有200多个科，1 300多属，4 200多种，乔木800多种，其中热带种类占83%。近年来，全省森林覆盖率稳定在62%以上，排名全国前列。海南的自然植被有热带季雨林、热带雨林、常绿阔叶林、红树林、针叶林、灌丛和草原等类型。海南岛还是我国热带经济作物发展的主要基地，栽培作物种类丰富，栽培群落多样，并以热带性作物为主，主要树种有木麻黄、桉树，多组成沿海防护林。除此之外，地处低纬度的海南地区也有着非常丰富的森林资源，主要分布于海南岛、西沙群岛、南沙群岛，以及周边部分岛屿。

海南岛的气候特征如何

海南岛各地的年平均气温为22.5～25.6℃，以中部的琼中最低，南部的三亚最高。各地平均气温年变化基本一致，呈单峰型。最冷月平均气温为16.6～23℃，均出现在1月；最热月平均气温为25.5～29.2℃。海南岛多数地区的极端最低气温在0℃以上，只有中部山区及西北部内陆曾出现0℃以下的低温，0℃以下的记录出现过3次。从降水的情况来看，海南岛各地的年平均雨量为950～2 500毫米。年等降水量线呈环状分布，中东部多，西部少；山区丘陵多，沿海平原少。海南岛由于温度较高，只有在某些年份，在强烈的对流上升运动作用下偶尔出现冰雹，并以北部内陆的春夏季出现概率大些，下雪是罕见现象。从整体上来看，海南岛为热带季风气候，由于季风环流的交替影响，海南岛的雨、旱季非常明显。冬半年受东北季风控制，干燥少雨；夏半年受西南、东南季风的影响，炎热多雨。

海南岛的土壤分布有何特点

海南岛土壤的水平地带性不明显，地带性土壤为砖红壤。因海南岛地势中高周低，无论成土条件，或是土壤分布，均以中南部山地为中心向四周递变。土壤分布受地形影响极为明显，全岛土壤分布成若干个同心圆，围绕中部山地依次分布：最外环圈是围绕全岛近代滨海阶地分布的滨海沙土，其海拔仅在1米以内；次外环圈为地带性土壤——砖红壤，主要分布在阶地、台地和海拔350米(或400米)以下的丘陵。由于岛北部沿海有较宽的阶地、台地和丘陵，因而，岛北部土壤分布的环带较宽。岛南部因山地位于正中而偏南，甚至直逼海岸，土壤的环带较窄。岛中南部山地土壤为黄壤，其海拔在400米以上。

南海诸岛包括哪些岛屿

南海诸岛是我国最南方的领土，根据其分布的位置，可以分为四个群岛：东沙群岛、西沙群岛、中沙群岛、南沙群岛。其中东沙群岛由广东省管辖，其余三个群岛的岛礁及其海域由海南省管辖。这些群岛分别由数量不等、大小不一的岛、礁、滩、沙等组成。根据1983年4月中国地名委员会和2020年4月自然资源部、民政部公布的《我国南海诸岛部分标准地名》，目前南海诸岛共定名312处。

南海诸岛自古就是中国领土不可分割的一部分。事实证明最早发现这些岛、礁、滩、沙的是中国人民，先民长期以这些岛、礁、滩、沙为基地进行渔业捕捞生产和居住，世代相继对这些岛、礁、滩、沙进行辛勤的开发和经营，中国政府最早对这些岛、礁、滩、沙实行管辖和行使主权。

海南岛的水系特征

海南岛中高周低的地势形成了许多大小河流，它们从中部山区或丘陵区向四周分流入海，构成放射状的海岛水系。

海南岛独流入海的大小河流有100多条。其中，集雨面积大于100平方千米的有30多条，流域面积占全岛面积的84.4%；集雨面积小于100平方千米的河流有100多条，占总面积的15.6%。海南岛主要河流有南渡江、昌化江、万泉河。三大河流流域面积占总面积的47%。流域面积在500～2 000平方千米的河流有陵水河、宁远河、珠碧江、望楼河、文澜河、北门江、太阳河、藤桥河、春江和文教河。

海南岛的河流有以下特点：较大的河流都发源于中部山区，较小的河流多发源于山前丘陵或台地上，沿着中高周低的地势放射奔流入海，河短坡陡；暴雨强度大，洪峰高，历时短，洪水涨率大；许多中小河流弯曲浅窄，泄洪能力低，两岸农田常遭洪泛之害；山区河流坡陡水急，落差集中，具有较丰富的水能资源；含沙量少；终年不冻结。

海南省的岩石有哪些

海南岩石有火成岩、水成岩、变质岩3大类，遍布全省各地。

火成岩即岩浆岩，主要由地壳深处或上地幔中的高温熔融岩浆，侵入地下或喷出地表冷凝而形成，前者称为侵入岩，后者称为火山岩。海南岛上侵入岩的面积达1.2万多平方千米，占全岛面积的36.6%，时代为古生代长城纪、泥盆纪至中生代白垩纪，尤以二叠纪最为发育，分布也最为广泛；海上近岸的七洲列岛、白鞍岛、大洲岛、洲仔岛、蜈支洲岛、东瑁洲、西瑁洲等岛屿的岩石，都属于侵入岩。

水成岩即沉积岩，主要分布于海南岛西南部东方江边—乐东—鹦哥岭—白沙地区，岛西北部王五地区，岛南部三亚地区、南好地区，岛东部琼海九曲江、阳江地区，北部定安雷鸣地区，以及隐伏分布于王五—文教地质带以北地区，出露面积1 600平方千米左右，约占海南岛面积的4.7%。

海南的变质岩主要是绿片岩相的浅变质岩，常见种类有大理岩、板岩、千枚岩、片岩、砾状砂状碎屑岩等；其次为角闪岩相的中深变质岩、少部分麻粒岩相岩石；再次为见于戈枕村组的混合岩，在热接触带发育的接触变质岩，热气体与溶液作用下生成的气—液蚀变岩和发育于构造断裂带的动力变质岩等。

琼州海峡的形成原因

琼州海峡位于海南岛和雷州半岛断陷的中部。研究表明，在距今2 500万年～250万年的晚第三纪开始，由于地壳断裂和地块差异性运动，导致雷州半岛与海南岛之间的地块断裂下沉，形成地堑式凹陷。如今的琼州海峡，是由于冰后期海平面上升，海水淹没了凹陷，经潮流的反复冲刷，波浪和河流的长期塑造而成。

海南省的海盐资源为何丰富

通过海水提炼的氯化钠以及制成的多种盐业制品，就是人们通常所说的海盐。海水里除了溶有很多氯化钠外，还有氯化镁、硫酸镁、硫酸钙、碳酸钙、亚硫酸钾、溴化镁等其他盐类。因为海盐和海水的“血缘关系”，世界范围内的海盐晒场，基本都是沿着海岸线分布的，比如法国、葡萄牙、印度等海盐生产历史比较悠久的国家都是这样。中国的海岸线更是盐业的主产区，漫长的海岸线上，分布着辽宁复州湾盐场、天津与河北的长芦盐场、山东莱州湾盐场、江苏淮盐盐场，以及浙江、福建、广东、广西和海南等地的盐场。海南省的海南岛西南沿海是中国华南地区发展海盐业的最佳地段，每年过了雨季(4—5月)，气温升高，这里阳光充足，风力较大，降水量少，蒸发量大，加之海滩平坦，晒盐条件好。目前，海南岛已建有莺歌海、东方、榆林等大型盐场，其中莺歌海盐场是中国南方最大的盐场。

你知道南沙温室吗

我国南沙群岛是南海上散布范围最广的珊瑚礁群。南沙群岛属热带海洋性气候，有着高温、高湿、高盐、高日照、多台风、缺土地、缺淡水、缺土壤(俗称“四高、一多、三缺”)的气候特征，环境条件恶劣。因此，“吃菜难”成为长期困扰岛上驻守官兵的问题。2010年5月，海军南沙部队蔬菜生产保障项目——南沙温室建设正式启动。那么南沙温室有什么作用呢？首先，南沙温室可以起到调节气候的作用，在夏季的时候起到减弱光照、降温、减湿的作用，最终目的是调节光照、温度和湿度以利于农作物良好生长。其次，蔬菜缺少淡水问题可以通过南沙温室收集雨水来解决。除此之外，南沙温室还可以减少室内土壤和海水的接触，从而保护土壤和蔬菜免受海水的增盐效应和侵蚀作用的影响。最后，南沙温室能降低台风对室内蔬菜的危害程度。

海南岛的灾害性天气有哪些

海南岛的灾害性天气主要有热带气旋、干旱和雷暴。

我国是世界上受热带气旋影响极为严重的国家之一。海南省是我国受热带气旋影响频繁的地区之一。影响和登陆海南岛的热带气旋次数多，出现的时间长。登陆海南岛的热带气旋中，有75%左右在文昌—琼海—万宁一带沿海地区登陆，其中以文昌最多，有“台风走廊”之称。西部沿海地区，没有热带气旋直接登陆的记录。受风害的影响，全岛各地有很大的差异。风害区域线大致是以琼海—文昌的中点为圆心的弧线，重风害区为东部和东北部，东南部次之，西南部沿岸和西北部沿岸较轻，中部山区最轻。

海南岛因降水季节分配不均匀，少雨季降水稀少，干旱常常发生。海南岛的干旱以春旱最为普遍。海南岛西部、西南部沿海干旱最为严重，其中东方市为全岛冬春旱最严重的地区。

雷暴在海南岛一年四季都可出现。海南岛是全国雷暴活动最多的地区，南部沿海的雷暴日数有60～83天，其他地区在100天以上，最多的澄迈县达132.5天，居全国之冠。

海南省有哪些野生动物

海南省属热带气候，有着丰富的野生动物资源，其中有20多种国家一级重点保护野生动物，100多种国家二级野生保护动物，600多种陆栖脊椎动物，其中20多种为海南特有的动物。例如，海南坡鹿就为海南省的特有种，被列为国家一级保护动物。它们外形与梅花鹿相似，但体形较小，花斑较少。它们分布在海南岛西部的丘陵草坡地带，故称海南坡鹿。除此之外，像海南黑长臂猿、灰孔雀雉、山鹧鸪等均为海南省的独有物种。海南属岛屿地区，在很早前就与大陆分离，因此，海南大中型食肉动物很少，仅有黑熊、云豹、豹猫3种。

海南第一山在哪里

大多数人都听说过海南的五指山，却很少听过东山岭，而实际上，东山岭才是“海南第一山”。东山岭地处万宁市东2千米处，因三峰并峙，形似笔架，故历史上又叫笔架山，是海南开发较早的旅游景点之一。东山岭的海拔仅有184米，相比起有着“海南屋脊”之称、主峰高1 867米的五指山，确实很渺小。但东山岭相传是古代仙人道士炼丹修性之处，唤作“小瀛洲”，有多处古迹和庙宇，均为重点保护文物，其中潮音寺尤为海外侨胞重视。在东山岭的东面，有一个海滨潟湖，是一个巨大的海边湖泊，有通道与大海沟通。东山岭有三宝——羊、茶、泉。东山岭的羊，体壮肉嫩，肉薄膘少，没有膻味。东山岭地处热带海滨，独特的自然气候条件孕育着肥沃的土壤，海洋的调节，丰沛的降雨，孕育了东山岭的名茶——鹧鸪茶。东山泉水，有“海南第一泉”的称号，石下泉水终年流淌，称“仙泉”，清冽甘甜，算得上是品质非常好的泉水。

你了解海甸岛吗

海甸岛在海口市的北部，处于海南的母亲河——南渡江的入海口，是一个典型的三角洲岛屿，海甸岛是海口市最大的岛屿。海甸岛同紧邻的新埠岛一起，形成南渡江三角洲的中心，而南渡江在这里被分成三大股水道，从这两个岛屿两边和两岛之间分别注入琼州海峡。海甸岛与一水之隔的海口市中心似连非连、似断非断，一衣带水隔江相望。

三座大桥把海甸岛和海口市的滨海大道、长堤路连接在一起，使海甸岛成为一个既与市中心交通来往方便又相对独立的地区。海甸岛面积约14平方千米，呈东西略宽的不规则卵形。岛上地势平坦，水系密布，湖泊和沟渠很多，这些沟渠湖泊为岛上增添了一派水乡的风光。海甸岛由于它得天独厚的位置，虽然处在海滨，海边却罕有狂涛巨浪，不会发生海啸等严重自然灾害，台风也很少影响此处。

为什么海南岛的夏季没有同纬度其他地区那么闷热

海南岛是我国最大的热带海岛，处于18°10′N～20°10′N，108°37′E～111°03′E，面积约3.38万平方千米，岛上热带雨林茂密，海水清澈蔚蓝，一年中分有旱季和雨季两个季节。大部分地区(除琼中地区外)夏秋季节的湿度和温度都较高，但由于海洋的调节，海南岛气温年较差普遍较小，多数地区为8～10℃，三亚最小(7.6℃)，普遍比我国大陆地区低5～10℃。海南岛受海陆风影响，白天及夜晚风的频率都比较高，而且夏秋季节海南岛主要风向为来自海洋的偏南风，因此环境使人感到舒适，即使是夏秋季节，只要在树荫或房子内部，都凉爽宜人，没有闷热感。

为什么海南岛和大陆之间没有跨海大桥

琼州海峡附近属于地壳活跃区域，跨海大桥建设难度很大。一方面，琼州海峡地质条件相比粤港澳大桥所处地区更为复杂、水深更大；另一方面，该海域天气条件较为复杂，每年都会遭遇台风，在现有技术条件下，暂时无法建成抗12级以上台风和抗浪性较强的跨海大桥。与此同时，建桥费用投入巨大，故海南岛和大陆之间暂未建设跨海大桥。

海南岛为什么有那么多温泉

温泉的形成一般有3个条件：第一是地底有热源存在；第二是岩层中有裂隙让温泉涌出；第三是地层中有储存热水的空间。海南岛地处热带，同时又处于亚欧板块的东南边缘，这一地带地壳运动活跃，地质构造复杂，地下潜藏能量充沛，多形成火山、地热、温泉等。

为什么海南省台风那么多呢

海南省地处热带低纬度地区，台风和暴雨是其最主要的气象灾害。受副热带高压、夏季风及北半球极地涡旋等环流系统的影响，西太平洋热带气旋数量较多。另外，副热带高压呈东西向分布，南海海表温度偏高使得南海及菲律宾以东洋面生成的热带气旋易于向西移动影响海南省。

东方的夏威夷在哪里

三亚属于热带海洋性季风气候，“沙滩、潜水、海鲜”是三亚度假的三大永恒主题。拥有得天独厚的旅游资源，地处中国海南岛最南端的三亚，四季如夏，鲜花盛开，素有“东方夏威夷”之称，是我国唯一的热带滨海旅游城市，汇集了阳光、海水、沙滩、气候、森林、动物、温泉、岩洞、田园、风情等十大风景资源。在三亚约200千米的海岸线上，密布了众多海湾，椰树成林。同时，以其独特的人文关怀、民俗民风，吸引着越来越多的人来此休闲、度假。

三亚风光

三亚市名字是怎么来的

三亚一地，远离京城，孤悬海上，自古以来一直被称为“天涯海角”，意为天之边缘，海之尽头。关于“三亚”这个名字的来源，一说是以三亚河命名，之所以被称为三亚河是因为它由三条河组成，在靠近入海口处时分成东河、西河，流入大海处呈丫字形，所以定居这里的人形象地把该河称为三丫，“丫”与“亚”同音，后来逐渐被人称为三亚河；一说三亚地名来源于黎语，黎族是三亚最古老的民族，迄今为止，黎族人口约占全市人口1/3。过去这里是一大片水田，田里汇聚着众多的乌鸦、鹭鸟等，先人分不清鸟类的学名，习惯性地统称一个名字，就把这片水田地叫作“乌鸦田”，把黎语音译成汉语，就是“三亚”。

天涯海角在哪里

天涯海角位于海南岛最南端的三亚市西郊马岭山下23千米处，为古崖州属地。传言古时候交通不便，此地远离中原，属于人迹罕至的南蛮之地，古代帝王往往将这里作为流放“逆臣”的地方，故又名“天涯海角”，意为天之边缘，海之尽头。该地区由湛蓝的海水、洁白的沙滩和几组耸立的奇石组成，其中石景最为壮观，为游人必到之地。天涯海角的巨石上镌刻着“天涯”“海角”“海阔天空”“南天一柱”等字。

为什么椰树主要分布于海南岛东部而不是西部

椰树是一种常绿乔木。椰子果肉香醇，营养丰富，单个果重1.75~2.5千克，用途十分广泛，可用于建材、榨油等。海南栽种椰子的历史可以追溯到2 000多年前的汉代。海南岛的椰树分布也很有特点，东部地区椰树种植面积大，西部小。从降水来看，海南岛东部受夏季风影响大，降水更加丰富。暖湿气流和台风为东部地区带来了更多降水。从海南岛气温来看，东部地区受冬季南下冷空气影响小，年平均温度高，冬夏温差小，更适宜椰树生长。与此同时，由于洋流携带椰果到达海南岛东部，使得东部地区种植的历史较西部悠久。

你了解琼州海峡吗

琼州海峡被誉为“黄金水道”，是我国的三大海峡之一，位于广东省雷州半岛和海南岛之间，西接北部湾，东连南海北部，呈东西向延伸，长约80千米，宽20～40千米，不仅是沟通北部湾和南海中东部的海上走廊，同时也是广东雷州半岛至越南等地的海上交通捷径。琼州海峡面向油气资源丰富、战略位置重要的南海，毗邻国际主航道，是中国新兴的能源基地和国际旅游目的地，在中国与东盟自由贸易区建设中，有着非常重要的物流枢纽作用。

中国（海南）自由贸易试验区的建立带来哪些新机遇

海南有着得天独厚的地理优势，它位于我国最南端，紧邻港澳和广东省，离东南亚一些国家也比较近，有利于进行贸易往来，适合建立自由贸易区。

从旅游业来看，海南岛有着丰富的自然资源，岛上环境良好、风景优美，自由贸易区的建立能将旅游优势转变为经济优势。

从港口航运来看，利于建成区域性国际航运枢纽和物流中心，推动人流、物流、信息流的发展。

从海洋经济来看，将推动南海资源开发和服务基地的建设，南海油气和水产资源都相当丰富，自贸区的建立将使南海成为我国南海资源开发的物资供应、综合利用和产品运销基地。

从养老服务业来看，随着我国老年人选择在海南过冬的需求不断增加，自由贸易区的建立将推动海南省走出一条以“人流”代替“物流”的中国特色自由贸易区新路，进而建立走出一条国际化、专业化的养老服务业发展新路。

海南的交通网络特点及其新格局将如何

海南岛地势为中部高、四周低，组成环形层状地貌，因此，交通网络也呈环状网络分布，施工难度较小。海南形成了南北两极(海口、三亚)、东部滨海旅游、西部工业、中部农业的产业格局，城市、人口也多分布于沿海地区，经济较为发达。《海南省旅游发展总体规划(2017—2030)》提出建设和完善航空、海上、铁路和公路四级交通系统，助力打造国际旅游岛。航空建设方面，海南将形成“南北东西，两干两支”机场布局。海上建设方面，加快“四方五港”的建设和转型发展。铁路建设方面，对外改造升级现在的粤海轮渡设施，开通动车轮渡，对内以环岛高铁为骨架，发展特色铁路和支线铁路，加快融入国家高铁网。公路建设方面，海南将构建以田字形高速公路为骨架、“三纵四横”国道为主干线、环岛滨海旅游公路及其他国省道为补充的干线公路网络。

为什么海南省有那么多东北人

海南岛素以“长寿岛”“阳光岛”的美称享誉中外，其温暖的气候吸引了东北地区的老年人迁移至此，同时海南省的养老服务业也在日益完善。东北人迁移到海南省大致可以分为四批，第一批东北人与海南岛登岛战役有关，当年解放海南岛的主力部队是第四野战军。第四野战军是由抗日战争时期进军东北的部分八路军、新四军及东北抗日联军发展起来的，解放海南岛之后，军人及其家属留岛；第二批东北人到海南是20世纪90年代东北经济结构调整，造成下岗潮。那个时候，海南恰好房地产市场不景气，因此吸引许多东北人南下购房并定居；第三批东北人到海南是受到海南经济发展的吸引；第四批东北人到海南以老年人居多。

“一带一路”倡议对海南省有什么推动作用

海南作为21世纪海上丝绸之路建设的重要支点，是中国面向东盟地区的桥头堡，也是环南海经济圈的核心地区。从经济上来看，“一带一路”倡议促使海南省经济保持平稳增长，产业结构调整步伐加快，推动企业更好地“走出去”和“引进来”，促进人流、物流和信息流的往来，海陆空互联互通加快形成；从旅游业来看，海南省作为通往东盟国家的要塞将成为一个旅游和货物流通的聚集地，“一带一路”倡议将为海南省带来旅游业发展新机遇；从自由贸易来讲，海南利用区位优势和华侨资源，长期与东盟国家在双边贸易方面开展了广泛的合作，“一带一路”的倡议将推动海南自由贸易试验区的进一步发展。

海南省2小时交通经济圈是怎么布局的

海南省将构建陆海空一体化互联互通“路网”。首先，海南省通过修建和扩增机场，助力地方经济发展，形成“南北东西，两干两支”的机场格局；其次，海南环岛高铁开通，实现真正意义上“快旅漫游”的环岛之旅；与此同时，建设田字形高速公路，积极践行“全省交通一盘棋”理念，将海南东西南北中全面贯通，形成贯穿全岛、连接岛内外的立体交通网，铺就服务全域旅游的大通道，实现2小时交通经济圈。此外，海南省也致力于有轨电车和港口的建设，从全方位多领域促进全岛的交通往来。

你知道全球首条环岛高铁吗

2015年12月30日，环岛高铁首发。环线北起海口站、南至三亚站，全长653千米。它将海南岛几乎所有著名景点(如海口骑楼老街、火山口地址公园、石山镇等)和部分沿海的市县串联起来，加强了不同城市之间人流、物流、信息流的联系。海南环岛高铁在防海水倒灌侵蚀、防高温高湿、防风防腐防盐雾、防雷防震等方面实现了技术攻关，为我国积累热带高铁建设、运营提供宝贵经验，也为海南建成世界一流的海岛休闲度假旅游胜地提供了有力支撑。

你知道海南江东新区吗

2018年6月3日，海南省决定设立海口江东新区。江东新区位于海口市东海岸区域，东起东寨港，西至南渡江，北临东海岸线，南至绕城高速二期和212省道，总面积约300平方千米，分为东部生态功能区和西部产城融合区。其中东部生态功能区约106平方千米，包含33平方千米的国际重要湿地——东寨港国家级自然保护区；西部产城融合区约192平方千米，包含临空产业园片区、桂林洋国家热带农业公园片区、桂林洋高校片区及沿江生活片区等。江东以其独特的区位优势，一流的生态环境及明显的后发优势，三方面的因素得以建立新区。江东新区将紧紧围绕全面深化改革开放试验区、国家生态文明试验区，国际旅游消费中心、国家重大战略服务保障区的战略定位，努力建设成为中国(海南)自由贸易试验区的集中展示区，国家重大战略服务保障区的示范区。

重庆市 CHONGQING SHI

■ 简　称 渝　■ 面　积 约8.2万平方千米　■ 人　口 3 205万人

■ 世界遗产 大足石刻　中国南方喀斯特(武隆、金佛山)

■ 地理之最

最高山峰：阴条岭　最大湖泊：长寿湖　最大河流：长江

主要山脉：大巴山

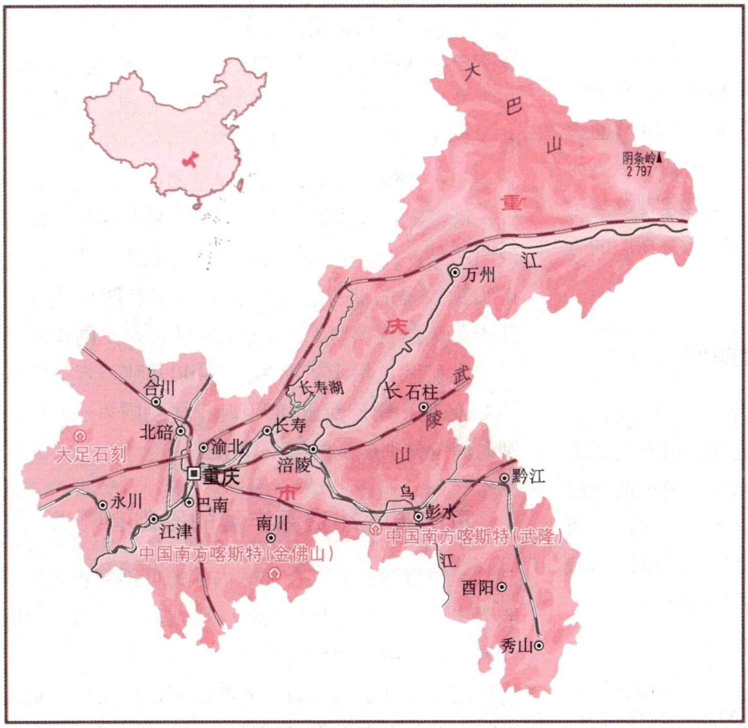

重庆市地形地貌有什么特点

重庆市辖区东西长470千米，南北宽450千米，总面积约8.2万平方千米，位于四川盆地东南部、青藏高原与长江中下游平原的过渡地带。重庆市地形地貌复杂多样，具有以下几个明显的特征。一是地势起伏大，从东部、东南部和南部向长江河谷逐级降低。其中，东部、东南部和南部地势高，多在海拔1 500米以上，西部地势多为海拔300～400米的丘陵，海拔最高的阴条岭和海拔最低的鱼溪口相对高度2 700多米。二是地形复杂多样，以山地、丘陵为主。其中，山地面积约6万平方千米，占总面积的75.8%，多分布在南部和北部；丘陵面积约1.5万平方千米，占18.2%，多分布在西部和中部；平地和平坝面积约5 000平方千米，占6%，多分布在长江和嘉陵江沿岸。三是地貌成层性明显，由于地貌发育阶段差异和新构造运动抬升高度不一，形成了海拔250米、500米、1 000米、1 500米四级层状地貌。四是喀斯特地貌广泛分布，在东部和东南部地区，喀斯特地貌大量分布，且喀斯特形态发育较好。其中在渝东地区有喀斯特槽谷奇观，在东部和东南部的山区分布着典型的石林、峰林、洼地、浅丘、落水洞、溶洞、暗河、峡谷等喀斯特地貌景观。

重庆市的气候特征如何

重庆市为东亚季风环流所控制，具有亚热带季风气候的一般特征，即冬暖、夏热、霜雪少见、无霜期长、降水丰富但季节分配不均等。不过，由于重庆市受特殊的地理位置、地形条件和大气环流的影响，在气候上还有它独特之处。一是冬季温暖，霜、雪等天气状况比较少见。重庆地区最冷月是1月，多年1月平均气温在6～8℃，与同纬度南京、武汉和上海相比，高出5～6℃。冬季温暖还表现在日最低气温在0℃以下的日子极少，以及霜、雪天数极少，一般在4～6天之间，无霜期能达到319～343天。除海拔较高的山地丘陵之外，其余地区几乎全年皆为农作物生长期。二是夏季炎热多伏旱，重庆是长江流域有名的“火炉”之一，其炎热程度主要表现在夏季气温高和炎热日数多，高温天气维持时间长，日最高气温达40℃以上的酷热天气几乎年年都有，而且高温伴随着伏旱。夏季受西太平洋副热带高压的控制和青藏高压的影响，是重庆高温伏旱的重要原因。此外，受到重庆地形的影响，夏季来自东南方向的暖湿季风在翻越云贵高原后易形成焚风，而重庆的“锅底”地形导致散热困难，热量积聚严重，这也是导致重庆夏季高温的重要原因。

重庆市的水文状况如何

重庆市位于长江上游，境内河流纵横，长江自西南向东北横贯市境，北有嘉陵江，南有乌江汇入，形成向心的、不对称的网状水系。境内流域面积大于100平方千米的河流有200多条，其中流域面积大于1 000平方千米的河流有40多条，流域面积10 000平方千米及以上河流有7条，分别是长江、嘉陵江、乌江、渠江、涪江、酉水和州河，其中长江、嘉陵江、乌江、涪江和渠江五江的流域面积最大，其在重庆境内的河段长共计1 227千米。

在地表水和地下水存量方面，长江干流区、乌江水系岩溶地区地下水资源量丰富，西部地区地下水资源量少。

重庆市水能资源为什么丰富

河流径流量和河流的落差大，水能资源就会相对比较丰富。重庆市河网密集，主要河流有长江、嘉陵江、乌江、涪江、綦江、大宁河、阿蓬江、酉水等，其中长江干流自西南向东北横贯全境，在重庆与湖北交界处形成著名的长江三峡。同时，重庆市水资源丰富，年平均水资源总量在5 000亿立方米左右，每平方千米水面面积全国第一，水能资源理论蕴藏量为1 438.28万千瓦。此外，重庆北有大巴山，东有巫山，东南有武陵山，南有大娄山，三面被高山包围，地势特点为东南、东北高，西北低，高差非常显著，最大值有2 700多米。上述的条件使得重庆市具有丰富的水能资源。

重庆市有什么矿产资源

截至目前，重庆市共发现矿产约70种，涵盖黑色金属、有色金属、贵金属、稀有金属、稀散元素、冶金辅助原料、化工原料非金属矿产、能源矿产、建筑材料及其他非金属矿产等矿种。优势矿产有天然气、锶矿、煤、铝土矿、锰矿、毒重石、粉石英和石膏等。其中，探明储量的矿产有煤、天然气、锶、硫铁、岩盐、铝土、汞、锰和钡等。值得说明的是，煤、天然气、铝土矿、盐矿、锶矿、锰矿和钡矿等的储量、品位在我国都有明显优势。其中，天然气储量3 200亿立方米，是全国重点开采的大矿区；铝土矿储量达7 400万吨；岩盐储量3 000亿吨；锶矿储量185万吨，居全国第一，锰和钡矿储量分别居全国第二和第三。

重庆市地热资源丰富的原因有哪些

地热资源指贮存在地球内部的可再生热能，一般集中分布在构造板块边缘一带，起源于地球的熔融岩浆和放射性物质的衰变。地热资源是一种十分宝贵的综合性矿产资源，其功能多，用途广，是一种洁净的可再生能源和资源。

重庆市地处四川盆地东南丘陵山地区，区域内存在多个构造体系。各构造体系不同的岩层组合，差异性很大的构造特征和发生、发育规律，塑造了复杂多样的地貌形态。复杂的岩层构造为重庆市地热资源的产生提供前提和条件。

重庆市地热资源相当丰富，且分布广泛。就温泉的分布情况看，渝中区、大渡口区、江北区、沙坪坝区、九龙坡区、南岸区、北碚区、渝北区及巴南区等九个区有温泉60多个，其余温泉零星分布于璧山、彭水、秀山、酉阳等区县。

重庆鬼洞是怎样形成的

重庆鬼洞位于重庆市长寿区葛兰镇塘坝村，又名竹耳洞。鬼洞仅有一个高约1米的洞口，进洞之后时而狭窄时而宽阔，狭窄之处只能匍匐前进，但洞内最大的地方竟有足球场大，洞高超过50米，洞内形态各异的石柱、石钟乳众多，形成了山、水、洞一体的绝妙景观。

从形态上来看，重庆鬼洞是一个典型的喀斯特溶洞。溶洞的形成是石灰岩地区地下水长期溶蚀的结果。石灰岩的主要成分是碳酸钙，水和二氧化碳发生化学反应生成碳酸氢钙，而后者可溶于水，于是有空洞形成并逐步扩大。重庆鬼洞就是喀斯特地貌发育到溶洞阶段的产物。

重庆人为什么特别爱吃辣

重庆位于中国西南部、长江上游地区，西接四川盆地。重庆地势由南北向长江河谷逐级降低，西北部和中部以丘陵、低山为主，海拔最低点仅为73.1米。同时，重庆为亚热带季风性湿润气候，大部分地区年降水量在1 000毫米以上，年平均相对湿度在70%～80%，属于高湿地区。辣椒有驱除寒气、增加食欲和刺激味觉的作用，能缓解潮湿气候对身体的不良影响。

天生三桥有怎样的地位和景色

天生三桥风景区位于重庆武隆东南20千米处，是典型的喀斯特地貌区，因岩溶作用侵蚀形成天然的拱桥状景观。武隆天生三桥是世界规模最大、最高的串珠式天生桥群，三桥分别名为“天龙桥”“青龙桥”和“黑龙桥”。三座平均高度300米以上的天然石拱桥呈纵向排列，规模宏大、气势磅礴，在不足1.2千米的范围内平行横跨在羊水河峡谷之上，将两岸山体连在一起。三座天然石拱桥之间有青龙天坑、神鹰天坑两个天坑，形成了“三桥夹两坑”的世界奇观。

武陵山大裂谷有怎样的景色

武陵山大裂谷位于重庆市涪陵区东南约40千米处，地处长江支流乌江下游边滩峡东南纵深地带，著名的武陵山脉西北段，以峭壁、奇峰和地缝奇观闻名。

武陵山大裂谷的核心为一条长约10千米的喀斯特地貌原生态裂谷。整个裂谷雄阔壮美、气势磅礴，平均海拔1 300米，最高处1 980米。山势奇峻多姿，原生植被丰富，种类繁多，共有2 000余种野生植物和200余种野生动物，山、林、泉、洞、瀑、崖、湖、潭、峡、坑、缝等喀斯特裂谷景观一应俱全，旅游资源极为丰富。其中铜墙铁壁、如来神掌、将军石、青天峡地缝等景点堪称一绝。尤其是青天峡地缝，堪称重庆最奇特的地缝。青天峡地缝全长1.5千米，是由于强大的地表水系溶蚀、切割，地表塌陷而形成的裂缝。地缝内天光幽暗，崖壁陡峭，栈道高悬，钟乳石姿态万千，一线天景观甚为壮观。

嘉陵江在哪里汇入长江

朝天门码头

嘉陵江古称阆水，是长江上游的一条支流，属于长江的一级支流。嘉陵江发源于秦岭北麓的陕西省宝鸡市凤县，因凤县境内的嘉陵谷而得名。嘉陵江长1 119千米，流域面积近16万平方千米，是长江支流中流域面积最大、长度仅次于汉江、流量仅次于岷江的河流。

嘉陵江在重庆境内自北向南流，与自西北向东南流的涪江和自东北向西南流的渠江在合川汇合，构成巨大的扇形向心河网，后在北碚区纳黑水滩河、后河，再经过渝北区、江北区，最终在渝中区的朝天门汇入长江。而朝天门码头不仅是长江和嘉陵江两江的枢纽，还是重庆最大的码头，直到今天这一带仍是城内最繁华的商业批发零售区。

你了解三峡工程吗

三峡水利枢纽

三峡工程即长江三峡水利枢纽工程，是治理和开发长江的关键性工程，地处长江干流西陵峡河段、湖北省宜昌市三斗坪镇，控制流域面积约100万平方千米，主要由枢纽工程、移民工程及输变电工程三大部分组成。三峡工程是当今世界上最大的水利枢纽工程，具有防洪、发电、航运、水资源利用等巨大的综合效益。拦河大坝坝轴线全长2 309.5米，坝顶高程185米，水库正常蓄水位为175米。

1994年12月14日，三峡工程正式开工，并于2006年5月20日竣工。随着三峡电站最后一台水电机组在2012年7月4日投产，意味着装机容量达到2 250万千瓦的三峡水电站已成为全世界最大的水力发电站和清洁能源生产基地。截止到2018年12月21日，三峡水电站已累计生产1 000亿千瓦时绿色电能，供江苏、广东、上海等10个省级行政区域使用。

洪崖洞有怎样的特色

洪崖洞，原名洪崖门，是古重庆城门之一，位于重庆市渝中区嘉陵江滨江路，北邻解放碑沧白路，南接滨江路，全长约600米，建筑面积4.6万平方米，地处长江、嘉陵江两江交汇的滨江地带，是兼具观光旅游、休闲度假等功能的旅游区。

洪崖洞采用了巴渝传统山地民居的吊脚楼形式，将巴渝文化、码头文化、山地民居建筑文化并入现代的商业范畴，形成以休闲旅游为龙头、以餐饮娱乐为主体、以时尚商业为补充的商业联合体，其特色是“一态、三绝、四街、八景”。“一态”指的是文化休闲业态，大致上由餐饮休闲、酒吧休闲、文化休闲、娱乐休闲、保健休闲、运动休闲、购物休闲和旅游休闲八部分构成。“三绝”指的是吊脚楼、集镇老街、巴文化。“四街”指的是纸盐河街江畔酒吧街、天成巷巴渝风情街、洪崖洞盛宴美食街、城市阳台异域风情街。“八景”指的是洪崖滴翠、两江汇流、吊脚群楼、洪崖群雕、城市阳台、巴文化柱、中华火锅第一鼎和嘉陵夕照等八个景点。

重庆洪崖洞夜景

重庆民国街有什么特色文化

重庆民国街是以“民国历史”和“巴渝特色”为主题的特色街区，位于重庆两江国际影视城。民国街一期工程重现了民国时期重庆的著名建筑和景致，有国泰戏院、新华日报、馨雅咖啡、皇宫照相馆，还有一些具有老重庆特色的博物馆、酒吧、商店、火锅博物馆、相机博物馆、民国主题酒吧等。

民国街等怀旧文化的出现与对旧城改造的思考和探索有关。重庆民国街主推的是重庆在民国时期的近代建筑和特色文化。在民国时期，重庆因其地处西部大后方，曾是中国经济发展较好的城市之一，在抗战时期也曾是中国的陪都，因此重庆在民国时期蓬勃发展，保留下许多珍贵的历史建筑。改革开放后，相比于东部沿海地区，重庆的经济发展和城市化进程较为缓慢，民国时期的建筑很大程度上被完整地保留下来。重庆民国街的修建，不仅能够保留和重现许多民国时期的特色建筑，同时能够据此开发特色旅游区，促进旅游业的发展。

大足石刻的规模如何

大足石刻

大足石刻是位于重庆市大足区境内所有石窟造像的总称，现存摩崖石刻造像5万余尊，铭文10万余字，遍布100多处。它代表了9—13世纪世界上石窟艺术的高水平。大足石刻始凿于7世纪的初唐时期，在9—13世纪的两宋时期达到鼎盛，其雕像以佛教为主，道教次之，其余为佛道合一、佛道儒三教合一、历史人物和供养人(又名功德主)造像。1999年12月，以宝顶山、北山、南山、石门山、石篆山等“五山”为代表的大足石刻，被联合国教科文组织列入《世界遗产名录》。

重庆市的大足石刻以其规模宏大、雕刻精美、题材多样、内涵丰富和保存完整而著称于世，它以大量的实物形象和文字史料，从不同侧面展示了9世纪末至13世纪中叶中国石刻艺术的风格和民间宗教信仰的发展变化。

重庆为什么会被称为“江城”

重庆被称为“江城”是因为流经其境内的河流众多。其中，长江干流自西向东横贯全境，流程长达665千米；嘉陵江自西北而来，于渝中区流入长江；乌江于涪陵区汇入长江；嘉陵江、涪江、渠江三江在合川区交汇等。

长江对重庆的影响是深刻且多方面的。在经济发展上，有“黄金水道”之称的长江自古就成为重庆经济对外沟通的重要通道；在交通布局上，因长江干流自西向东横贯全境，将重庆分成两部分，桥梁和船渡成为重庆人出行的重要方式。

重庆为什么被称为“桥都”

重庆由于地形的限制，不但跨江、跨湖、立交要修桥，而且因为山多、落差大，一般的道路也需要修桥来连接，桥梁成为重庆人出行的重要途径。所以重庆桥梁的密度和数量远远大于其他城市。

在评定“桥都”的过程中，需要比拼桥梁数量、桥梁规模、桥梁技术水平、桥梁多样化、桥梁影响力等5项指标，而重庆在桥梁数量、技术水平和多样化三个方面都占据比较大的优势，因此在2005年被茅以升桥梁委员会认定为中国唯一的“桥都”。

重庆茶山竹海有何独特之处

茶山竹海地处重庆市永川区城北，东距重庆城区55千米，西距大足石刻50千米、成都272千米，南至泸州72千米。景区内连片茶园成团成簇，层层叠叠；浩瀚竹海幽深迷离，浩渺苍茫。因茶竹共生景观举世无双，堪称中华一绝，故名“茶山竹海”。

茶山竹海地处亚热带湿润气候区，年平均气温15℃左右，植被类型为亚热带常绿阔叶林，景区森林覆盖率达97%，拥有桂山茶园、青龙茶园、大山坪茶园三大片茶园和犀牛竹海、金盆竹海、扇子湾竹海、白云湾竹海、大岚垭竹海等六大片竹海。

重庆的吊脚楼有什么特点

吊脚楼在中国建筑史上具有非常重要的地位，是中国传统民居的重要组成部分。重庆吊脚楼是我国多种类型吊脚楼中的一种，是山地建筑的典型代表，并具有自己的独特风格。

重庆吊脚楼具有坚实的自然人文基础，受自然环境、历史发展、社会经济、民族文化、宗教信仰、生活习俗等影响，地域特色非常突出。在数千年搭建吊脚楼的实践中，重庆人逐渐总结出吊脚、筑台、悬挑、附岩等一整套成熟和便于掌握的营造技艺。这种不拘一格的建筑形式能根据不同的外部条件就地取材，并能很好地适应各种极端的自然环境和气候条件，因此吊脚楼这种独特的建筑形式，在相当长的历史时期随着社会经济的发展盛行重庆，辐射周边，对我国整个西南地区，乃至更大区域范围的山地建筑发展产生过重要影响。

重庆市有几个少数民族自治县

重庆市目前共有4个少数民族自治县，分别是石柱土家族自治县、秀山土家族苗族自治县、酉阳土家族苗族自治县和彭水苗族土家族自治县。这4个少数民族自治县都位于重庆市的东部或东南部。除此之外，重庆市是中国唯一辖有民族自治地方的直辖市，除了下辖有上述4个少数民族自治县外，还下辖1个享受民族自治地方优惠政策的区(黔江区)，以及14个民族乡。

重庆市的少数民族自治县各有特色。石柱土家族自治县，是集少数民族自治县、三峡库区淹没县、国家扶贫工作重点县于一体的特殊县，旅游资源丰富，著名的景点有黄水国家森林公园、千野草场等。彭水苗族土家族自治县孕育了巴渝文化中最古老的“黔中文化”，同时是中国特色旅游休闲度假胜地。酉阳土家族苗族自治县是出渝达鄂、湘、黔的重要门户，素有“渝东南门户、湘黔咽喉”之称，境内生态环境十分优越，享有“天然氧吧”“动植物王国”的美誉。秀山土家族苗族自治县位于重庆、贵州、湖南交界处，为重庆东南重要门户，以“花、边、古、少”特色见长。

长江仅有的一条过江索道在哪里

轮渡和桥梁是重庆人跨越长江的重要方式，但以前由于重庆过江桥梁少，轮渡又受大雨、大雾、涨水的影响，重庆人过江出行还是不太方便，因此，便修建了受天气影响较小且能准点到达的索道来方便市民出行。

长江仅有的一条过江索道就是位于重庆的长江索道。长江索道是重庆第二条跨江索道(第一条为已拆除的嘉陵江索道)，从1987年开始运营，被誉为“万里长江第一条空中走廊”和“山城空中公共汽车”。长江索道是中国自行设计制造的大型跨江客运索道，全长1 166米，连通重庆的渝中区和南岸区，往返于渝中区的新华路和南岸区的上新街。

解放碑步行街对重庆有什么重要意义

解放碑位于重庆市渝中区的民族路、邹容支路交会处，最初兴建于1940年3月12日孙中山先生逝世纪念日。中国取得抗战胜利之后，重庆市政府决定重新改造，建立“抗战胜利纪功碑”。

1950年，改名为人民解放纪念碑。碑体高27.5米，呈八角柱形，以花岗石为基座，外用浮雕装饰，内有旋梯到达顶端，碑顶向街口的四面装有自鸣钟，碑台周围为花圃，总占地面积62平方米，保护范围面积642平方米。

1997年，重庆市渝中区政府以解放碑为中心，将解放碑大十字地区，改造成中国第一条商业步行街。从平面构图上来看，解放碑商业步行街以解放碑为中心，呈十字放射状连接四条主街，主街串联若干条附街，延伸到周围街区。对于重庆而言，解放碑是抗战胜利和重庆解放的历史见证，而随着解放碑步行街的建设，解放碑从一个时代的政治符号逐步转变为一个地区的文化符号乃至商业符号，体现了历史与现实、时间与空间、建筑与文化的融合。

石柱土家族自治县为何被称为“黄连之乡”

石柱黄连是重庆市石柱土家族自治县特产，也是中国国家地理标志产品。因石柱黄连产于该县黄水森林公园，也称“黄水黄连”。

石柱黄连有1 300多年的历史，过去多为贡品。石柱人工栽培黄连，大约始于元末明初。明初，石柱黄水坝、双河口一带居民以种植黄连养家糊口。明代中期，黄连的栽培加工技术已逐渐成熟和完善。明代后期，石柱已成为黄连集散之地。而今，石柱年产黄连2 000多吨，约占全国年总量的60%和世界的40%，远销全国各地，以及朝鲜、韩国、越南、印度、新加坡等10多个国家，是名副其实的“黄连之乡”。

重庆市为什么会成为我国中西部唯一的直辖市

重庆市能成为中西部唯一的直辖市，得益于其独特的地理区位以及经济发展情况。从人口来看，根据2019年的统计，全市常住人口3 124万人，是中西部人口最多的市。从经济发展情况来看，重庆的经济一直保持着高速增长的势头，2019年重庆的地区生产总值达2.36万亿元，居全国前列。从自然地理位置和交通建设方面来看，重庆是东西部结合、长江黄金水道、西南大通道、“渝新欧”中欧铁路大通道等多位一体的枢纽城市，同时也是长江上游地区的商贸物流和航运中心，更是西南地区综合交通枢纽，不管是从客运、货运，水、陆、空以及对外贸易综合来看，重庆交通实力在中西部城市中都排名第一。最后，重庆还具有丰富的文化底蕴和优美的自然风光。以上这些，都是重庆市能成为我国中西部唯一的直辖市的重要原因。

成为直辖市以来，重庆发展取得显著成就。重庆紧紧围绕国家重要中心城市、长江上游地区经济中心、国家重要先进制造业中心、西部金融中心、西部国际综合交通枢纽和国际门户枢纽等国家赋予的定位，充分发挥区位优势、生态优势、产业优势、体制优势，谋划和推动经济社会发展，努力建设国际化、绿色化、智能化、人文化现代城市。

中国(重庆)自由贸易试验区的战略定位是什么

中国(重庆)自由贸易试验区是设立在重庆的区域性自由贸易园区，其范围约120平方千米，涵盖两江片区、西永片区和果园港区3个片区。中国(重庆)自由贸易试验区于2017年3月15日获国务院正式批复同意设立；同年3月31日，国务院正式公布《中国(重庆)自由贸易试验区总体方案》；同年4月1日正式挂牌。

中国(重庆)自由贸易试验区的战略定位为：以制度创新为核心，以可复制可推广为基本要求，全面落实党中央、国务院关于发挥重庆战略支点和连接点重要作用、加大西部地区门户城市开放力度的要求，努力将自由贸易试验区建设成为“一带一路”和长江经济带互联互通重要枢纽、西部大开发战略重要支点。

重庆为什么能成为“一带一路”和长江经济带的重要连接点

“一带一路”是丝绸之路经济带和21世纪海上丝绸之路的简称。丝绸之路经济带是在古丝绸之路概念基础上形成的一个新的经济发展区域。而长江经济带是我国的重大国家战略发展区域。

从“一带一路”与长江经济带的地域覆盖范围来看，重庆、四川、云南都是两个发展区域的连接点。但从地理区位来看，重庆具有位于长江上游、长江与嘉陵江的交汇点、中西部唯一的直辖市、国家中心城市，以及长江上游地区的经济、航运和商贸物流中心等优势，所以能成为“一带一路”和长江经济带的重要连接点。

我国中西部内陆首个国家级新区在哪里

我国中西部内陆首个国家级新区是两江新区。两江新区因长江、嘉陵江得名，位于重庆主城区长江以北、嘉陵江以东，辖江北区、渝北区、北碚区3个行政区部分区域，还有北部新区、保税港区、两江工业开发区3个功能区，以及江北嘴金融城、悦来国际会展城、果园港等3个开发主体。

两江新区作为新一轮全球产业大转移的焦点地区，亚欧国际物流大通道的枢纽地区，中国发展战略转型的热点地区，内陆新兴大市场的核心地区，其定位是成为统筹城乡综合配套改革试验的先行区，内陆重要的先进制造业和现代服务业基地，长江上游地区的金融中心和创新中心，内陆地区对外开放的重要门户，科学发展的示范窗口。两江新区同时还是中国(重庆)自由贸易试验区、中新(重庆)战略性互联互通示范项目、渝新欧国际铁路、重庆两路寸滩保税港区等项目所在地或实施地。

中欧班列给重庆带来怎样的发展机遇

中欧班列指按照固定车次、线路等条件开行，往来于中国与欧洲及“一带一路”沿线各国的集装箱国际铁路联运班列。中欧班列共有东中西3条通道，西部通道由我国中西部经阿拉山口(或霍尔果斯)出境，中部通道由我国华北地区经二连浩特出境，东部通道由我国东部沿海地区经满洲里(或绥芬河)出境。

中欧班列中从重庆出发的主要是重庆至杜伊斯堡的路线。该线路从重庆团结村站始发，由阿拉山口出境，途经哈萨克斯坦、俄罗斯、白俄罗斯、波兰至德国杜伊斯堡站，全程约11 000千米，运行时间约15天。中欧班列使重庆生产的IT产品等出口欧洲，促进了重庆相关产业发展。

渝新欧国际铁路联运大通道起点在重庆的原因是哪些

渝新欧国际铁路联运大通道，指利用南线亚欧大陆桥国际铁路通道，从重庆出发，经西安、兰州、乌鲁木齐，向西过北疆铁路，到达边境口岸阿拉山口，进入哈萨克斯坦，再经俄罗斯、白俄罗斯、波兰，至德国的杜伊斯堡，全长约11 000千米的由沿途6个国家铁路、海关部门共同协调建立的铁路运输通道。“渝新欧”的名称由沿线中国、俄罗斯、哈萨克斯坦、白俄罗斯、波兰、德国的铁道部共同商定，“渝”指重庆，“新”指新疆阿拉山口，“欧”指欧洲。

渝新欧国际铁路联运大通道起点在重庆的原因是重庆是我国中西部地区的经济和高科技电子产品中心，其中电子产品行业的产品主要面向欧洲出口，但大规模的产品出口需要一个畅通的、成本较低的物流通道。渝新欧国际铁路联运大通道开通后，由于运输全程只需一次申报、一次查验、一次放行，产品只需要10天左右就可到达欧洲，大大缩短了运输时间。

四川省 SICHUAN SHENG

■ 简　称　川、蜀　■ 面　积　约49万平方千米　■ 人　口　8 367万人

■ 世界遗产　九寨沟　黄龙　峨眉山－乐山大佛　青城山－都江堰　四川大熊猫栖息地

■ 地理之最

最高山峰：贡嘎山　　最大湖泊：二滩水库　　最大河流：长江

主要山脉：岷山、大雪山

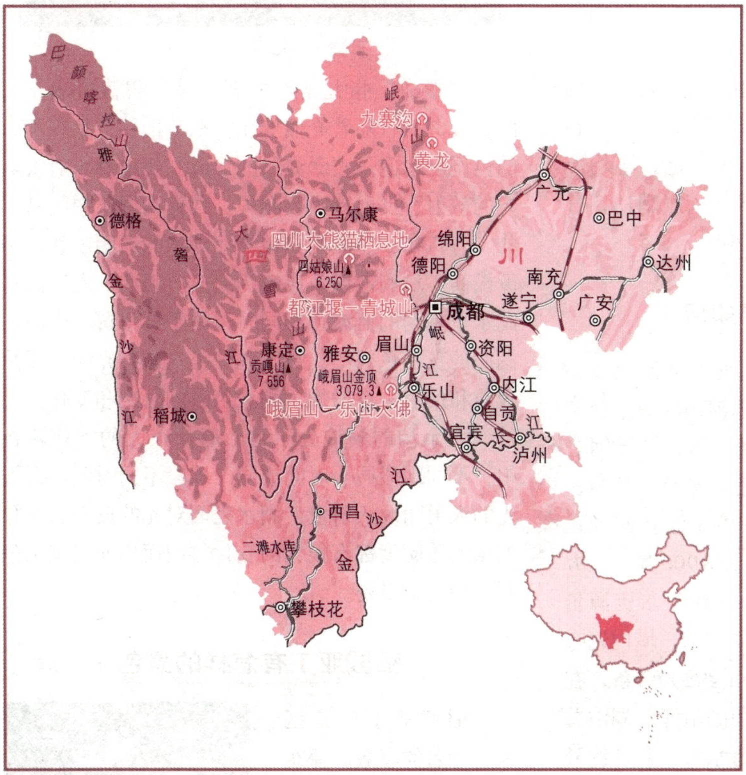

四川省的地势地形有什么特点

四川省位于中国西南腹地，地处长江上游，面积约49万平方千米，东西长1 075千米，南北宽921千米，北连陕西、甘肃、青海，南接云南、贵州，东邻重庆，西衔西藏，是承接华南华中、连接西南西北、沟通中亚南亚东南亚的重要交通走廊。

四川位于中国地势第一级和第二级阶梯的过渡带，高低悬殊，西高东低的特点特别明显。西部为高原、山地，海拔多在3 000米以上；东部为盆地、丘陵，海拔多在500～2 000米。全省可分为四川盆地、川西高山高原区、川西北丘状高原山地区、川西南山地区、米仓山大巴山中山区五大部分。四川地形复杂，以山地为主要特色，具有山地、丘陵、平原和高原4种地形，分别占全省面积的74.2%、10.3%、8.2%、7.3%。其中位于甘孜藏族自治州的贡嘎山是四川省海拔最高点，海拔为7 556米。

四川省的气候有什么特点

四川气候总的特点是区域差异显著。东部冬暖、春旱、夏热、秋雨，多云雾、少日照；西部则寒冷、冬长、基本无夏、日照充足、降水集中、干雨季分明。气候垂直变化大，气候类型多，气象灾害种类多，发生频率高、范围大，干旱、暴雨、洪涝和低温等经常发生。四川按气候可分为四川盆地的亚热带湿润气候区、川西南山地亚热带半湿润气候区和川西北高山高原气候区。

四川盆地的亚热带湿润气候区，全年温暖湿

润，年均温16～18℃，积温达到4 000～6 000℃，气温日较差小，年较差大，冬暖夏热，无霜期230～340天。盆地云量多，晴天少，年日照时间较短，仅为1 000～1 400小时，比同纬度的长江流域下游地区少600～800小时，但雨量充沛，年降水量达1 000～1 200毫米。

川西南山地亚热带半湿润气候区，年均温12～20℃，年较差小，日较差大，早寒午暖，四季不明显，但干湿季分明。降水量较少，年降水量900～1 200毫米，90%集中在5—10月。云量少，晴天多，日照时间长，年日照时数多为2 000～2 600小时。其河谷地区受焚风影响形成典型的干热河谷气候，山地形成显著的立体气候。

川西北高山高原气候区，海拔高差大，气候立体变化明显，总体上以寒温带气候为主，河谷干暖，山地冷湿，冬寒夏凉，水热不足，年均温4～12℃，年降水量500～900毫米。天气晴朗，日照充足，年日照时数1 600～2 600小时。

四川省的水文状况如何

四川水资源丰富，居全国前列，河流众多，以长江水系为主。四川省水资源以河川径流最为丰富，境内共有大小河流近1 400条，号称“千河之省”。水资源总量共计3 000多亿立方米。其中，多年平均天然河川径流量为2 000多亿立方米，占水资源总量的73%；上游入境水量900多亿立方米，占水资源总量的27%。省内有地下水资源量500多亿立方米，可开采量115亿立方米。境内遍布湖泊冰川，有湖泊1 000多个、冰川约200余条，在川西北和川西南还分布有一定面积的沼泽，湖泊总蓄水量约15亿立方米，加上沼泽蓄水量，共计约35亿立方米。

“九寨沟六绝”中的“翠海”是怎么形成的

九寨沟位于四川省阿坝藏族羌族自治州九寨沟县境内，地处川西高原、山地向四川盆地过渡地带，南距成都市300多千米，是一条纵深50余千米的山沟谷地，总面积约为9.5万公顷，森林覆盖率超过80%。因沟内有树正寨、荷叶寨、则查洼寨等九个藏族村寨而得名。

九寨沟中最美丽的景色要数“九寨沟六绝”了，分别是“翠海、叠瀑、彩林、雪峰、藏情和蓝冰”，而其中最著名的是九寨沟的“翠海”。

九寨沟

“翠海”指九寨沟的湖水终年碧蓝澄澈，明丽见底，而且随着光照变化、季节推移，呈现不同的色调与水韵。“翠海”的形成主要跟湖水对太阳光的散射、反射和吸收有关。九寨沟湖水中的悬浮物、有机物、浮游生物极少，湖水的透明度和洁净度极高，瑞利散射效应较为突出。因此，九寨沟的湖水呈艳丽的蓝绿色。同时，由于湖水透明度高，湖底的灰白色钙华、黄绿色藻类对透射光的选择性吸收和反射，也增加了湖水色彩的层次和变化。另外，九寨沟的湖泊处于地形起伏很大的深切峡谷中，不同地段同一时间或同一地段不同时间，太阳光的入射角及入射量、湖水表面对光的反射状况和湖水的透明度都有很大的变化，因而也使得湖水色彩更加变幻多姿。

稻城亚丁有怎样的景色

稻城亚丁风景区地处著名的青藏高原东部横断山脉中段，以其独特的原始生态环境，雄、奇、秀、美的高品位自然风光而闻名中外，其核心就是仙乃日、央迈勇、夏诺多吉三座“神山”。央迈勇，藏语意为“文

亚丁自然保护区央迈勇峰

殊菩萨”，海拔5 958米，是三座雪山的南峰，美国探险家约瑟夫·洛克曾称“她(央迈勇)是我见到的世界上最美的山峰”。仙乃日，藏语意为“观世音菩萨”，海拔6 032米，也是三座山中海拔最高的一座。夏诺多吉，藏语意为“金刚手菩萨”，海拔5 958米，山形接近金字塔状，山峰线条尖锐有力。此外，稻城亚丁还有冲古寺、洛绒牛场、卡斯地狱谷、珍珠海、牛奶海和五色海等非常美丽的景点。

海螺沟的冰瀑布是怎样形成的

海螺沟位于四川省泸定县磨西镇，是青藏高原东缘的极高山地，坐落于贡嘎雪峰脚下，以低海拔现代冰川著称于世，特别是举世无双的冰瀑布，高达1 000多米，宽约1 100米，比著名的黄果树瀑布大出十余倍，瑰丽非凡，是中国至今发现的最高大冰瀑布。

海螺沟冰瀑布位于海螺沟冰川的上端，是一个巨大的陡壁。冰瀑布的形成源于冰川的重力运动。当冰川运动到陡坡时，由于地形的缘故便成瀑状下降，形成壮观的冰瀑布。冰瀑布滑动崩塌便会产生“冰崩”，这是海螺沟冰川景观中令人震撼的一幕。冰崩的产生是因为由冰体组成的冰瀑布不像水瀑布那样流动，但由于冰体融冻作用会不断产生冰崩。在冰川活动剧烈的春夏季，冰崩一天可达上千次，最多时一次垮塌上百万立方米的冰体。冰崩时，冰体间剧烈的撞击和摩擦会产生放电现象，蓝光闪烁，大地震颤，山谷轰鸣，千千万万的冰块滑落、飞溅，扬起漫天雪雾，蔚为壮观。

中国唯一保护完好的高原湿地在哪里

黄龙风景名胜区有着中国唯一保护完好的高原湿地，位于四川省阿坝藏族羌族自治州松潘县，面积700平方千米。黄龙以彩池、雪山、峡谷、森林“四绝”著称于世，再加上滩流、古寺、民俗，合称为“七绝”。黄龙景区由黄龙沟、丹云峡、牟尼沟、雪宝鼎、雪山梁、红星岩、西沟等景区组成。主要景观集中于长约3.6千米的黄龙沟，沟内遍布碳酸钙华沉积。黄龙以规模宏大、结构奇巧、色彩丰富的地表钙华景观为主景，以罕见的喀斯特地貌蜚声中外，并拥有丰富的动植物资源，享有“世界奇观”“人间瑶池”等美誉。

泸沽湖是怎样形成的

泸沽湖，位于四川盐源与云南宁蒗交界处，为川滇共辖的一个湖泊。泸沽湖呈北西—东南走向，湖泊面积50.1平方千米，最大水深105.3米，湖面海拔约为2 685米，是中国第三大深水湖泊。

泸沽湖位于横断山脉地区相对低洼的盆地，在地质构造上属断层结构，是由地壳运动而形成的高原溶蚀断陷湖盆，由一个西北—东南向的断层和两个东西向的断层共同构成，属雅砻江支流理塘河水系。泸沽湖湖岸多弯曲，形成港湾，有大小岛屿7个，沿湖有4个较大的半岛伸入湖中，其中由东至西伸到湖中的长岛长达4千米，面积6平方千米，把湖面阻隔成马蹄形。

为什么成都平原被称为“天府之国”

成都平原又名川西平原、盆西平原，四川话称为“川西坝子”，是位于四川盆地西部的一处冲积平原，总面积1.881万平方千米，是中国西南三省最大的平原。成都平原地势自西北向东南倾斜，海拔为600米左右，土壤肥沃，又有自古闻名的都江堰灌溉工程，农业发达，物产富饶，人口稠密，是中国重要的水稻、甘蔗、蚕丝、油菜籽产区，自古有“天府之国”的美誉。在《三国志·诸葛亮传》中曾有“益州险塞，沃野千里，天府之国，高祖因之以成帝业”的记载。

哪座山峰被称为“蜀山之王”

贡嘎山，又叫岷雅贡嘎，位于四川省康定市以南，是大渡河和雅砻江之间的分水岭、四川西部重要地理界线——大雪山的主峰，海拔7 556米，也是四川省最高的山峰，被称为“蜀山之王”。

贡嘎山地区岩层以花岗岩为主，加上长期冰蚀作用，狭窄的山脊犹如倾斜的刀刃，坡壁陡峭，岩石裸露，坡度多大于70°。同时，贡嘎山地区又是横断山脉中的高峰集中区，在其附近聚集了45座海拔6 000米以上的高峰。此外，贡嘎山区约有70多条冰川，其中以海螺沟冰川、燕子沟冰川、贡巴冰川、巴王沟冰川及加则拉沟冰川等较有名。

四川贡嘎山

哪座盆地是我国最大的外流盆地

外流盆地指盆地内的水体与外界水体相连的盆地。四川盆地是我国四大盆地之一，也是我国最大的外流盆地。

四川盆地又称信封盆地、紫色盆地，总面积约26万平方千米。四川盆地可大致分为边缘山地和盆地底部两部分，边缘山地海拔多在1 000～3 000米，面积约为10万平方千米；盆地底部地势低矮，海拔多在250～750米，面积约为16万平方千米。

四川盆地四周被山脉和高原所环绕，北面是大巴山、米仓山、龙门山，西面是青藏高原边缘的邛崃山、大凉山，南面是大娄山，东面是巫山。长江切穿巫山滚滚东流，使四川盆地成为我国最大的外流盆地。

成都望江楼“望”的是哪条江

望江楼位于成都市东门外九眼桥锦江南岸，是明清时期为纪念唐代著名女诗人薛涛而修建的建筑群。望江楼“望”的是锦江。锦江是岷江流经成都市区的两条主要河流——府河和南河的合称，因此锦江也称府南河。两河在合江亭相汇东去，往南经乐山、宜宾流入长江。

成都望江楼

“蜀道难”究竟难在哪里

蜀道，通常指中国古代连接关中平原和成都平原，翻越秦岭和大巴山的众多道路。古代的蜀道多用栈道形式，即在悬空的山崖边修的木质通道。

从狭义上说，蜀道仅包括四川境内的路段，南起成都，北止于广元七盘关，全长约450千米。从广义上说，蜀道南起成都，过广汉、德阳、罗江、绵阳、梓潼，越大小剑山，经广元而出川，在陕西褒城附近向左拐，之后沿褒河过石门，穿越秦岭，出斜谷，直通八百里秦川，全长1 000余千米。蜀道多山路，沿途山高谷深，峭壁林立，水流湍急，寸步难行，为此有了“蜀道之难，难于上青天”的说法。

你知道四川大熊猫栖息地的范围吗

四川大熊猫栖息地由四川省境内的卧龙自然保护区等7处自然保护区，包括卧龙、四姑娘山、夹金山等和青城山—都江堰等9处风景名胜区组成，涵盖成都、雅安、阿坝和甘孜共4市州的12个县，面积约9 245平方千米。

四川大熊猫栖息地作为世界自然遗产，保存的野生大熊猫占全世界野生大熊猫的30%以上，是全球最大最完整的大熊猫栖息地，也是全球除热带雨林以外植物种类最丰富的区域，生长着1 000多个属的5 000～6 000种植物，被保护国际(CI)和世界自然基金会(WWF)分别选定为全球25个生物多样性热点地区之一和全球200个生态区之一。另外，这里有高等植物1万多种，还有金丝猴、羚牛等独有的珍稀物种，还是小熊猫、雪豹及云豹等濒危物种栖息的地方。值得一提的是，该地区的环境与第三纪的热带雨林相似，因此非常适宜大熊猫的生存。

四川省有中国四大古城中的哪一座

中国四大古城指安徽徽州古城、四川阆中古城、山西平遥古城、云南丽江古城。这四个古城都具有浓厚的民族风格和地方特色，分别代表了区域一定历史时期的风貌，对研究当地建筑、历史、人口、风俗、文化具有重要的意义。

阆中古城位于四川盆地东北缘、嘉陵江中游，是春节文化的发源地。古城已有2 300多年的建城历史。它是巴国最后一个国都。阆中之名，始于公元前314年，其后历代统治者在此设郡、州、府、道、县等。清顺治时，它曾作为四川临时省会达19年。阆中被誉为四川最大的“风水古城”，素有“阆苑仙境”“嘉陵第一江山”“中国春节文化之乡”等美誉。阆中古城景区总面积约5平方千米，古城核心区域2平方千米。

攀枝花为什么能成为我国西部早期重要的钢铁产业基地

攀枝花的钒钛磁铁矿矿山

攀枝花是我国西部早期重要的钢铁产业基地，被称为“百里钢城”。攀枝花能成为我国西部重要的钢铁产业基地离不开以下这些因素：一是钢铁原料丰富。攀枝花是中国四大铁矿区之一。丰富的铁矿为攀枝花发展钢铁产业提供了可能。二是水能资源和煤炭资源丰富。攀枝花水能资源理论蕴藏量687.9万千瓦以上，可开发量达到599.4万千瓦。攀枝花煤炭资源保有储量为3.4亿吨。三是水陆交通便利。在水上交通方面，攀枝花境内河流众多，有大小河流90多条，水运便利；在陆路交通方面，成昆铁路途经攀枝花，为中国西南地区的干线铁路之一，也是中国主要干线铁路网的重要组成部分，运输地位非常重要。四是地形的限制。攀枝花处于攀西裂谷中南段，地形具有山高谷深，盆地交错分布的特点，相对高度非常大，达3 000多米。地形的限制使攀枝花市在早期很难发展其他产业。五是国家政策的支持。国家政策的大力支持使攀枝花成为我国西部最大的钢铁生产基地。

川气东送为什么以四川为起点

川气东送是我国继西气东输工程后又一项天然气远距离管网输送工程。该工程西起四川达州普光气田，跨越四川、重庆、湖北、江西、安徽、江苏、浙江与上海等6省2市，管道总长2 170千米，年输送天然气约120亿立方米。

川气东送的起点普光气田位于四川省达州市宣汉县普光镇，天然气储量十分可观。根据中国石油天然气行业气藏分类标准来看，普光气田属于特大气藏。同时，普光气田的开发惠及长江经济带70多个大中型城市、上千家企业和2亿多居民，属于我国西部大开发的重要一环。因此，川气东送以四川为起点。

为什么说都江堰对成都平原意义非凡

都江堰

都江堰是春秋时期蜀地郡守李冰修建的最为著名的水利工程。都江堰坐落在四川省西部，是世界上现存历史最长的无坝引水工程，距今已有2 200多年，被视为中国古代水利史上的一颗璀璨明珠。

都江堰水利工程主要由鱼嘴（分水工程）、飞沙堰（溢流排沙工程）和宝瓶口（引水工程）三大主体工程，以及百丈堤、金刚堤、人字堤、外江闸等附属工程组成。

其中，鱼嘴和金刚堤把汹涌的岷江水分为内、外二江。李冰治水时让内江河床低于外江，这样，在秋冬枯水季，岷江主流奔入内江，保证约六成水进入内江，约四成水排往外江；而春夏丰水季，鱼嘴前的沙洲被淹没，不再受弯道的制约，水流会大量冲向河流弯道的内侧，直奔外江，又因为外江修建的比较宽，所以约六成水排往外江，四成水进入内江，此时内外江进水比例便自动反转过来，这就是都江堰“分四六，平潦旱”的原理。

飞沙堰泄洪、排沙。正常情况下，飞沙堰发挥内江堤岸作用，把水拦入宝瓶口，成都平原用水得以保证；当内江引水量超过宝瓶口危险水位时，过剩的水便从飞沙堰自行排出；若遇特大洪水，飞沙堰还会自动溃堤，把大量的洪水泄入岷江主流，看似平凡的飞沙堰，就是如此让成都平原免于水灾。飞沙堰的另一重要作用是“飞沙”，即把进入内江的沙石托起并甩出飞沙堰，进入外江。凿开宝瓶口后，在右岸留下一座巍然挺立的大岩堆，与玉垒山隔江而峙，称为“离堆”。

宝瓶口引水。由于宝瓶口过水断面狭窄，即可限制进入成都平原的水量。如果遇到洪水时期，大量的水被宝瓶口阻拦，水面就会上升，当水面超过旁边的飞沙堰时，就会被飞沙堰后面的排洪渠排往外江，实现二次排洪，因此，宝瓶口是成都平原免于洪水威胁的屏障。

据《华阳国志》记载，修建好都江堰后，从此成都平原“水旱从人，不知饥馑，时无荒年，天下谓之天府也。”成都平原“天府之国”的美名因此而来。

茶马古道指的是什么

茶马古道指存在于中国西南地区，以马帮为主要交通工具的民间国际商贸通道，是中国西南民族经济文化交流的走廊。

茶马古道源于古代西南边疆的茶马互市，兴于唐宋，盛于明清，“二战”中后期最为兴盛。茶马古道分川藏、滇藏两路，连接川滇藏，延伸入不丹、尼泊尔、印度境内，直到西亚、西非红海海岸。

川藏茶马古道始于唐代，东起雅州边茶产地雅安，经打箭炉(今康定)，西至西藏拉萨，最后通到不丹、尼泊尔和印度，国内路线全长3 100多千米，已有1 300多年历史，具有深厚的历史积淀和文化底蕴，是古代西藏和中原地区联系必不可少的桥梁和纽带。

南方丝绸之路指的是什么

南方丝绸之路从现在的成都开始，经云南进入缅甸、泰国到达印度和阿拉伯半岛，全长约2 000千米。它和西北丝绸之路、海上丝绸之路同为我国古代开展对外交通贸易和文化交流的主要通道。

川藏铁路在我国铁路体系中有什么地位

川藏铁路是中国境内一条连接四川省与西藏自治区的快速铁路，呈东西走向，是国内第二条进藏铁路，也是西南地区的干线铁路之一。川藏铁路东起四川成都，经雅安、甘孜，进入西藏昌都境内，再经林芝市、山南市，终至拉萨，全长1 800多千米。

川藏铁路沿线穿越以三江并流为代表的横断山区，环境具有海拔高、构造作用强等特征，在平均高差2 000米的山谷间“八起八伏”，累计爬升高度超过1.4万米，多采用高桥、隧道等建筑方式，全线桥隧比例达81%，是铁路建设史上的一颗璀璨明珠。

全国唯一的羌族自治县在哪里

全国唯一的羌族自治县是四川省绵阳市的北川羌族自治县。北川羌族自治县位于四川盆地西北部，东接江油，南邻安州，西靠茂县，北抵松潘、平武，辖区面积3 000多平方千米，距绵阳42千米、成都160千米。

北川古羌族是一个以养羊为主的畜牧民族，现北川已建成茶叶、蔬菜、水果、中羌药材、冷水鱼、白山羊等农牧业基地，北川羌城旅游区为5A景区，“白马西羌”是民族风情旅游精品线路。

我国最大的彝族聚居区在哪里

凉山彝族火把节

我国最大的彝族聚居区是四川省凉山彝族自治州，位于四川省西南部，东北与宜宾、乐山相连，北连雅安、甘孜两地，西南与攀枝花毗邻，东、南、西与云南省相连接，全州面积约6万平方千米，是全国彝族集聚最多的地方，也是四川省民族类别最多、少数民族人口最多的地区，居住着彝、汉、藏、回、苗、蒙古、傈僳、傣、纳西、布依、壮、白、满、土家等民族的居民。同时，凉山彝族自治州还是通往我国西南边陲的重要通道，以及古南方丝绸之路的必经之地。

佛教四大名山中的哪一座在四川

中国佛教四大名山分别是山西五台山、浙江普陀山、四川峨眉山和安徽九华山。

峨眉山位于四川省乐山市峨眉山市境内，地势陡峭，风景秀丽，素有“峨眉天下秀”之称，其中万佛顶为峨眉山海拔最高之处，海拔为3 099米，高出峨眉平原2 700多米。峨眉山为邛崃山南段余脉，自峨眉平原拔地而起，山体呈南北走向，绵延23千米，面积约154平方千米，主要由大峨山、二峨山、三峨山、四峨山4座山峰组成。

自贡市为什么被称为“千年盐都”

自贡市地处四川盆地南部，东邻隆昌、泸县，南接泸州、宜宾，西与犍为、井研毗邻，北靠仁寿、威远、内江，全市总面积约4 381平方千米。

自贡这座城市与盐紧密联系，可以说自贡市是“因盐设市”，因为“自”“贡”两个字就是由“自流井”和“贡井”两个盐井的名字合称而来。

自贡之所以享有“千年盐都”的美誉，是因为它的井盐开采历史已有近2 000年，自东汉章帝时期这个地区开凿出第一口盐井，到这里因盐设镇，因盐设县，因盐设市，自贡几乎所有的建设历程都跟盐有关，且从清朝中叶以来，自贡一直是中国井盐生产的中心。因此，自贡市被称为“千年盐都”可谓名不虚传。

川剧有什么特色

川剧的变脸

川剧俗称川戏，是融合高腔、昆曲、胡琴、弹戏和四川民间灯戏五种声腔艺术而成的传统剧种，流行于四川东中部、重庆、贵州及云南部分地区，是我国重要的非物质文化遗产。

川剧分小生、须生、旦、花脸、丑角5个行当，各行当均有自成体系的功法程序，其中尤以“三小”，即小丑、小生和小旦的表演最具特色。川剧中最有名的技巧为变脸。变脸是川剧表演的特色之一，用于揭示剧中人物的内心及思想感情的变化，即把不可见、不可感的抽象的情绪和心理状态变成可见、可感的具体形象——脸谱，有拭、揉、抹、吹、画、戴、憋、扯等多种变脸方法。

为什么川东和川西的经济差异那么明显

川东和川西在经济发展上差异明显。究其根

本，地理环境差异是造成该现象的重要原因。从地形上看，川东位于四川盆地，以盆地、丘陵等地形为主，海拔多在500～2 000米；而川西则为高原、山地，海拔多在3 000米以上。复杂的地形条件对川西经济发展造成阻碍。从经济结构来看，川东各城市的第一产业在经济结构中均占比较小，但在川西少数民族自治州，畜牧业和种植业仍在经济结构中占比较大，而第一产业的附加产值是三大产业里最低的。因此，川东和川西经济差异明显有其深刻的地理原因。

泸州高新技术产业开发区有什么地理优势

泸州高新技术产业开发区成立于2013年9月，2015年2月升级为国家高新技术产业开发区，是长江经济带上游三个国家级高新技术产业开发区之一。泸州高新区总规划面积202平方千米，按照“科技引领、产城一体”的理念，形成“一核、两翼、多园”的空间格局，打造集科研孵化、产业发展、生态宜居等功能于一体的现代化科技产业新城。“一核”即位于龙马潭区4.62平方千米的核心区。“两翼”即江阳片区和泸县片区两大板块。“多园”即现代医药产业园、机械装备产业园、新能源新材料产业园、智能制造产业园、大数据产业园、江南科技园、纳溪科技园、合江生态工业园。

泸州高新区落户泸州是因为其优越的地理位置和成熟的基础设施。开发园区紧邻泸州市区，距离重庆130千米、成都230千米，同时紧邻长江黄金水道，与泸州港国际集装箱码头一桥相连，距泸州火车站20千米，距泸州蓝田机场16千米、距泸州云龙机场20千米，傍成自泸赤高速、川黔高速、川渝高速，交通四通八达。另外，也与其优越的环境条件及高效的政务有关。

绵阳发展高科技产业的优势在哪里

绵阳市隶属于四川省，位于四川盆地西北部、涪江中上游地带。绵阳是党中央和国务院批准建设的国家级科技城，是我国重要的国防科研生产基地，也是国家系统推进全面创新改革试验的重点地区。因此，绵阳发展高科技产业有着国家政策的支持。同时，绵阳市还是成都平原城市群北部中心城市，以及成渝经济圈七大区域中心之一，发展高科技产业时能够借鉴成都、重庆等先进城市的经验，成为区域内的高科技产业增长极。

天府新区的规划定位是什么

天府新区是四川省下辖的国家级新区，地域范围涵盖了成都市的天府新区和成都高新区、双流区、龙泉驿区、新津县、简阳市的部分地区，以及眉山市的彭山区、仁寿县部分地区，规划总面积为1 578平方千米，是我国第11个国家级新区。

按照规划，2020年，天府新区初步建成鹿溪智谷、天府中心和成都科学城起步区，经济总量突破2 500亿元，成为“西部地区最具活力的新型增长极”；到2035年，基本建成天府新区核心区，经济总量站上万亿级台阶，成为内陆开放经济新高地；到2050年，全面建成天府新区，成为最具产业活力、最具城市张力、最具人文魅力的别样精彩的新极核，成为宜业宜商宜居的国际化现代化新城。

天府新区在“十三五”时期，坚持高质量发展，2019年末经济总量已达3 270亿元，基本形成美丽宜居的城市形态和创新驱动的产业体系。

攀枝花为什么要进行城市转型

攀枝花是我国重要的工业型城市，重工业产值占据全市经济总量的90%左右，2005年攀枝花“荣登”全国十大空气污染城市，导致居民大量外迁。

在环境急剧恶化的条件下，攀枝花积极进行城市转型并取得良好成果。目前，攀枝花坚持绿色创新发展理念，大力发展钒钛产业深加工，推动钢铁产业转型升级，2016年空气质量优良率首次实现100%。在此基础上，攀枝花立足优越的自然条件，以阳光康养产业为突破口，推动产业升级和城市转型发展，积极发展旅游业和特色农业。

近年来，攀枝花成功进入全国呼吸环境十佳城市、中国康养城市排行榜50强、中国城市宜居竞争力排行榜50强等，成为首批国家医养结合试点城市。

四川为什么会成为西南地区重要的商品集散地

广义上的西南地区，一般包括四川省、贵州省、云南省、西藏自治区、重庆市等5个省级行政区域。其中，四川盆地是西南地区人口稠密、经济发达、商业繁华、历史深厚、文化昌盛、教育领先、科技先进、交通便捷、区位重要的地区。盆地内的成都、重庆是西南乃至中西部最发达的城市，合称“西南双子星”。因此，四川成为西南地区重要的商品集散地。

成渝经济圈包括哪些城市

成渝经济圈是西部人口最为稠密、产业最为集中、城镇密度最高的区域。它以成渝高速公路为轴线，分成北翼、中轴和南翼，分布着成都、遂宁、南充、合川、简阳、资阳、内江、永川、自贡、宜宾、泸州、江津、重庆等城市的经济区域。

按照区域的定位和规划，成渝经济区将成为西部大开发的增长极和经济高地，国家重要的先进装备制造业、现代服务业、高新技术产业和农产品基地，全国统筹城乡综合配套改革试验区，以及国家内陆开放示范区和国家生态安全保障区，将依托中心城市和长江黄金水道、主要陆路交通干线，形成以重庆、成都为核心，沿江、沿线为发展带的“双核五带”空间布局。

中国（四川）自由贸易试验区设立在四川有什么优势

中国(四川)自由贸易试验区整体分为成都、泸州两个部分，涵盖中国(四川)自由贸易试验区成都天府新区片区、中国(四川)自由贸易试验区成都青白江铁路港片区和中国(四川)自由贸易试验区川南临港片区三个片区，总面积达120平方千米。

中国(四川)自由贸易试验区设立在四川主要是因为四川的地理区位优势。四川省在西部大开发中地位非常重要，是加大西部地区门户城市开放力度，以及建设内陆开放战略支撑带、打造内陆开放型经济高地和实现内陆与沿海沿边沿江协同开放等要求的纽带省份，肩负着沿海省份和西南内陆省份经济联系的重要责任。

贵州省 GUIZHOU SHENG

■ **简　称**　黔、贵　■ **面　积**　约18万平方千米　■ **人　口**　3 856万人

■ **世界遗产**　中国南方喀斯特(荔波、施秉)　中国丹霞(赤水)　梵净山　土司遗址

■ **地理之最**

最高山峰：韭菜坪　**最大湖泊**：万峰湖　**最大河流**：乌江　**主要山脉**：大娄山

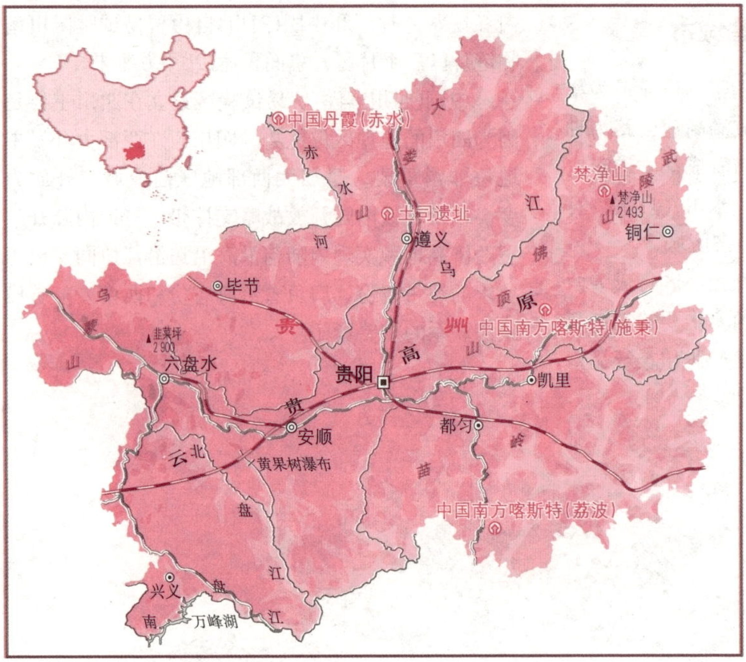

贵州省地貌特征是怎样的

贵州省位于云贵高原东部，东邻湖南，南依广西，西接云南，北抵川渝，是一个以高原、山地为主的地区。山地是贵州分布面积最大的类型，成因各异，有的在褶皱断裂基础上由流水侵蚀而成，有的由碳酸盐岩层经岩溶作用而成。贵州主要有四条山脉，东部武陵巍峨，西部乌蒙磅礴，中南部苗岭秀丽，北部娄山雄险。苗岭将贵州一分为二，南为珠江流域，北属长江水系。贵州是世界上喀斯特(岩溶)地貌发育最典型的地区之一，喀斯特地貌类型齐全，分布广泛，碳酸盐岩石出露面积占全省总面积的73%，几乎可见到岩溶区所有的地貌形态和类型，地表有石牙、溶沟、漏斗、落水洞、峰林、溶盆、槽谷、岩溶湖等，地下有溶洞、地下河(暗河)、暗湖。各种钙质沉积形态千姿百态，如石钟乳、石笋、石花、石幔、石瀑布、莲花盆、卷曲石等，还有流痕、贝窝等各种洞穴溶蚀地貌。

贵州省的气候有怎样的特点

贵州省位于东亚季风区内，属亚热带季风气候。全省大部分地区气候温和，冬无严寒，夏无酷暑，四季分明。通常最冷月(1月)平均气温多在3～6℃，比同纬度其他地区高；最热月(7月)平均气温一般是22～25℃。常年雨量充沛，时空分布不均。受大气环流及地形等影响，贵州气候呈多样性，“一山分四季，十里不同天”。降水较多，雨季明显，阴天多，日照少。但是，部分地区气候不稳定，灾害性天气较多，干旱、秋风、凌冻、冰雹等发生频率高，对农业生产危害严重。

贵州省的水文特征是怎样的

贵州河流处在长江和珠江两大水系上游交错地带，是长江、珠江上游地区的重要生态屏障。贵州河流数量较多，长度在10千米以上的河流有900余条。全省水系顺地势由西部、中部向北、东、南三面分流。

苗岭是长江和珠江两流域的分水岭，以北属长江流域，主要河流有乌江、赤水河等。苗岭以南属珠江流域，主要河流有南盘江、北盘江、红水河等。贵州河流水位落差集中的河段多，开发条件优越，水力资源丰富，水力资源蕴藏量占全国总蕴藏量的2.77%，居全国第6位。

你知道世界最大的瀑布群在哪里吗

黄果树瀑布群，是以著名的黄果树瀑布为中心的一个瀑布群体，由姿态各异的十几个地面瀑布和地下瀑布组成，集中分布在贵州北盘江支流上。黄果树瀑布以当地的一种常见的植物——黄果树而得名。黄果树瀑布以其雄奇壮阔的大瀑布、连环密布的瀑布群而闻名海内外，是世界最大的瀑布群。

黄果树瀑布形成于典型的亚热带岩溶地区。黄果树瀑布群被称为“岩溶瀑布博物馆”。瀑布群的主体——黄果树瀑布落差67米，河水从断崖顶端凌空飞流而下，倾入崖下的犀牛潭中，蔚为壮观。300多年前，明代地理学家徐霞客在此考察时曾做了这样的描述“高峻数倍者有之，而从无此阔而大者”，可见其壮观之势。瀑布后的水帘洞相当绝妙，134米长的洞内有6个洞窗，5个洞厅，3个洞泉和1个洞内瀑布。游人穿行于洞中，可在窗内观看洞外飞流直下的瀑布，美不胜收。

贵州成为我国南方最大的夏秋反季节蔬菜基地的优势是什么

贵州属亚热带季风气候，气候温和，冬无严寒，夏无酷暑，冬暖夏凉，降雨丰沛。夏秋季节，雨、热、光基本同季，有利于作物生长发育。全省平均海拔约1 100米，高于1 200米的山地面积约超过全省土地总面积的1/2。海拔900～1 200米的区域7月平均气温低于25°C，海拔1 200米以上的区域7月平均气温低于22°C，非常适宜夏秋反季节蔬菜生产。

你知道“贵阳”名字的由来吗

“贵阳”之名较早见于明(弘治)《贵州图经新志》，“郡在贵山之阳”。一种说法为贵阳因为在贵山的南面所以得名。另一说法为由于贵阳长期受昆明准静止锋(又称云贵准静止锋)的影响，所以常年阴雨，民间有“天无三日晴”的俗语，贵阳是因为“阳贵”得名。

贵阳为什么能在“中国十大避暑旅游城市”评选中荣登榜首呢

贵阳地处西南腹地，云贵高原东侧，是贵州省的政治、经济、文化中心。这里属亚热带湿润气候，夏无酷暑，冬无严寒，年均气温在23.7°C左右，常年多阴雨。民间有“天无三日晴”的俗语，雨水充沛。行政区域内有森林面积3 000余平方千米，森林覆盖率达50%以上，市区四周群山环抱、林木苍翠，是名副其实的“空调城”。同时，贵阳位于云贵高原上，海拔较高，夏季气温较低，是座宜居城市，人们说它是一座“山中有城，城中有山，城在林中，林在城中”的都市。这里全年温度适宜，湿度适中，紫外线辐射低，空气清洁，这就是它在“中国十大避暑旅游城市”评选中荣登榜首的主要原因。

贵阳为何有“筑城”的别称

贵阳

贵阳是贵州省省会，简称筑，别称筑城。此别称的由来有几种说法。一是源于人名。此说认为“筑”是从“竹王之城”

演化而来。夜郎王又称竹王，夜郎王所在城堡叫竹王城，简称“竹城”。从贵阳城的历史来看，上述记载也是有根据的。贵阳地区当时许多地方都建有竹王祠和竹王神庙，现在的海关大楼附近原来就有竹王祠。二是源于“筑城”。“筑”字在古时为“築”。贵阳在古代生产力相对落后，当时是用木板夹住泥土，用绳索和厢板定形，用木杵(古代叫“板築”)把泥土夯实筑就的一座土城。于是，将築就之城简称为“築”。随着文字的演化，“築”也就变成了“筑”。在贵阳的农村，农户“築”墙建房的这种建筑方式一直沿用到20世纪末。因此说贵阳简称“築”源于“筑城”。三是源于乐器。因乐器“筑”得名。“筑”的本意是乐器，如《史记·高祖本纪》记载：“高祖击筑自为诗歌。”四是源于“竹”。贵阳本来多竹，其中有一种叫“筀竹”。有文字表明“贵竹”源于“桂竹”或“筀竹”。

你了解布依族的文化习俗吗

布依族传统文化有久远的历史传承和丰厚的积淀。布依族民间流传的多种技艺久负盛名。譬如纺织、刺绣等，技术精湛，堪称艺术。布依族妇女的手工织物古时曾经作为朝廷贡品，在当代也得到专家的高度评价并珍藏。布依族典型的传统建筑“干栏”式建筑，充分体现了布依族人民的生存智慧。布依族居住地过去由于依山傍水，阴雨潮湿，森林密布，瘴气弥漫，蛇虫猛兽横行，为防患侵害，故建造这种“干栏”式建筑。在传统节日方面，有二月二祭祀土地神，六月六祭田神、土地神和山神，吃新节等具有本民族固有特色的节日。

然而，在现代文明的冲击下，布依族文化的传承面临着传统技艺的学习与现代教育的冲突，传统居住与现代居住方式的差距，传统民俗与现代生活方式的差异等诸多困境。如何让布依族文化在与现代文化的交融中永葆民族特色，是一个需要在实践中不断反思、长期探索的问题。

梵净山有什么特点

梵净山，得名于“梵天净土”，位于贵州省铜仁市，系武陵山脉主峰。它是“贵州第一名山”“武陵第一峰”，在2018年7月2日，被评为世界自然遗产。

梵净山地区受东南亚太平洋季风控制，属亚热带湿润季风气候区，夏季受东南海洋季风影响十分显著，冬季受寒潮影响一般较小。按热量带划分，从山脚至山顶分别是中亚热带、北亚热带、南温带、中温带。总的特点是气候温和，光能充足，雨量充沛，无严寒酷暑。梵净山有植物2 000余种，被誉为“地球绿洲”“动植物基因库”。有华山之气势，泰山之宏伟，兔耳岭之奇石，原始洪荒之景观特征。

为何贵州茅台酒如此著名

茅台酒是贵州省遵义市仁怀市茅台镇特产，是与苏格兰威士忌、法国科涅克白兰地齐名的世界三大蒸馏名酒之一，也是大曲酱香型白酒的鼻祖，被尊称为“国酒”，已有800多年的历史。贵州茅台酒的风格特点是“酱香突出、幽雅细腻、酒体醇厚、回味悠长、空杯留香持久”。

茅台酒如此优越的品质与其产地环境有很大的关系。由于茅台镇地处河谷，风速小，十分有利于酿造茅台酒的微生物的栖息和繁殖。茅台酒厂区建于赤水河上游，水质好、硬度低、微量元素含量丰富，且无污染。峡谷地带微酸性的紫红色土壤，冬暖夏热、少雨少风、高温高湿的特殊气候，加上千年酿造环境，使空气中充满了丰富而独特的微生物群落。茅台酒的生产对原料的要求也很高，茅台酒生产所用高粱为糯性高粱，当地俗称红缨子高粱，粒小皮厚，十分有利于茅台酒工艺的多轮次翻烤，使茅台酒每一轮的营养消耗有一合理范围。同时，赤水河水质好，用这种入口微甜、无溶解杂质的水经过蒸馏酿出的酒特别甘美。

为什么有“夜郎无闲草，黔地多良药”的说法

贵州是中国四大中药材产区之一，有药用植物约4 000种、药用动物约300种，享誉国内外的“地道药材”有32种，其中天麻、杜仲、黄连、吴茱萸、石

斛是贵州五大名药。现在当地充分利用和深度开发森林植物资源，进一步壮大林业产业，促进中药产业现代化发展，扩大木本药业发展规模，深度开发利用森林木本药用植物资源，促进经济优势转变，发展林下经济，加快林药产业发展，促进农民增收。

为什么酸是“黔菜”的一大特色

首先，因为贵州古来少盐，没有盐会影响食欲；其次，长期不吃盐，得不到钠的补充，会患上“低钠血症”，导致腿软乏力、恶心嗜睡等；其三，长期缺盐的人无法正常消化食物，容易营养不良。贵州有句谚语“三天不吃酸，走路打窜窜”，所以当地人食酸以代盐，增补体能。因为酸汤酸食腌制发酵过程中产生大量盐类。现在缺盐的状况得以解决，贵州人好吃酸的习惯还是保持了下来，苗族、布依族、侗族、水族等兄弟民族，基本上家家有酸汤缸，户户有腌菜坛，常见的有酸泡萝卜、酸豇豆等。酸鲜也成了“黔菜”的一大特色，以贵州独有的番茄酸、糟辣酸、虾酸、盐酸等所烹制的菜肴具有浓郁的民族风味，其独特的各种酸鲜口感是其他菜系所不具备的。

你知道世界上最大的苗族聚居村寨在哪里吗

位于贵州的西江千户苗寨，是目前中国乃至全世界最大的苗族聚居村寨。它由10余个依山而建的自然村寨相连成片，是领略和认识中国苗族漫长历史与发展之地。西江每年的苗年节、吃新节，十三年一次的牯藏节等节日吸引了大量游客。西江千户苗寨是一座露天博物馆，叙述出一部苗族发展史诗，成为观赏和研究苗族传统文化的大看台。西江有远近闻名的银匠村，苗族银饰全为手工制作，其工艺具有极高水平。

世界上最大的天坑群在哪里

位于贵州省平塘县塘边镇的打岱河天坑群，是中国最大、最壮美的天坑群。打岱河天坑群由打岱河天坑等12个天坑组成，天坑群范围约20平方千米，其深度均超过300米以上，整个天坑群规模宏大，天坑地貌发育完整，凹陷深邃，被地质专家称为“自然天坑博物馆”。

打岱河天坑群中以倒陀天坑最为险峻，以打岱河天坑最为深邃、壮美。其中倒陀天坑四周均为悬崖峭壁，地貌惊险壮观，是真正四面绝壁的天坑，是开展悬崖速降和攀岩等现代探险与极限运动的极佳场所。打岱河天坑深543.2米，南北走向直径约1 800米，东西走向长度约1 700米，底部面积约4平方千米，气势磅礴。天坑底部原始森林茂密，珍稀动植物种类繁多，极具科学考察和旅游价值。在距打岱河天坑群仅8千米的大窝凼，是世界上最大单口径球面射电望远镜(FAST)所在地。

贵州为什么有“桥梁博物馆”之称

贵州是中国唯一没有平原的省份，多山的地貌让桥梁成为贵州独特的符号。贵州在崇山峻岭、沟壑纵横的万重山间修建的各类桥梁，极其雄伟壮观。贵州桥梁数量达到1.7万多座，几乎包揽了当今世界上的全部桥型，堪称世界“桥梁博物馆”。其中，突出代表：清水河大桥全长为2 171.4米，主跨为1 130米，两岸索塔瓮安岸高236米，是全球第二高桥，全球最大的单跨板桁结合加劲梁悬索桥、亚洲第一山区双塔单跨钢桁悬索桥；北盘江大桥全长1 261米，主桥为636米钢桁加劲梁悬索桥，是亚洲跨度最大的空腹式连续钢构桥，也是世界上跨度排名第三的预应力混凝土连续刚构桥，有“世界第一斜腿”之美称；赫章大桥全长1 073.5米，最高墩11号墩为195米，是同类型桥梁中的亚洲第一高桥墩；坝陵河大桥全长2 237米，桥面至坝陵河水面约370米，主跨径1 088米，是全国大跨径钢桁梁悬索桥之一。

镇远古镇为何有“滇楚锁钥、黔东门户”之称

镇远地处黔东，历史悠久，至今已有2 000多年的历史，镇远自古是京城与西南边陲以及安南（今越南）、缅甸、暹罗（今泰国）、印度等国礼物献赠和信使往还的捷径和必经之地。这里既是黔东政治、经济、文化中心和交通要冲，也是兵家必争的军事重镇。镇远素有“滇楚锁钥，黔东门

户”之称，史书云：“欲据滇楚，必占镇远；欲通云贵，先守镇远。”镇远因地处交通要道，地势险要，据之非常重要而故名。镇远古镇位于㵲阳河畔，四周皆山。河水蜿蜒，以S形穿城而过。

贵阳能成为首个国家级大数据产业发展集聚区的优势是什么

大数据产业的两大基础工程：一个是数据中心，一个是呼叫中心。从自然条件来说，贵州是中国南方很适合建设数据中心的地方。数据中心最大特点是高耗能，电力成本占整个支出成本的50%～70%，其中一半机器设备散热需要高昂的空调费。而贵州有得天独厚的凉爽气候，与此同时，贵州的电力资源极为丰富，是西电东输的主要电源省，不但可以为数据企业提供稳定的电力支持，而且具备一定的价格优势。正因为如此，目前，中国移动、联通、电信三大运营商都将南方数据中心建在贵州。

呼叫中心方面，包括蚂蚁金服、华为、富士康在内的多家巨头都将客服中心放在了贵阳。从产业基础优势看：贵州一是配套产业基础扎实。经过多年的建设和发展，贵州以军工基地为核心，形成了航空、航天、电子三大产业体系，电子信息产业链发展完备；二是信息基础设施完善，具备优质带宽和网速。三是产业布局互补共进。随着三大运营商、华为、苹果等数据中心的建成，贵安新区的数据中心产业正在形成，贵阳以应用为重点的大数据全产业链逐步建成。此外，六盘水、安顺、毕节等地根据各自的需求开展相应的大数据平台、大数据应用产业园区建设，全省各地正在形成大数据产业竞相发展的局面。

在国家提出的“一带一路”倡议中，贵州有着怎样的地位

自古以来，贵州交通条件的不便，制约了其经济的发展，且以往贵州的发展，主要面向我国的内陆地区，这使得贵州很多优势产业的发展受到交通运输和发展方向的限制。

位于我国大西南的贵州，如今作为西南地区陆上交通运输的枢纽，应成为连通丝绸之路经济带和海上丝绸之路的纽带和战略要道。贵州融入“一带一路”的优势十分明显，得天独厚的自然资源为贵州发展山地旅游带来了巨大的契机；随着贵州“高铁时代”的到来，贵州作为西南地区陆上交通枢纽的角色更为明显，彻底打通了长江经济圈和珠江经济圈等地区与东南亚、南亚的陆上通道；中国首个国家大数据综合实验室落户贵州。贵州凭借大数据产业从“一带一路”的缺席者变成“一带一路”的核心省份之一，成为大数据产业的汇聚之地。

贵安新区的定位是什么

贵安新区是中国第8个国家级新区，位于贵州省贵阳市和安顺市接合部。贵安新区是黔中经济区核心地带，区位优势明显，地势相对平坦，人文生态环境良好。

贵安新区是南方数据中心核心区、全国大数据产业集聚区、全国大数据应用与创新示范区、大数据与服务贸易融合发展示范区、大数据双创示范基地、大数据人才教育培训基地。其定位是成为内陆开放型经济示范区。贵安新区未来经济发展路径应该是走产业结构优化和产业结构高级化之路；推进工业化、城镇化、农业现代化“三化”同步发展，走产业集群发展之路；转变经济发展方式，走集约化发展之路；推进经济由封闭型向开放型转变，走向开放型经济发展之路。

你了解贵阳的中国“天眼”吗

中国“天眼”，又称FAST，位于贵州省平塘县喀斯特地貌天坑，是目前世界上最大的球面单口径射电望远镜。该射电望远镜口径为500米，其接收面积相当于30个足球场大小，与号称“地面最大的机器”德国波恩100米望远镜相比，灵敏度提高10倍。它主要由反射信号的抛物面和接收信号的馈源舱两大部分组成，并通过其六索并联驱动控制系统以控制其馈源舱使得“眼球”转动，用以捕捉宇宙星际间的信息，有助于深入研究宇宙演化、探索宇宙奥秘。

云南省 YUNNAN SHENG

■ **简　称** 滇、云　■ **面　积** 约39万平方千米　■ **人　口** 4 721万人

■ **世界遗产** 丽江古城　三江并流　中国南方喀斯特(石林)　澄江化石地　红河哈尼梯田

■ **地理之最**

最高山峰：梅里雪山　**最大湖泊**：滇池　**最大河流**：金沙江　**主要山脉**：怒山、高黎贡山

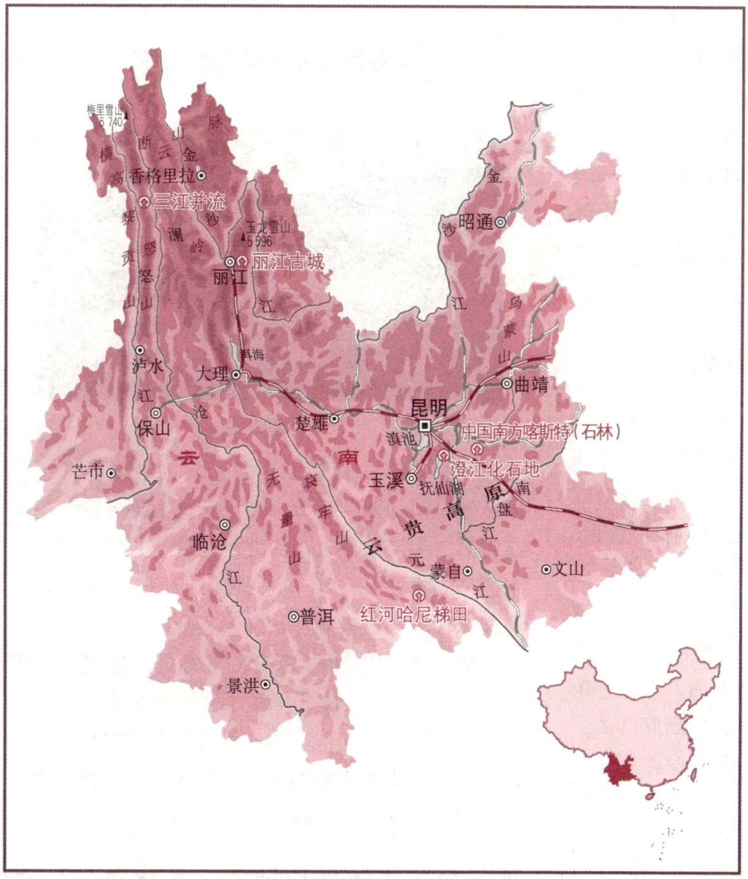

云南省的地形地貌有什么特点

云南地形以山地、高原为主，地势呈西北高、东南低的特点，其中1 000～3 500米中海拔区域面积占全省面积的87.21%。从类型上看，平原、丘陵和山地的面积分别占全省面积的4.85%、4.96%和88.64%。云南省地形以元江谷地和云岭山脉南段宽谷为界分为东西两大地形区，东部为滇东、滇中高原，是云贵高原的组成部分，平均海拔2 000米左右，表现为起伏和缓的低山和浑圆丘陵，发育着各种类型的喀斯特（岩溶）地貌。西部高山峡谷相间，地势险峻。其中，北部是青藏高原南延部分，海拔一般在3 000～4 000米左右，有高黎贡山、怒山、云岭等巨大山系和怒江、澜沧江、金沙江等大河自北向南相间排列，形成三江并流的壮观景象；南部为横断山区，山地海拔不到3 000米，主要山脉有哀牢山、无量山等，地势向南和西南缓降，河谷逐渐宽广。云南南部、西南部边境，地势渐趋和缓，山势较矮，宽谷盆地较多，海拔在800～1 000米，个别地区下降至500米以下。

云南省的气候有什么特点

云南省气候立体性特点显著，气候类型众多，年温差小，日温差大。气温随地势高低垂直变化异常明显。滇西北属寒带型气候，长冬无夏，春秋较短；滇东、滇中属温带型气候，四季如春，遇雨成冬；滇南、滇西南属低热河谷区，有一部分在北回归线以南，进入热带范围，长夏无冬，一雨成秋。在一个省内，同时具有寒、温、热三带气候，景象别具特色。

云南省降水在季节上和地域上的分配极不均匀。全省干湿季节分明，湿季(雨季)为5—10月，集中了全年85%的降水量；干季(旱季)为11月—次年4月，降水量只占全年的15%。全省降水的地域分布差异大，最多的地方年降水量可达2 200～2 700毫米，最少的仅有584毫米，大部分地区年降水量在1 000毫米以上。同时，全省无霜期较长，南部边境全年无霜，偏南地区无霜期为300～330天，中部地区约为250天，比较寒冷的滇西北和滇东北地区也有210～220天。

云南省的水文状况如何

云南全省河川纵横，湖泊众多。全省境内径流面积在100平方千米以上的河流有800多条，分属长江(金沙江)、珠江(南盘江)、元江(红河)、澜沧江(湄公河)、怒江(萨尔温江)、大盈江(伊洛瓦底江)6大水系。除金沙江、南盘江外，均为跨国河流，这些河流分别流入太平洋和印度洋。多数河流具有落差大、水流湍急、水流量变化大的特点。全省有高原湖泊40多个，多数为断陷型湖泊，大体分布在元江谷地和东云岭山地以南，多数在高原区内。湖泊水域面积约1 100平方千米，占全省总面积的0.28%，总蓄水量约1 500亿立方米。湖泊中数滇池面积最大，约300平方千米；洱海次之，面积约250平方千米；抚仙湖深度全省第一，最深处157.3米；泸沽湖次之，最深处约100米。

云贵高原的范围有多大

云贵高原位于中国西南部，为中国四大高原之一，西起横断山、哀牢山，东到武陵山、雪峰山，东南至越城岭，北至长江南岸的大娄山，南到桂滇边境的山岭，东西长约1 000千米，南北宽400～800千米，总面积约50万平方千米。云贵高原包括云南省东部、贵州全省、广西壮族自治区西北部和四川、湖北、湖南等省边境，是中国南北走向和东北—西南走向两组山脉的交会处，地势西北高、东南低，大致以乌蒙山为界分为云南高原和贵州高原两部分。

云贵高原丰富多样的自然环境，造就了生物的多样性和文化的多样性。这里是中国少数民族种类最多的地区，也是中国植被类型最为丰富的区域。

洱海为什么被称为“海”

大理洱海

洱海，在古代文献中曾被称为叶榆泽、昆弥川、西洱河和西二河等，位于云南大理郊区，为云南省第二大淡水湖。洱海北起洱源，长约43千米，东西最大宽度9千米，湖面面积约257平方千米，平均湖深10米，最大湖深达20米，形成于冰河时代末期，属高原构造断陷湖泊。洱海是大理“风花雪月”四景之一——“洱海月”的所在地。据说因形状像一个耳朵而取名为“洱海”，同时也是因为在早期的云南方言里称湖为“海子”，所以洱海虽是湖泊，却被称为“海”。

普洱和西双版纳种植茶叶的优势条件是什么

普洱茶是以云南省一定区域内的云南大叶种晒青毛茶为原料，经过发酵加工成的散茶和紧压茶，包括人工发酵和自然发酵的普洱茶。普洱茶生长于海拔1 000～2 100米、坡度≤25°，土壤为砖红壤、砖红壤性红壤、山地红壤和山地黄壤等，土壤有机质含量≥1%的地区。

古普洱茶产地主要分布在云南西双版纳和思茅(今普洱)一带，两地山水相连，属热带北缘，日照充足，雨量充沛，湿度较高，具有温热湿润的气候特征。区域内有哀牢山、无量山等高大山系及澜沧江、李仙河等江河水系，海拔在300～3 400米，山地面积占95%以上。由于保留了独特的热带雨林、季雨林和受季风影响的亚热带常绿阔叶林，本区成为地球上北回归线附近稀有的一片绿洲，同时，独特的自然条件和优越的生态环境使其成为世界茶树原产地的中心地带。

历史上的普洱茶产地，以“六大茶山”最负盛名。清朝中叶时，位于西双版纳的“六大茶山”茶叶生产达到了鼎盛，当时因位于西双版纳的“六大茶山”均属于普洱府，普洱就成了茶叶集散中心，所产茶被统称为“普洱茶”。

西双版纳为什么会分布有全球纬度最高的热带季风气候

西双版纳傣族自治州，是云南省下辖的一个自治州，位于云南省最南端，21°08′N～22°36′N。西双版纳地处热带北部边缘，属热带季风气候，植物种类占全国的1/6，动物种类占全国的1/4，森林覆盖率高达80.8%，有中国唯一的热带雨林自然保护区。

西双版纳所处纬度的地带性气候应该是热带草原气候或热带沙漠气候，但西双版纳分布有全球纬度最高的热带季风气候。这是因为西双版纳北有哀牢山、无量山为屏障，阻挡了南下的寒流，南面东西两侧靠近印度洋，夏季受印度洋的西南季风和太平洋东南气流的影响，造成了高温多雨、干湿季分明而四季不明显的气候特点，因而西双版纳气候终年温暖湿润，形成了热带季风气候。

北半球纬度最低的雪山是哪座山

玉龙雪山是云南省丽江市境内的雪山群，在丽江北面约15千米处，全长75千米，是北半球距离赤道最近的终年积雪的山脉。玉龙雪山共有13座山峰由南向北纵向排列，主峰扇子陡最高处海拔为5 596米。玉龙雪山发育有亚欧大陆距离赤道最近的温带海洋性冰川。

玉龙雪山在纳西语中被称为“欧鲁”，意为“天山”，因其13座雪峰连绵不绝，宛若一条巨龙腾越飞舞，故称为“玉龙”。又因其岩层组成主要为石灰岩与玄武岩，黑白分明，所以又称为“黑白雪山”。

青藏高原东南缘最高的山峰是什么

梅里雪山卡瓦格博峰

梅里雪山，是位于西藏察隅县东部与云南迪庆藏族自治州德钦县云岭乡西部的南北走向的庞大雪山群，最高峰卡瓦格博峰海拔高度为6 740米，是云南省最高的山峰。梅里雪山地势高耸，有13座海拔6 000米以上高峰在卡瓦格博峰周边环绕，是青藏高原东南缘最高山。

在地形地貌上，梅里雪山北段山体宽厚，地形起伏相对不剧烈，没有终年积雪的山峰和发育完全的冰川，但高山流石滩地貌极为发达，而南段山地狭窄，地形剧烈起伏，形成极为发育的高山和冰川地貌。梅里雪山不仅地形复杂，气候变化也较为复杂，每年夏季山脚河谷气温可达11～29℃，高山则为-10～20℃。年降水量平均为600毫米，大都集中在6—8月。此期间气候极不稳定，是登山的气候禁区。

腾冲地区拥有丰富地热资源的原因是什么

云南省地热资源以腾冲地区分布最为集中，腾冲地区地下水资源比较丰富又处于板块交界处，地下水易露出地面形成温泉。全省有出露地面的天然温热泉约700处，居全国之冠，年出水量3.6亿立方米，水温最低的为25℃，高的在100℃以上。腾冲市的温热泉，水温多在60℃以上，高者达105℃。

腾冲位于世界瞩目的阿尔卑斯山—喜马拉雅山构造带，处于印度板块和亚欧板块急剧聚敛的接合线上。正是由于两个大陆的漂移碰撞，使腾冲成为世界罕见并且最典型的火山地热并存区。特殊的地质构造使得这一地区地下断层的岩浆活动剧烈，地热温泉中释放出的氦和甲烷气体，说明地下岩浆活动一直未停止，并有源源不断的地热供给源，因此云南腾冲境内形成了多处火山和温泉。

云南省境内的“三江并流”指的是什么景观

三江并流指金沙江、澜沧江和怒江这三条发源于青藏高原的大江在云南省境内自北向南并行奔流170多千米，穿越担当力卡山、高黎贡山、怒山和云岭等崇山峻岭，形成了世界上罕见的“江水并流而不交汇”的奇特自然地理景观。三江并流的上部在西藏东南部，下部在云南省，长度达170多千米，其间澜沧江与金沙江最短直线距离为66千米，澜沧江与怒江的最短直线距离不到19千米。

三江并流地区被誉为“世界上蕴藏最丰富的地质地貌博物馆”。这一地区多样的岩石类型、地质构造和地貌景观为板块碰撞所致，造成横断山脉的急剧挤压、隆升、切割，是研究地质地貌变化的理想区域。同时，以占我国国土面积不到0.4%却拥有全国20%以上的高等植物和全国25%的动物种数被称为“世界生物基因库”。

抚仙湖美在哪里

抚仙湖位于云南省玉溪市，是我国蓄水量最大的湖泊、面积最大的高原深水湖，以及第二深的淡水湖泊。抚仙湖是云贵高原抬升过程中形成的断陷型深水湖泊，最大水深157.3米，平均水深约87米。抚仙湖的蓄水量相当于15个滇池和6个洱海，占云南九大高原湖泊总蓄水量的67.4%。

抚仙湖的美离不开其清澈的湖水。早在明末，旅行家徐霞客在他的《徐霞客游记》中就有“滇山惟多土，故多壅流而成海，而流多浑浊，惟抚仙湖最清”的记载。从水循环的角度来看，抚仙湖湖水清澈的原因是抚仙湖是一个高原淡水湖泊。由于湖水补给途径较多，同时湖区温度较低，蒸发量较小，抚仙湖湖水含盐量较低；湖泊四周支流不多且分散，陆源腐殖质极少，悬浮物不多，为贫营养型湖泊；加之湖内和湖岸周围有大量的地下泉水涌出，清澈纯净，水质极好，使抚仙湖成为我国内陆淡水湖中水质最好的湖泊之一。

玉溪为什么适合烟草的种植

玉溪烟叶种植历史悠久，在明代就已有烟草种植，早于哥伦布发现美洲烟草，已有500多年历史。玉溪市地处低纬度高原，具有热带、亚热带、温带三种气候类型，属内陆高原气候，四季温差小，昼夜温差大。植烟区主要集中在中亚热带和北亚热带地区，年平均气温16.9℃，无霜期为250～300天，冬季较短且温而不冷，夏季暖而不热，非常适合烟草的种植。玉溪市年降水量700～900毫米，相对湿度平均为74.5%，而烟草生长期需水量在550～750毫米，与优质烟草生长发育的需水特性一致。另外，玉溪年日照时数2 187小时，年均太阳辐射总量5 265兆焦耳/米2，与全国多数植烟区相比，辐射量多，光照充足，且光谱中最易被烤烟吸收利用的红光和蓝紫光较多，光谱季节变化与优质烟对光的需求配合一致，十分适宜于优质烟叶生长。

为什么金沙江蕴含丰富的水能资源

金沙江是长江的上游，因江中沙土呈黄色而得名，又称绳水、淹水和泸水。金沙江是川藏界河，发源于青海省唐古拉山主峰各拉丹冬雪山，正源沱沱河，流域面积约47.32万平方千米，约占长江流域面积的26%。

青海省玉树市至云南省丽江市石鼓镇区域为金沙江的上游地区，由于降水较少(500～600毫米)和两岸较少支流汇入，金沙江上游地区径流只占金沙江总体径流的27%左右。石鼓镇至四川省攀枝花市区域为金沙江的中游地区，由于降水量增大，又有金沙江最大支流雅砻江的汇入，河流径流量倍增，且金沙江及其支流区域的降水主要集中在汛期(6—10月)，径流量约占全年径流总量的75%左右。攀枝花至四川省宜宾市区域为金沙江的下游地区，多穿行于高山峡谷之中，具有建设高坝大库的地形地质条件，水能开发条件最为成熟。总体来说，金沙江拥有丰富的水能资源，其蕴藏量达1.124亿千瓦，约占全国的16.7%，可开发水能资源达9 000万千瓦，其水能资源的富集程度堪称世界之最。

世界上纬度和海拔最高的热带雨林在哪里

世界上纬度和海拔最高的热带雨林位于高黎贡山。高黎贡山并不仅仅是一座山，它其实是一座巨大的山脉，拥有大大小小几十座雪山。高黎贡山的最北端是青藏高原，最南端是中南半岛，跨越了五个纬度带，将高原和海洋连接起来，素有“南北动物交会的走廊”“稀有动物的避难所”和“物种基因库”等的称号。这里同时也是地球上现如今唯一保存有大片热带森林过渡到温带森林的地区。

哪些河流发源于云南省境内

红河和南盘江发源于云南省境内。

红河为中国—越南跨境水系，是唯一发源于云南省境内的一条重要国际性河流。红河发源于云南省大理白族自治州，流向为西北—东南，在云南境内干流长约680千米，于云南省红河州河口县流入越南。

南盘江，古代称温水或盘江，发源于云南省曲靖市乌蒙山余脉马雄山东麓，是珠江的源头河段，1985年被确定为“珠江源”。南盘江至贵州省黔西南布依族苗族自治州望谟县与北面来的北盘江交汇，称红水河。红水河因流经红色砂页岩层，水色红褐而得名。

云南省九大高原湖泊是哪些

云南省九大高原湖泊是滇池、洱海、抚仙湖、程海、泸沽湖、杞麓湖、异龙湖、星云湖和阳宗海，分布在滇中、滇南、滇西和滇西北。其中滇池、程海和泸沽湖属长江水系，抚仙湖、杞麓湖、异龙湖、星云湖和阳宗海属珠江水系，洱海属澜沧江水系。

大理“风花雪月”四景指的是什么

大理“风花雪月”是大理的下关风、上关花、苍山雪、洱海月四个景点的合称。

下关风，指大理的下关风非常强劲。下关(地名)是一个山口，是苍山洱海之间主要的风源，这里风期之长、风力之强为世所罕见。下关风平均风速为每秒4.2米，最大风速达10级，且一年之中，大风日数有35天以上，故下关有“风城”之称。

上关花，指上关的花非常漂亮。上关(地名)是一片开阔的草原，鲜花铺地，姹紫嫣红。上关花的成因为大理气候温和湿润，“冬止于凉，暑止于温”，最宜于花木生长，于是爱花养花也成了白族人民的一种生活习俗。

苍山雪，指苍山山顶一年四季不化的积雪景象，即使在夏季也是白雪皑皑、银装素裹。盛夏时节山腰以上苍翠欲滴，而峰巅仍萦云载雪。这是由于苍山海拔较高，峰顶异常严寒，终年白雪皑皑，在阳光下晶莹洁白，蔚为壮观。

洱海月，则指因为大理空气清新，所以月亮显得特别亮，而洱海的水透明度较高，当月光照在洱海上的时候，水色如天，月光似水，故称“洱海月”。在洱海赏月是大理当地一景，而“洱海月”更是被白族人民称为“金月亮”。

云南石林有怎样的景观

云南石林位于云南省石林彝族自治县，景观以雄、奇、险、秀、幽、奥、旷著称，具有世界上最奇特的喀斯特地貌（岩溶地貌），以形成历史久远、类型齐全、规模宏大、发育完整等特点，被誉为“天下第一奇观”和“造型地貌天然博物馆”，在世界地学界享有盛誉。

石林形成于2.7亿年前，经漫长地质演化和复杂的地理环境变迁才形成了现今极为珍贵的地质遗迹。它涵盖了地球上众多的喀斯特地貌类型，在不到500米的海拔高差上有着丰富的喀斯特景观类型：石芽、峰丛、溶丘、溶洞、溶蚀湖、瀑布、地下河等，分布错落有致，是典型的高原喀斯特生态系统。

云南石林

你了解新滇藏公路吗

新滇藏公路起于大理，沿大理—保山的大保高速公路至金厂岭，经云龙、泸水、福贡、贡山，止于西藏察隅，全长786千米。建设新滇藏公路后，从昆明经大理，沿怒江北上至西藏察隅县城全长1 093千米，可缩短距离636千米。沿新滇藏公路从昆明经大理、怒江、察隅、林芝到达拉萨全程2 055千米，比现有滇藏公路从昆明经大理、丽江、迪庆进入西藏至拉萨全程2 314千米缩短259千米。同时，新滇藏公路从怒江六库至西藏察隅只需通过诺拉山和齐马拉山两个海拔超过4 000米的垭口，通行条件比现有滇藏公路好。

中国民族种类最多的省份是哪个

云南是我国民族种类最多的省，除汉族以外，人口较多的少数民族有彝族、哈尼族、白族、傣族、壮族、苗族等25个，其中哈尼族、白族、傣族、傈僳族、拉祜族等15个民族为云南独有。此外，云南省民族自治地方的土地面积为27.67万平方千米，占全省总面积的70.2%。云南少数民族交错分布，表现出“大杂居”与“小聚居”的特点。

天保口岸有什么重要地位

云南天保口岸是我国进入越南和连接东南亚、南亚的重要陆路通道，位于云南省文山壮族苗族自治州麻栗坡县天保镇，与越南河江省河江市清水河口岸相邻，天保口岸对内距麻栗坡县城40千米，距文山市120千米，距省会昆明市420千米；对外距越南河江市24千米，距越南首都河内340千米，距越南海防港410千米，是中国云南通往越南首都取道最直、里程最短的重要陆路通道之一。天保国家级口岸是全县全州的重点建设口岸，也是云南省建设的重要口岸之一。

为什么南昆铁路的开通对云南那么重要

南昆铁路东起广西南宁，西至云南昆明，北接贵州红果，全长898.7千米，是在艰险山区修建的一条铁路大干线。铁路从南宁盆地爬上云贵高原，相对高度达2 010米，工程艰巨复杂。

南昆铁路被称为我国最大的一项扶贫项目，是沟通西南与华南沿海的一条重要通道，也是云、贵、川三省出海的最快路径。南昆铁路建成后与周边铁路线紧密衔接，纵横交错，四通八达，把西南内陆与华南沿海口岸紧密地连成一体，对加快西部大开发有重要意义。

你知道元阳梯田吗

云南梯田

元阳梯田是红河哈尼梯田的核心部分。元阳梯田位于云南省元阳县的哀牢山南部，是哈尼族人世代留下的杰作。元阳哈尼族开垦的梯田随山势地形变化，因地制宜，坡缓地大则开垦大田，坡陡地小则开垦小田，甚至沟边坎下石隙也开田，因而梯田大者有数亩，小者仅有簸箕大。元阳县境内有约113平方千米的梯田。

元阳地处亚热带和温带，是哀牢山夹缝中的一座县城。云南省地形分布的特点是西北高、南部低，从滇西北到滇南，海拔逐渐下降，形成了滇南低海拔地区全年无冬的亚热带、热带气候类型。红河南岸哈尼族聚居地区是云南省降水量最丰富的地区之一，年降水量可达到1 400毫米左右。从滇西北的怒江、澜沧江、长江水系到滇南江河水系，梯田稻作文化越来越发达，并最终在红河南岸哀牢山南段哈尼族地区形成最集中、最发达的梯田稻作区。

你知道滇中新区吗

滇中新区位于昆明市主城区东西两侧，是滇中产业聚集区的核心区域，初期规划范围包括安宁市、嵩明县和官渡区部分区域，区域面积约482平方千米。建设好云南滇中新区，对于推进实施“一带一路”建设、长江经济带发展，为西部地区新型城镇化建设提供试验示范，培育壮大区域经济增长极，具有重要意义。

滇中新区坐拥全国第四大门户枢纽机场——昆明长水国际机场，沪昆铁路、成昆铁路，以及京昆、沪昆、渝昆、杭瑞等国家高速公路和多条国道贯穿其中，人员货物往来便利，是云南扩大开放、对外交往的重要支点。滇中新区正在加快小哨国际新城、东盟产业城、李其片区、太平新城等重点片区的新型城镇化进程，其目标是建设山水林城和谐、生态宜居宜业的国际性现代化新城区。

曲靖经济较发达的原因是什么

曲靖是云南省下辖地级市，位于云南省东部，西与滇中高原湖盆地区相嵌，东部逐步向贵州高原倾斜过渡，中部为长江、珠江两大水系分水岭地带，地势西北高、东南低，位于云南、贵州、广西三地交界处，素有“滇黔锁钥”“云南咽喉”之称。

曲靖经济较发达的原因有很多。曲靖是全国主体功能区规划、泛珠江三角洲区域合作、长江经济带的重点开发区之一，是滇中城市经济圈的重要组成部分。同时，曲靖是云南省重要工商城市，综合实力居云南省第二位。另外，曲靖是全国性综合交通枢纽和区域级流通节点城市。中心城区距昆明长水机场仅1小时车程。综合以上分析，曲靖经济较发达与其优越的地理位置及交通条件密不可分。

云南边境贸易比较发达的原因是什么，有什么表现

云南省边境贸易较为发达的地区有瑞丽、磨憨和河口等区域。

云南省位于我国西南腹地，是我国同中南半岛、南亚次大陆的过渡地带。云南与越南、缅甸、老挝三个国家接壤，紧挨“金三角”地区，与泰国和柬埔寨毗邻，是从中国到东南亚各国的重要陆上通道。云南具有漫长的边境线，约4 061千米，占中国陆地边境线总长的1/5。从地理位置上看，云南处于中国、东南亚、南亚三大区域的接合部，是联系三大市场的天然纽带。通过云南，国内内陆省份向东南亚国家运输货物比海港运输可以节省3 000多千米的路程；而我国东南各省通过云南向欧洲走要比海路绕行马六甲海峡缩短行程5 000千米左右。在位于国界线附近的瑞丽、磨憨和河口等区域分别设有边境贸易区和经济合作区。

滇中城市群包括哪些城市

滇中城市群由昆明、曲靖、玉溪、楚雄彝族自治州和红河哈尼族彝族自治州北部的蒙自、个旧、建水、开远、弥勒、泸西、石屏等市县组成，面积占全省29%，是云南省交通设施密集、开发强度高、发展基础好、发展水平高、继续开发前景好的区域，是国家重点培育的城市群之一，是全国“两横三纵”城镇化战略格局的重要组成部分，也是西部大开发的重点地带。

滇中地区是云南省土地资源相对丰富的地区，地势相对平坦，集中了全省2/3的平原。矿产资源储量大、经济价值高，资源极其丰富，集中了云南绝大多数磷、铜、铁、铅、煤等矿产。旅游文化资源丰富，生物资源种类繁多，是云南粮食、烤烟、蔬菜、花卉、畜牧等主要农牧作物的主产区。同时，以昆明为中心的现代化综合交通网络已基本成型，有利于滇中城市群的进一步发展。

西藏自治区 XIZANG ZIZHIQU

■ 简 称 藏 ■ 面 积 约123万平方千米 ■ 人 口 365万人

■ 世界遗产 布达拉宫历史区（含大昭寺、罗布林卡）

■ 地理之最

最高山峰：珠穆朗玛峰 最大湖泊：纳木错 最大河流：雅鲁藏布江

主要山脉：喜马拉雅山

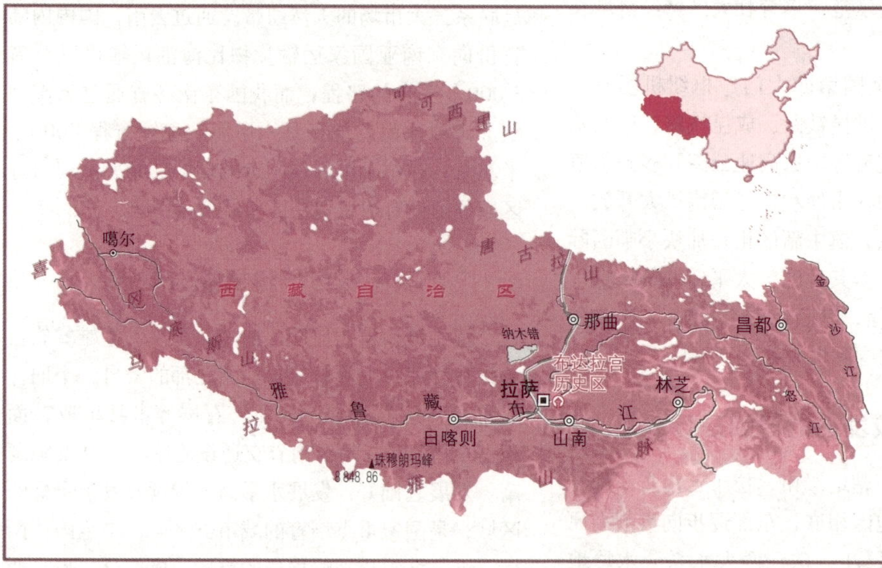

西藏的地形地貌情况如何

西藏自治区的地形基本上可分为极高山、高山、中山、低山、丘陵和平原等6种类型，地貌有冰缘地貌、喀斯特地貌、风沙地貌、火山地貌等。西藏按地形大致可分为喜马拉雅高山区、藏南山原湖盆谷地区、藏北高原湖盆区和藏东高山峡谷区。

喜马拉雅高山区：位于西藏南部。由几条大致东西走向的山脉组成，平均海拔6 000米左右，中尼边境的珠穆朗玛峰雪面高程8 848.86米，是世界最高峰。山区西部海拔高，气候干燥而寒冷，东部气候温和，雨量充沛，森林茂密，植物丰富。喜马拉雅山顶部长年覆盖冰雪，其南北两侧的气候与地貌均有很大差别。

藏南山原湖盆谷地区：位于冈底斯山脉和喜马拉雅山脉之间，即雅鲁藏布江及其支流流经的地方。这一带有许多宽窄不一的河谷平地和湖盆谷地。如拉萨河、年楚河、尼洋曲等河谷平地。谷宽一般5～8千米，长70～100千米。地形平坦，土壤肥沃，沟渠纵横，富饶而美丽，为西藏主要农业区。主要的湖盆谷地有札达盆地、马泉河宽谷盆地、喜马拉雅山中段北麓湖盆地，以及羊卓雍错高原湖泊区等。

青藏高原

藏北高原湖盆区：位于昆仑山、唐古拉山和冈底斯—念青唐古拉山脉之间，包括南、北羌塘山原湖盆地和昆仑山区，约占自治区面积的2/3。由一系列浑圆而平缓的山丘组成，丘顶到平地，相对高度只有100～400米。其间夹着许多盆地，低处常储水成湖。

藏东高山峡谷区：即著名的横断山地。大致位于那曲以东，为一系列东西走向逐渐转为南北走向的高山深谷，其间夹持着怒江、澜沧江和金沙江。地势北高南低，地貌复杂。该区北部海拔5 200米左右，山顶平缓。南部海拔4 000米以下，山势比较陡峻，顶谷高差可达2 500米。山顶为终年不化的白雪，山腰茂密的森林与山麓四季常青的田园，构成了南部峡谷区奇特的景色。

西藏气候特征如何

西藏受高空大气环流和太阳辐射等因素影响，形成了复杂多样的独特气候。西藏地势西北高、东南低，藏北高原海拔4 500～5 000米，藏东南谷地海拔1 000米以下。平原地区从南到北相隔数千千米才能呈现出热、温、寒三带的自然景象，而在藏东南则出现在从低到高水平距离仅数十千米的范围内。除呈现西北严寒干燥、东南温暖湿润的总特征外，还有多种多样的区域气候以及明显的垂直气候带。温度带呈现由东南向西北的带状更替，即亚热带—暖温带—温带—亚寒带—寒带；按干燥度来说，由东南向西北依次为湿润地区—半湿润地区—半干旱地区—干旱地区；反映在植物上，依次为森林—灌木丛—草甸—草原—荒漠。独特的高原气候体现在空气稀薄，气压低，氧气少。

从温差角度看，西藏气温年较差小、日较差大的特点特别明显。地处雅鲁藏布江谷地的拉萨、日喀则等地，6月份中午最高气温可达27～29℃，傍晚气温下降，午夜气温降至5℃，翌晨日出后，气温回升，可谓“一年虽四季，全年备寒装”。从降水角度看，干季和雨季分明，多夜雨。冬季西风和夏季西南季风的源地不同，性质不同，控制的时间不同，致使西藏各地降水的季节分配非常不均，干季和雨季降水差异明显。

你知道中国最长的高原河流在哪里吗

雅鲁藏布江是中国最长的高原河流，也是世界上海拔最高的大河之一。它发源于西藏西南部喜马拉雅山北麓的杰马央宗冰川，上游称为马泉河，由西向东横贯西藏南部，绕过喜马拉雅山脉最东端的南迦巴瓦峰转向南流。雅鲁藏布江大拐弯处的雅鲁藏布大峡谷是世界最大、最深、最长的大峡谷。雅鲁藏布江流域降水的年际变化较小，但年内分配很不均匀。全年降水主要集中在7—9月，占全年降水量的50%～80%。降水最多的月份，冰雪融水补给河流的水量也大。此外，该流域还具有枯水期水量较大、悬移质泥沙含量少、河水温度低、河水矿化度小、总硬度低等特点。帕隆藏布、雅砻河、拉萨河都是其重要的支流。雅鲁藏布江水能蕴藏量丰富，在中国仅次于长江，藏木水电站是目前西藏最大的水电开发项目，也是第一座在雅鲁藏布江干流上修筑的水电站，它兼具了多项功用。虽然雅鲁藏布江中下游峡谷有着丰富的水资源，但这里地质结构复杂，落差大，常发生山体滑坡、泥石流等自然灾害，生态环境也非常脆弱，需要在利用时加以重视。

雅鲁藏布江

羊八井为何地热能资源如此丰富

羊八井镇，位于西藏拉萨市西北91.8千米的当雄县境内。羊八井盆地是念青唐古拉山南缘的一个狭长带状断陷盆地，呈北东—南西向延伸，长近90千米，宽1～10千米，面积约450平方千米。盆地南北两侧的山峰海拔在5 500米以上，山顶发育着现代冰川，山谷中和山麓带古冰川遗迹广泛分布。盆地内地形平坦，海拔4 300米左右。热田盆地中地热能资源非常丰富，有温泉、热泉、沸泉等。位于藏北羊井草原深处的羊八井地热电厂，是我国目前最大的地热试验基地，也是当今世界唯一利用中温浅层热储资源进行工业性发电的电厂。在羊八井地热的基础上，已开发出了价廉物美的地热温泉。此温泉不含硫黄，温度较高，已成为重要的旅游资源。

你了解世界最高峰——珠穆朗玛峰吗

珠穆朗玛峰

珠穆朗玛峰(以下简称珠峰)是喜马拉雅山脉的主峰，同时是世界海拔最高的山峰。2020年12月8日，中国和尼泊尔两国联合对外宣布，经过两国团队的扎实工作，珠峰的最新雪面高程是8 848.86米。此次珠峰高程测量也是我国对珠峰展开的第四次大规模测绘。珠峰位于中国与尼泊尔边境线上，是我国与尼泊尔的界峰。它所在的喜马拉雅山地区原是一片海洋，在漫长的地质历史演变过程中，从陆地上冲刷来大量的碎石和泥沙，堆积在喜马拉雅山地区，形成了这里厚达3万米以上的海相沉积岩层。之后，强烈的造山运动，使喜马拉雅山地区受挤压而猛烈抬升，据测算，平均每1万年升高20～30米，直至如今，喜马拉雅山仍处在不断上升之中，每100年上升7厘米。随着时间的推移，珠穆朗玛峰的高度还会因为地理板块的运动而不断变化。珠穆朗玛峰山顶终年冰雪覆盖，雪线(4 500～6 000米)南低北高。喜马拉雅山南坡降水丰富，垂直地带性显著且带谱完整，山间的动植物资源十分丰富。

山南市有什么特点

山南市位于西藏南部，因地处冈底斯山脉以南而得名。全市东西横跨约420千米，南北纵长约320千米。东连林芝，南邻印度，西南靠不丹，西北与日喀则市接壤，北邻拉萨。边境线长约630千米。山南南部和西部高山耸峙，湖泊河流众多，主要有雅鲁藏布江、雅砻河、西巴霞曲、羊卓雍错、哲古错、普莫雍错等。雅鲁藏布江自西向东横贯全境，形成独特的河谷地貌。山脉河流的分布决定了山南地势为南高北低、西高东低，属冈底斯山和喜马拉雅山脉之间高原宽谷地带，地势为较平坦的谷地和坡地，属藏南山地灌丛草原地带、温暖半干旱地区。全市一般海拔在3 500～4 500米，平均海拔3 700米。整个地区西南高、东北低，西南部平均海拔4 500米，东北部平均海拔3 100米，绝对最高海拔库拉岗日峰7 554米，最低海拔苏班西里河谷只有110米。

山南市由于受太阳辐射、大气环流、印度洋暖气流、西伯利亚冷空气和山势走向等因素的影响，形成各具特色的生态环境小区。其气候大背景是半干旱温带高原气候，随海拔的升高逐渐表现为半干旱亚寒带高原气候和半干旱寒带高原气候。气候特点：海拔高，气压低，高山缺氧，日照时间长，太阳辐射强，昼夜温差大，热量水平较高，四季不分明，干湿季明显，降水量少，夜雨多，蒸发量大。山南市宜农、宜牧、宜林，素有“西藏粮仓”“西藏江南”之称。

世界上最大的峡谷是什么峡谷

雅鲁藏布大峡谷以其深度、宽度名列世界峡谷之首，最深处6 009米，平均深度2 268米。雅鲁藏布大峡谷形成的直接原因与该地区地壳300万年来的快速抬升及深部地质作用有关。15万年以来，大峡谷地区的抬升速度达到每年30毫米，是世界抬升速度最快的地区之一。

大峡谷的奇异景观还体现在生物的多样性上，这里是世界上山地垂直自然带最齐全的地方，在同一坡面上，从高到低形成了九个垂直自然带。在这里，可以见到从寒冷的北极到炎热的赤道分布的动植物。许多珍贵的林木和花卉生长在人迹罕至的地方，各种野生动物攀援穿梭其间，本区享有“植物类型博物馆”和“动物王国”的美誉。

世界上海拔最高的宫堡式建筑群在哪里

布达拉宫

布达拉宫，位于西藏自治区的首府拉萨市区西北玛布日山上，是世界上海拔最高，集宫殿、城堡和寺院于一体的宏伟建筑，也是西藏面积最大、最完整的古代宫堡建筑群。布达拉宫依山垒砌，群楼重叠，主体建筑分为白宫和红宫两部分。主楼高117米，共13层。布达拉宫前辟有布达拉宫广场，是世界上海拔最高的城市广场。

布达拉宫最初为7世纪时吐蕃王朝赞普松赞干布为迎娶文成公主而兴建，9世纪毁于兵火。1645年五世达赖喇嘛开始重建，历时50年完成。此后历代达赖喇嘛继续扩建。20世纪30年代，十三世达赖喇嘛大规模修缮增建，形成现在的规模。1989年10月，布达拉宫迎来史上第一次大规模修缮工程；2002年6月，布达拉宫又迎来第二次大规模修缮工程；2018年11月，布达拉宫金顶修缮工程正式竣工。

你了解藏族独特的节日吗

藏族节日繁多，其中最为隆重、最具有全民族意义的要数藏历新年。藏历新年相当于汉族的春节，是一年中最大的节日。从藏历十二月中旬开始，人们就准备过年吃、穿、用的节日用品。藏历新年的欢庆活动每年藏历正月初一开始，3～5天不等。

此外还有转山会，是藏族传统节日，又称沐佛节、敬山神。每年农历四月八日，甘孜藏区群众身着民族服装，先到寺庙里燃香祈祷，焚烧纸钱，转山祭神，祈求神灵保佑。然后，支起帐篷进行野餐，演藏戏，唱民间歌谣，跳锅庄舞、弦子舞，进行跑马射箭比赛等文化体育活动。

女儿节，是甘肃文县的藏族在每年农历五月初四、初五举行的节日。节日期间，姑娘们由自己的胞兄陪同，穿上艳丽的服装、带上美味可口的佳肴，上山采茶对歌，和小伙子互相敬酒，祈祝吉祥。

望果节，也是藏族传统节日之一。节期为1～3天。每年秋收前择日举行。这天藏民们背着经卷转绕田间、预祝丰收，同时举行赛马、射箭、文艺表演等活动。

雪顿节，藏语“雪”意为“酸奶”，“顿”意为“吃”“宴”，雪顿节按藏语解释就是吃酸奶子的节日，于藏历六月三十日举行，为期4～5天。节日期间有哲蚌晒佛、藏戏表演、逛林卡等活动。节日期间，人山人海，林木间到处是帐篷、地席，藏族群众欢聚在这里喝着青稞酒、酥油茶、酸奶，观看藏戏等各种文艺节目。

西藏“三大圣湖”指什么

羊卓雍错

玛旁雍错、纳木错和羊卓雍错是西藏三大圣湖，“错”在藏语里就是“湖”的意思。玛旁雍错湖面海拔约4 588米，最大水深约82米，湖周长约90千米。纳木错，位于拉萨市当雄县与那曲市班戈县交界处，东南侧依偎着念青唐古拉山的主峰。纳木错湖面海拔4 718米，总面积1 900多平方千米，是我国第三大咸水湖，也是世界上海拔最高的咸水湖。纳木错是喜马拉雅山运动凹陷而形成的巨湖，后因西藏高原气候渐趋干燥，面积大为缩减。湖滨平原牧草良好，是天然牧场。每当夏初，成群的野鸭飞来栖息繁殖。羊卓雍错湖面海拔4 441米，总面积约638平方千米，是低浓度咸水湖，是天鹅、鱼鹰、斑头雁等鸟类的重要栖息地。

你知道国家级非物质文化遗产——唐卡吗

唐卡

唐卡系藏文音译，指用彩缎装裱后悬挂供奉的宗教卷轴画，是藏族文化中一种独具特色的绘画艺术形式，题材涉及藏族的历史、政治、文化和社会生活等诸多领域。唐卡具有鲜明的民族特点、浓郁的宗教色彩和独特的艺术风格，采用金、银、珍珠、玛瑙、珊瑚、松石、孔雀石、朱砂等珍贵的矿物宝石和藏红花、大黄、蓝靛等植物为颜料以示其神圣。这些天然原料保证了所绘制的唐卡色泽鲜艳，璀璨夺目，经几百年的岁月，色泽仍艳丽明亮。因此，唐卡被誉为中国民族绘画艺术的珍品，被称为藏族的“百科全书”，也是中华民族民间艺术中弥足珍贵的非物质文化遗产。传统唐卡的绘制要求严苛、程序极为复杂，必须按照经书中的仪轨及上师的要求进行，包括绘前仪式、制作画布、构图起稿、着色染色、勾线定型、铺金描银、开眼、缝裱开光等一整套工艺程序。制作一幅唐卡用时较长，短则半年，长则需要十余年。

为什么说西藏自古以来就是祖国不可分割的一部分

人类学、民族学、考古学、历史学、语言学等科学研究的大量事实充分证明，藏族与中华各民族同宗同源，一脉相承。据考古资料证明，青藏高原自古就有人类在这里繁衍、生息，他们开拓了这片广阔的土地。新石器时代的昌都卡若遗址、拉萨曲贡文化遗址和那曲、阿里一带的藏北细石器遗址，与同一时期的长江、黄河流域文化遗址，在文化类型上有着广泛而又密切的联系。新石器时代西藏的原始文化与中原文化的密切联系，是藏族先民与祖国其他兄弟民族结成不可分割的统一体的历史起点。此后，经过漫长的历史岁月，青藏高原上分散的众多部落逐渐以部落联盟的形式统一起来。公元7世纪，赞普松赞干布统一了青藏地区，建立起奴隶制的吐蕃政权。吐蕃建立政权之后，与中原政权积极地交往交流交融。松赞干布几次派人到长安向唐朝求婚，唐太宗将文成公主嫁于松赞干布，唐高宗封松赞干布为驸马都尉、西海郡王。之后，唐中宗时又将金城公主嫁于赤德祖赞。唐朝两位公主进藏，促进了唐蕃之间经济、政治、文化特别是人员的交流往来，带来了中原地区的农业和手工技术、医术、工匠等先进生产技术，促进了吐蕃经济文化的发展，吐蕃的畜产品及装饰、游艺等也传入了中原地区。822年，唐蕃结盟；823年，唐蕃会盟碑立于拉萨大昭寺前。这座碑象征着汉藏友好和睦的关系，也是西藏为缔造统一多民族国家作出贡献的见证。在我国统一多民族国家确立时期，1247年蒙古亲王阔端与吐蕃地方政教首领萨迦班智达在凉州商定吐蕃各地归属事宜之后，西藏各地陆续归顺了蒙古。1271年，忽必烈改国号为元，在西藏建立一套完整的行政管理体制，中央政府对西藏正式行使行政管辖，统一多民族国家得以确立并进一步发展，西藏为之作出了重大贡献。明朝承袭元制，实施对西藏地区的管理。在今西藏的中、东、西部设置管理机构，中央任命官员。朝廷对西藏宗教领袖封赐“法王”“王”“灌顶国师”等名号。1587年，朝廷封赐三世达赖喇嘛“朵儿只唱”（意为“金刚持”）名号。清朝建立前，五世达赖喇嘛、四世班禅高僧到今沈阳与后金政权联系；1652—1653年，五世达赖喇嘛进京觐见顺治皇帝。清朝皇帝于1653年、1713年分别册封五世达赖和五世班禅，正式确立达赖喇嘛和班禅额尔德尼的封号以及他们在西藏的政治和宗教地位。1727年，清中央在西藏建立驻藏大臣制度；1793年，清朝颁布《钦定藏内善后章程二十九条》，加强对西藏地区的制度化管理。1912年中华民国建立后，颁布的第一部宪法《中华民国临时约法》中规定西藏是中国的一个行省。中央政府设置“蒙藏事务局”（后改“蒙藏院”“蒙藏委员会”）等机构管理西藏事务，切实维护了中央政府对西藏的主权。1949年中华人民共和国成立后，中央人民政府根据西藏的历史和现实情况，决定采取和平解放西藏的方针。1951年5月23日，中央人民政府和西藏地方政府的全权代表就西藏和平解放的一系列问题达成协议，签订了《中央人民政府和西藏地方政府关于和平解放西藏办法的协议》，西藏和平解放，祖国大陆获得统一，各族人民实现了大团结。同年，人民解放军进驻拉萨，受到西藏各界的热烈欢迎。1959年，西藏上层反动集团全面发动武装叛乱，中央人民政府迅速平息叛乱，领导西藏各族人民掀起了波澜壮阔的民主改革运动，实现了百万农奴和奴隶梦寐以求的当家作主的权利。1965年，西藏自治区成立，西藏迈入人民当家作主的伟大时代。

历史无可辩驳地表明，西藏自古以来就是伟大祖国不可分割的一部分，藏族是中华民族大家庭中的重要成员，为中华民族的形成和发展作出了重要贡献。

你知道怒江有“黑水河”的别称吗

怒江

怒江因江水深黑，在我国最早的地理著作《禹贡》中把它称为“黑水河”。怒江是中国西南地区的大河之一，发源于青藏高原唐古拉山南麓。它深入青藏高原内部，进入云南省折向南流，流入缅甸后改称萨尔温江，最后注入印度洋的安达曼海。怒江从河源至入海口全长3 240千米，中国部分2 013千米。位于云南省境内的怒江大峡谷，是仅次于雅鲁藏布大峡谷及美国科罗拉多大峡谷的世界第三大峡谷，两岸山岭海拔均在3 000米以上，因它落差大，水急滩高，有“一滩接一滩，一滩高十丈”的说法，十分壮观。

“献哈达”是个怎样的礼节

哈达，是一种丝织品，纺得稀松如网，也有用丝绸制成的。在藏族的文化里，献哈达是藏族人民最普遍的一种礼节，是向对方表达自己的纯洁、诚心、忠诚和尊敬。在西藏，大凡婚丧节庆、迎来送往、拜会尊长、觐见佛像、送别远行等，都有献哈达的习俗。所以，哈达作为一种礼节的代表物，在日常生活中不仅代表着藏族人民诚挚、忠厚、热情的性格，更是显现了藏族文化与其他民族文化交融发展的历史。藏族最常用的是白色哈达和黄色哈达，白色代表着纯洁、善行；黄色代表着尊贵。

藏族生态伦理是怎样的，有什么作用

生态伦理学是关于人与自然关系的生态道德哲学，是人类对经济发展导致环境退化，乃至生态危机现象的哲学反思。它是一门研究人与自然界道德关系的伦理学分支。青藏高原被视为“生命的禁区”，地势高耸、气候严寒、生态脆弱。生活在青藏高原的藏族人民面对严峻的自然环境和有限的资源，自古就树立起了与自然和谐相处、珍视有限资源的生态伦理观念。藏族的生态伦理，强调人与自然环境相互依存，共存共融，提倡人们时刻保持自觉和自律，保护自然环境，珍惜自然资源。藏族生态伦理思想渗透到整个民族的精神和物质生活的方方面面，成为全民族共同遵守的行为准则，是藏区维持高原自然生态环境的强力支持者。藏族生态伦理与当代生态文明的基本内容和特征相适应，符合了现代所倡导的可持续发展理念和生态伦理学基本道德规范，也符合了当今社会提倡的“绿色生活”方式。

藏红花为什么如此珍贵

藏红花又称番红花、西红花，是一种名贵的中药材。它有镇静、祛痰、解痉作用，用于胃病、调经、麻疹、发热、黄疸、肝脾肿大等的治疗。藏红花主要药用部分为花蕊中小小的柱头，一朵花上只有三根，每根脱水后重量要小于0.005克，换算过来，平均要两百朵成花左右才能制成一克藏红花。物以稀为贵，加上宝贵的药用价值，这让藏红花变得十分珍贵。

你知道青藏铁路是中国新世纪四大工程之一吗

我国重点开发建设的青藏铁路、南水北调、西气东输、西电东送四大工程，被称为中国新世纪四大工程。

青藏铁路的建成，成为我国继京沪、京广、京九、焦柳等铁路之后的又一条南北走向的干线。青藏铁路是世界上海拔最高和线路最长的高原铁路。沿线高寒缺氧，生态环境脆弱，地壳运动活跃。在这样的区域修建铁路，具有很强的探索性和科研性，建设任务艰巨。青藏铁路的修建，结束了西藏自治区不通铁路的历史，进一步改善了青藏高原的交通条件和投资环境，促进了西藏资源开发和经济快速发展。对加强内地与西藏的联系，开发西藏的旅游资源，促进藏族与各民族的文化交流，增进民族团结，造福沿线人民，发挥了重要作用。青藏铁路是世界上海拔最高、在冻土上路程最长的高原铁路，是世界铁路建设史上的一座丰碑。

为什么说新藏铁路是一条重量级的铁路

新藏铁路北起新疆叶城，南至西藏拉萨，是新疆铁路网和西藏铁路网的重要组成部分。它是“进藏路线”里五条铁路之一(另四条是青藏铁路、川藏铁路、滇藏铁路、甘藏铁路)。新藏铁路一旦建成，将会成为连接新疆和西藏的交通要道、中国西北和西南地区的铁路大动脉，对于加强新疆和西藏经济、文化、旅游等方面的交流有重要的作用，同时对于西藏阿里地区实现跨越式发展和长治久安有重要意义。

新藏铁路同样也具有重要的国防意义。新藏铁路对于加强边疆地区的和平与稳定、战时承担重要的国防运输都有无可替代的作用。

为什么西藏能成为我国风电项目建设的重点地区

西藏是我国风能资源较丰富的地区之一。由于海拔较高，本区主要受高空西风环流控制，特别是高原南北两侧的地区，受气流来向影响，地形急速抬升地带因气流爬升，风能资源最好。

西藏电网目前的电源结构以水电为主，太阳能发电和区外输电为辅。西藏水能资源丰富，可开发资源量巨大，是西藏电力供应的主力。但丰枯期水量悬殊，导致目前西藏出现丰水期弃水、枯水期缺电的情况。西藏太阳能资源极其丰富，是全国乃至世界太阳能资源最丰富的地区之一，但太阳能项目发电具有时间集中(主要集中在正午的4～5个小时)的特点，难以满足需求，目前大多数太阳能项目都处于中午大量弃光，晚上系统缺电时无电可发的窘境。而西藏的风能资源丰富，使得风电与水电、光伏发电形成良好的互补。这对优化西藏电源结构、补充西藏电力缺口效益显著，对提高西藏人民生活用电水平、促进西藏经济发展、保护西藏自然环境有着重要的意义。

“一带一路”倡议给西藏发展带来了怎样的机遇

“一带一路”倡议，为西藏实现跨越式发展带来了新的机遇。西藏作为我国对外开放的前沿，必须紧紧抓住机遇，明确西藏对外经济贸易的方向和路径，以西藏的铁路为主体线路，依托日渐成熟的拉萨经济技术开发区和那曲物流中心，通过亚东、吉隆和樟木等口岸，实现南亚贸易陆路大通道的主体架构。不断提升对外开放水平，加快经济结构调整和转型升级，形成新的经济增长点，进一步促进经济社会持续健康发展。政府要切实加大引导力度，优化引导措施，加强制度建设和政策完善；大力发展各项与开放相关的重点产业(如净土健康产业)，巩固农牧业优势，促进工业转型升级，着力发展服务业；集聚资源为进出口贸易提供投融资渡道；打造西藏出口产品的特色品牌，增强品牌效应；健全交通路网体系，加快各大口岸建设；提升整体物流水平。

陕西省 SHANXI SHENG

■ 简　称　陕、秦　　■ 面　积　约21万平方千米　　■ 人　口　3 953万人

■ 世界遗产　秦始皇陵及兵马俑坑　长城　丝绸之路：长安—天山廊道的路网

■ 地理之最

最高山峰：太白山　最大湖泊：石泉水库　最大河流：黄河　主要山脉：秦岭、大巴山

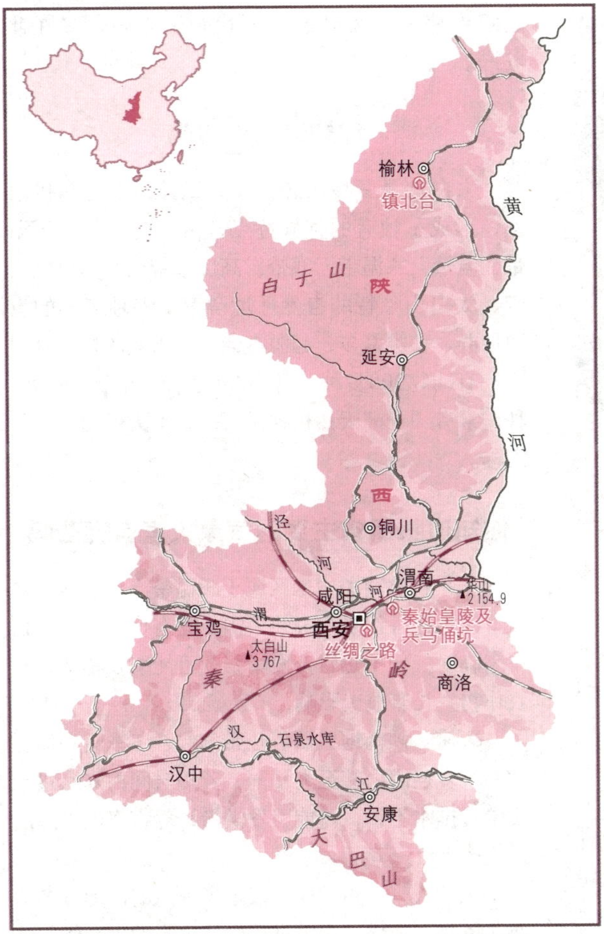

陕西省的地形地貌有何特征

陕西省纵跨黄河、长江两大流域，地域狭长，南北长800多千米，东西宽500多千米，辖区总面积20多万平方千米。省内有高原、山地、平原和盆地等多种地形。地势南北高、中部低，东西窄而南北长，且由西向东倾斜，以白于山和秦岭为界，总体可分为陕北、关中、陕南三大区域。

陕北黄土高原平均海拔800～1 300米，北部是风沙区，南部是丘陵沟壑区；关中平原平均海拔约500米，基本地貌类型是河流阶地和黄土台塬；陕南秦巴山地包括秦岭、巴山和汉江谷地，其中，秦岭平均海拔1 500～2 000米，是中国南北方的主要分界线，横贯全省东西。在陕西境内有许多闻名全国的峰岭，如华山、太白山、终南山、骊山等。

陕西省的气候有何特征

陕西省横跨三个气候带，南北气候差异较大。陕南属北亚热带气候，关中及陕北大部属暖温带气候，陕北北部长城沿线属中温带气候。气候总特点：春暖干燥，降水较少，气温回升快而不稳定，多风沙天气；夏季炎热多雨，间有伏旱；秋季凉爽，较湿润，气温下降快；冬季寒冷干燥，气温低，雨雪稀少。全省年平均气温9～16℃，自南向北、自东向西递减。陕北年平均气温7～12℃，关中年平均气温12～14℃，陕南年平均气温14～16℃。全省年平均降水量340～1 240毫米。降水南多北少，陕南为湿润区，关中为半湿润区，陕北为半干旱区。

黄土高原水土流失的成因是什么

黄土高原原生黄土是在第四纪冰期干冷气候条件下，由风力搬运形成的风成堆积物。黄土土质疏松，垂直节理发育，极易渗水，抗侵蚀能力弱，易发生水土流失现象。夏季，降水集中且多暴雨，降水易对黄土造成侵蚀；经人类活动开发后，黄土表面植被覆盖率降低，加剧雨水侵蚀程度；黄土高原沟谷发育明显，陡坡多，降水流速快，侵蚀力度进一步增强。土壤遭到冲刷侵蚀，使大量松散黄土随水同时流失，发生水土流失。

黄土高原

秦岭—淮河一线有何地理意义

秦岭是贯穿我国中部的东西走向的山脉，秦岭—淮河一线也是东西走向的，因秦岭能够阻挡冬季寒潮南下，夏季又能阻挡潮湿的海风进入西北地区，导致这条线的南北两侧地区在气候、水文、植被、土壤、农业等方面存在差异。因此它成为中国东部地区重要的分界线。

秦岭—淮河一线的地理意义：我国南方、北方分界线；1月份0℃等温线通过地；湿润与半湿润地区分界线；800毫米等降水量线通过地；南方水田与北方旱地分界线；亚热带季风气候与暖温带季风气候分界线；亚热带常绿阔叶林带与暖温带落叶阔叶林带分界线；多水带与过渡带分界线；亚热带与暖温带分界线。

西岳华山有何特点

五岳之一的西岳华山位于陕西华阴市境内，南接秦岭，北瞰黄渭，扼守着大西北进出中原的门户，素有“奇险天下第一山”之称。它是由一块完整硕大的花岗岩经风化剥蚀而成。华山五峰，分别是东峰朝阳、南峰落雁、西峰莲花、北峰云台、中峰玉女，其中最高峰是南峰，海拔2 154.9米。山路崎岖，诸峰间仅南北一径，有“自古华山一条路”之说。

华山北麓有西岳庙，为历代祭祀西岳的祠庙。建筑宏伟，气势壮丽。历代帝王赴陕，多在此驻跸。

你知道太白山吗

太白山是秦岭山脉主峰，以其巨大的海拔落差，形成了独有的气候特点，由下向上分为暖温带、温带、寒温带、寒带、高山寒带五个明显气候带。太白山独特的自然环境孕育了多种多样的生物种群，种类繁多，起源古老，是天然的物种基因库，有动物300多种，鸟类230多种，植物1 900多种，素有“亚洲天然植物园”“中国天然动物园”之称。

你知道陕西省主要的气象灾害有哪些吗

干旱：陕西关中地区属于暖温带半湿润地区，秋季阴雨连绵但夏季炎热多雨，间有伏旱天气。伏旱来临时气候干热，蒸发增强，可能引发旱情，对农作物生长有很大影响。

雨涝：陕南地区属亚热带气候，冬季暖和但夏秋季节多连阴雨甚至大暴雨。若短时间内降水过于集中且排水不畅，可能引发洪涝，危害河流沿岸居民生产生活。

风沙天气：由于陕西接近冬季风的源地，冬季西北风势力强盛，南下过程中偶尔会发生寒潮与冻害，同时狂风可能卷起植被覆盖较少、裸露疏松的黄土，所以陕西经常会出现强度不同的风沙天气，如沙尘暴等，危害交通安全，影响人们的出行与健康。

雹灾：春夏之交，冷暖气团相遇，当温度急剧下降时，水汽凝结成较大的冰团，形成冰雹。陕西地处黄土高原，地貌复杂，气候多变，冰雹多且频繁，对人类、动物及农作物危害较大。

陕西省主要河流的特征是怎样的

陕西省的主要河流有无定河、延河、泾河、渭河、洛河、嘉陵江、汉江、丹江。境内绝大部分为外流河，分属黄河、长江两大水系。境内湖泊稀少，主要分布在陕北长城沿线。

黄河在陕西境内的流域面积约13.3万平方千米，有河流2 524条，黄河在禹门口分成自然特征迥然不同的上下两端，禹门口以上583.1千米穿行于黄土高原中心地带的峡谷之中，河流深切基岩，两岸峰峦重叠，河流弯曲狭窄，进入宜川境内壶口时，河床由宽400米收缩成深30米、宽50米的窄槽，俗称“十里龙槽”。禹门口以下至潼关132.5千米，河流进入汾渭地堑，河床由冲积层构成，河宽展至3～18千米，成为强烈的堆积游荡性河道，河道淤积多变，通常称为“小北干流”。

长江在陕西境内的流域面积约7.2万平方千米，有河流1 772条，主要有嘉陵江、汉江等。汉江是长江最长的支流，又名汉水。在湖北省武汉市汇入长江，全长1 577千米，流域面积约15.9万平方千米，其中陕西境内流长652千米，流域面积约6.2万平方千米。主要有褒河、丹江等支流。嘉陵江在重庆市汇入长江，为古时货物从江南入陕的主要水路之一。

黄河

你知道“泾渭分明”的典故吗

“泾渭分明”这一家喻户晓的成语源自泾渭两河，说的是在泾水、渭水相汇处，清浊分明，分界清楚而不混，用以比喻界限清楚。

唐代诗人杜甫在《秋雨叹》中写道：“浊泾清渭何当分”，认为是泾水浊而渭水清。但是，现在我们看到的却是渭水浊于泾水。许多专家亲赴实地考察，看到的也是泾清渭浊的现象。实际上，从流经的地域来看，渭水自甘肃流经陕西入黄，流经的是关中平原、八百里秦川之地；而泾水全程流经的是水土流失严重的黄土高原。就河水含沙量而言，应该是泾水大于渭水的。所以古人看到泾浊渭清，尤其在枯水季节，是没错的。但到了现代，由于渭河流域尤其是上游地区人类活动导致环境破坏严重，水土流失形势严峻。又因为渭河流经地区土壤所含矿物成分的原因，当渭河含沙量达到每立方米10千克时，水色便呈赤黄色了。从表面上看，泾渭分明的自然景观仍然存在，但已是渭水水色深于泾水了。

汉江流域的地势地形有何特征

汉江又名汉水，发源于秦岭与米仓山之间，后向东南穿越秦巴山地的汉中、安康等地，进入鄂西后过十堰流入丹江口水库，出水库继续向东南流过襄阳、荆门，在武汉市汇入长江。汉江是长江的最大支流，与长江、黄河、淮河并称“江淮河汉”。

汉江主要流经陕西、湖北，流域北部以秦岭、外方山、伏牛山与黄河流域分界；东北以伏牛山、桐柏山与淮河流域分界；西南以大巴山、荆山与嘉陵江、沮漳流域分界；东南是江汉平原。汉江流域地势西北高、东南低，地质构造大致以浙川—丹江口—南漳为界，以西为褶皱隆起中低山区，往东以平原丘陵为主。

壶口瀑布有什么奇特景观

黄河壶口瀑布，位于山西省吉县和陕西省宜川县交界处，海拔400多米，是黄河流经秦晋峡谷时形成的一处天然瀑布，也是黄河中游干流上唯一的大型瀑布。瀑布之前，黄河河床宽广，水流平缓，流经此地时，两岸岩石陡然收缩变窄。从黄土高原携带大量泥沙奔流而下的黄河水，在50米的落差中辗转翻腾，气势恢宏，声响震天。中国古籍中记载“盖河漩涡，如一壶然”，明代诗人惠世扬的诗句“源出昆仑衍大流，玉关九转一壶收”，都是对这种独特地貌景观的生动描述。

壶口瀑布

定边盐湖是如何形成的

定边盐湖位于陕西西北部的定边县境内，西与宁夏盐池县接壤，北与内蒙古鄂尔多斯市鄂托克前旗相连，是陕西唯一的湖盐产区，也是西北重要的产盐区。盐湖由封闭的内陆湖演化而来。由于蒸发量远远大于降水量，接近降水量的八倍，内陆湖逐渐干涸，盐分析出，成了盐湖。盐，也成为湖泊留给人类最后的礼物。

黄土地貌的主要形态有哪些

中国的黄土和黄土状土主要分布在昆仑山、秦岭、泰山、鲁山连线以北的干旱、半干旱地区。原生黄土以黄河中游发育最好，主要分布在山西、陕西、甘肃东南部和河南西部。

黄土地貌的主要形态有四种：黄土塬、黄土墚、黄土峁、黄土沟谷。黄土地貌是黄土堆积过程中遭受强烈侵蚀的产物。风是黄土堆积的主要动力，侵蚀以流水作用为主。黄土塬、墚、峁等地貌类型主要由堆积作用形成。各种沟谷则是黄土遭受强烈侵蚀的结果。

陕西有哪些帝王陵墓

陕西以其独特的区位优势，深受古代多位帝王的喜爱，往往成为国都选址地。陕西的古代帝王陵，民间有“七十二陵”之说。实际上，经过科考团队与有关部门的深入研究，基本确定的有42座，即春秋战国时代的秦景公、秦惠文王、秦悼武王、秦昭襄王、秦孝文王、秦庄襄王6陵；秦朝秦始皇、秦二世2陵；西汉11陵；十六国至北朝时前秦苻坚、大夏赫连勃勃、西魏元宝炬、北周武帝宇文邕各1陵；隋代文帝杨坚1陵；唐18陵。另有未确定墓冢，但经多方面考察确认应葬在陕西的，共39座，合计81座帝王陵。

其中较有名的有黄帝陵、乾陵(唐高宗李治、皇后武则天陵墓)、秦始皇陵、汉阳陵(汉景帝陵墓)、昭陵(唐太宗李世民陵墓)、茂陵(汉武帝刘彻陵墓)。

秦始皇陵

西安有哪些标志性建筑

西安有不少标志性建筑，如钟楼、大雁塔、西安城墙、小雁塔、鼓楼、陕西历史博物馆、城隍庙、清真大寺、紫云楼等。其中，最有名的是钟楼和大雁塔。

西安钟楼，始建于明洪武十七年(公元1384年)，位于陕西省西安市的市中心，城内东西南北四条大街的交会处，是中国古代遗留下来众多钟楼中形制最大、保存最完整的一座。

大雁塔是唐玄奘为保存由天竺经丝绸之路带回长安的经卷佛像而主持修建的。大雁塔作为现存最早、规模最大的唐代四方楼阁式砖塔，是佛塔这种古印度佛寺的建筑形式随佛教传入中原地区，并融入华夏文化的典型物证，是凝聚了中国古代劳动人民智慧结晶的标志性建筑。

西安钟楼

陕西被称为“秦”“三秦”“关中”的原因

公元前771年，西周在戎、狄的联合进攻下灭亡，周平王仓皇逃亡洛邑，建立东周。秦襄公因护送平王有功，被封以“岐山以西之地”，陕西地区开始成为“秦”的辖区。

“三秦”之名源于秦末项羽分封诸侯。诸侯灭秦后，项羽将对自己威胁最大的刘邦封为汉王，辖汉中及巴蜀之地，而把秦朝故地一分为三，分封给秦的三员降将章邯、司马欣、董翳，试图用这样的方法来限制刘邦势力的发展，“三秦”由此得名。

“关中”之名始于战国时期，一般认为当地西有散关，东有函谷关，南有武关，北有萧关，地处四关之中，故名“关中”。

关中为什么曾经是兵家必争之地

关中指“四关”之内，“四关”即东潼关(函谷关)、西散关(大震关)、南武关(蓝关)、北萧关(金锁关)。现关中地区位于陕西省中部，包括西安、宝鸡、咸阳、渭南、铜川、杨凌五市一区，总面积5万多平方千米。

关中土地肥沃，河流纵横，气候温和，物产富饶，是早期的一个主要粮食产区。《史记》中称其为“金城千里”“天府之国”“四塞之地”。自西周起，先后有十多个王朝在此建都。再加上有陕北高原和秦岭两道天然屏障，地势险峻，进可攻退可守，战略地位自然较高，所以关中自古以来就是兵家必争之地。

你知道“八百里秦川”的范围吗

“八百里秦川”指陕西关中平原。它南倚秦岭，北邻北山，西起宝鸡，东至潼关，东西长约360千米，约占全省土地总面积的19%。

它的北部是陕北黄土高原，南部是陕南山地、秦巴山脉。自古以来，这里风调雨顺，土地肥沃，农业发达，为秦国文明的兴起奠定了强大基础，所以号称“八百里秦川”，也是黄河流域文明的发祥地之一。

你知道“关关雎鸠，在河之洲”描写的是哪里吗

《诗经》中“关关雎鸠，在河之洲”描写的地方是黄河中游的洽川。两千多年前，先民在这片河谷中生活，吟唱出了他们日常悠悠的田园生活，因此洽川有“诗经文化之乡，中华情诗之源”的美誉。

洽川地区以洽川葫芦为首的洽川三宝(洽川葫芦、洽川红宝石石榴、洽川九眼莲)最为有名。洽川东临黄河、西依青山，土地肥沃，气候湿润，水源充足，物产丰富，素有“小江南”的美称。

陕西为什么被称为“天然历史博物馆”

有一句话“看中国五千年要到陕西”，陕西是我国历史上建都朝代最多和时代最长的省份。陕西地区从距今115万年的蓝田猿人开始，孕育了灿烂的远古文明。自西周起，周武王灭商，在陕西建都。此后，又有秦、西汉、前赵、前秦、后秦、西魏、北周、隋、唐、大夏等王朝先后在陕西建都。此

秦始皇陵兵马俑

外，还有刘玄、赤眉、黄巢、李自成4次农民起义在此建立政权。

陕西为中华民族创造了光辉的历史文明，留下了丰富的宝贵文物，几乎每一个县都有博物馆，人们常说陕西是“地上一个城，地下一个城”“掘地三尺可得宝”。陕西省文物点密度之大、数量之多、等级之高，均居中国首位，著名的有长城、秦始皇陵兵马俑坑、乾陵、茂陵、汉阳陵、黄帝陵、法门寺、西安城墙、西安碑林、西安钟鼓楼、大小雁塔等。

窑洞为何能做到冬暖夏凉

延安窑洞

窑洞是中国西北黄土高原上汉族居民的古老居住形式。一般窑洞是用石头或者砖头砌成，窑洞上面覆盖厚厚的夯实的黄土，规模大的可做成并列多间或上下多层，外部也可另建房屋形成院落。

窑洞冬暖夏凉的秘诀在于它的“屋顶”和“墙壁”都相当厚。人们挖窑洞时，都会选择土质比较坚硬的地方，而且洞壁会修筑得很厚，即使是砖窑，上面也会有一层厚厚的土层。这种厚而坚硬的“墙壁”很不容易传热。窑洞洞顶和洞壁既不能直接从大气中吸热，也不能直接向大气中散热，只有窑洞口直接和外界接触。因此，窑洞里的气温变化总是落后于外界的气温变化，而且温差变化不大。所以，窑洞能做到冬暖夏凉。

米字形高铁线路网对陕西发展有何促进作用

在古丝绸之路上，陆路贸易的兴盛带动了包括长安在内的丝路沿线城市的繁荣与兴盛。如今，“一带一路”互联互通以及高铁网的建设，让陕西迎来历史性的发展新契机，陆路交通工具的发展变革又将重塑区域发展格局。

根据规划，陕西米字形高铁网将会形成以西安铁路枢纽为中心，8个方向辐射延伸到全国各地。2017年，宝兰高铁与西成高铁相继开通，成为陕西米字形高铁网建设的重要里程碑。西安至包头、西安至大同、西安至郑州、西安至武汉、西安至重庆、西安至成都、西安至兰州、西安至银川等8条高铁线路已开通或正在建设，陕西也将充分借助米字形高铁网带动经济发展。

西安为什么要建中国第一个不沿江、不沿海、不沿边的国际陆港

西安国际港务区是陕西省重大建设项目，地处西安市东北部灞渭三角洲，是西安经济社会发展和城市建设“北扩、东拓、西联”的前沿区域。

西安国际港务区以已有的铁路、公路等运输手段为依托，以与沿海国际港口合作为基础，在内陆形成海陆联运的聚集地和结合点。它依托西安区位优势、交通优势、产业基础和物流市场需求，形成以B型保税物流中心为核心、以国际物流区为支撑、以国内综合物流区和物流产业集群区为两翼的物流体系战略格局。它的建设是沿海国际港口多种港务功能在西安的延伸，是沿海国际港口在西安的集中服务区，也是国际物流与国内物流的结合部。在此基础上，西安国际港务区将建设较为完善的区域性现代物流服务体系，完善现代物流网络，培育有竞争力的物流企业群。

陕西省有哪些独特的文化习俗

“帕帕头上戴”。黄土高原大风天气多，以大陆性气候为主，太阳辐射强，光照充足，头上戴自制的手帕不仅可以保护头发干净整洁，还能遮挡紫外线，因此成为妇女的日常装扮。

“油泼辣子一道菜”。陕西冬季寒冷，由于耕地面积有限，瓜果不易生产和保存。辣椒对水分要求严格，既不耐旱也不耐涝，陕西省正好处于大

陆性气候与季风性气候的过渡位置，降水适中，适宜辣椒生长。为补充身体所需维生素，人们常吃辣椒，以保暖防寒。

“面条似腰带”。陕西面条以小麦为原料，小麦多在6、7月收割，人们会将小麦磨成精粉，为冬季储存粮食。陕西人民勤劳，习惯长时间户外劳作，小麦粉制成的面条较宽，能维持充足的体力，提供日常劳作所需。

西安在“一带一路”中的区位优势有哪些

地理区位优势：陕西位于我国的中心位置，对内连接东部沿海地区和西部地区，对外连通中亚地区。陕西西安是古丝绸之路的起点，新亚欧大陆桥重要枢纽。

交通枢纽优势：公路方面，陕西全省高速公路里程数已超过6 000千米，形成联通东西南北的重要枢纽。铁路方面，陕西是全国六大铁路枢纽之一。同时，“长安号”国际货运班列的开通，促进了西安的经济发展。航空方面，西咸新区空港新城是全国首个国家航空城试验区，西安(咸阳)国际机场现已开通多条国内国际航线，且已实现72小时过境免签。陕西基本实现了铁路、公路、航空运输的立体联动，亚欧大陆桥陕西段的通行和辐射能力全面提升。

人文教育优势：陕西历史悠久，是中华文明的主要发祥地，凝聚着中华民族五千年文化的精华。文化遗址、名山大川等旅游资源非常丰富。教育方面，陕西的科研机构和高等院校数量在全国居于前列，科研教育优势明显。对于中亚地区的国家来说，旅游、留学首选之地就是陕西。

工业发展优势：经过“三线建设”、西部大开发等一系列国家建设，陕西的工业体系日趋完备，加之国家诸多科研基地和生产基地均设在陕西，因此，陕西在航空航天、数控机床、汽车制造等领域具有比较大的优势。以西安为中心的关中—天水经济区是全国重要的先进制造业基地。

能源资源优势：陕西传统的能源矿产资源非常丰富，煤炭、石油、天然气、岩盐储量居全国前列。其他资源储量也较为丰富，大部分区域属太阳能资源高值区，水资源总量居全国第19位（2019)。

陕西省参与“一带一路”建设的发展定位是什么

交通枢纽中心：大力进行公路、铁路、航空建设，加强运输方式之间的衔接；完善车辆通行管理制度，提升物流业的综合服务能力；建设复合型现代物流体系，促进多产业共同发展，实现贸易和投资便利化。

工业体系基地：以区域内的龙头企业为经济增长极，通过区域合作，大力发展工业产业，并加强与以能源型工业为主的中亚国家在工业制造领域的合作。将以西安为主阵地的大关中地区建成“新丝绸之路经济带”上的工业产业带。

文化教育中心：可以发挥陕西的文化产业发展优势，加强与中亚地区国家的文化交流，增强陕西在中亚地区的影响力和文化亲和力，增强竞争优势，有利于中西文化深入交融。教育资源上可尝试为中亚学生设立奖学金，发展留学经济，动员陕西技术专家到中亚地区交流学习，形成双向互动机制。

能源金融中心：加强区域金融体系建设，树立西安大区域金融中心地位，以煤炭交易为突破口，整合煤炭交易市场，搭建电子化交易平台，把陕西打造成中国向西开放的能源交易中心和结算中心。

甘肃省 GANSU SHENG

■ **简　称** 甘、陇 ■ **面　积** 约43万平方千米 ■ **人　口** 2 502万人

■ **世界遗产** 莫高窟　长城（嘉峪关）　丝绸之路：长安—天山廊道的路网

■ **地理之最**

最高山峰：阿尔金山　**最大湖泊**：刘家峡水库　**最大河流**：黄河　**主要山脉**：祁连山

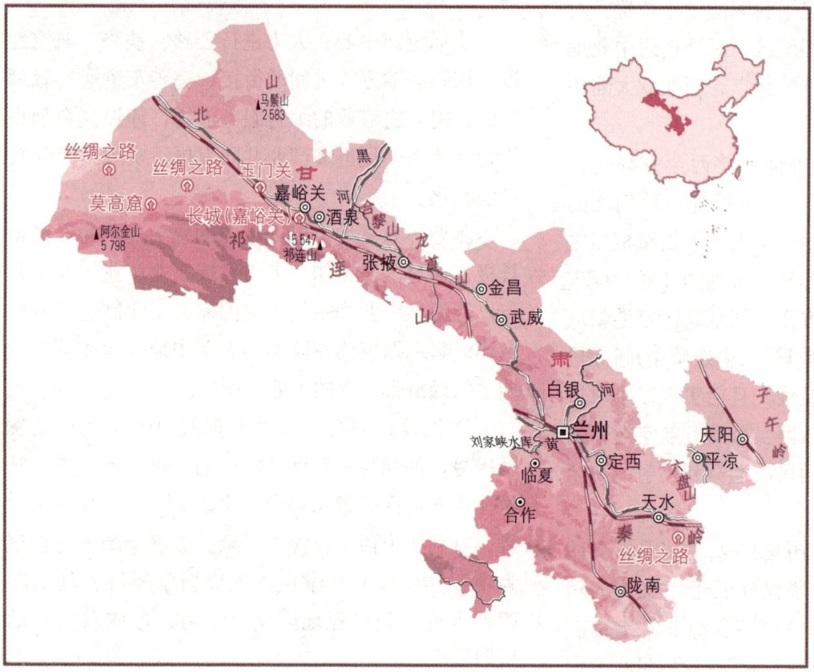

甘肃省的地理位置有什么特点

甘肃省位于我国西部地区，黄河中上游，地域辽阔。大部分地区位于我国地势第二级阶梯上，东接陕西，南靠四川，西连青海、新疆，北邻内蒙古、宁夏，并与蒙古国接壤。甘肃省形状狭长，面积居全国第7位。

甘肃深居内陆，地处黄土高原、青藏高原和内蒙古高原三大高原的交会地带。海拔大多在1 000米以上，四周为群山峻岭所环抱。北有六盘山、合黎山和龙首山；东为秦岭和子午岭；西接阿尔金山和祁连山。

甘肃省有怎样的地形特点

甘肃省境内地形复杂，山脉纵横交错，海拔相差很大，地势自西南向东北倾斜。山地和高原占全省土地总面积的70%以上，西北部的大片戈壁和沙漠，约占15%。根据地貌形态特征及其构造原因，甘肃省可分为各具特色的六大地形区域：陇南山地、陇中黄土高原、陇东高原、河西走廊、祁连山地、北山山地。

甘肃是个多山的省份，主要山脉有祁连山、六盘山、阿尔金山、马鬃山、龙首山、子午岭等。多数山脉属西北—东南走向。省内的森林资源集中在这些山区，大多数河流都发源于这里。

甘肃省的水资源有什么特点

甘肃省水资源主要分属黄河、长江、内陆河3个流域。黄河流域有洮河、湟水、渭河、泾河等；长江流域有嘉陵江上游支流白龙江、西汉水；内陆河流域有石羊河、黑河、疏勒河、哈尔腾河等。全省河流年总径流量400多亿立方米，其中，1亿立方米以上的河流有70多条。

甘肃省有何气候特征

甘肃省由于海洋暖湿气流不易到达，降水量少，大部分地区气候干燥，属温带大陆性季风气候，气温日较差大。年平均气温在0～14℃，由东南向西北降低。光照充足，太阳辐射强，光能资源丰富，年日照时数为1 700～3 300小时，自东南向西北增多。甘肃省全年平均降水量的空间分布大致从东南向西北递减；时间分布为夏季多，冬季少。

甘肃省气象灾害的种类繁多。主要的有干旱、大风、沙尘暴、暴雨、冰雹、霜冻和干热风等。干旱是甘肃省最主要的气象灾害，出现频率高，给工农业生产和经济带来很大影响。按出现时间划分，影响甘肃省的干旱有春旱、春末夏初旱、伏旱和秋旱。大风和沙尘暴灾害也较严重，大风日数每年有3～69天，沙尘暴日数为1～37天，大风和沙尘暴主要危害河西和陇中、陇东北部。

你知道甘肃南部的绿色峡谷群吗

甘肃省南部分布着罕见的由上百条山势陡峻、形状奇特、流泉飞瀑众多、林木植被茂密的绿色峡谷组成的峡谷群，峡谷群内谷谷相连，纵横交错，奇峰异水遍布，动植物种类繁多。

峡谷群从地理位置上看，正好处于青藏高原、黄土高原和内蒙古高原这三大高原的交会处，海拔在400～4 500米。区域属大陆性季风气候和暖温带向亚热带过渡的气候。区域内河流纵横，主要有黄河、洮河、渭河、大夏河、嘉陵江、白龙江、西汉水、白水江等河流，分属黄河流域和长江流域。

谷间清流纵横，瀑布众多，其间还分布着数十个堰塞湖泊，人称“天池”“神湖”。区域多处分布有大型溶洞，以及类似于天坑地缝的奇特地貌。区域内生长着热、温、寒带千余种树木和草本植物、蕨类、苔藓，以及大熊猫、金丝猴、红腹锦鸡等多种珍禽异兽，是一座名副其实的自然宝库。

甘肃省“沙漠第一泉”指的是哪一个泉

敦煌月牙泉

位于甘肃敦煌鸣沙山的月牙泉，被誉为“沙漠第一泉”。月牙泉古时候也叫沙井、药泉，在敦煌市西南方向5千米处的鸣沙山北麓。月牙泉南北长近100米，东西宽约25米，泉水东深西浅，最深处约5米，弯曲如新月，所以被命名为月牙泉，是一个与沙漠共存千年而未曾干涸也未被流沙掩盖的小型湖泊。

但是，从20世纪70年代中期开始，周边植被遭到破坏，产生水土流失，加上当地人抽取月牙泉的湖水进行灌溉，使得生态环境不断恶化。月牙泉泉水面积不断减小，到2004年时，水位下降至一米，面临着干涸的危险。为了保护月牙泉这一世界奇观，敦煌市政府进行了紧急补救，在月牙泉附近修筑了两座渗水池，通过回灌周边河水提升水位，并且通过引水、补水、节水等多种方式使月牙泉水位下降的趋势得到遏制，治理已见成效，月牙泉水位上升了0.6米，并出现了泉水外溢的壮美景观。

河西走廊的具体范围及其地理位置的重要性

河西走廊位于黄河以西，呈西北—东南走向，为狭长状平原，形如走廊，故而得名。范围东起乌鞘岭，西至玉门关，南北在南山(祁连山和阿尔金山)和北山(马鬃山、合黎山和龙首山)之间，长约900千米，宽数千米至近百千米不等。由于全境皆为甘肃省所辖，故又称“甘肃走廊”。

自汉武帝开辟河西、“列四郡”以来，河西走廊是中原连接西域的重要通道，是古代中国同西方世界进行政治、经济、文化交流的重要国际通道，是古代丝绸之路的必经之地，也是联系我国东部地区与中亚、西亚和欧洲等地的重要经贸通道。其中，嘉峪关是重要的军事要塞，现在第二条亚欧大陆桥也经过此地。

嘉峪关

河西走廊区位优势明显，呈现自然地理特征的西向性与社会经济特征的东向性。从自然地理特征看，河西走廊属塔里木地台向东延伸部分，是我国西南、西北与中原地区的交接带，处于黄土高原、青藏高原、内蒙古高原三大高原交会处，在地貌、气候、植被、土壤等方面有很大过渡性。从社会经济特征看，农业生产方式与东部相似，属于东部农区向西部牧区延伸的一个狭长农业走廊。

兰州为什么有“五世同堂”的地貌特征

兰州市

兰州是一座夹于两山之间，黄河由西向东穿过，依山傍水、南北狭而东西长的带状盆地城市，两山间最窄处仅有2千米，最宽处也不过6千米。

黄河的切穿使兰州的黄河两岸近乎对称地出现了五级阶地，构成一个“五世同堂”的大家族。河漫滩上的一级阶地整修了亲水平台。二级阶地西起河口，东到桑园峡，为长达100多千米的三个狭长的河谷平地，即今日的兰州都市。三、四级阶地为一层层被称为“坪”的宽阔台地，诸如范家坪、牟家坪、彭家坪、晏家坪等。五级阶地则为南北两山的大小山峰。

为什么甘肃省的简称为“陇”

北宋初期西夏统治河西时设有甘肃军司(驻甘州，在今张掖市)，这是最早出现的甘肃之名；元代建立帝国后，创立行省制度，元世祖至元十八年(公元1281年)正式设立甘肃行中书省，这是中国历史上第一次出现甘肃省的行政区划。甘肃省境大部分在陇山(六盘山)以西，而唐代曾在此设置过陇右道，故甘肃省的简称之一为“陇”。

甘肃省成为国家生态安全屏障的原因是什么

甘肃省是国家“十二五”规划纲要确定的青藏高原生态屏障、黄土高原—川滇生态屏障、北方防沙带的重要组成部分。按照“西北乃至全国的重要生态安全屏障”的国家战略定位，甘肃省与中国科学院联合开展调查研究，提出了打造国家生态安全屏障综合试验区的战略设想。

甘肃地处黄土高原、青藏高原、内蒙古高原三大高原交会处，分属长江、黄河和内陆河三大流域。甘肃中东部是国家黄土高原丘陵沟壑水土保持生态功能区的重要组成部分；陇东高原和陇南山地每年向黄河补水65.9亿立方米，占黄河总径流量的11.4%；河西走廊的祁连山冰川是石羊河、黑河和疏勒河三大水系56条内陆河流的发源地，每年75亿立方米的水资源补充支撑着河西及黑河下游地区经济社会的可持续发展，对阻止巴丹吉林、腾格里、库姆塔格三大沙漠合拢和抵御风沙东扩发挥着重要作用。

甘肃省生态文明建设情况如何

甘肃是我国西部重要的生态安全屏障，是长江、黄河上游的重要水源涵养区，同时也是腾格里、巴丹吉林、库姆塔格等沙漠汇合南移的阻挡区，生态地位特殊而重要。由于甘肃自然条件严酷、生态环境脆弱，加之过去一些地方环保意识不强、履职不到位、执行不严格，有关部门执法监督不到位、强制力不够，导致生态环境整体比较脆弱，全省荒漠化面积占土地总面积比例达到45.8%，水土流失面积占比达到66%，90%的天然草原出现不同程度退化，还有一些尾矿库存在环境污染风险，并出现了祁连山生态环境破坏等严重问题。

推动黄河流域生态保护和高质量发展，是甘肃省生态文明建设的重头戏。近年来，甘肃推动祁连山生态保护和修复，统筹推进山水林田湖草系统治理，加大水土流失综合治理力度，建立健全生态环保责任体系，深入开展大气、水、土壤污染防治，生态环境质量持续改善，美丽甘肃建设成效显著。

为了控制荒漠化及沙化面积扩大，甘肃省采取以下的防治措施。科学制定规划：确保治理工作有序开展，坚持保护优先、自然修复为主，严守沙区生态红线；推进沙化地封禁保护区和国家沙漠公园建设，采取综合措施，着力提高防沙、治沙水平。强化技术措施：保护现有植被，加强林草建设；改变畜牧业生产方式，减轻对草场的破坏；调整产业结构，促进产业链形成，发展地方经济。创新体制机制：积极探索奖励补助政策，增强发展活力；靠实治理责任，强化荒漠生态环境损害责任追究制，使部门各负其责；实行工程管理，项目责任到人。加强依法治沙：坚持依法治理，加大预防和治理力度；加强配套法律法规建设，建立健全防沙治沙目标责任考核、沙化土地封禁保护、沙区植被保护红线、沙区开发建设项目环境影响评价等法律制度。健全监测体系：搞好监测预警，保护和巩固治理成果，加大信息、遥感等现代技术推广应用力度，全面提升监测能力，加强监测网络体系建设，形成适应荒漠化和沙化防治工作需要的综合监测网络体系。

酒泉作为航天发射中心有什么区位优势

酒泉卫星发射中心又称东风航天城，是中国科学卫星、技术试验卫星和运载火箭的发射试验基地之一，是中国创建最早、规模最大的综合型导弹、卫星发射中心，也是中国目前唯一的载人航天发射场。酒泉卫星发射中心建在戈壁沙漠的绿洲上，海拔1 000米，建成于1958年10月，该地区地势平坦，人烟稀少，属大陆沙漠性气候，年平均气温8℃左右，常年干燥少雨，一年四季多晴天，云量小，日照时间长，发射窗口机会多，每年约有300天可进行发射试验。发射场区为戈壁滩，占地面积广，地势开阔，航区200千米以内基本为无人区，600千米以内没有人口密集的城镇和重要交通干线，完全满足待发段和上升段航天要求，也是先进的天地往返运输系统最理想的发射和回收着陆场，而且具有很大的发展空间。同时，又可充分利用西起喀什、东至闽西，距离数千千米并已基本形成的陆上航天测控网，加上基地已建成多年，生活设施基本齐全，技术保障、测控通信、铁路运输、发配电等配套设施完善，条件很适合卫星及载人航天飞行器发射。

为什么甘肃有“汉简之乡”的美称

甘肃汉简在我国考古学文化中占有重要地位，其数量之多，内容之丰富，在我国目前已知的各地汉简中当属第一。20世纪以来，在甘肃酒泉、嘉峪关、武威、天水等地的汉代烽燧遗址和墓葬中，发掘出汉简约3.5万枚。这些汉简以大量的屯戍简而自成特色。历史价值较高的有居延汉简、敦煌汉简、武威汉简和甘谷汉简等。由此，甘肃获得了“汉简之乡”的美称。

为什么“马踏飞燕”被定为中国旅游标志

东汉铜奔马

(图片来源：甘肃省博物馆)

东汉铜奔马，别称马踏飞燕，是举世闻名的国宝级文物。1969年10月出土于甘肃武威雷台汉墓，它的外形是一匹骏马飞驰的样子，在它的右蹄上踩了一只飞鸟，可以说是中国古代青铜器中绝世的珍品，也是武威这座城市的代表形象之一，如今它被收藏在甘肃省博物馆。

1983年10月，马踏飞燕被国家旅游局确定为中国旅游标志。之所以它能成为中国旅游标志，有三个原因。第一，它象征着中国旅游天马行空，前程似锦。第二，马在我国从古至今是非常重要的交通工具，有奋进的象征，寓意旅游者可在中国尽兴旅游。第三，它在青铜器中的艺术地位极高，也象征着中国数千年光辉灿烂的文化历史。

你了解甘肃省的省会城市——兰州吗

兰州位于中国西北部、甘肃省中部，是甘肃省的省会，中国西北地区最大的重工业城市，也被称为“金城”。兰州市北与武威市、白银市接壤，东与定西市接壤、南与临夏回族自治州接壤，总面积约1.31万平方千米。兰州位于陇中黄土高原西北部，又由于位于我国陆域的几何中心，被誉为“陆都心脏”。

兰州自古为西北地区军事重镇，古代“丝绸之路的要冲”。清康熙五年(公元1666年)，兰州始为甘肃省会。1941年设兰州市。兰州是中国重要的新兴工业城市，重工业以石油、化工、机械制造、有色金属冶炼为主，轻工业以棉、毛纺织等工业为主。兰州百合、枸杞等土特产驰名中外。同时，兰州还是西北地区铁路、公路的交通枢纽，是中国科学文化中心之一。

兰州城区与黄河

兰州城市的发展形态较为特别，不呈团聚型布局，而是呈现明显的东西长条形布局。兰州城区地处黄河谷地，黄河自西向东穿过兰州城市中心，是黄河流域唯一被黄河穿过市区的城市。由于黄河谷地南北两侧都是东西走向的山脉分布，适宜城市建设的平坦地区集中在黄河河谷内。随着城市规模不断扩大，人口数量不断增多，城市只能沿着黄河河谷向东西方向延伸发展。因此，随着城市建设的深入，兰州的城市形态也越来越狭长。

你知道“天下黄河第一桥”——中山桥吗

在甘肃省兰州市白塔山下的黄河上，距兰州古城西北1千米，有一座贝雷式钢桁架公路桥，建于清光绪三十三年(公元1907年)。铁桥长234米、宽7.5米，由德国商人承建，是兰州历史上最悠久的古桥，也是5 464千米黄河上第一座真正意义上的桥梁，因而被誉为“天下黄河第一桥”，也是仅次于上海外白渡桥的全国第二座城市钢桥。

兰州历来是中原与西域往来的必经之地，然而穿城而过的黄河在当时却是一道难以逾越的障碍。100多年前，在水流速度极快的黄河上架起如此雄伟的铁桥堪称奇迹，建桥所用的400万吨钢材，包括每一个铆钉、铁条，甚至油漆全部为德国购置，在当时国内极其落后的运输条件下，由马车历时9个月从郑州运至兰州黄河岸边，过程十分艰辛。1942年，为纪念孙中山先生，黄河铁桥更名为“中山桥”，并沿用至今。

你了解武威市吗

武威市地处甘肃省中部、河西走廊东端，是丝绸之路自东而西进入河西走廊和新疆的东大门。武威市东靠白银市、兰州市，南部隔祁连山与青海省为邻，西与张掖市、金昌市接壤，北与内蒙古自治区相连。南北长326千米，东西宽204千米，总面积约3.32万平方千米。武威地势西高东低，局部地形复杂，属温带大陆性干旱气候，其特点是四季分明，冬寒夏暑。

武威，古称凉州、雍州等，是西北首府，六朝古都。它又称雍凉之都，是雍凉文化的发源地。它因汉武帝为彰显大汉帝国军队的“武功军威”而得名，曾经是中国第三大城市，西北的军政中心、经济文化中心。武威地势平坦辽阔，有河西最大堆积平原，是“一带一路”的节点之一。武威拥有“五凉古都”“马踏飞燕故里”“中国旅游标志之都”“中国葡萄酒城”“中国葡萄酒的故乡”等美誉。

天水的“眼泪罐”是如何形成的

在天水秦州区西团庄南面的绿树丛中，有一处峰峦叠嶂的红色砂砾岩土林，名曰千条山，俗称“眼泪罐”。

该地貌是新生代造山运动的结果。之后，雨水的凿蚀冲刷，使上面松散的黄土流失净尽，只剩下侵蚀后千奇百怪的砂砾岩土林群。沿南山角进入土林，无数丹岩密密层层迎面矗立，有的像雨后青笋，修长林立；有的像锋利宝剑，插入云霄；有的像红衣少女，亭亭玉立；有的像情侣并肩，细语绵绵。民间相传砂砾石岩土林群是太上老君的眼泪所滴成的。

天水民居建筑上有哪些特色

天水民居继承了秦汉唐宋建筑的优良传统，显得朴素典雅，古风犹存。其土墙古槐、木楼竹影又说明天水民居既有北方民居的厚重和严谨，也有南方民居的轻巧和灵动，这在西北乃至全国都是绝无仅有的。具体地说，在院落布局方面，天水民居以北方常见的四合院为主，同时又融进了南方民居常见的小天井，并对其进行组合和变形，形成了各种不同的样式，极具民族特色和地方特色。在房屋种类上，既有土木结构和砖木结构的瓦房，也有许多不同风格的木楼。在“大屋顶”的设计上，除了因为雨多，没有采用西北地区常见的平顶外，硬山顶式、悬山顶式和歇山顶式一应俱全。在院内绿化方面，天水民居多选用竹子、蜡梅、银杏等南方植物，与院外高大的古槐形成鲜明的对比。在木雕方面，既有粗犷流畅之笔，又有精雕细刻的微型作品。除了具有地方特色的蚂蚱和八卦图外，还有常见的云纹、博古纹等，花色繁多，工艺精湛。

为什么把陇南市称为“陇上江南”

陇南市位于甘肃东南部的甘、川、陕交界处，地处亚热带向暖温带过渡地区，是甘肃省唯一位于长江流域的地区。境内河流众多，其中以嘉陵江、白龙江、西汉水、白水江4条最大。地势最低处海拔400米，最高处4 200米。

陇南市无霜期150～290天，年降水量400～1 100毫米。由于北有秦岭作为天然屏障，挡住了西伯利亚的冷空气入侵，南有嘉陵江和白龙江直通四川盆地，因而境内气候温和，森林茂密，动植物资源非常丰富。这里生长着热、温带植物1 100多种，其中属于我国特有树种的就有10余种。这里还是国宝大熊猫的主要栖息繁殖地之一，还生活着金丝猴、蓝马鸡、锦鸡、红腹锦鸡、羚牛、大鲵等珍稀动物。因此它被称为“陇上江南”。

你知道“山比云高，河比城高，人比房高”的景象出自哪里吗

陇南市武都区海拔不到1 000米，而南部的擂鼓山海拔却达3 600米，雨后天晴，特别是秋高气爽时节，就会出现云雾在山腰缠绕，而山又在云端之上的奇观，这是“山比云高”。武都区位于白龙江中游北部支流北峪河口冲积扇东缘，由于武都建城历史久远，而北峪河泥沙常年堆积，高出城墙，所以形成“城上河”，这是“河比城高”。由于新筑的街道高于古老的民居，进门必须折腰俯首，形成了“人比房高”。

玉门关遗址在哪里

玉门关位于敦煌市西北约100千米处，为汉代西陲两关之一，是丝绸古道西出敦煌进入西域北道和中道的咽喉要隘，自古为中原进入西域之门户。唐代诗人王之涣一首“黄河远上白云间，一片孤城万仞山。羌笛何须怨杨柳，春风不度玉门关”使玉门关声名远播。

玉门关，也叫小方盘城，相传为古代和阗美玉经此关口输入中原而得名。现存关址呈方形，墙东西宽24米，南北宽约26米，总面积630多平方米。城北坡下有东西走向的一条大车道。距玉门关10余千米处有河仓古城，为汉代玉门关守粮仓，只存断垣残壁，但犹可见当年之气势。

莫高窟在哪里

敦煌莫高窟

莫高窟位于敦煌市东南25千米处的沙漠戈壁之间，背靠鸣沙山，面对三危山，南北长约1 600米，排列五层，经过多个朝代的扩建而成。

莫高窟至今仍保留有十六国、北魏、西魏、北周、隋、唐、五代、宋、西夏、元等朝代的洞窟500多个，壁画4.5万平方米，彩塑像2 000多尊，是名副其实的千佛洞。莫高窟的艺术成就在于它是古建筑、雕塑、壁画三者相结合的艺术宫殿，尤以丰富多彩的壁画著称于世。敦煌莫高窟壁画、古建筑、佛像雕塑，反映了不同朝代的审美情趣和风俗习惯，成为反映当时生产生活状况的重要依据。它是世界现存佛教艺术伟大的宝库，与山西大同云冈石窟、河南洛阳龙门石窟、甘肃天水麦积山石窟并称为中国四大石窟，1987年，敦煌莫高窟被联合国教科文组织列为世界文化遗产。

西北地区的第一个国家级新区是哪里

兰州新区成立于2012年8月，是我国继上海浦东新区、天津滨海新区、重庆两江新区、浙江舟山群岛新区后的第五个国家级新区，也是西北地区成立的第一个国家级新区。兰州新区位于秦王川盆地，是兰州和白银两个市的接合部，也是兰州、西宁和银川三个省级行政中心城市的共生带的中间位置。兰州新区南北长约49千米，东西宽约23千米，距离兰州市38.5千米，总面积1 700多平方千米。兰州新区的战略定位是国家重要的产业基地、西北地区重要的经济增长极、向西开放的重要战略平台、承接产业转移示范区。

甘肃省在“一带一路”中有什么发展优势

交通枢纽区位优势显著：甘肃是陇海、兰新、包兰、兰青四条铁路干线的交会点，是国道312线和国道109线的交会点。在此基础上，甘肃省加紧高速公路、铁路等项目的建设：2014年12月26日，临夏至合作高速公路建成通车，这标志着甘肃省14个市州全部通高速公路，为甘肃省扩大对外开放提供交通支撑；2014年12月12日，甘肃省首趟中欧国际货运班列“天马号”开通运营，成为甘肃省扩大向西开放的新起点。2014年12月26日，兰新高铁正式投入运营，它的建成加快了丝绸之路经济带的建设。

资源优势突出：一是新能源资源优势明显且不断加强。甘肃深居西北内陆，其独特的气候状况提供了十分丰富的风能和太阳能。二是文化优势突出，旅游资源丰富。敦煌是汉长城边陲玉门关的所在地，以世界文化遗产莫高窟及窟内壁画和“山泉共处，沙水共生”的鸣沙山—月牙泉风景名胜区而闻名。敦煌的雅丹地貌也极具特色。

产业优势逐步提升：兰州石化等传统产业依靠科技创新不断提升品牌竞争力。在巩固国内领先地位的同时也开拓了更为广阔的国际市场。

青海省 QINGHAI SHENG

■ 简　称 青　■ 面　积 约72万平方千米　■ 人　口 592万人

■ 世界遗产 长城　可可西里

■ 工艺品 天然罗布麻　“西宁毛”地毯　民族银器饰品　昆仑彩石　孔雀翎　藏刀

■ 地理之最

最高山峰：布喀达坂峰　最大湖泊：青海湖　最大河流：黄河　主要山脉：唐古拉山

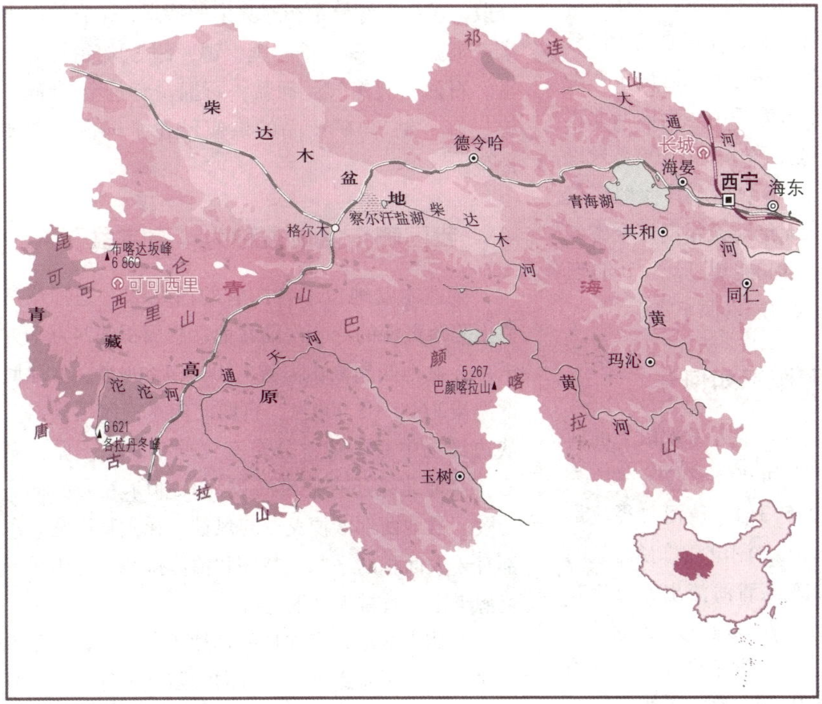

巍巍昆仑山横贯中部，唐古拉山屹立于南部，祁连山矗立于北部，茫茫草海起伏绵延，柴达木盆地浩瀚无限。区域内有我国最大的内陆高原咸水湖——青海湖，青海也因此而得名。

青海省有着怎样的地理概况

青海省位于中国西部，青藏高原东北部，东部和北部与甘肃省相接，西南部毗连西藏自治区，东南部邻接四川省，西北部和新疆维吾尔自治区为邻。

青海省东西长约1 200千米，南北宽约800千米。面积约72万平方千米，约占我国总面积的7.5%，居全国第4位。它是个神秘而诱人的地方，境内山脉高耸、地形多样、河流纵横、湖泊棋布，

青海省的地形地貌具有哪些特征

青海西部地势高峻，向东倾斜，呈梯形下降，东部地区为青藏高原向黄土高原过渡地带，地形复杂，地貌多样。各大山脉构成全省地貌的基本骨架。全省平均海拔3 000米以上，南部高原平均海拔超过4 000米，面积占全省总面积的一半以上；河湟谷地海拔较低，多在2 000米左右。最高点位于昆仑山的布喀达坂峰，海拔为6 860米。

青海山脉纵横，峰峦重叠，湖泊众多，峡谷、盆地遍布。昆仑山、祁连山、巴颜喀拉山、阿尼玛卿山、唐古拉山等山脉横亘境内。青海湖是我国最大的内陆咸水湖，柴达木盆地以“聚宝盆”著称于世。

青海省有哪些气候特征

青海省深居内陆，远离海洋，地处青藏高原，属于高原大陆性气候。其气候特征：日照时间长、辐射强；冬季漫长、夏季凉爽；气温日较差大，年较差小；降水量少，地域差异大，东部雨水较多，西部干燥多风，缺氧、寒冷。

青海省年平均气温受地形的影响，总的分布形势是北高南低。青海省境内各地区年平均气温-5.9～8.7℃，全省可分为暖区、次暖区、次冷区、寒冷区四部分。河湟谷地属于暖区，柴达木盆地属于次暖区，祁连山地和青海南部高原属于次冷区，祁连山木里地区和昆仑山五道梁地区属于寒冷区。全省年降水量总的分布趋势是由东南向西北逐渐减少，境内绝大部分地区年降水量在400毫米以下。无霜期东部农业区为3～5个月，其他地区仅1～2个月，三江源部分地区无绝对无霜期。全省年太阳辐射总量可达5 860～7 400兆焦耳/米^2，日照时数为2 336～3 341小时，太阳能资源丰富。

青海省水资源概况如何

青海省全省集水面积在500平方千米以上的河流达380条。全省年径流总量为600多亿立方米，人均占有量是全国平均水平的5.3倍。黄河总径流量的49%，长江总径流量的1.8%，澜沧江总径流量的17%，黑河总径流量的45.1%从青海流出，每年有596亿立方米的水流出青海。青海地下水资源量为281.6亿立方米。全省面积在1平方千米以上的湖泊有200多个，省内湖泊总面积1万多平方千米，居全国第二位。青海水资源总量丰富，但供需矛盾仍然十分突出。长江、澜沧江流域人口少，但水资源丰富。黄河流域部分地区水资源较少，但人口较多。经济社会发展与水资源的分布不相匹配，已成为制约流域经济社会发展的主要因素之一。

青海省矿产资源的分布有何特点

青海地质构造复杂，成矿地质作用多样，全省主要成矿区(带)由北向南划分为：祁连成矿带、柴达木盆地北缘成矿带、柴达木盆地成矿区、东昆仑成矿带、“三江(金沙江、澜沧江、怒江)”北段成矿带等。其中祁连成矿带以有色金属、石棉、煤为主；柴达木盆地北缘成矿带以贵金属、有色金属、煤炭为主；柴达木盆地以石油、天然气、盐类矿产为主；东昆仑成矿带以有色金属、贵金属矿产为主；“三江”北段成矿带以铜、铅、锌、钼等有色金属矿产为主。按矿产种类的区域分，大致有“北部煤，南部有色金属，西部盐类和油气，中部有色金属、贵金属，东部非金属”的特点；矿种上，有矿产种类多，共生伴生矿产多，小矿多，矿产地分散，矿产资源储量相对集中的特点。全省盐湖类矿产资源(钾、镁、钠、锂、锶、硼等)储量相对丰富。石油、天然气、钾盐、石棉及有色金属(铜、铅、锌、钴等)矿产品的供应已在全国占有重要地位。

我国哪个盆地被称为“聚宝盆”

柴达木盆地位于青海省的西北部，是青藏高原上陷落最深的一个内陆盆地，总面积约24万平方千米。盆地四周高山海拔3 500～4 500米。盆地底部海拔2 600～3 000米，自西北向东南缓缓倾斜，从边缘至中心，依次分布有戈壁、冲积平原、湖沼。盆地北缘还有一带海拔为3 000米左右的低山丘陵。盆地西部沙漠戈壁与风蚀残丘发育广泛，东部有较大面积的平原、盐湖和沼泽湿地。盆内矿产资源丰富，被誉为“聚宝盆”。

柴达木盆地具有独特的自然条件。柴达木盆地深居内陆，距海遥远，气候的大陆性十分显著，具有气温低、温度变化大、降水稀少、日照强烈等特点。气候资源使柴达木盆地成为青藏高原上发展农业的一个比较有利的地区。盆内河流、湖泊较多，地下水丰富。境内有柴达木河、格尔木河、那棱格勒河、巴音河、鱼卡河和阿拉尔河等大小河流40多条，河流主要靠四周高山冰雪融水补给。盆地内水源条件良好，这对柴达木工业和农牧业的发展起重要作用。盆地现有耕地集中于东部和东南部绿洲地带，以粮食、油料作物为主，单产较高。

柴达木盆地已探明矿点200余处，共计50余种，其中盐、石油、铅锌和硼砂储量尤丰，食盐总储量达600亿吨左右。芒硝、钾盐、硼酸盐具有工业开采价值，如察尔汗钾盐厂已成为中国重要化工原料基地。盆地内储油构造广布，西部有重要油气聚集带。锡铁山铅锌矿是中国目前已知最大铅锌矿。

祁连山有着怎样的地形和气候特征

祁连山脉，位于青海省东北部与甘肃省西部边境，由多条西北—东南走向的平行山脉和宽谷组成。因位于河西走廊南侧，又名南山。祁连山脉在青海境内东西长870千米，南北宽100～200千米。山峰海拔多在4 500～5 500米，除主峰岗则吾结海拔5 808米为极高山外，多为高山。

祁连山位于中纬度北温带，深居内陆，远离海洋，由于青藏高原对大气环流的特殊影响，夏季来自东南季风的湿润气流得以北进西伸，波及本区；冬季受内蒙古干冷空气、西北寒冷气流的影响，降温幅度大，气温年较差较大。多种因素的叠加构成了祁连山主要的气候特征，即大陆性高寒半湿润山地气候。随着山区海拔的升高，各气候要素发生有规律自下而上的变化，呈明显的山地垂直气候带。

没有祁连山，内蒙古的沙漠就会和柴达木盆地的荒漠连成一片，沙漠也许会大大向兰州方向推进。正是有了祁连山，有了极高山上的冰川和山区降雨才发育了一条条河流，养育了河西走廊，才有了丝绸之路。

昆仑山为什么被称为“万山之祖”

昆仑山是亚洲中部大山系，也是中国西部山系的主干。该山脉西起帕米尔高原东部，横贯新疆、西藏，伸延至青海境内，全长约2 500千米，平均海拔5 500～6 000米，宽130～200千米，西窄东宽，总面积达50多万平方千米。昆仑山在中华民族的文化史上具有“万山之祖”的显赫地位，古人称昆仑山为中华“龙脉之祖”。

相传昆仑山的仙主是西王母，在众多古书中记载的“瑶池”据说便是昆仑河的源头黑海，这里海拔4 300米，湖水清澈，鸟禽成群，气象万千。昆仑河穿过的野牛沟有珍贵的野牛沟岩画。

你知道青海湖是我国最大的内陆咸水湖吗

青海湖

青海湖地处青藏高原的东北部，西宁市的西北部，青海湖古称西海，是我国最大的内陆咸水湖。青海湖的形成与发展是内、外营力综合作用的结果。青海湖湖面海拔3 195米，面积4 583平方千米，周长约360千米。湖面东西长，南北窄，略呈椭圆形。湖面最长处106千米，最宽处63千米，湖水最深处达28.71米，平均水深亦在19米以上。青海湖湖水补给来源主要是河水，其次是湖底的泉水和降水。湖周大小河流有70余条，呈明显的不对称分布。每年春季有10万多斑头雁、天鹅、棕头鸥、鸬鹚等来此，使这里成了鸟的世界。

青海湖流域的生态特征和环境变化历来备受关注，流域内的水体、高山和草地是阻挡西部荒漠东侵的重要生态屏障，对周边地区自然生态的稳定发挥着巨大的调节作用。

为什么青藏高原被誉为“水资源宝库”

青藏高原以其高峻的地势、独特的气候孕育了世界上许多著名的大江大河。源于青藏高原的河流可分为四大水系，即太平洋水系，包括金沙江、雅砻江、通天河、岷江等长江干支流，以及黄河、澜沧江等；印度洋水系，有雅鲁藏布江、怒江、吉太曲、察隅河、西巴霞曲、朋曲、朗钦藏布(象泉河)、森格藏布(狮泉河)等；高原北部内流河水系，包括藏北汇入纳木错的测曲，汇入色林错的扎加藏布、扎根藏布，汇入昂拉仁错的阿毛藏布，以及青海的柴达木河、格尔木河与青海湖；高原南部内流水系，主要由玛旁雍错—拉昂错流域、佩枯错—错戳龙流域、错姆折林—定结错流域、多庆错—嘎拉错流域、羊卓雍错—普莫雍错—哲古错流域等组成。这些大大小小的湖泊河流，构成了青藏高原珍贵的水资源。

你知道黄河源在哪里吗

青海省玛多县多石峡以上地区为河源区，属湖盆宽谷带，海拔在4 200米以上。盆地四周，山势雄浑，西有雅拉达泽山，东有阿尼玛卿山，北有布尔汗布达山，南以巴颜喀拉山与长江流域为界。

最早有关黄河源的记载是战国时代的《尚书·禹贡》，有“导河积石，至于龙门”之说。所指“积石”，在今青海省循化撒拉族自治县附近，距河源尚有相当的距离。

1952年，黄河水利委员会组织黄河河源查勘队，进行黄河河源及从通天河调水入黄可能性的查勘测量，历时4个月，确认历史上所指的玛曲是黄河正源。1985年，黄河水利委员会根据历史传统和各家意见确认玛曲为黄河正源，并在约古宗列盆地西南隅的玛曲曲果，东经95°59′24″，北纬35°01′18″处，树立了河源标志。

你知道长江发源于哪里吗

长江源地区，位于青藏高原，它东邻巴颜喀拉山，西至祖尔肯乌拉山、乌兰乌拉山，南起巍峨的唐古拉山脉，北为绵延起伏的昆仑山脉，东西长500千米，南北宽约400千米。地形自西向东倾斜，地面高程一般在4 500米以上。这里地势高耸，山体巨大，终年积雪。巍峨的雪山上，冰川高悬。雪峰下沼泽遍布。每到冰雪融化季节，一股股融水汇成许多水流，形成扇状水系。在这些河流中，较大的有三条：沱沱河、当曲、楚玛尔河。一般认为沱沱河最长，而且纵贯江源地区中部，河道比其他两条顺直，根据“河源唯远”的原则，把沱沱河作为长江正源。

东南亚第一长河是哪条河

澜沧江是湄公河上游在中国境内河段的名称，是西南地区大河之一。澜沧江总流域面积81万平方千米，流经亚洲6个国家，有“东方多瑙河”之称。

澜沧江发源于青海省玉树藏族自治州的杂多县吉富山，源头海拔约5 200米。流经我国青海、西藏和云南三地，我国境内流域面积约16.5万平方千米，支流众多，较大支流有沘江、漾濞江、威远江、补远江等。澜沧江在云南省西双版纳傣族自治州勐腊县出境成为老挝和缅甸的界河后始称湄公河。湄公河流经老挝、缅甸、泰国、柬埔寨和越南，于越南胡志明市流入南海。

你了解三江源和三江源自然保护区吗

三江源指长江、黄河、澜沧江的发源地，位于我国青海省南部，平均海拔3 500～4 800米，素有“中华水塔”“高寒生物种质资源库”之称，是我国和亚洲重要的淡水供给地，也是对全球气候变化反应最敏感的区域之一。

三江源自然保护区地处青藏高原腹地，位于长江、黄河、澜沧江源头地区，海拔3 450～6 621米，是目前我国海拔最高、面积最大的自然保护区，覆盖玉树、果洛两个藏族自治州全境，海南、黄南藏族自治州及海西蒙古族藏族自治州的部分地区。

三江源自然保护区是以保护水环境为主的生态环境和自然资源类型的保护区，是具有全球保护意义的地区。三江源自然保护区保护对象种类极其广泛，主要是湖泊湿地、原始森林、高寒灌丛、高寒草甸草原、珍稀野生动物植物、高寒自然环境及特殊地貌等自然生态系统，是集生态环境保护、科学研究和生态旅游为一体的多功能综合型自然保护区。

我国最大的盐湖是哪个

察尔汗盐湖位于青海省格尔木市，是我国最大的盐湖，也是世界上著名的内陆盐湖之一。察尔汗盐湖地处柴达木盆地南部，柴达木为蒙古语，意为“盐泽”。柴达木盆地内的湖泊水质多已咸化，有大小盐湖数十个，其中以察尔汗盐湖最大、最有名。这里气候干燥，特别是夏季，气温高且日照时间长，蒸发量远远高于降水量。因长期风吹日晒，湖内便形成了高浓度的卤水，逐渐结晶成了盐粒，湖面板结成了厚厚的盐盖，异常坚硬。盐盖承载能力很大，汽车、火车可以在它上面奔跑，飞机可以在它上面起落，还可以在它上面建房屋、盖工厂。著名的青藏铁路、敦格公路和中国最大的钾肥厂——察尔汗钾肥厂，都是修建在察尔汗盐湖之上的。敦格公路横跨盐湖段长约32千米，用盐铺路，被称为“万丈盐桥”。青藏铁路也有长约32千米长的路基筑在盐湖上，谓之“钢铁彩虹”。

察尔汗盐湖

察尔汗盐湖蕴藏有丰富的氯化钠、氯化钾、氯化镁等无机盐，总储量达数百亿吨，是名副其实的“盐库”，为中国矿业基地之一。

哪里被誉为青藏高原的“西双版纳”

循化孟达自然保护区于1980年建立，位于青海省循化撒拉族自治县境内，被称为青藏高原的“西双版纳”。2000年4月，它被批准为国家级自然保护区，总面积约1.73万公顷，是一个以森林生态系统为主要保护对象的自然保护区。

该保护区地处青藏高原和黄土高原之间的特殊地带，东与甘肃省接壤，黄河呈东西走向贯穿保护区，境内群山突兀、河流切割强烈，最高峰当蕊山海拔4 182米，最低处黄河岸边海拔1 780米，中心地带有一处面积约20公顷的堰塞湖——孟达天池。特殊的地理位置和复杂的地形使保护区内形成了适宜的小气候，与同纬度、同海拔地区相比，气温高、降水多、空气湿度大、风速小，有利于植物生长。保护区内植物区系成分复杂并具有过渡性特征，植物资源比较丰富。本区森林植被以针阔叶混交林为主，并分布有较大面积的青杆纯林；已知高等植物有90科302属517种，其中有近百种植物位于国内同纬度分布的最西端，具独特的生物地理意义；已知的野生动物主要有哺乳类7种、鸟类35种，其中林麝、苏门羚、斑尾榛鸡、红隼、蓝马鸡等被列为国家重点保护野生动物。保护好该区生态系统和野生物种，对于研究植物的进化、群落的演替有着非常重要的意义，同时对黄河上游的水源涵养也具有重要作用。

青海省著名的森林公园有哪些

青海省地理位置独特，拥有众多著名的森林公园。

坎布拉国家森林公园位于黄南藏族自治州尖扎县境内，是中国西部唯一集国家地质公园和国家森林公园为一体的国家公园。

北山国家森林公园地处海东市互助土族自治县东北部，祁连山东端，大通河中下游。园内地质遗迹类型多样，不仅有喀斯特、冰川、丹霞等地貌景观，还有丰富的森林景观、宗教文化景观和大通河水能资源。

群加国家森林公园位于西宁市湟中区境内，森林公园为典型的高山峡谷地貌，山势雄伟，景色诱人，雄、奇、险、幽融为一体，奇峰怪石、悬崖绝壁构成了复杂多姿的高原地貌景观。

仙米国家森林公园是青海省面积最大的林区，公园覆盖海北藏族自治州门源回族自治县东川、仙米、珠固三个镇，园区地表水和地下水资源都十分丰富，是南部多条黄河支流和北部多条内陆水系河流的发源地。

你了解青海省的民族概况吗

青海是个多民族聚居的省份，历史悠久，文化灿烂。我国现有56个民族，青海省拥有其中的50多个，民族区域自治地方面积占全省总面积的98%，少数民族人口占全省总人口的近50%，民族自治地方的少数民族人口约占全省少数民族人口的80%。青海省共有8个市州，除西宁市和海东市外全部是民族自治州。同时，青海省还有7个民族自治县，28个民族乡。青海的少数民族主要有藏族、回族、土族、撒拉族和蒙古族，其中土族和撒拉族为青海所独有。生活在这里的各族人民像石榴籽一样紧紧抱在一起，共建美好家园。

你了解丝路繁华的见证者——青唐城遗址吗

西宁，唐朝称鄯城。安史之乱后，改名青唐城。西夏国兴起，来往商队为避免战乱及重税，改走青海道，青唐城也因此成为丝绸之路的重镇，青海道再次繁荣起来。

如今，作为丝绸之路繁华的见证者，位于西宁南绕城快速路边的青唐城遗址以一种静默的姿态，向来往的人们讲述着曾经的繁华。历史上的青唐城建于公元1034年，宋人李远《青唐录》有载："城枕湟水之南，广二十里，旁开八门，中有隔城，以门通之，为东西二城。"西为"王城"，东为"商城"。青唐城规模较大、规制较高、经济繁荣，那一时期是西宁历史上一个非常重要的阶段。

为保护历史文化遗存，西宁市扩地建园，融古迹保护与城市园林建设为一体，建有青唐遗韵、边城风物、残垣怀古、古道掠影、历史沿革五大景点，并且广泛种植花草树木，开辟景点，配制石砌墙栏等，建成了古风今韵、自然景观与人文古迹相融会的青唐城遗址公园。

塔尔寺有何特色

塔尔寺位于西宁市湟中区境内鲁沙尔镇正南方的八瓣莲花山中，是我国藏传佛教的四大中心之一，至今已有600多年的历史，也是青海省首屈一指的名胜古迹，2012年被评为国家5A级旅游景区。

酥油花、壁画和堆绣被誉为"塔尔寺艺术三绝"。寺内还珍藏了许多佛教典籍和历史、文学、哲学、医药、立法等方面的学术专著。

塔尔寺建筑艺术独特，布局严谨，气势威严，色彩华丽。分布于莲花山的一沟两面坡上，有大金瓦寺、大经堂、弥勒殿、九间殿、花寺、小金瓦寺、居巴扎仓、丁科扎仓、曼巴扎仓、大拉浪、大厨房、如意宝塔等9 300余间(座)，组成规模宏大的藏汉结合的建筑群，占地面积45万平方米。

你了解玉树藏族自治州吗

玉树藏族自治州位于青海省西南部青藏高原腹地的三江源头。北与海西蒙古族藏族自治州相连，西北与新疆巴音郭楞蒙古自治州接壤，东与果洛藏族自治州互通，东南与四川甘孜藏族自治州毗邻，西南与西藏自治区昌都市、那曲市交界。玉树藏族自治州，藏语意为"遗址"，是青海省第一个、全国第二个成立的少数民族自治州；地势南北高、中间低，西高东低；属典型的高寒性气候。

玉树藏族自治州境内有独特的高原自然景观和民俗风情，有玉树歌舞、藏族服饰和奇特的风俗人情，有文成公主庙和众多教派的佛教寺院，有三江源、隆宝滩和可可西里等国家级自然保护区。

你知道文成公主庙在哪里吗

文成公主庙位于玉树市结古镇东南25千米的贝纳沟，有1 300多年历史，已被列入全国重点文物保护单位。

唐贞观十四年(公元640年)，唐太宗李世民封李氏为文成公主，远嫁吐蕃，成为吐蕃赞普松赞干布的王后。文成公主知书达礼，不避艰险，远嫁吐蕃，为促进唐蕃间经济文化的交流，增进汉藏两族人民亲密、友好、合作的关系，作出了历史性的贡献。

青海"四区两带一线"区域协调发展格局指的是什么

青海区域协调发展格局中的"四区两带一线"指东部地区、柴达木地区、环青海湖地区、三江源地区和沿黄河发展带、沿湟水发展带，以及兰青—青藏铁路发展轴线。

"四区"建设中，一是把以西宁为中心的东部地区建成引领全省经济社会发展的综合经济区和促进全省协调发展的先导区；进一步提升产业发展的层次和水平，优先发展高新技术产业和资源精深加工业，大力发展劳动密集型的第三产业；积极承接三江源、环青海湖等生态功能区的人口转移；打造中高级人才培训基地，为全省资源开发和经济发展提供人才智力支持。

二是把柴达木地区建成全国重要的新型工业化基地、循环经济试验区和支撑全省跨越发展的重要增长极；进一步加大资源开发的深度和广度，为东部地区工业发展提供能源、基础原材料支撑。

三是把环青海湖地区建成全省生态旅游和现代畜牧业发展的示范区；打造全国重要的旅游目的地和国家级旅游景区，促进全省旅游业的快速发展；打造全省现代高效畜牧业生产基地，为农区畜牧业发展提供优质种源，为东部和柴达木地区提供优质畜产品；打造环青海湖人与自然和谐相处示范区，为东部地区提供生态安全保障。

四是把三江源地区建成全国重要的生态安全屏障和国家级生态保护综合试验区；为全国和省内其他区域建立生态补偿机制提供经验和模式，为高原野生动植物资源开发利用提供种质支撑；加快草原畜牧业向生态畜牧业转变，推进全省脱贫致富进程；打造三江源—九寨沟—香格里拉高原生态旅游精品线路，为全省开发探险、登山、科考等高端旅游市场提供支持。

实施轴线开发战略，把“两带一线”打造成全省重要的特色农牧业走廊、新型工业走廊、水电开发走廊、生态旅游走廊和城镇化发展带，使其成为全省经济、人口的主要集聚区。加快“两带一线”交通、物流、电力、通信、信息等基础设施建设，建立健全区域合作互动机制，加强带线之间、上下游之间、园区之间的分工协作和产业延伸，成为全省经济发展的主要增长带。加快铁路建设，充分发挥乘数效应，点轴结合，经纬交织，区域联动，促进全省区域协调发展。

你了解“一带三廊两屏”生态安全格局吗

《兰州—西宁城市群发展规划》中提出“推进兰西城市群生态共建环境共治”，构建“一带四廊三屏”生态安全格局的规划任务，具体到青海部分，将承担起构建“一带三廊两屏”生态安全格局的任务。“一带”即黄河生态保护带，“三廊”即湟水河生态廊道、大通河生态廊道、青海南山—拉脊山—积石山山地生态廊道。“两屏”即三江源生态安全屏障、祁连山生态安全屏障。通过系统实施以环青海湖地区、青海东部干旱地区、共和盆地、环祁连山地区、沿黄河地区为重点的“五大生态治理区”的山水林田湖草生态保护和修复工程，全面提升山体、森林、河湖、湿地、草原等自然生态系统稳定性和生态服务功能。

青海省发展青海丝绸之路特色文化产业带有何优势

特色文化资源丰富多样。青海省地处青藏高原，区位独特，历史悠久，文化资源和自然生态丰富多样。全省生态文化资源魅力无穷。昆仑山、青海湖、三江源等自然山川景观各具特色；文成公主庙、东关清真大寺、柳湾彩陶遗址等人文景观绚丽多彩。跨文化资源富有价值特色。藏族、蒙古族、撒拉族、回族等少数民族，在经济生活、风俗习惯等方面，都与丝绸之路沿线的国家和民族有着千丝万缕的联系，是青海省推进丝绸之路文化交流、文化传播和文化贸易的重要载体。

产业发展初具基础。产业总体实力不断增强。近年来，充分发挥历史、民族和文化资源优势，依托国家文化产业示范基地和省级文化产业示范基地(单位)，重点发展工艺美术、演艺娱乐、文化旅游、节庆会展、新闻出版、艺术培训及创意设计等七大重点行业。藏文化艺术、藏毯、金银首饰、昆仑玉雕目前已成为全省工艺美术四大支柱。

园区基地建设特色鲜明。各产业园区以当地民族文化资源为基础，融入丝绸之路沿线的昆仑文化、吐谷浑文化、热贡文化、青海湖文化等，以民族文化展示、民俗文化体验为主，集娱乐、休闲、观光、民族餐饮于一体。各类特色园区和基地的建设，已经成为引领全省特色文化产业发展的重要支撑。

产业发展环境不断优化。在发展文化产业中，不断深化对省情的认识，挖掘和利用丝绸之路沿线独特人文优势，产业发展政策、社会环境不断优化完善。同时，交通网络建设初具规模，为文化产业夯实了发展基础。

文化品牌效应初步显现。黄南藏族自治州同仁县、海南藏族自治州及其贵南县先后分别获得“中国唐卡艺术之乡”“中国藏绣艺术之乡”“中国藏绣生产基地”荣誉称号。“藏羊”藏毯、“布哈拉”民族服饰、“热贡”唐卡等产品已成为青海文化产业发展的知名品牌。

宁夏回族自治区

NINGXIA HUIZU ZIZHIQU

■ **简　称** 宁　■ **面　积** 约6.6万平方千米　■ **人　口** 720万人

■ **世界遗产** 长城

■ **工艺品** 银川纯毛提花毯　仿古地毯　贺兰砚　贺兰石刻

■ **地理之最**

最高山峰：敖包圪垯　最大湖泊：青铜峡水库　最大河流：黄河　主要山脉：贺兰山

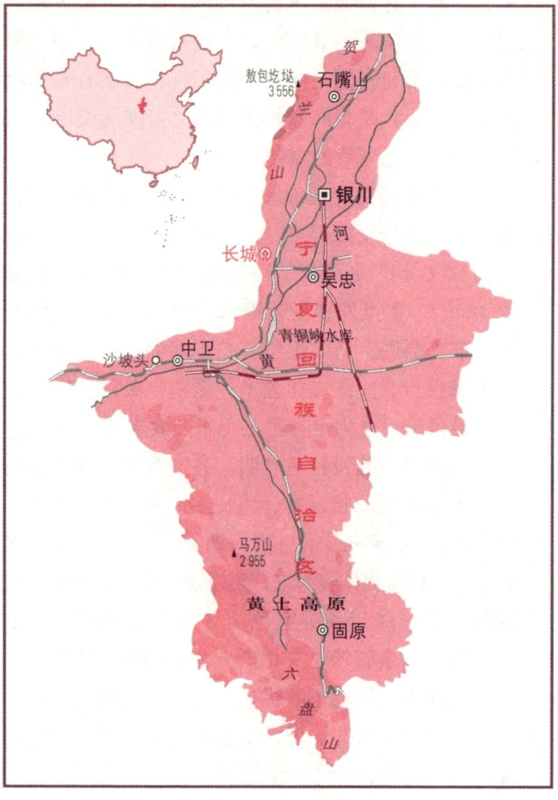

你了解宁夏的地理位置吗

宁夏回族自治区，简称“宁”，首府银川，北部属河套灌区，占黄河水利，开发久远，自古又有“塞上江南”的美誉。宁夏地处祖国的西北内陆，是典型的大陆性气候，居黄河中上游，面积约6.6万平方千米。东与陕西省毗邻，北与内蒙古自治区相连，南与甘肃省接壤。全自治区可分为北部宁夏平原和南部山区两个地理单元。宁夏平原由黄河冲积平原和贺兰山洪积平原组成，东、北、西三面被乌兰布和、腾格里和毛乌素三大沙漠包围，黄河自西向东穿流而过；南部山区主要包括黄土高原和六盘山，沟壑纵横，水土流失严重。全自治区东西最宽处约250千米，南北长436千米，呈两头尖、中间大，状似一张展开的羔羊皮。

宁夏的地形地貌特点是什么

宁夏地跨黄土高原和内蒙古高原，地势南高北低，平均海拔在1 000米以上。自北向南分为贺兰山脉、银川平原、灵盐台地、山地与山间平原、黄土高原、六盘山地6个地貌区。从地貌类型来看，南部是黄土地貌，以流水侵蚀为主，属黄土高原；北部以干旱剥蚀、风蚀地貌为主，属内蒙古高原一部分。地表形态的多样化，为自治区经济发展提供了不同的条件。

银川平原是贺兰山与鄂尔多斯高原、黄土高原之间的一个断裂下陷地带。经黄河水常年冲击和贺兰山长期洪积，形成了一个狭长的、较为广阔的冲积平原。银川平原引黄灌溉已有2 000多年的历史，沟渠纵横，历来是塞北的鱼米之乡，现在更是我国西北地区重要的商品粮基地。

宁夏的气候特征是什么

宁夏深居内陆，位于我国西北东部，处于黄土高原、内蒙古高原和青藏高原的交会地带，大陆性气候特征十分典型。基本特点是干旱少雨、风大沙多、日照充足、蒸发强烈，冬寒长、春暖快、夏热短、秋凉早，气温的年较差、日较差大，无霜期短而多变。干旱、冰雹、大风、沙尘暴、霜冻、局地暴雨洪涝等灾害性天气比较频繁。

宁夏降水季节分配很不均匀，夏秋多、冬春少、降水相对集中。春季降水仅占年降水量的12%～21%；夏季受暖湿夏季风的影响，降水次数最多、降水量最大，是局部洪涝发生最频繁的季节；秋季降水量略多于春季，约占年降水量的16%～23%；冬季降水最少，大多数地区不超过年降水量的3%。

宁夏的主要河流有哪些

宁夏河流主要有黄河干流及其支流。境内黄河及其各级支流中，流域面积大于1万平方千米的只有黄河和清水河，大于1 000平方千米的有10余条。黄河干流自中卫南长滩入境，流经卫宁灌区到青铜峡水库，出库入青铜峡灌区至石嘴山头道坎以下麻黄沟出境，区内河长397千米，占黄河全长的7%。黄河多年平均过境水量306.8亿立方米(1 956—2000年)，是宁夏主要的供水水源。清水河是本区汇入黄河的最大支流，发源于固原市原州区开城乡黑刺沟脑。

贺兰山的地理位置有何独特之处

贺兰山南北长220千米，东西宽20～40千米，山势雄伟，若群马奔腾。贺兰山脉海拔2 000～3 000千米，主峰称敖包圪垯，海拔3 556米。

贺兰山西坡较缓，逐渐过渡到内蒙古高原；东坡陡峭，山势雄伟，高差较大，构成一道天然屏障，从而削弱了西伯利亚高压冷气流，阻截了腾格里沙漠的东侵，也阻止了潮湿的东南季风西进，使得贺兰山东西两侧气候、水文、植被有着显著的差别，成为中国外流区和内流区的分水岭，是温带荒漠草原与荒漠、季风气候和非季风气候的分界线，也是半农半牧区和牧区的分界线。高耸的地形与良好的植被对保护富庶的银川平原的生态环境具有重要作用。

宁夏枸杞为什么这么出名

枸杞适应性强，喜湿润，耐盐碱，耐肥抗旱，怕热不怕冷，怕渍水。对土壤要求不高，只要排水良好又有水源灌溉的地方，栽培的枸杞就果实肥大，产量也高。宁夏的光照充足，有效积温高，昼夜温差大，土壤矿物质含量极为丰富，腐殖质多，熟化度高，灌溉便利，水质独特，正是这一独特的地理环境和小区域气候为枸杞生长提供了最优越的自然环境，从而使宁夏成为中国枸杞的发源地，成为“世界枸杞之乡”。

为什么有“天下黄河富宁夏”之说

弯弯曲曲的黄河斜穿宁夏，加之连绵200多千米的贺兰山，正像一座天造地设的自然屏障，挡住了西伯利亚寒流的侵袭，也阻挡了腾格里沙漠的逐渐东移。在这座大山的护卫下，自然形成一片膏腴之地，加之这里日照充足，气温日较差大，两千多年来开渠引黄，深得黄河灌溉之利，所以有“天下黄河富宁夏”之说。

你了解“银川”名称的由来吗

宁夏地方文献上出现“银川”一词，约在明末清初。一些官吏、文人在咏唱宁夏平原沟渠交织如网、湖泊珠连其间的秀美景色时，用“银川”形容其水光潋滟、水映晴光的水乡风光。如“俯凭驼铃临河套，遥带银川挹贺兰”“连山似奔浪，黄河一带宽。城郭渺如舫，银川亦寥廓”“或是天昊聊小试，暂移鳅穴到银川”。这些诗词中的银川，还没有明确的地名意义，但是都反映了银川的地理特点。再加上银川地下水位高，退水之后盐碱显露，到处都白茫茫一片，因此取名“银川”恰如其分。

清雍正年间，“银川”一词，逐渐有了指代地域的地名含义。如《惠农渠碑记》上有“黄河发源于昆仑，历积石，经银川，由石嘴山而北……”的记载，碑文上的银川，已泛指银川平原引黄河灌区了。

清乾隆年间，宁夏知府赵本植在府城(今银川城区)创立“银川书院”，又有汪绎辰纂修《银川小志》。“银川”一词的指代范围趋于具体、明确，已初具地名意义，并逐渐成为宁夏府城的代称。1944年，宁夏省城(今银川城区址)改为建制市，正式定名为“银川”。地名一直沿用至今。

宁夏如何通过生态林业建设开展脱贫攻坚工作

宁夏通过实施精准造林、发展特色经济林产业、扶持枸杞产业等，助力精准脱贫，增加农民收入。宁夏在固原市5县区启动实施“六盘山重点生态功能区降水量400毫米以上区域造林绿化工程”，选用当地苗木，使用当地劳动力，为农民增加收入；通过林业专业技术培训等措施，扶持9个贫困县（区）发展红枣、苹果、花卉等特色产业；在枸杞发展资金扶持上向贫困县（区）倾斜，加大技术培训等措施，推进贫困县区枸杞产业提质增效；安排生态护林员岗位，让更多贫困户吃上“生态脱贫饭”；对贫困县（区）加大林业投资，指导贫困县（区）因地制宜发展林下养殖、林产品采集加工、森林景观利用等林下经济，在提升林业综合效益的同时，促进农民增收致富。

2020年11月16日，自治区人民政府正式批复同意西吉县退出贫困县序列。至此，宁夏全区9个贫困县全部实现脱贫摘帽，标志着宁夏区域性整体贫困问题基本得到解决，历史性地告别绝对贫困，为如期全面建成小康社会奠定坚实基础。

宁夏沙坡头是如何发展沙产业的

沙坡头位于宁夏回族自治区中卫市城区西部腾格里沙漠的东南缘，深居内陆，远离海洋，靠近沙漠，属半干旱气候，具有典型的大陆性季风气候和沙漠气候的特点，年蒸发量是年降水量的10倍，荒漠化程度严重。20世纪50年代，为让穿越腾格里沙漠的包兰铁路顺利开通，中国科学院在中卫市成立了沙漠研究所，通过多年的探索与治理，当地防沙治沙工作及沙产业的发展取得了可喜的成就，并将中卫市沙坡头打造成一个生态旅游景区，治沙与发展相结合。当地旅游最大特色是发展沙漠景观主题游。主要有以下几种：沙漠观光游、沙漠体验游(打靶射箭、趣味滑沙、高空滑翔、沙浴划船等)、沙漠特种游(沙漠徒步穿越和沙漠生存挑战)、沙漠主题的比赛活动(沙漠摄影大赛、沙漠体育大赛、沙漠旅游文化节等)。

中卫沙坡头

宁夏将如何加快沿黄城市带的发展

沿黄城市带是宁夏重要的经济带，为推动城市带发展，宁夏按照“一城两岸三域”的格局规划。

加快银川滨河新区、阅海湾中央商务区建设，把银川市建成丝绸之路经济带重点城市、中国—中亚—西亚经济走廊节点城市、现代服务业中心，突出“塞上湖城、西夏古都”的城市特色；推动利通区与青铜峡市一体化发展、同城化管理，加快清真食品产业基地建设，把吴忠市建成清真食品产业中心、现代制造业基地，突出“水韵吴忠、滨河回乡”的城市特色；加快惠农、大武口、平罗“一港双城，同城对接”，推进石嘴山市资源枯竭型城市转型发展，把石嘴山市建成宁北及蒙西地区中心城市和物流中心、国家级承接产业转移示范区、现代装备制造和新材料产业基地，突出“山水园林、重工基地”的城市特色；推进中卫、中宁、海原“一城两翼，内涵发展”，把中卫市建成丝绸之路经济带交通物流枢纽城市、特色产业城市、生态旅游城市，突出“沙漠水城、花儿杞乡、休闲中卫”的城市特色。推进沿黄城市带基础设施、生态环境和公共服务一体化，推动太中银发展轴和银宁盐发展轴建设。充分发挥沿黄城市带的承载功能，积极承接国内外产业转移、中南部地区人口转移，加快农业现代化、新型工业化、信息化和国际化步伐，使其成为带动宁夏全面建成小康社会的火车头。

宁夏如何规划综合交通运输体系

为打造更加完善的交通运输网络，宁夏将对铁路、公路、航空等方面进行规划，重点强化“沿黄”发展主轴城际综合运输通道功能，着力提升银川综合交通枢纽作用。铁路方面：重点建设高速铁路网，完善快速(普速)铁路网，构建城际轨道网，优化地方铁路网，打造全国铁路网区域中心，以及丝绸之路客货运集散中心。公路方面：重点建设“三环四纵六横”高速公路网和“1222”普通干线公路网(重点实施12条国道，22条省道改造提升工程)。航空方面：积极培育银川、中卫、固原间的“三角形”支线航空网络，加快红寺堡、同心等通用机场建设，远期形成基本覆盖全自治区的16个通用航空机场网络布局。枢纽方面：积极构建以银川都市圈为引领、中卫和固原为带动、县级节点为支撑，覆盖全区的综合交通运输枢纽体系。

银川拟建成怎样的城市格局

银川作为宁夏首府，其城市格局无疑是宁夏的一张名片，银川明确每个区的功能定位，建成符合现代化发展的城市格局。

兴庆区重点加强城市基础设施和公共服务设施建设，疏解旧区交通和人口，改善旧区环境，整合兴庆区东部的商贸物流带，处理好大新片区和中心城区的建设融合。

金凤区继续南扩北进加快城市建设，加快完善中阿之轴的景观、艾依河运动休闲旅游带建设，加强七子连湖周边生态环境建设，处理好丰登镇和阅海湾中央商务区的建设融合。

西夏区在整合完善自身功能的基础上，加快老工业的转型升级；整合利用现有教育资源续建宁夏职业教育基地，形成全宁夏教育、人才、科技的辐射重地；充分依托贺兰山东麓西夏王陵风景名胜区等旅游资源，加大沿山人文景观建设力度，打造沿山旅游带及贺兰山旅游品牌。

滨河新区基本形成以绿色低碳为核心的生态城，以多元和谐为特征的文化城，以自然生态旅游为基础的全域5A级旅游城，以现代纺织业、现代服务业和新型产业为主导的产业新城，打造成中国与中亚、西亚等国家经贸发展的区域性中心和沿黄城市群最具活力区域，建设成为宁夏乃至西部地区对外开发开放的承载区和大平台。

宁夏的城镇布局规划是怎样的

推动城镇化发展是我国的重要任务之一。宁夏按照“一带三区、一主两副”总体空间格局，以沿黄城市带为主体，以银川都市圈为核心，以各级中心城市为基础，优化城镇布局。以银川为中心，构建包括石嘴山、吴忠和宁东组团式一体化发展的银川都市圈，形成“一河两岸三城”的格局。同时，着力培育副中心城市，提升固原、中卫市城市综合承载能力，完善城市综合服务功能；提升灵武、红寺堡等10个区县中心城市建设，促进农村人口就近城镇化；鼓励小城镇依托当地的发展基础、交通和资源优势，打造特色的产业重镇、商贸强镇和旅游名镇；优化村庄布局，建设美丽乡村。

宁夏为了更好融入“一带一路”采取了什么对策

“一带一路”倡议的提出为沿线的省份提供了很多机遇。为抓住这些机遇，宁夏按照“向西出境、向东出海、协调周边、整体融入”的战略构想，以打通对外开放通道、建设陆路空中网上丝绸之路为重点，着力构建多层次、现代化综合交通运输体系，全面提升在全国综合交通网络布局中的战略地位。坚持全面开放与重点突破相结合、引进来与走出去相结合，围绕优化开放格局、拓展开放空间、打造开放平台、深化务实合作，全面提升对外开放水平。优化对外开放环境，对接国际投资贸易规则，创新体制机制，着力推动投资、贸易、金融服务便利化，打造优质、高效、便捷的开放环境。

新疆维吾尔自治区

XINJIANG WEIWU'ER ZIZHIQU

■ **简　称** 新　■ **面　积** 约166万平方千米　■ **人　口** 2 585万人

■ **世界遗产** 长城　丝绸之路：长安—天山廊道的路网　新疆天山

■ **工艺品** 和田玉器　民族乐器　喀什小花帽　地毯　维吾尔族铜器和铜雕

■ **地理之最**

最高山峰：乔戈里峰　最大湖泊：博斯腾湖　最大河流：塔里木河

主要山脉：天山　昆仑山

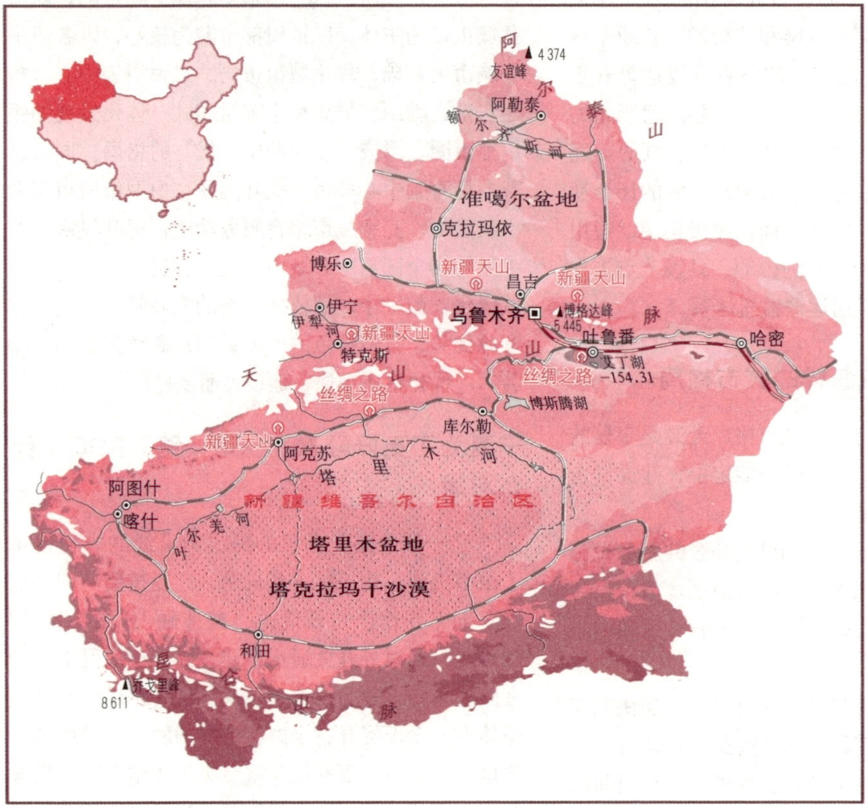

新疆地理概况如何

新疆维吾尔自治区，简称“新”，首府乌鲁木齐，位于中国西北边陲，面积约166万平方千米，是我国陆地面积最大的省级行政区域。

新疆地处亚欧大陆腹地，陆地国界线5 700多千米，是我国交界邻国最多、陆地国界线最长的省级行政区域，周边与俄罗斯、哈萨克斯坦、吉尔吉斯斯坦、塔吉克斯坦、巴基斯坦、蒙古、印度、阿富汗8国接壤，在历史上是古丝绸之路的重要通道，现在是第二座“亚欧大陆桥”的必经之地，战略位置十分重要。新疆自古以来就是祖国不可分割的一部分。

新疆的地形地貌有什么特征

新疆地形的特点是轮廓明显，地形骨架主要由三列高大的山脉和两个巨大的盆地构成，即阿尔泰山、天山、昆仑山，准噶尔盆地和塔里木盆地，“三山夹两盆”就形成我们神奇美丽的新疆，且

“山山有宝、盆盆有油、河河有鱼”。

“大反差”是新疆地貌的一个主要特点。从低于海平面154.31米的吐鲁番艾丁湖洼地到喀喇昆仑山上海拔8 611米的世界第二高峰——乔戈里峰；从千年劲风吹成的雅丹地貌到伊犁河谷宁静富饶的田园风光；从碧波荡漾的乌伦古湖到中国最大的塔克拉玛干沙漠。在这片土地上高耸的冰峰与干涸的低洼并置；粗犷的魔鬼城与秀美的绿洲共存；天水一色的湖泊与浩瀚无垠的沙漠呼应；亘古洪荒与盈盈生机同在，让新疆地貌呈现出多样性的特征。

“早穿皮袄午穿纱，围着火炉吃西瓜”形容的是哪个地方的气候特征

新疆远离海洋，深居内陆，四周有高山阻隔，海洋气流不易到达，形成明显的温带大陆性气候。气温日较差较大，日照时间充足，降水量少，气候干燥。新疆年平均降水量为150毫米左右，但各地降水量相差很大，南疆的气温高于北疆，北疆的降水量高于南疆。最冷月1月，平均气温在准噶尔盆地，为-20℃以下，该盆地北缘的富蕴县绝对最低气温曾达到-50.15℃，是全国最冷的地区之一。最热月7月，在号称“火洲”的吐鲁番，平均气温为33℃以上，绝对最高气温曾达49.6℃，居全国之冠。由于新疆大部分地区春夏和秋冬之交日温差极大，历来有“早穿皮袄午穿纱，围着火炉吃西瓜”之说。

新疆的水文概况如何

新疆三大山脉的积雪、冰川孕育汇集了500多条河流，分布于天山南北的盆地，其中较大的有塔里木河(中国最大的内陆河)、伊犁河、额尔齐斯河(流入北冰洋)、玛纳斯河、乌伦古河、开都河等20多条。许多河流的两岸，都有无数的绿洲，颇富“十里桃花万杨柳”的塞外风光。新疆有许多风景优美的湖泊，总面积达9 700平方千米，其中著名的十大湖泊是博斯腾湖、艾比湖、乌伦古湖、阿牙克库木湖、赛里木湖、阿其克库勒湖、鲸鱼湖、吉力湖、阿克赛钦湖、艾西曼湖。

新疆境内形成了独具特色的大冰川，是新疆的天然“固体水库”。新疆的水资源极为丰富，人均占有量居全国前列。大沙漠占全国沙漠面积的2/3，其中塔里木盆地中的塔克拉玛干沙漠的面积约为33万平方千米，是中国最大的沙漠，为世界第二大流动沙漠。准噶尔盆地的古尔班通古特沙漠，面积约4.8万平方千米，为中国第二大沙漠。

你了解额尔齐斯河吗

额尔齐斯河

额尔齐斯河为鄂毕河最大的支流，是流经中国、哈萨克斯坦、俄罗斯的国际河流。额尔齐斯河发源于新疆维吾尔自治区富蕴县阿尔泰山南坡，是我国唯一流入北冰洋的河流。喀依尔特河和库依尔特河汇合后成为额尔齐斯河，自东南向西北，一路上将喀拉额尔齐斯河、克兰河、布尔津河、哈巴河、别列则克河等北岸支流汇入后，流入哈萨克斯坦境内斋桑湖，再向北经俄罗斯的鄂毕河注入北冰洋。额尔齐斯河全长4 200多千米，在我国境内约550千米，流域面积约5.7万平方千米，年径流量达100多亿立方米，水量居新疆第二位，仅次于伊犁河。额尔齐斯河上游主要靠融雪、融冰和降水补给；下游补给主要来源于融雪、降水和壤中水。上游汛期始于4月，大汛多在4—6月；下游汛期为5月末至10月，6月最大，约占全年的50%。水中多产鱼，接近边境处河面较宽，可通轮船。流域内众多的支流均从干流右岸汇入，形成典型的梳状水系。额尔齐斯河沿岸风光壮美，又对应“金山”而有“银水”之美称。

哪条河是跨越中国和哈萨克斯坦的国际河流

伊犁河是亚洲中部内陆河，是跨越中国和哈萨克斯坦的国际河流。伊犁河的主源——特克斯河发源于天山汗腾格里峰北侧，向东流经中国新疆的昭苏盆地和特克斯河谷地，又向北与其他支流汇合，最后注入中亚的巴尔喀什湖。

伊犁河全长1 200多千米，其中我国境内河长约440千米。伊犁河流出国境的年径流量约130亿立方米。因流域范围处于天山最高峰地区，故降水多，流量丰富，落差也大，水能蕴藏量700多万千瓦，占新疆水能蕴藏总量的21%。新疆境内伊犁河流域形似向西开口的三角形，有3条自西向东逐渐收缩的山脉，全流域处于迎风面，降水丰富，谷地年降水量约300毫米，山地年降水量500～1 000毫米。集水区内山地面积占68%，是径流丰富的重要原因。

伊犁河流域除常年接受大西洋等水域水汽补给外，还有流域内大小冰川与永久积雪的补给，每年可补给河川径流水量约为20亿～25亿立方米，占地表产水量的13.2%～16.5%。伊犁河通常在12月封冻，次年3月解冻。因此，伊犁河的洪峰处于相对平稳状态，历史上未曾出现过大范围的洪水灾害。

世界第一大内陆盆地是哪个盆地

塔里木河

塔里木盆地位于新疆南部，是我国面积最大的内陆盆地，也是世界第一大内陆盆地。盆地处于天山、昆仑山和阿尔金山之间。南北最宽处520千米，东西最长处1 400千米，面积40多万平方千米。海拔800～1 300米，地势西高东低。

塔里木盆地是大型封闭性山间盆地，地质构造上是周围被许多深大断裂所限制的稳定地块，盆地地势西高东低，微向北倾。塔里木河位于盆地北缘，水向东流。盆地地貌呈环状分布，边缘是与山地连接的砾石戈壁，中心是辽阔沙漠，边缘和沙漠间是冲积扇和冲积平原，并有绿洲分布。塔里木河以南是塔克拉玛干沙漠。塔里木盆地属于暖温带气候，年均温9～11℃，无霜期超过200天。自然灾害主要是风沙和干热风，以东北风和西北风为主，盆地边缘沙丘南移现象严重。盆地水分主要来自西风气流，盆地降水稀少，盆地本身无法形成径流，较大河流有南部的叶尔羌河、克孜勒河、盖孜河、和田河、克里雅河等，北部的阿克苏河、台兰河、渭干河、库车河及开都河(下游称孔雀河)等。盆地地下水的补给主要来自河床、渠道及田间渗漏，地下水动储量为110亿～148亿立方米。

塔里木盆地中石油、天然气资源蕴藏量十分丰富，分别约占全国油、气资源蕴藏量的1/6和1/4。

哪个盆地有“史前地质博物馆”的美誉

准噶尔盆地位于阿尔泰山与天山之间，西侧为准噶尔西部山地，东至北塔山山麓。南北宽450千米，东西长700千米，面积达30多万平方千米。准噶尔盆地在地质构造上为古陆台。盆地长期保持沉降状态，沉积了浅海相灰岩和陆相的河湖相砂岩、泥岩、砾岩等。准噶尔盆地地层的煤、石油，以及硅化木、恐龙、鱼贝类等古生物化石，记录和保留了盆地波澜壮阔的地质发展史，堪称不可多得的“史前地质博物馆”。经勘探证明，盆地已展现了可喜的石油开发前景。盆地东部海拔540米的风蚀洼地内，发现有世界罕见的千余株硅化木。

哪个沙漠是世界上第二大流动沙漠

塔克拉玛干沙漠在最大的内陆盆地——新疆塔里木盆地的中部，面积达33万平方千米。气候极端干旱，年降水量仅10～60毫米，热量资源丰富。

沙漠以流沙占绝对优势，且沙丘高大，除边缘地区外，一般在50～100米以上。沙漠之下的原始地面是一系列古代河流冲积扇和三角洲所组成的冲积平原和湖积平原。沉积物以不同粒径的沙子组成。在沙漠2～4米、最深不超过10米的地下，有清澈丰富的地下水。某些河床沿岸及冲积扇缘分布有以胡杨、红柳等为主的天然植被，形成沙漠中零散状断续分布的"天然绿洲"。

地质勘测表明，在茫茫大沙漠下，水、油、气资源蕴藏十分丰富。

塔克拉玛干沙漠

天山有何特点

天山山脉是亚洲内陆中部的著名山系，世界干旱区域的多雨山地之一。在中国境内，纬向横亘于新疆维吾尔自治区中部，山地耸立于准噶尔盆地与塔里木盆地之间，海拔多在4 000米以上。位于西段的托木尔峰是天山山脉的最高峰，海拔7 443米；东段的高峰是博格达峰，海拔5 445米。山脉由大致平行的北天山、中天山和南天山等系列所组成，山体之间夹有许多宽谷与盆地。

天山

天山山地现代地貌从山顶到山麓，依次为：1.常年积雪和现代冰川作用带。位于海拔3 800～4 200米以上冰雪覆盖的极高山地带。据统计，天山拥有现代冰川近7 000条。2.霜冻作用带。位于海拔2 600～2 700米以上的山区，堆积了大量古代冰川沉积物，并保留了多种冰川侵蚀地形——古冰斗、冰槽谷、冰坎等。3.流水侵蚀、堆积带。位于海拔1 500～2 700米地区，河网密布，河谷阶地发育。4.干旱剥蚀低山带。位于海拔1 300～1 500米以下，年降水量200～400毫米，南坡位于海拔1 700～2 000米以下，年降水量100～150毫米，外营力以剥蚀作用为主，南坡尤盛。

天山山地为新疆不少大河的源头，如伊犁河与塔里木河等。在不到20万平方千米的山地径流形成区内，有大小河川200多条，引水灌溉遍及新疆50多个市、县的绿洲农田。河流年径流变化相对稳定。

天山山地气候湿润，水源充足。山地中森林面积约占全自治区的50%，草场面积约占全自治区的47%。此外，天山矿产种类繁多，新疆的工矿区亦多分布于天山南北。

你知道博格达峰为什么被称为"神山"吗

博格达峰，海拔5 445米，坐落在新疆维吾尔自治区阜康市境内，是天山山脉东段的最高峰。博格达山脉是天山山脉东段的一条支脉，从乌鲁木齐断裂带起，向东一直延伸到巴里坤境内，全长300多千米。

在天山的诸多主峰之中，博格达峰并非最高，其海拔也仅能排名第三，然而它的名气却远在其他山峰之上。博格达一词出自蒙古语，即"神灵"的意思。古代西域的一些游牧民族有崇拜名山的习俗，博格达山因高大险峻，所以被这些民族誉为"神山""祖峰"，骑者见之下马，行者见之叩首，就连官员路过此地也要停车下拜。

中国地势最低的湖泊是哪个

艾丁湖是中国地势最低的湖泊，维吾尔语意为"月光湖"，它是位于新疆吐鲁番盆地中央的一个大型盐湖。湖面海拔-154.31米，是全国最低的洼地，也是仅次于约旦死海(-415米)的世界第二低地。艾丁湖是一个内陆咸水湖，位于新疆吐鲁番市的高昌区、鄯善县、托克逊县交界处的觉罗塔格山下，距吐鲁番市区50多千米。

艾丁湖

“大西洋的最后一滴眼泪”指的是哪个湖泊

赛里木湖，是新疆海拔最高、面积最大、风光秀丽的高山湖泊，又是大西洋暖湿气流最后眷顾的地方，因此有“大西洋最后一滴眼泪”的说法。

赛里木湖位于天山西段，它像一颗蓝色宝石高悬于西天山之间的盆地中，湖周群山环绕，天水相映；湖滨水草丰富，为优良牧场。赛里木湖原本没有鱼，1998年从俄罗斯引进冷水鱼养殖，现已成为新疆重要的冷水鱼生产基地，也是天鹅的栖息地之一。

火焰山在哪里

新疆火焰山是吐鲁番最著名的景点，位于吐鲁番盆地的北缘，古丝绸之路北道，主要由中生代的侏罗纪、白垩纪和第三纪的赤红色砂岩、砾岩和泥岩组成。当地人称它为“克孜勒塔格”，意即“红山”。山长100多千米，最宽处达10千米，海拔500米左右，主峰海拔831.7米。火焰山是中国最热的地方，夏季最高气温高达47.8℃，地表最高温度高达89℃，沙窝里可烤熟鸡蛋。吐鲁番属典型的大陆性气候。每当盛夏，红日当空，赤褐色的山体在烈日照射下，砂岩灼灼闪光，炽热的气流翻滚上升，就像烈焰熊熊，火舌撩天。

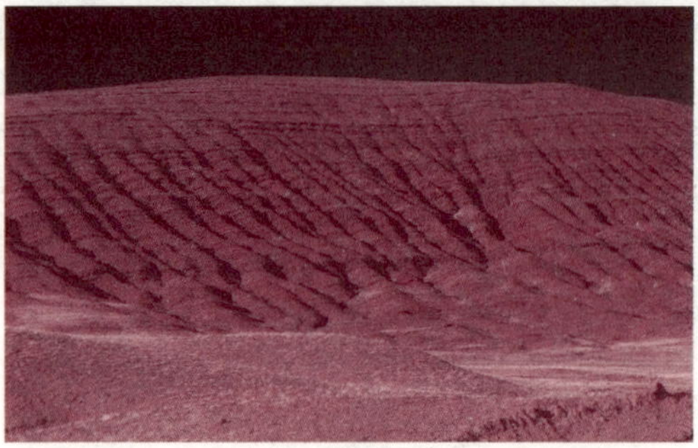

新疆火焰山

乌鲁木齐市最大的湖泊是哪个

柴窝堡湖为乌鲁木齐市郊最大的淡水湖，位于乌鲁木齐市区东南约45千米博格达峰脚下的柴窝堡盆地，地处达坂城区西部，是一个天然冷水性湖泊，湖北邻兰新铁路、312国道、吐乌大高速公路，东联西通。柴窝堡湖略似椭圆形，面积约30平方千米，水深4～6米，冰封期每年约110天。

由于柴窝堡湖水温低，鱼类和蟹类生长周期长，故味道鲜美，质量上乘，同时适合引进高档冷水性鱼类。湖中盛产鲤鱼、草鱼、鲢鱼、青鱼，也是新疆放养河蟹的基地之一。距柴窝堡湖东南仅5千米，面积47平方千米的盐湖是一座咸水湖。由于盐湖地势低于柴窝堡湖，周围山上、高地的盐分被河流、洪水、地下水冲下之后，经过两湖相通的湖底，逐渐沉积于盐湖之中，因而形成了这种淡水湖、咸水湖紧紧相邻的奇观。

吐鲁番盆地为什么被称为“火洲”

吐鲁番盆地是新疆天山东部南坡的一个山间盆地，是一个典型的地堑盆地，也是我国地势最低(-154.31米)和夏季气温最高的地方。大部分地面在海拔500米以下。盆地西起阿拉沟口，东至七角井峡谷西口，东西长245千米；北部为博格达山山麓；南抵觉罗塔格山，南北宽约75千米。

吐鲁番盆地属大陆性气候，主要特点是干燥、高温、多风。盆地内，年日照时数长，蒸发量大，降水量少但局地性强，年降水量约16毫米，蒸发量高达3 000毫米。夏季最高气温有过49.6℃的纪录，6—8月平均最高气温都在38℃以上。中午的沙面温度，最高达82.3℃，因此这里自古有“火洲”之称。

又由于境内有三十里风区和百里风区，吐鲁番盆地素有“风库”之称。优越的光热条件和独特的气候，使这里盛产葡萄、哈密瓜、反季节蔬菜等经济作物，是名副其实的瓜果之乡。

新疆天鹅湖在哪里

巴音布鲁克天鹅湖是我国最大的天鹅繁衍、栖息地，位于新疆巴音郭楞蒙古自治州和静县西部的山间盆地中。这是一个由星罗棋布的湖沼组合而成的水域，总面积约1 100多平方千米。每年3月到4月，以大天鹅、小天鹅、疣鼻天鹅为主的1万多只珍禽便飞到这里繁衍生息。天鹅湖一带，清泉密布，河网交错，水草繁茂，气候凉爽，环境幽静，饵料丰富，是水禽类动物繁衍生息的理想场所，因而成为天鹅、灰鹤、白鹭、金雕、斑头雁、野鸭等众多水禽的乐园。巴音布鲁克草原人烟稀少，自古以来当地蒙古族牧民视天鹅为幸福鸟，一直加以精心地保护。

巴音布鲁克天鹅保护区建于1980年，据统计，保护区内的鸟类有100多种，兽类20多种，植被以草本为主，约50个科260多种。1986年，巴音布鲁克天鹅保护区被批准为国家级自然保护区。

新疆的瓜果为什么这么甜

新疆是我国著名的瓜果之乡。这里出产的瓜果色鲜、果香、味甜，吐鲁番的葡萄、哈密的瓜更是果中佳品。

新疆地处我国西北内陆，远离海洋，四周又有高山环绕，海洋上的湿润气流难以到达，所以降水量少，气候干旱。又因为新疆气温日夜变化很大，尤其是夏季，白天烈日炙烤，气温很高，到了夜晚又急剧下降，人们用“早穿皮袄午穿纱”来形容这里昼夜温差之大。由于阴雨天少，晴天多，这里的日照时间很长，植物可以充分地进行光合作用，制造出大量的淀粉、糖类等物质。夜间，气温降得很低，植物的呼吸作用减弱，这样就减少了养分的消耗。所以果实中能够积累大量的营养物质，不但个儿长得大，而且养分充足。因此，新疆出产的瓜果又大又甜。

世界上距离海洋和海岸线最远的大型城市是哪个

乌鲁木齐，是新疆维吾尔自治区首府，全自治区政治、经济、文化、科教和交通中心。乌鲁木齐位于中国西北，新疆中部，天山北麓，亚欧大陆腹地，毗邻中亚各国，有“亚心之都”的称呼。乌鲁木齐市现已列入《吉尼斯世界纪录大全》，是世界上距离海洋和海岸线最远(2 500千米)的大型城市。

乌鲁木齐

你知道克拉玛依是以石油命名的城市吗

克拉玛依，维吾尔语意为“黑油”，是以石油命名的城市。克拉玛依石油资源发现早，开采历史长，是国家重要的石油石化基地和新疆重点建设的新型工业化城市。克拉玛依地处准噶尔盆地西部，亚欧大陆的中心区域——泛中亚地区的中心区，是世界石油石化产业的聚集区。

你了解新疆国际大巴扎吗

新疆国际大巴扎于2003年6月26日落成，位于新疆维吾尔自治区乌鲁木齐市天山区解放南路，占地面积约4万平方米，总建筑面积10万平方米，是世界规模最大的大巴扎(维吾尔语，意为集市、农贸市场)，集文化、建筑、民族商贸、娱乐、餐饮于一体，是新疆旅游业产品的汇集地和展示中心，是“新疆之窗”“中亚之窗”和“世界之窗”。

2004年，入选乌鲁木齐市“十佳建筑”，在涵盖了建筑的功能性和时代感的基础上，重现古丝绸之路的繁华，集中体现了浓郁民族特色和地域文化。新疆国际大巴扎是新疆商业与旅游繁荣的象征，也是乌鲁木齐标志性建筑。

新疆交河故城有何特点

交河故城位于吐鲁番市以西13千米的一座岛形台地上，最早是西域36国之一的车师前国的都城，是世界上最大、最古老、保存最完好的生土建筑城市，也是我国两千多年保存最完整的都市遗迹。1961年，被列为全国重点文物保护单位。

交河故城的建筑布局主要由明显可见的三个部分组成：贯穿南北的一条中心大道把居住区分为东、西两部分，大道北端是一座规模宏大的寺院，以它为中心构成了北部的寺院区，这一区的建筑面积约为9万平方米。建筑多是长方形院落，院落门向着所临街巷。

大道东区南部为大型民居区，建筑面积约为8万平方米，北部为小型居民区，中部为官署区；大道西区除大部分为民居外，还分布有许多手工作坊。城中大道两旁皆是高厚的街墙，临街不设门窗。大体南北、东西向垂直交叉、纵横相连的街巷把36万平方米的建筑群分为若干小区。从城市布局来看，独具地方特色。以街巷为骨架的交通网络、城门及其他建筑，在营建时，把军事防御作为建筑时的指导思想，整座古城就是一座巨大的军事堡垒，反映出历史上这一地区激烈的民族和社会矛盾。

建筑形式除了没有城墙外，还有一个明显的特征，即整座城市的大部分建筑物不论大小基本上是用“减地留墙”的方法，从高耸的台地表面向下挖出来的。寺院、官署、城门、民舍的墙体基本为生土墙，特别是街巷，狭长而幽深，像蜿蜒曲折的战壕。可以说，这座城市是一个庞大的古代雕塑，其建筑工艺之独特，不仅国内仅此一家，国外也罕见其例，体现出古代劳动者的聪明才智和巨大的创造力。

你知道高昌古城与交河故城并称为“姐妹城”吗

高昌是和交河齐名的丝路名城，与交河故城并称为“姐妹城”。1961年，高昌故城被列为全国重点文物保护单位。

高昌故城位于火焰山南麓木头沟河三角洲、吐鲁番市东面40多千米的三堡乡。高昌故城平面呈不规则的正方形，周长5.4千米，总面积约200万平方米，布局分外城、内城、宫城三部分。外城墙基厚12米，墙高11.5米，夯土筑成，夯层厚8～12厘米，间杂少量的土坯，有清楚的夹棍眼，外围有保存完好凸出的马面。全城有9个城门，南面有3个城门，其余3面各有2个城门。西面北边的城门保存最好，有曲折的瓮城。内城在外城中间，平面呈方形，城墙全为夯土层，西、南两面保存较好，其建筑年代较外城为早。宫城在最北面，城内有外城墙、内城墙、宫城墙、可汗堡、烽火台、佛塔等建筑。外城的北墙就是宫城的北墙，内城的北墙是宫城的南墙。外城内西南角有一座佛寺遗址，占地一万平方米，院内正中有残存的菩萨像和壁画。

高昌故城为研究古代西域城市文化、建筑技术、多种宗教和多民族文化在吐鲁番盆地的交流与传播提供了资料。

你听说过新疆的魔鬼城——乌尔禾风城吗

新疆的魔鬼城又称乌尔禾风城，位于新疆维吾尔自治区准噶尔盆地西北边缘的佳木河下游乌尔禾矿区，西南距克拉玛依市100千米。这里是典型的雅丹地貌区域，是在干旱、大风环境下形成的一种风蚀地貌类型。魔鬼城呈西北、东西走向，长宽约在5千米以上，方圆约10平方千米，地面海拔350米左右。因为地处风口，魔鬼城四季狂风不断，最大风力可达10～12级。强劲的西北风给了魔鬼城的“名”，更让它有了魔鬼的“形”，使其变得奇形怪状。

我国机场数量最多的省级行政区域是哪个

新疆的机场数量在全国排名第一，在建和已经在用的共有20多个。机场的兴建使得新疆与外界交流更加密切，也促进了当地旅游业和其他投资产业的蓬勃发展。

吐鲁番机场投入使用后缩短了游客往来乌鲁木齐至吐鲁番之间的旅途用时，航程短，机场好，保障佳，使得吐鲁番机场担负着乌鲁木齐机场的主备降任务，成为疆内支线机场可同时停靠飞机最多的机场。

地势最险的机场——喀纳斯机场。喀纳斯机场位于喀纳斯景区南缘，飞机需在巍峨的雪山和湛蓝的湖水间来回穿插才能落地，凶险的地势经常让旅客感觉飞机是擦着山区的边儿在转弯，山谷中多变的气候和阵风也使得喀纳斯机场成为飞行员眼中最不好飞的机场之一。

伊宁机场周围的绿化带全部种植的是薰衣草，使得伊宁机场成为大家心目中最香最美的机场，素有“花园机场”的美誉。随着哈密老机场的废弃，伊宁机场成为新疆历史最悠久的机场。

新疆在“一带一路”发展中有哪些独特的区位优势

独特的地理位置优势。新疆具有众多对外口岸：新疆是我国对外口岸最多的省级行政区域，为“丝绸之路经济带”的建设，以及与周边国家进行贸易往来打开了方便之门；新疆是“丝绸之路经济带”的战略要道，无论是古丝绸之路还是当前新丝绸之路，都必须经过新疆，是我国从陆上通往俄罗斯、中亚、中东乃至更远地区的战略要道；新疆民族众多，为新疆的对外贸易与交往提供了良好的文化氛围。

畅通的交通优势。新疆已建成了高速公路、国道、省道、乡村道路的多级覆盖公路网。新疆的铁路具有国际化特点，方便了“丝绸之路经济带”东通内地西通中亚、欧洲的人员物资流动。此外，随着新疆后续高速铁路的建设，未来将形成面向中亚、西亚国家的交通要道、商贸物流枢纽、重要产业和人文交流基地。

丰富的物产优势。丰富的农产品：新疆已成为全国最大的商品棉、啤酒花和番茄酱生产基地，部分优质农产品远销中亚、东亚、东南亚、欧洲和澳洲。各类能源品质高、储量大：新疆整体的矿产资源种类齐全，储藏丰富，分布广泛，拥有开发利用的便利条件。

香港特别行政区

XIANGGANG TEBIE XINGZHENGQU

■ **简　称** 港　■ **面　积** 1 110平方千米　■ **人　口** 747万人

■ **风味名食** 早茶　港式粥　海鲜菜肴

■ **购物集锦** 服饰　艺术品　玉器　珠宝首饰　陶器及瓷器　电脑　电子器材

■ **地理之最**

最高山峰：大帽山　**最大湖泊**：船湾淡水湖　**最大河流**：深圳河

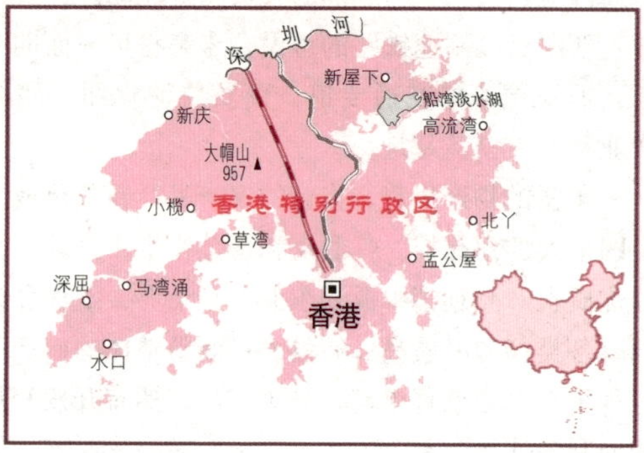

香港的地形地貌特征如何

香港特别行政区地处中国南部沿岸，北靠广东省，西背珠江口及澳门，南与南海濒临。香港北部与广东省深圳市仅隔一条深圳河，南部海域与珠海市万山群岛海域连接。

香港境内山多平地少，约有650平方千米(即约60%陆地总面积)属天然山坡。山脉走向为东北—西南，其中以新界中部的大帽山(957米)为第一高峰，向多方面伸延；西南面大屿山岛上的凤凰山(934米)及大东山(869米)则为另一条主要山脉。香港共有200多个岛屿，众岛屿中，以大屿山面积最大，其次是香港岛。自然形成的较大型平地，主要集中于最接近珠江口的新界西北部。元朗、粉岭都是由河流自然形成的冲积平原。这些天然平原土地肥沃，适合耕种。遇上暴雨，遍布香港各地的斜坡可能出现山泥倾泻，威胁市民人身安全。因此，香港整治山坡、处理排水等工作十分重要。境内其余仅有的平地位于九龙半岛及香港岛北部的维多利亚港沿岸，这些土地便是香港最初发展成市区的地方，至今仍然是香港都市命脉所在。同时，香港不断通过填海工程，逐渐向外扩张可供发展土地。

弯曲的海岸线是香港地貌的特征之一，弯曲的海岸线形成大小海湾及海滩，为爱好水上运动人士提供了好去处。维多利亚港将九龙和香港岛自然分割。维多利亚港被四周的岛屿，以及九龙的狮子山和香港岛的太平山等包围，使港内船只不会受强风侵袭。相对于邻近海域的澳门等“珠三角”一带，维多利亚港深而阔，再加上没有珠江所带来的泥沙淤塞，让维多利亚港适宜海运发展，并素有世界“天然良港”的美誉。

香港的气候有什么特征

香港的地理位置使本地形成海洋性亚热带季风气候。在季风的支配下，香港四季分明，但气候大致温和。北半球冬季的时候，亚洲北部大陆聚集的冷空气令气压上升，形成吹向海洋的干燥冬季风。香港位于大陆南部沿岸，风向因此偏北；而冬季风吹过大陆，因此带来的雨量也偏小。夏季，太平洋气压相对陆地高，风从海洋吹向陆地。因此，香港的夏季风大致偏南，同时带来大量雨水。就四季而言，春季大致为3—4月，潮湿、有雾、微雨。5—8月为夏季，太阳高度大导致气温高。热带气旋中心移近香港时，香港风力便会增强，大部分地区可能会有持续数日的大雨，并引发山泥倾泻和雨涝。秋季则为9—10月，大部分时间风和日丽、秋高气爽，是适合郊游的季节。冬季则由11月至翌年2

月，亚欧大陆的冷源使得气压偏高，间或有冷锋过境，吹干燥偏北风。另外，香港市区人口和建筑密度极高，对城市的气候也有所影响。混凝土覆盖的土地失去天然的散热功能，市区高楼密布也令街道难以散热，导致香港市区出现热岛现象。相关部门采取大厦天台进行绿化等措施，帮助城市降温。

香港回归祖国的历程是怎样的

20世纪80年代初，为实现国家和平统一，国家领导人邓小平创造性地提出了“一国两制”的科学构想，并首先用于解决香港问题。按照邓小平的论述，“一国两制”指在一个中国的前提下，国家的主体坚持社会主义制度，香港、澳门、台湾保持原有的资本主义制度长期不变。

1982年12月4日，第五届全国人民代表大会第五次会议通过并公布施行的《中华人民共和国宪法》第三十一条规定：国家在必要时得设立特别行政区。在特别行政区内实行的制度按照具体情况由全国人民代表大会以法律规定。这体现了“一国两制”构想，为中国政府在实现国家和平统一时，在某些区域设立实行不同于内地的制度和政策的特别行政区提供了直接的宪法依据。在经过深入的调查研究后，1983年初，中国政府就解决香港问题形成了十二条基本方针政策。

1982年9月24日，邓小平会见来访的英国首相撒切尔夫人，阐明了中国政府对香港问题的基本立场，指出主权问题不是一个可以讨论的问题，1997年中国将收回香港。在这个前提下，中英两国磋商解决香港如何过渡得好以及15年后香港怎么办的问题。这标志着中英关于香港问题的谈判拉开序幕。1984年12月19日，中英两国政府经过22轮谈判后，在北京正式签署《中华人民共和国政府和大不列颠及北爱尔兰联合王国政府关于香港问题的联合声明》，确认中华人民共和国政府于1997年7月1日对香港恢复行使主权。中国政府还在联合声明中阐明以“十二条”为核心内容的对香港的基本方针政策。中英联合声明的签署，标志着香港进入回归祖国前的过渡期。在13年的过渡期内，中国政府坚定不移地遵循“一国两制”方针政策，紧紧依靠香港同胞，坚决排除各种干扰，有条不紊地推进对香港恢复行使主权的各项准备工作。

1985年4月10日，第六届全国人大第三次会议决定成立中华人民共和国香港特别行政区基本法起草委员会，负责起草香港基本法。同年7月起草委员会开始工作，1990年2月完成起草任务，历时四年零八个月。香港基本法体现了包括香港同胞在内的全体中国人民的共同意志，凝聚了广大中华儿女的集体智慧。

1990年4月4日，第七届全国人大第三次会议通过《中华人民共和国香港特别行政区基本法》，同时作出设立香港特别行政区的决定。香港基本法是根据宪法制定的基本法律，规定了在香港特别行政区实行的制度和政策，是“一国两制”方针政策的法律化、制度化，为“一国两制”在香港特别行政区的实践提供了法律保障。邓小平高度评价香港基本法，称它是“具有历史意义和国际意义的法律”，是“具有创造性的杰作”。

香港基本法颁布后，中国政府着手筹备成立香港特别行政区的工作。1993年7月，全国人大常委会设立香港特别行政区筹备委员会预备工作委员会（预委会）；1996年1月，全国人民代表大会香港特别行政区筹备委员会（筹委会）成立。预委会和筹委会为实现香港平稳过渡和政权顺利交接做了大量工作。

1997年7月1日，中国政府对香港恢复行使主权，香港特别行政区成立，基本法开始实施。香港进入了“一国两制”、“港人治港”、高度自治的历史新纪元。作为祖国大家庭的一分子，香港同胞与内地民众共享伟大祖国的尊严与荣耀，共担中华民族伟大复兴的责任和使命。

“九龙”是如何得名的？区内的特点是怎样的

九龙的命名，源于这样一个典故。相传从前有一位天子出巡，来到九龙时，举目四望，但见八山环抱，便欲以“八龙”命之；随从提醒皇帝，他自己即是人中之龙，应该是九条龙，于是皇帝命名该地为“九龙”。

九龙，全名为九龙半岛，是香港的三大区域之一，九龙东南西三面都被维多利亚港包围，东、西部为人口稠密的工业区，北部是住宅区，南部是著名的商业区。九龙是香港繁盛的市区中不可或缺的一部分。其中，以“油尖旺”(尖沙咀、油麻地及旺角)最具吸引力，那里购物、饮食、娱乐与文化应有尽有，与繁荣的香港岛不分高下。著名的商业中心有尖沙咀中心、好时中心、南洋中心等。九龙人口约占香港总人口的30%。

香港最繁华的地方在哪里

香港岛，简称港岛，是香港最繁华的地方。香港岛上山地面积占了大半，海拔在300～400米，最高峰太平山海拔554米。现今港岛最繁华的平地，大多是填海而来。香港岛是香港的主要岛屿，仅次于大屿山。广义上的香港岛地区，亦包括鸭脷洲、熨波洲、银洲等附属岛屿。香港岛是香港开埠最早的地区，岛上有香港的商业和政治中心。香港岛与九龙半岛之间的海港以维多利亚女王的名字命名，名为维多利亚港，是以前进出香港的贸易船只停泊的港口。港岛北面有几条繁华大街，如皇后大道、德辅道、干诺道等。土地少，又多山丘，所以这些街道都是经过劈山和填海建成的；港岛南部有著名的深水湾、浅水湾，是香港的主要旅游区和高级住宅区；港岛中部是香港最繁华的地方，到处都是豪华商业大厦和购物中心。港岛主要景点：海洋公园，世界最大的海洋公园之一；铜锣湾，香港最繁忙的购物和饮食区，香港不夜市区之一；维多利亚公园等。

香港回归20年后经济发展状况如何

香港是航运中心、金融中心、购物天堂。优良的交通基建是实现经济发展必不可少的要素，回归祖国20年，香港平均每年投资逾700亿港元用于基础设施建设。1998年7月6日，位于大屿山的香港国际机场正式启用。2018年底，经过6年筹备、9年建设，全长55千米的港珠澳大桥建成通车。这一超级工程集桥梁、隧道和人工岛于一体，其建设难度之大，被誉为桥梁界的“珠穆朗玛峰”。它的建成，不仅标志着中国从桥梁大国走向桥梁强国，也意味着粤港澳大湾区建设正式驶入快车道。广深港高速铁路香港段于2010年1月27日动工建设，于2018年9月23日通车运营。广深港高速铁路香港段将香港与内地高速铁路网络连接，便利了香港与内地之间的交通，促进香港与内地的社会文化交流及香港经济发展，在社会和经济层面都对香港及内地带来巨大效益。西九文化区是目前香港在建的一个全球规模最大的文化项目之一，集艺术、教育及公共空间于一身。未来这里将有超过15个的艺术文化演艺空间。在寸土寸金的香港，在临海的优质地段，投入40公顷的土地进行文化艺术基础设施的建设，特区政府致力推动文化艺术的努力和决心，由此可见一斑。而未来，西九文化区不仅将成为香港的文化名片，也是连接中外文化的中心。

作为著名的国际金融中心，发达的金融业构成了香港经济竞争力的基石。特区政府新闻处发布的数据显示，香港有超过160家持牌银行，银行业对外交易量在全球排名第六；全球前100家银行中，超过70家在香港经营业务；香港有2 000多家上市公司。

全球最长的室外有盖电梯系统在哪里

全球最长的室外有盖电梯系统是中环至半山自动扶梯系统，位于香港。根据《吉尼斯世界纪录大全》，此系统是全球最长的户外有盖行人扶手电梯。完成整个旅程需时20分钟，但大部分使用者都会加上步行以节省时间。中环至半山自动扶梯系统由香港政府兴建，是为方便半山区居民往来中环商业区，并舒缓半山区狭窄道路的繁忙情况，在1993年10月15日启用。整个系统全长800米，垂直高差为135米，由有盖行人道、天桥、20条可转换上下行方向的单向自动扶手电梯和3条自动行人道组成。扶梯系统途经多个景点，包括充满欧陆风情、酒吧与餐厅林立的苏豪区，有百年历史、被政府列为香港法定古迹的中区警署，吸引了不少中外游客参观。

“东方之珠”指的哪里

香港被誉为“东方之珠”，得天独厚的维多利亚港雄居世界东方，在世界航运版图中举足轻重。改革开放前，香港是中国内地同西方国家和地区进行经贸往来的中转站，数量巨大的转口贸易让香港一举成为亚洲地区首屈一指的交通枢纽和贸易中心，以及随之建立起来的金融中心。改革开放后，香港是内地招商引资的门户，香港的资金、技术和人才源源不断输入内地，同时把中国出口的商品带到了世界各国，极大地促进了内地外向型经济的发展。改革开放40多年来，现在的香港已从招商引资的门户转变为中国金融开放和全球化的门户，成为新的“东方之珠”。

香港普遍使用的长度、重量计量单位是什么

香港使用的长度、重量单位是英制单位，是一种源自英国的度量衡单位制。虽然十进制的公制单位使用方便，多为各国采行，但国际上许多领域，仍沿用英制。例如电视机、电脑显示器、手机屏幕大小以英寸表示。航空管制上，如飞行高度、跑道长度等，多以英尺为单位。在香港，部分单位仍广泛使用，如重量的“磅”和“安士”(盎司)；“码”仍常用于布匹、纸张和电线买卖；楼房买卖使用“平方呎”计算面积；容积的“加仑”用于水费单用水量。

世界最长的行车及铁路双用悬索式吊桥在哪里

青马大桥

世界上最长的行车及铁路双用悬索式吊桥是香港青马大桥。香港青马大桥全长2 160米，主桥跨度为1 377米，桥上两座高206米的吊塔通过总长度为16万千米的钢线缆绳与桥体相连。它是香港著名的旅游观光景点以及地标性建筑。青马大桥自1992年开始施工建造，历时5年时间完成，桥体所用钢材总重量高达5万吨，耗资约72亿港元。1999年，青马大桥入选20世纪十大建筑成就，成为与英法海峡隧道、纽约帝国大厦等著名建筑并驾齐驱的特色建筑。

为什么围海造田在香港如此常见

香港地域狭小，自然资源贫乏，但地理位置却十分优越，它北连祖国内地、南邻东南亚、东濒太平洋、西通印度洋，同时又是美洲与东南亚之间的重要转口港，也是欧美、日本、东南亚等国家和地区南入中国的重要门户。香港海岸线曲折、多浅湾，维多利亚港的潮差不大，海岸地区水深大多为10米之内，且水流缓慢，便于填充成陆地。香港地层以火山岩及花岗岩为主，易于风化，有利于开采。在适当的地方选择山坡，开山削石，把大量泥土及石块倾倒在海里或低洼地带，既可在山麓、低洼地带，开辟供发展的平台，又从海里扩充出土地。

填海工程为香港的繁荣提供了宝贵的土地，让香港得以成为市民的宜居家园和世界主要的贸易及金融中心。但同时，填海也带来影响持续性发展的问题。为平衡城市建设与经济发展、保护香港的自然资源，香港已决定停止填海，如何使稀缺的土地资源为社会带来最大利益是香港需要关注的问题。

香港在粤港澳大湾区建设中有何作用

湾区经济是一种为达到共享目的、具有较高开放度的高级区域经济形态。湾区是以天然的自然地理条件为基础，各城市之间资源互补，形成的一种开放型的区域经济共同体。相比美国纽约湾区和旧金山湾区、日本东京湾区，粤港澳大湾区颇具实力。“一国两制”下的香港在湾区发展中有不可估量的作用。要推动内地与港澳深化合作，研究制定

粤港澳大湾区城市群发展规划，发挥港澳独特优势，提升其在国家经济发展和对外开放中的地位与功能。香港在粤港澳大湾区建设发展中的优势包括“一国两制”的独特优势、地理位置、交通设施、金融市场和人才国际化。香港应充分挖掘自身独特资源，促进粤港澳大湾区可持续发展，探索“粤港澳+国际”产学研创新模式、打造金融市场“互联互通”示范区、促进服务行业领域共发展、打造“珠江三角区跨境电商基地”。

港珠澳大桥将对香港带来什么样的影响

港珠澳大桥的正式通车推动了粤港澳大湾区的发展，深刻改变大湾区的交通运输体系，对粤港澳大湾区发展产生重大而深远的积极影响，并将进一步强化香港贸易中心地位。香港高度发达，但是由于历史和制度等因素，土地开发率并不是很高。港珠澳大桥的开通将会大力加快大屿山的开发与建设，使大屿山成为香港的一个“都市副中心”，进一步来说，整个新界西北都会加快发展，缓解香港的人口压力，成为经济增长新引擎。空港经济是大屿山经济发展的重要组成部分，港珠澳大桥的通车将会使大屿山成为“桥头堡”，大屿山地区可以充分利用物流业和旅游业的发展建立相应的配套设施，如新建机场附近的酒店，增加购物中心，并且吸引大量人员前往该地区就业。同时，也将巩固香港的贸易中心地位。港珠澳大桥通车后，大湾区甚至整个粤西的货物可通过大桥直达香港机场或货柜码头出口，香港可以获得更多的货源，进一步强化了香港的国际贸易中心地位。港珠澳大桥使得大湾区各区域之间的通行时间大大缩短，极大提高了交通便利性，采取的“三地三检”和24小时通关等措施为粤港澳的融合进行了有益的探索。可以预见，通车后湾区西岸地区将会加快发展，中岸和东岸地区尽管会因为西岸的发展而失去一些行业优势，但是可以加强与西岸甚至整个粤西的合作，重点发展第三产业。香港将会以大桥大力发展新界并巩固物流业和航空业地位。

香港为什么需要“供港蔬菜”

香港地形以山地丘陵为主，农业主要在市区边缘发展，在全港1 110平方千米的土地中，用作耕种的只有18平方千米，务农人口约为4 600人，占总劳动人口的0.12%。香港农业规模小，主要依靠小型农场和种植小规模密集蔬菜，生产仅能部分满足本地消费。虽然香港本地可全年种植蔬菜，但是大部分仍需要进口，进口的蔬菜分为鲜菜、冻鲜菜和干菜三种，但以鲜菜为主，约占7成。其中鲜菜主要来自祖国内地，而冻菜大部分来自国外。

澳门特别行政区

AOMEN TEBIEXINGZHENGQU

■ 简　称　澳　■ 面　积　约32.9平方千米　■ 人　口　68万人

■ 世界遗产　澳门历史城区

■ 购物集锦　珠宝金饰　古董文玩　工艺品　首饰　海味　药材　香烟

■ 地理之最

最高山峰：叠石塘山

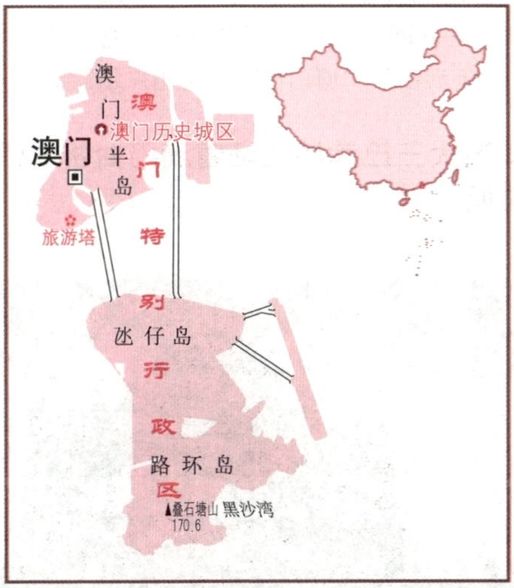

澳门的行政区划有何特别之处

澳门特别行政区，简称“澳”，位于中国大陆东南沿海，地处珠江口西侧，北邻广东省珠海市，西与珠海市的湾仔和横琴对望，东与香港隔海相望，南临南海。由澳门半岛和氹仔、路环二岛组成。

澳门的地形地貌有何特征

澳门地形由低丘陵和平地组成，地势南高北低，因此澳门街道坡度较大。澳门全区最高点为路环岛叠石塘山，海拔170.6米。澳门过去是广东省南端的一个小岛，屹立海中，与当代的离岸岛屿无异，其后由于西江的泥沙冲积，在澳门与大陆之间由于海水对流关系冲积成一道沙堤(莲花茎，今关闸马路)，才与大陆相连接，成为一个半岛。

澳门半岛有青洲山、东望洋山、望厦山和妈阁山，氹仔岛有大潭山、小潭山，路环岛有九澳山、叠石塘山。澳门海岸线长达900多千米，形成了南湾、九澳湾、竹湾、黑沙湾等多处可供船只湾泊的地方。

澳门属于什么气候

澳门三面环海，一年中有两次太阳直射，辐射强烈，蒸发旺盛，具有热量丰富、水汽充足、高温多雨的气候特点，属亚热带海洋性季风气候，同时亦带有热带气候的特性，年平均气温约22.3℃，全年温差变化在11～14℃。春、夏季潮湿多雨，秋、冬季的相对湿度较低且雨量较少。台风季节为5—10月，以7—9月最为频繁。澳门北靠亚洲大陆，南临热带海洋，既受到来自大陆的中高纬大气环流影响，也受来自海洋的低纬大气环流影响，所以冬夏季环流转换明显，是典型的季风气候区。

你知道澳门有一个黑沙海滩吗

黑沙海滩是澳门著名景观，位于澳门路环岛东南的黑沙湾。黑沙海滩是天然的海滩，是澳门著名的天然海水浴场。

海湾呈半月形，坡度平缓，滩面广阔，全长约1 000多米。黑沙海滩的特色在于黝黑、细滑的沙质。据说，黑色的细沙是海洋特定环境形成的黑色次生矿海绿石所致。海绿石受海流影响，被搬运至近岸，再经风浪携带到海滩，使原来洁白明净的白沙滩，变成迷人神秘的黑沙滩。每逢假日周末及盛夏时节，黑沙海滩游人如织，热闹非常。如今“黑沙踏浪”已被评为澳门八景之一。

全球独立式观光塔排名第十位的是哪个

澳门旅游塔，总高度为338米。主观光层位于离地面223米的位置。它在全球独立式观光塔中排名第十，是世界高塔联盟的成员之一。

澳门旅游塔，高233米的塔顶外围，只有1.8米宽、全程不设扶手。站在塔的观光廊，澳门、珠海尽收眼底，晴天还可以看到香港的大屿山。此外，该塔还有展览及会议设施、主题餐厅、高级购物中心、剧场、露天广场和海滨长廊等。澳门旅游塔是澳门的会展中心及娱乐消闲地点，可与大三巴牌坊齐名，成为澳门新一代的地标。除了作为旅游景点外，澳门旅游塔亦肩负起当地电信与广播传播的任务。

为什么澳门街道的名称如此特别

澳门街道

澳门的街道名称是澳门的一面镜子，反映着澳门的历史、地理、经济、政治和居民等情况。

澳门的街道名称有些与历史有关。例如，“关前正街”和“大关前巷”中的“关”指康熙二十四年(1685年)清政府在澳门设置的海关。

澳门有的街名还反映了它的地理情况。例如，在东望洋山、西望洋山、妈阁山、白鸽巢山附近有以这些山命名的街道；还有与海有关的街道，如“南湾街”和“海边马路”等。

澳门有不少街道是以当地的经济和居民职业为名的，但如今除了“工业街”和“工厂街”等少数街道尚能名副其实外，大部分变化很大，只能作为昔日经济活动的历史见证。

此外，澳门有些街道的名称也反映了居民的来源和居住环境。如“望厦炮台斜坡”是福建人聚居的村落，“望厦”就是盼望故乡厦门的意思。街名中带有“坊”和“里”字的，一定是中国人聚居的地方。

1987年4月，中葡两国就澳门问题签署了联合声明，中葡两国关系日趋密切。澳门在新街道的命名上也反映出这种关系，如“友谊大马路”等，还有一些以国内其他城市命名的街道，像“北京街”“上海街”“厦门街”“香山广场”等。

你知道大三巴牌坊见证着澳门曲折的回归历史吗

澳门大三巴牌坊

大三巴牌坊是最具代表性的“澳门八景”之一，位于炮台山下，左邻澳门博物馆和大炮台，为天主之母教堂(即圣保禄教堂)的前壁遗址。建筑糅合了欧洲文艺复兴时期与东方建筑的风格，体现出东西艺术的交融，雕刻精细，巍峨壮观。

大三巴牌坊是西方文明进入中国历史的见证。1569年，大三巴附近建起了圣加扎西医院，西医、西药在这里开始流入华夏大地。葡萄牙医生戈梅斯也从澳门将“种牛痘”引入中国，医治当时的不治之症——“天花”。1583年，著名的传教士利玛窦在这里改绘世界地图为《万国图》，加上中文标识，送给了中国地方政府。大三巴附近的“圣保禄学院”，是东亚最早的一所西式大学，实施西方教育的同时，还在这里对即将进入东方的传教士进行东方文化的培训。澳门回归祖国后，巍峨挺拔的大三巴牌坊迎接了无数内地游客。历经400多年沧桑的大三巴，迎来了她辉煌的新生，见证了澳门曲曲折折的回归历史。

澳门玫瑰圣母堂的建筑布局有何特点

澳门玫瑰圣母堂又称圣多明我堂，创建于1587年，因教堂供奉玫瑰圣母，故又称“玫瑰堂”，位于澳门的市中心，至今已有400多年历史。

澳门玫瑰圣母堂

教堂正面上下共分三层，每层都被不同款式的圆柱分隔出门窗位置，顶部则为三角楣，是17世纪教堂的豪华风格。内部则由一座高阔的主殿及两个侧堂所组成，主殿和侧堂由几个圆拱门隔开，主祭台和主殿之间也有一圆拱分隔，小祭坛则设于侧殿。2005年，玫瑰圣母堂作为澳门历史城区的一部分被列入世界文化遗产。

你知道澳门三大古庙吗

澳门有著名的三大古庙：妈阁庙、莲峰庙和普济禅院。

妈阁庙由入口大门、牌坊、正殿、弘仁殿、观音阁及正觉禅林组成。妈阁庙已有500多年历史，是澳门最古老的寺庙，表现了澳门民间最原始的对海神的崇拜信仰，历史流传有不少优美的神话。

莲峰庙，建于1592年，有400多年历史。如今庙宇建筑宏伟，古木参天，绿树成荫。这座庙奉祀观音、天后、关公等。奇特的是庙里还设有供奉金花娘娘的痘姆殿，这在其他地方的庙宇是见不到的。想必是此前澳门闹过瘟疫，建立此殿为求一方百姓吉祥安康。1839年，林则徐偕同邓廷桢到澳门视察禁烟情况时，曾驻节此庙，并在这里接见了葡萄牙官员，重申中国主权，下令葡人驱逐居住在澳门的英国鸦片贩子。1989年，在庙前广场上建起了林则徐全身石雕像，高5米，重8吨，寄托了澳门人民对这位民族英雄的无限景仰和深切的怀念。

普济禅院，至今已370多年，因院内供奉的是观音菩萨，当地民众又称之为观音堂。普济禅院是澳门三大古庙中规模最大、占地最广、建筑最有特色的一家。普济禅院为佛教建筑，除宽敞的前后院外，主体建筑殿宇，横连三座，深入三进，琉璃瓦顶，翡翠檐头，雕梁华饰，雕栏玉砌，气势非凡。禅院环境清幽，远离尘俗，不少明清诗人、古今画客常喜流连寺内，参悟禅机，吟诗作画，留下不少墨宝。

港珠澳大桥的建成通车对澳门有何重要意义

从政治层面来看，粤港澳三地首次合作建设的大型跨海交通工程，丰富和发展了“一国两制”方针的理论和实践。从工程开展之初就构建了紧密的工作机制，共同协商、解决港珠澳大桥建设过程中所出现的难题，实现了建设技术上、政策制度上的新突破。大桥正式开通后，粤港澳三地首次实现陆路连接，三地无障碍的联通为融入粤港澳大湾区的发展创造了更坚实的基础。

从经济层面而言，作为香港、澳门与珠江三角洲地区的交通平台，港珠澳大桥可有效弥补过往陆运交通可达性的短板，推动地区间经济的协同发展。粤港澳大湾区连接“一国”“两制”、三个关税区，粤港澳大湾区的发展、港珠澳大桥建成通车对于香港、澳门和珠江三角洲西岸地区在推动经济发展方面具有重要的战略意义。

从社会层面方面来看，澳门回归祖国以来，与内地的交流日渐频繁。港珠澳大桥开通，在缩短地理距离的同时，更深化了同胞血缘之情。在港珠澳大桥珠澳口岸，创新实现“合作查验、一次放行”

的通关模式，为粤澳两地的人员往来提供便利，也为进一步探索创新通关模式做出了积极工作。

澳门在粤港澳大湾区发展建设中有何重要地位和作用

澳门特别行政区在积极推进《粤港澳大湾区发展规划纲要》（以下简称《规划纲要》）的工作。《规划纲要》赋予澳门新的历史使命和时代担当。整个《规划纲要》中直接指向澳门的，目前统计的有49项，说明澳门在粤港澳大湾区发展建设中的重要地位和作用。

简单概括为：一是《规划纲要》将澳门列为大湾区发展建设四个中心城市之一，使其具有“核心引擎”的地位。二是国家“十二五”“十三五”规划中，对澳门已经明确了“一个中心、一个平台”的定位，这次《规划纲要》对澳门作为这一平台的作用进一步予以明确。三是除“一个中心、一个平台”之外，《规划纲要》还赋予澳门一个十分光荣的时代使命，即建设“以中华文化为主流、多元文化共存的交流合作基地”。这显然是对澳门特殊的历史地位、特有的历史文化积淀和丰富且成功的多元文化共存的高度肯定。四是《规划纲要》的核心目标之一是推动广州、深圳、香港和澳门的科技创新走廊的建设，而澳门也成为这一走廊中的支撑点。

澳门在参与粤港澳大湾区发展中将如何开展工作

就参与粤港澳大湾区及《粤港澳大湾区城市群发展规划》而言，澳门初步计划围绕两大角色、三个定位、八项重点开展工作，并建立健全工作机制。

具体来说，两大角色包括：在中央政府支持下，促进“一国两制”方针全面准确理解和贯彻落实；发挥澳门独特优势，打造服务“一带一路”建设的开放合作纽带。

三个定位方面，除了“一中心、一平台”外，根据社会各界意见，认为澳门有悠久的多元文化交融的历史，应该发挥澳门的优势所在，将澳门打造成为“以中华文化为主流，多元文化共存”的交流合作基地，促进以中华文化为主流，不同社会制度、不同文化背景之间的文化共存、友好合作。

八项重点包括：打造粤港澳大湾区开放合作纽带；多方合作推动经济适度多元发展；推动共建粤港澳优质生活圈，探讨粤港澳大湾区内澳门居民的同等待遇；推进人文交流，促进文化繁荣；推进双向合作，支持青年创新创业就业，拓展中小企业发展空间；加强基础设施建设互联互通；积极应用前沿技术培育创新生态系统，支持新经济、新技术、新业态在澳门的发展；强化粤港澳大湾区的宣传推介。

台湾省 TAIWAN SHENG

■ **简　称** 台　■ **面　积** 约3.6万平方千米　■ **人　口** 2 356多万人

■ **风味名食** 嘉义新港饴、台中凤梨酥、宜兰金枣糕

■ **工艺品** 珊瑚制品　美浓油纸伞　澎湖文石　花莲翠玉　北投艺术陶瓷　台北风筝

■ **地理之最**

最高山峰：玉山　最大湖泊：日月潭　最大河流：浊水溪　主要山脉：中央山

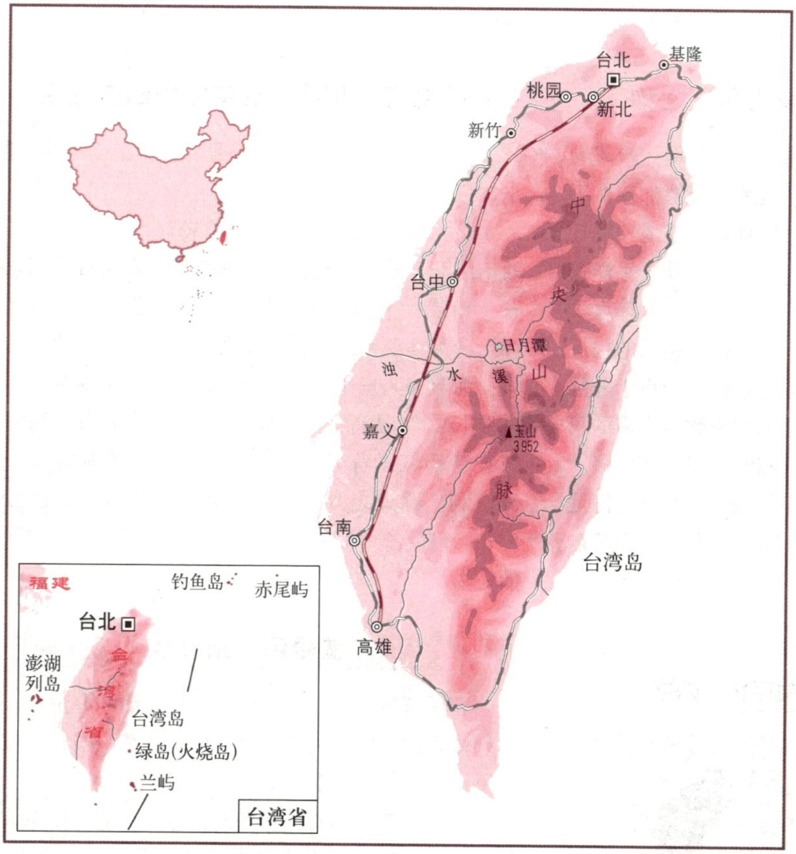

你知道台湾地理位置的特殊性吗

台湾省位于祖国大陆东南沿海的大陆架上，包括台湾岛、澎湖列岛、钓鱼岛等许多小岛，全省总面积约3.6万平方千米。台湾岛是我国面积最大的岛屿。

台湾，四面环海，东面是波涛万里的太平洋；北面是东海，东北方向与琉球群岛相接，继续向北即为日本；西面是连接大陆与台湾本岛的“桥梁”——台湾海峡，与福建隔海相望；南面是南海，隔巴士海峡向南即为菲律宾，再向南可通往东南亚。台湾省位于东北亚、东南亚及西亚(中东)的中心衔接位置，是中国与太平洋各国海上联系的交通枢纽，也是西太平洋上重要的国际航道。因此，台湾既是亚欧大陆东入太平洋的桥头堡，也是太平洋西进亚欧大陆的踏脚石。

台湾的气候特征是什么

台湾及周边海区地跨北回归线，受台湾暖流的影响，又邻近祖国大陆，加之岛内高山峻岭南北纵贯，阻挡了季风的深入，因而形成了热带、亚热带海洋性季风气候。台湾的气候特点可用四个短语概括：季风多、降雨频、气温高、海雾大。台湾地区有明显的季风特征，一般，冬季盛行东北风或偏北风；夏季盛行西南风。台湾海峡每年平均有2～3次强台风经过，最多时可达7次，台湾省是我国受台风影响最严重的省份之一。

台湾是我国降水最多的地区之一，年均降水量达2 500毫米，但各地区降水量分布极不均匀，具体表现为北部全年降水比较均匀，中部和南部夏雨较多，东北部冬雨较多。因台湾东北部冬季迎来经过台湾暖流的东北季风，形成降水而成为我国典型的冬雨区，而我国的“雨极”也出现在台湾东北部的火烧寮。

台湾为什么有“温泉之岛”之称

地热指地球内部储存的热能，往往地壳较薄的地带会有丰富的地热资源。多数地热资源都存在于活火山地区，温泉、间歇泉、沸腾的泥浆地和喷气孔是最容易开发的地热资源。台湾岛地处太平洋板块与亚欧板块接触地带的东亚岛弧带上，是环太平洋火山地震带的一部分，极不稳定，有强烈的构造运动、岩浆活动、地震活动等，地热活动也十分强烈，拥有丰富的地热资源。台湾拥有数目众多的泉种，其中以冷泉、热泉、浊泉和海底温泉等较多。在台湾省各县都可以看到温泉的踪迹，整个台湾地区大大小小分布的温泉区达100处以上，其中著名的温泉有北投温泉、乌来温泉、礁溪温泉、关子岭温泉、知本温泉和四重溪温泉等。

野柳地质公园是如何形成的

野柳地质公园“女王头”

野柳地质公园位于台湾省新北市，是世界奇观之一。由于海岸延伸的方向与地层及构造线方向近于垂直，外加波浪侵蚀、岩石风化，以及海陆相对运动、地壳运动等地质作用的影响，野柳地质公园产生了罕见的海蚀洞沟、蜂窝石、蕈状岩等奇特景观。

野柳地质公园内可分为三区，第一区属于蕈状岩、姜石及烛台石的主要集中区。第二区与第一区相似，皆以蕈状岩和姜石为主，但数量比第一区少，著名的女王头、龙头石与金刚石皆位于本区。于第二区靠近海边可看到三种形状特别的岩石，分别取名为地球石、仙女鞋和花生石。第三区是野柳地质公园另一侧的海蚀平台，比第二区狭窄，平台一侧紧贴峭壁，另一侧则是急涌的海浪。在这里可看到不少怪石散置其间。第三区除了奇岩怪石的自然景观之外，同时也是野柳地质公园内重要的生态保护区。

布袋盐场为何位于台湾岛的西南沿海

晒盐需要三个条件，一是温度高，二是湿度小，三是地势平坦开阔。

台湾省最大的盐场——布袋盐场，在台湾岛西南沿海，整个盐场区域范围跨越了嘉义县沿海东石、布袋、义竹三个乡镇，素有“东南盐仓”之称。台湾岛西南海岸沙岸平直、沙滩广布、地势缓斜、河流注入量少、季风强劲，冬半年干燥少雨、日照长、气温高、蒸发快，海水含盐量高。同时布袋盐场位于背风坡，光照强，对于晒制海盐十分有利。除此之外，该地地处泥沙质海岸，沙滩广布，便于积水晒盐。因此这里自古以来即是极佳的盐场。

“蓝眼泪”指什么

希氏弯喉海萤，是一种介形虫，简称海萤，该物种体内物质发生反应产生蓝色光，在中国台湾被形象地称作“蓝眼泪”。

海萤的身体内有一种叫发光腺的构造，受海浪拍打等刺激时，就会产生浅蓝色的光，一般在6—7月出现，而且是沿着沙滩呈带状。夜间能闪闪发光，科学家称这种生物光为“冷光”。该物种昼伏夜出，并生活在浅水底部的沙层里。海萤夜光是海面上的一种奇景，海面上青火如灯，随潮起潮落，幽幽浮来，触岸即灭，彻夜不息。

清水断崖何以称奇世界

清水断崖，清水山临太平洋之处的断崖，位于花莲县北部，是崇德、清水、和平等山临海悬崖所连成的大块大石崖，前后绵亘达21千米，岩石以片麻岩和大理岩为主，成90°直插入太平洋，高度均在800米以上。断崖形状如鞘，绝壁万丈，脚下白浪滔天，形势甚为险峻，为太平洋西岸大海崖区。清水断崖气派雄伟，号称世界第二大断崖。

为什么有“冬季去台北看雨”的说法

台北市位于台湾岛北部，地处台北盆地东部，北部为大屯火山区，东、南为低山、丘陵环绕。淡水河流贯市境西部，一年中，降水较多，尤其是冬季。台北地处亚欧大陆与太平洋之间，受干冷的蒙古高压与暖湿的太平洋高压交互影响，形成了亚热带季风气候。由于海洋的调节，其气温比同纬度大陆地区高2~5℃，尤其在秋冬季节，此特点尤为突出。

台北位于东亚季风区内，因此气候也受东北季风影响，冬季风从太平洋带来丰沛的水汽。且台北市区主要位于台北盆地中，气候深受盆地地形影响，进入冬季后，市区周围的山地与丘陵地较容易形成地形雨，是我国少见的冬雨区。

中国雨极为什么出现在台湾省“火烧寮”

火烧寮位于基隆、台北、宜兰三地交界的迎风面，除西南方海拔较高外，其西、北、东、东南等方向地势逐渐向外倾斜，有利于地形雨的形成。台湾岛位于热带与亚热带季风区，降水丰沛，加上位于西太平洋上，极易受到热带风暴(台风)的影响，导致降水量增加。据数据测量，火烧寮的年平均降水量达到6 500多毫米。因此，台湾的火烧寮一直有中国“雨极”之称。

你了解台北故宫博物院吗

台北故宫博物院，位于台湾省台北市士林区，为台湾省规模最大的博物馆。属地方综合性博物馆、中国三大博物馆之一，是研究古代中国艺术史的重地。

台北故宫博物院始建于1962年，占地总面积达16公顷，为仿造中国传统宫殿式建筑，主体建筑共4层，白墙绿瓦，正院呈梅花形；院前广场耸立五间六柱冲天式牌坊，整座建筑庄重典雅，富有中华民族特色。

台北故宫博物院馆藏文物达69.6万余件，收藏有故宫、沈阳故宫、承德避暑山庄、颐和园、静宜园和国子监等处的皇家旧藏，所藏的商周青铜器，历代的玉器、陶瓷、古籍文献、名画碑帖等皆为稀世之珍。

你了解台湾的夜市文化吗

台湾夜市

台湾夜市是台湾草根饮食文化的荟萃地。若想多快好省地浏览台湾美食，夜市是必修的一门功课。台湾夜市多位于交通枢纽、庙会与市集处，通常为各地发展最早、人潮最旺的地方，主要分为三种店面形态：商圈夜市、观光夜市、流动夜市。促进台湾夜市兴盛的原因有二：一是港埠荣景、酬神庙会。旧都市中心(如台北市的大稻埕)出现，造成小吃摊的聚集，逐渐聚集而形成夜市。二是台湾特殊的经济环境。20世纪60年代，台湾经济起飞，劳动力密集、小型资本为主的制造业兴起后，开始快速成长，70年代中期石油危机造成订单退货，促使夜市成为切货及次级品的销售中心。

各大夜市中，不仅有台湾美食小吃，也有大陆的各地风味，还有世界各地的美食佳肴等。著名的台湾夜市有台北士林夜市、台北宁夏夜市、台中逢甲夜市、台南花园夜市、基隆庙口等。

你了解台湾最大的港口城市吗

高雄是台湾第一大港口城市。早期高雄是台

湾最重要的重化工、制造、港埠运输等传统产业的基地。但随着全球化与可持续发展的潮流脉动，高雄始于1990年的产业转型遗留了许多严重的“城市病”，如环境污染、土地利用率低等。为了扭转这种局面，2000年起，高雄市首先确立了“海洋首都”的发展战略目标，将原有的山、海、河、港等自然资源与既有的都市空间纹理进行再造重组。2007年，市政当局更以“市民参与，幸福高雄”为施政主轴，对公共服务与环境进行改造，致力于在城市公共建设人性创意化与城市文化资源、空间最优配置等方面的突破。其中以爱河为主轴进行生态改善、旧港湾水岸及港口再开发，对于文化生活圈的公共设施进行人文规划，使其转型为生态之城与创意之城。坚持城市美学与生态永续的城市地景改造经营理念，打造以“幸福高雄，海洋港都”为城市品牌主题文化的健康城市。

台北101大楼防风防震的原理是什么

台北101大楼，主要由台北金融大楼股份有限公司规划，并由李祖原与王重平设计，以每8层楼为一个结构单元，建筑面内斜7°，彼此接续、层层相叠，构筑整体。外观为多节式结构，以达到防灾防风效果，每8层形成一组自主构成的空间，减轻高层建筑引起气流对地面造成的风场效应，并用绿化植栽区区隔，墙体为透明隔热帷幕玻璃。台湾每年夏天都会遭受来自太平洋的台风影响，因此防震与防风是台北101大楼需要克服的问题。为增加大楼弹性以避免强震的破坏，台北101大楼基桩由382根钢筋混凝土构成，外围由8根钢筋柱组成，并在大楼内设置调谐质块阻尼器，以达到防震效果。此外，大楼外形的锯齿状，经由风洞测试，能减少30%～40%风所造成的摇晃。

台湾岛的交通网络有什么特征

与海南岛一样，台湾岛的交通线路呈环状分布。由于台湾岛中部是高大的中央山脉，交通线路只能沿着较为平坦的沿海地区修建，呈现密集化程度高的特征，公路、铁路、水路、空路、管路与通信线路南北纵横，四通八达。

同时，东西部的交通线路差异十分明显。台湾岛交通运输网络主要布局在西部，东部的交通运输网络密度远不及西部。

九份是如何从没落的旧金矿开发区转变为旅游热点的

九份位于台湾省新北市瑞芳区，早期因盛产金矿而兴盛，后因矿藏挖掘殆尽走向没落。现已成为台湾著名的观光之地。九份成功转型的原因包括以下三方面：一是当地文化的多元化表现，促使九份快速发展。二是空间功能的成功转化与拓展。九份老街的整体空间肌理仍和最初建设时保持一致，建筑高度和街道比例一直维持着原始样式。过去紧凑的空间尺度和单一的居住功能没有成为限制九份发展的因素，而是经由成功的转化拓展，置换为集民宿、餐饮、商业、文化娱乐等多种功能于一体的风貌街区，丰富的功能切换与空间组合有效提升了街区的空间利用率。三是接轨国际市场的民宿服务，积极将市场营销拓展至国际市场，组织到东南亚地区国家举办旅游展销会，以扩大知名度和影响力。

你了解台湾地区的产业结构调整情况吗

20世纪50年代的台湾是一个以第一产业为主的经济体，在这一时期，台湾主要发展农业，推出了一连串的农业政策，台湾的农业得到了迅速发展。随后，台湾推动了一系列大型的公共建设项目，以农业为主的经济体逐渐转向以制造业为主的第二产业，此后制造业在台湾经济增长的过程中扮演着举足轻重的角色。而在20世纪90年代开始，台湾的服务业又迎来了发展时期，由于台湾岛内基金产业结构的加速升级与转型，就业市场的重心也主要从工业部门朝服务业部门转移。2000年以后，台湾开始致力于推动知识密集型产业的发展，创造更有利于知识密集型产业发展的环境，高科技产业迅速发展，服务业在台湾经济中的主导作用进一步强化。

台湾的休闲农业发展有什么特点

休闲农业是城乡经济发展到一定阶段的产物，

它的出现与发展可以更好地推动城市与乡村二元经济体之间进行经济、文化和人员的交流与融合。早期的台湾休闲农业以观光农业和水果采摘等形态为主，但众多同质化的产品所带来的市场竞争导致观光农业逐渐衰退。历经几十年的发展，台湾在摸索中逐渐形成适合当地发展的产业发展模式。从台湾休闲农业庄园来看，大多主题鲜明、个性突出，这些主题不仅有观赏名花异草、采摘高山茶等项目，也包括驼羊、孔雀等创新项目的体验，使游客充满新鲜感。在开发休闲农业过程中，很注重发现和挖掘历史文化与当地特色技艺，如手工雕刻、民俗风情等。改变传统的游客单纯游玩模式，让休闲农业经营者与游客互相分享彼此的乡村生活感受，变顾客为相互交流的朋友，提升顾客对园区的熟悉感，倡导“拥有不如享有”的消费理念。